KB053669

루카치의 길

루카치 다시 읽기 1

루카치의 길: 문제적 개인에서 공산주의자로

초판 1쇄 발행 2018년 12월 14일
　 2쇄 발행 2020년 7월 14일

지은이 김경식
펴낸이 강수걸
편집장 권경옥
편집 박정은 윤은미 강나래 김해림
디자인 권문경 조은비
펴낸곳 산지니
등록 2005년 2월 7일 제333-3370002510020050000001호
주소 부산시 해운대구 수영강변대로 140 BCC 613호
전화 051-504-7070 | 팩스 051-507-7543
홈페이지 www.sanzinibook.com
전자우편 sanzini@sanzinibook.com
블로그 http://sanzinibook.tistory.com

ISBN 978-89-6545-570-7 93160

* 책값은 뒤표지에 있습니다.
* 이 도서의 국립중앙도서관 출판예정도서목록(CIP)은 서지정보유통지원시스템
홈페이지(http://seoji.nl.go.kr)와 국가자료공동목록시스템(http://www.nl.go.kr/
kolisnet)에서 이용하실 수 있습니다. (CIP 제어번호: CIP2018036361)

루카치 다시 읽기 1

루카치의 길

문제적 개인에서 공산주의자로

김경식 지음

산지니

일러두기

인용문에서 [ ]로 묶은 말은 독자들의 이해를 돕기 위해 원문에 없는 말을 임의로 추가한 것이다. 또, 어떤 단어를 한 가지로 확정하여 옮기기보다는 대체 가능한 번역을 병기해 두는 게 독서에 유리하겠다고 판단되는 대목에서도 같은 식으로 [ ]를 사용했다.

머리말

    대학에서 박사학위를 받았고 시간강사로도 몇 년 일했지만 자의 반 타의 반으로 '백수'가 되고만 아들이 그래도 틈틈이 '공부'라는 걸 계속하는데, 번역하고 쓴 글 대부분이 '루카치'라는 사람에 관한 것이라 궁금하셨던 모친이 언젠가 물으셨다.

    "루카치가 뭐한 사람이냐?"

    두서없이 몇 말씀 드렸더니 모친 왈(曰)

    "네가 루카치를 하는 건 미국사람이 퇴계(退溪)를 하는 것과 같겠구나."

    그럴 수도 있겠다 싶었다. "하나의 세계"라고 하는 마당이니 미국의 어느 대학에서 동양 벽지의 수백 년 전 사상가 퇴계를 읽고 있는 학자가 없으란 법도 없지 않은가. 아니, 어쩌면 지금 미국에서 퇴계를 공부하는 사람이 이곳에서 루카치를 연구하는 사람보다 더 많을지도 모를 일이다. 그런 생각이 들 정도로 이 땅의 연구자들에게 루카치 사상의 '현재성'은 거의 사라지다시피 했다.
    그런데 우리에게 루카치는 어떤 존재였던가. 이미 1930년대 중후반부터 시작된 루카치 수용은, 적어도 문학에서만큼은 유례가 없을 정도로 장기적이고 강력했다. 루카치는 한국의 현대문학사를 공부하는 사람이라면 피해 갈 수 없을 정도로 우리문학에 깊이

'내재화'된 외국인이다. 아마도 1990년대까지 한국문학 연구나 비평에서 가장 많이 인용된 외국학자를 찾는다면 루카치의 이름이 맨 앞자리에 있을 공산이 아주 크다. 하지만 한국의 지식계 일부에서 '시대착오적'으로 융기했던 "마르크스·레닌주의"가 동구 사회주의권의 붕괴 이후 급속히 소멸되어간 과정 속에서 루카치의 흔적도 같이 시나브로 지워져버렸다.

최근 서양에서는 루카치가 다시 지식 담론에 들어오기 시작했다. 루흐터한트(Luchterhand) 출판사가 중도에 포기했던 독일어판 루카치 전집 발간이 아이스테지스(Aisthesis) 출판사를 통해 이어지고 있으며, 그 출판사에서 여섯 권으로 기획된 루카치 선집도 발간 중에 있다.[1] 1996년 독일 파더보른(Paderborn)에서 창설된 〈국제 게오르크 루카치 협회〉(Internationale-Georg-Lukács-Gesellschaft)는 루카치의 미발간 텍스트들을 소개하고 학술대회를 개최하는 등의 사업을 벌이면서 『루카치 연보』(Lukács-Jahrbuch)도 꾸준히 발간하고 있다(2017년 3월까지 16호 발간). 동구 사회주의권이 붕괴하고 신자유주의의 광풍이 몰아치면서 거의 사라지다시피 했던 루카치 학술대회가 몇 년 전부터 독일뿐만 아니라 유럽 여러 도시에서 열리고 있는 것도 루카치에 대한 국제적 관심이 다시 일고 있는 것을 보여주는 현상이다. 글로벌 자본주의 체제를 극복할 수 있는 좌파의 대안 모색에서 루카치 사상이 이론적 유산으로서 지닌 가치가 재조명되기 시작했다고 볼 수 있다. 그렇다고 해서 마르크스주의자 루카치만 다시 조명되고 있는 것은 아닌데, 그의 마르크스주의적 저작들에 비해 상대적으로 더 폭넓은 독자층을 지녔던 초기 작품들도 신진 연구자들에 의해 새로운 구도 속에서 재론되고 있다. 이러한 현상에 대해 현재 〈국제 게오르크 루카치 협회〉 대표를 맡고 있는 뤼디거 다네만(Rüdiger Dannemann)은, "루카치 수용

에서 세대전환"이 이루어지면서 그의 사상의 영향사에서 "새 장 (章)"이 시작되었다고 말한 바 있다.[2]

하지만 그의 '조국' 헝가리에서 벌어지고 있는 상황은 딴 판이다. 1989년의 체제 변화 이후 시작된 일종의 '문화투쟁 (Kulturkampf)'이 2010년 빅토르 오르반(Viktor Orbán)[3]이 재집권한 뒤로 더욱 극단화되면서, 루카치는 헝가리 역사에서 '삭제'되고 있는 중이다. 그 상징적 사례로, 2017년 3월 28일, 부다페스트의 성(聖) 이슈트반 공원(Szent-István-Park)에 설치되어 있었던 루카치 조각상이 철거된 일을 들 수 있다. 그 조각상은 헝가리 학술원이 철학에 기여한 루카치의 업적을 기리기 위해 1985년에 설치한 전신상이었는데, 피데스(Fidesz)당이 제1당으로 있는 부다페스트 시의회가 파시스트 정당인 요비크(Jobbik)당의 제안을 받아들임으로써 철거가 이루어졌다. 같은 시기에 헝가리 학술원은 부다페스트 소재 〈게오르크 루카치 문서보관소〉(Das Georg-Lukács-Archiv)를 폐쇄하는 결정을 내렸다. 루카치 문서보관소는 루카치가 살았던 집을 개축하여 1972년에 건립한 것으로, 루카치를 연구하는 세계 전역의 학자들에게 중요한 학술적 의미를 갖는 공간이었다. 그래서인지 빅토르 오르반 정부는 일찍부터 이 문서보관소를 폐쇄하려 시도했고, 그 시도에 맞서 세계 각지의 학자와 연구자들이 성명서 등의 형태로 반대 의사를 표명했으나, 헝가리에서 루카치와 관련된 어떠한 연구도 재생하지 못하게 만들려는 집권 세력의 '만행'을 끝내 막을 수 없었다. 루카치 문서보관소에 있던 루카치의 유고와 자료들은 2018년 3월에 헝가리 학술원 도서관으로 완전히 이관되었다.

한 학자의 문서보관소를 폐쇄하고 멀쩡히 있던 동상, 그것도 정치적 활동이 아니라 학문적 업적을 기리기 위해 세워진 동상까지 철거하는 일은 '정상적' 국가에서는 있을 수 없는 일이다. 이처럼 무리하게 벌어진 일은 "자유주의와 반(反)파시즘과 사회주의"를 "헝가리 민족에게 해악적인 것"으로 천명한 권위주의적 오르반 체제의 공식적 이데올로기에 따라 이루어졌는데, 이들의 선전에 따르면 루카치는 "공산주의 살인자", "유대 '세계화주의' 지식인"이며, 그의 관념은 "헝가리 정신에 이질적인" 것이다. 요컨대 공산주의자이며 유대인이라는 사실이 루카치를 헝가리 역사에서 삭제할 명분이 되고 있는 것이다.[4]

집권 세력이 겉으로 내세운 이유는 루카치가 '무고한 사람 수백 명을 살해한 공산주의자'라는 것이지만, 그들 의식의 근저에는 반유대주의라는 인종주의적 사고가 깊이 뿌리박혀 있다. 사실 루카치에게 유대인이라는 것은 출생의 사실에 불과했다. 초기 루카치에게 유대사상이 미친 영향을 파헤친 연구가 전혀 없는 것은 아니지만, 유대인임이 그의 사상이나 행위에 끼친 영향은 거의 없었다고 봐도 무방하다.[5] 이에 반해 그는 정말로 충실한 공산주의자였다. 죽음을 목전에 두고 작성한 자서전 초안에서 루카치는 "공산주의자로의 발전은 정말이지 내 생애에서 가장 위대한 전환이자 발전의 결과"[6]였다고 적고 있다. 1918년 12월 중순, 30대 중반의 나이에 늦깎이로 공산주의에 입문한 이후 그는 단 한 번도 그 이전으로 돌아가지 않았으며, 그가 선택한 그 공산주의 이념을 생애 마지막 순간까지 저버리지 않았다.

분명히 루카치는 확신에 찬 공산주의자였다. 그런데 그가 추구한 공산주의는 "共産主義"라는 한자말이 정확하게 표현하고 있듯이 "생산관계들, 또는 이것의 법률적 표현일 뿐인 소유관계들"(칼 마르크스, 『정치경제학 비판을 위하여』, 「서문」)의 변화를 유일 척도로 자기 정체성을 규정했던 '역사적 공산주의'[7]로 환원될 수 없는 것이었다. 미국의 저명한 사회학자 이매뉴얼 월러스틴(I. Wallerstein)이 어디선가 사회주의에는 "천(千)의 사회주의"가 있다고 말했듯이, 이념으로서의 공산주의에도 수많은 공산주의가 있다. 지금 우리말로 통용되고 있는 '共産主義'라는 번역이 그 정체를 표현했던 공산주의는 그중 하나로서, 유일하게 현실화 과정에서 실패를 확인 받은 공산주의라고 할 수 있을 것이다.

동구 사회주의 국가들의 붕괴 이후, 다시 말해 '역사적 공산주의' 이후, 새로운 대안적 사회와 삶의 형태를 모색하는 과정에서 한국에서는 '공산주의' 외에도 "코뮨주의", "코뮌주의", "어소시에이션이즘(associationism)" 등등의 용어들이 등장하기도 했는데, 이 모두는 각각 강조하는 지점이 다를지언정 넓은 의미에서의 공산주의에 포함된다. 루카치가 추구한 공산주의 역시 또 하나의 공산주의로서, 아직 한 번도 실현된 적이 없기 때문에 여전히 새로운 것이라 할 수 있다. 그에게 공산주의는 인류가 소외에서 해방된 "자유의 나라"(마르크스)로 표상되는 것이었다. 이런 의미에서의 공산주의를 그는 심지어 헝가리 공산당에 입당하기 전부터, 따라서 공산주의자가 되기 전에 이미 지향했다고 볼 수도 있다.

이 책에서 말하겠지만 루카치는 실로 굴곡 많은 삶을 살았고, 그의 사유 또한 불연속과 단절의 여러 국면을 포함하고 있다. 하지만 그 불연속을 관통하는 연속성 또한 유달리 뚜렷한데, 말년에 가졌던 한 대담에서 루카치는 "내 경우에 모든 것은 무언가의 연속입니다. 나의 발전에는 비유기적 요소란 없다고 생각합니다"[8]라고 말한 바 있다. 여기서 우리가 그의 사유에서 어떤 '유기적 연속성'을 찾는다면, 그의 근본적 지향으로서 '공산주의로 가는 길'을 이야기해볼 수도 있을 것이다. 이것이 이 책에서 내가 루카치를 해석할 때 견지하는 기본관점이다.

마르크스주의자 루카치에게 공산주의는 '유토피아'나 '이상'이 아니며, '당위적 상태'도 '규제적 이념'도 아니다. 그의 텍스트에서 '공산주의'라는 말은 '미래 사회', '이념', '전망', '운동' 등등여러 차원에서 사용되고 있다. 그리고 이와 결부된 '사회주의'는 '전망으로서의 공산주의'를 현실화하는 과정으로서 의미를 갖는다. 그에게 사회주의는 공산주의와 질적으로 구분되는 하나의 독자적인 사회구성체가 아니다. 사회주의는 자본주의적 계급적대를 철폐한 사회이면서 자본주의와 공산주의 사이에 있는 과도기이다. 그것은 과도기이니만큼 자본주의로 퇴행할 수도 있고 공산주의로 나아갈 수도 있는데, 루카치는 계급투쟁들의 역사를 끝내는 사회적 변혁을 통해 수립된 사회주의가 더 높은 단계, 진정으로 실현된 사회주의가 되는 과정이 곧 공산주의로 이행하는 과정이라고 본다. "소외시키고 소외된 사회적 세계"의 역사였던 "인류의 전사(前史)"를 끝내고[9] "인류의 진정한 역사"[10]가 시작되는 공산주의로 이행하는 과정이라는 사회주의의 세계사적 위치는, "사회주의적 민주주의"를 통해 공산주의에 부합하는 인간을 교육 · 육성하는 과제를 사회주의에 부여한다. 루카치의 텍스트에서 "사회주의적 민주주의"는 "일상생활의 민주주의", "평의회 민주주의" "일상생활의 사회주의" 등으로 지칭되기도 하는데,[11] 이를 통해 스스로 개체적 총체성과 자립성 및 자기활동성을 육화한 자유인들이 공생하는 세상이 곧 "자유의 나라"로서의 공산주의다. 공산주의자 루카치가 수십 년에 걸쳐 개진했던 문학이론과 문학비평은 이런 방향으로 인간을 변화시키는 데 기여하고자 한 작업이었다. 릴케(R. M. Rilke)의 시 「고대의 아폴로 토르소」("Archaischer Torso Apollos")의 마지막 문장, 즉 "그대는 그대의 삶을 바꿔야만 한다"가 루카치 미학의 모토였던 것이다.[12] 달리 말하면, "사랑의 사회"[13], "자유의 나라"를 구성하는 인격의 형성을 궁극적 목적으로 하는 '공산주의적 휴머니즘'이 루카치의 마르크스주의적 문학예술론의 내재적 동력이자 척도였다.

물론 이 "자유의 나라"는 "필연의 나라"를 토대로 한다. "필연의 나라"는 생물학적 존재로서의 인간의 재생산이 이루어지는 영역으로서, 인간은 사회적 존재이자 동시에 자연적 존재라고 하는 극복 불가능한 근본사실로 인해 영구히 폐지될 수 없는 영역이다. 자연적 한계들을 부단히 뒤로 밀어내는 과정이 곧 인간의 사회화, 인간의 인간화 과정이지만, 그 자연적 존재 없이는 사회적 존재로서의 인간도 존립할 수가 없다. 이러한 사태를 더 적극적으로 말하면, 자연에 내재하는 잠재력을 인류의 바람직한 목적을 위해 개발하고 전유하는 자연의 인간화 과정이 자연을 착취하고 파괴하는 식으로 진행되어서는 안 된다. 그럴 경우 그것은 사회적 존재이자 동시에 자연적 존재이기도 한 인간 자신의 근본을 파괴하는 결과를 낳을 수밖에 없다. 이렇게 보면 "자유의 나라"는 자연과의 공생 없이는 성립할 수 없다. 따라서 루카치의 공산주의는, 자유로운 인간들이 서로 공생하고 그 인간들이 자연과도 공생하는 삶의 형태를 추구한다는 의미에서 '자유·공생주의'로 요약될 수 있다.

루카치는 1965년부터 생애 마지막 순간까지 몇몇 대담에서 '가장 나쁜 사회주의가 가장 좋은 자본주의보다 낫다'라는 취지의, 일견 이데올로기에 눈먼 듯이 보이는 발언을 한 바 있다.[14] 여기서 먼저 염두에 두어야 할 것은, 그가 "가장 나쁜 사회주의"라는 말로 가리키고 있는 것은—루카치 사후에 있었던 캄보디아의 폴 포트 정권 같은 '야만적 사회주의' 국가가 아니라—스탈린이 지배한 소련이며, "가장 좋은 자본주의"라는 말로는—스웨덴이나 스위스 같은 '수정자본주의' 국가가 아니라—미국을 지칭하고 있다는 사실이다. 인류의 문화를 말살하려 한 히틀러·파시즘의 세계지배를 차단한 결정적 힘은 "가장 좋은 자본주의"인 미국이 아니라 "가장 나쁜 사회주의"인 소련이었다는 것, 미국이 원자폭탄을 독점함으로써 야기할 수도 있었을 인류적 재앙을 막은 것도 소련이었으며, 대량생산·대량소비 체제 및 이에 따른 소비주의 이데올로기에 의해 지배받는 "미국식 생활방식"의 지구적 확산을 저지한 것도 다른 자본주의 국가들이 아니라 소련이었다는 것이 루카치의 생각이다. 요컨대 인류의 문화, 인류의 생명을 지키고 나아가 인류의 터전인 지구 생태계의 종말을 막은 것은 "가장 좋은 자본주의"인 미국이 아니라 "가장 나쁜 사회주의"인 스탈린 치하 소련이었다는 것이다. 이런 입장에 서 있었기 때문에 당시 루카치는 '현실사회주의'에 '저항'하는 대신 사회주의의 '개혁'을 도모하는 길을 택했다.

세계사적인 관점에서 스탈린·소련의 긍정적인 역할을 인정한다 하더라도, 그것은 "가장 나쁜 사회주의"에 지나지 않는다. 그 스탈린식 사회주의가 진정한 사회주의가 되기 위해서는, 그리하여 마르크스주의·공산주의가 원래 가졌던 진정한 이데올로기적 힘을 회복하기 위해서는 스탈린주의와 완전히 단절할 것을 주장한 루카치였지만, 그렇다고 해서 부르주아 민주주의를 그 대안으로 받아들일 태세마저 보였던 당시 사회주의권 내 '반체제' 지식인들의 노선에는 동의할 수 없었다. 레닌이 이끈 사회주의 혁명을 배반한 '사회주의'이지만, 그것을 극복하는 대안이 부르주아 민주주의가 되어서는 안 된다고 믿은 루카치는, "진정한 양자택일은 [스탈린주의냐 부르주아 민주주의냐가 아니라] 스탈린주의냐 사회주의적 민주주의냐이다"[15]라고 주장한다. '현실사회주의'가 부르주아 민주주의적 개혁에 나서는 순간, CIA의 개입으로 전복된 그리스의 전철을 밟게 될 것이라는 것이 60년대 당시 루카치의 생각이었다.

그로부터 근 반세기가 지난 지금 우리는, 사회주의의 자체 개혁이 실패했다는 것을 알고 있다. 그리하여 동구 사회주의권이 결국 붕괴하고 글로벌 자본주의 체제가 구축되는 과정을 목도했다. 그리고 한때 "역사의 종언"과 함께 "대안은 없다(TINA)"라는 슬로건이 유행하기도 했다. 하지만 그 과정에서 우리는 '더 이상 대안이 없어서는 안 된다'는 것도 알게 되었다. 바로 이러한 현실 인식이 우리가 '다시, 루카치 읽기'를 시작하는 출발점이다.

이 책은 『게오르크 루카치―과거와 미래를 잇는 다리』를 발표한 후에 공부하고 쓴 것들을 바탕으로 새로 작성한 글들로 구성되었다. 맨 앞의 글인 「루카치의 삶과 사상에 대한 단장들」은 루카치가 어떤 사람이었는지를 소개하기 위해 쓴 짧은 글들의 묶음이다. 루카치의 자서전과 서한집을 다룬 한 매혹적인 서평에서 마샬 버먼(M. Berman)이 한 말을 빌리자면, "디즈레일리와 니체의 시대에 태어나 비틀즈가 등장하고 달 위를 걷는 시대까지" 살았던 사람, 그 긴 시간 동안 "우리가 상상할 수 있는 거의 모든 주제와 거의 모든 장르에 걸쳐 많은 글"을 남긴 사람, "여기 우리 한가운데에 바로 어제까지 있었다는 사실이 믿어지지 않는" "비극적"이고 "영웅적"인 삶을 살았던 사람이 루카치이다.[16] 전쟁과 혁명들로 점철된 "극단의 시대"(에릭 홉스봄E. Hobsbawm) 한복판에서 수많은 고비와 갈래를 함유한 장대(張大)한 삶을 살았던 그의 본격 전기를 쓰기에는 아직 능력이 한참 모자라는 나로서, 지금 시도해 볼 수 있는 글쓰기 형식으로 써본 글이 첫 번째 글이다. 임의로 선정한 몇 가지 토픽에 따라 단상에 가까운 생각들을 비교적 느슨한 형식으로 적은 이런 형식의 글쓰기는, 앞으로 토픽 자체가 얼마든지 늘어날 수 있으며, 또 각각의 글 자체도 계속 보완되고 확장될 수 있다는 것을 전제로 하는 것이다. 각기 다른 측면에서 루카치라는 하나의 주제에 접근한 각 단장이—비록 토픽 자체나 각 글의 내용이 아직 빈약하긴 하지만—중첩되고 포개지면서 인간 루카치를 조금이나마 입체적으로 조명하는 효과를 낳을 수 있기를 기대해본다.

두 번째 글「루카치 공부하기의 어려움—인문학 공부의 기초와 관련하여」는 이 책에 수록된 글 중 유일하게 처음 발표했던 그대로 실은 것이다. 이 글은 비평동인회 〈크리티카〉에서 발간한 동인지『크리티카 Vol.3』(사피엔스21, 2009)에 '리뷰'로 수록되었던 글이다. 일반적으로 리뷰의 유효성은 그 글을 쓰고 발표한 시공간에 크게 좌우된다. 이 글을 발표한 당시와 지금 학계의 사정은 많이 다를 수 있다. 하지만 이 글을 통해 전하고자 한 취지를 근본적으로 수정할 만큼 상황이 바뀐 것 같지는 않으며, 나의 문제의식에도 큰 변화가 없다. 그래서 '철 지난' 리뷰를 다시 수록하는데, 현장성이 중요한 리뷰로 작성된 글이기 때문에 어색한 표현을 고치는 정도 이상의 수정은 가하지 않았다. 처음 발표한 지 10년 가까운 시간이 흘렀기 때문에 '사실' 차원에서 보충이 필요해진 대목에서는 주를 활용했는데, 주에서 [보충]이라고 적어 나중에 추가한 내용임을 알 수 있게 했다. 독자 여러분은 이 글이 2009년에 발표된 글임을 감안하고 읽어주시길 바란다.

이 책의 '본론'은 세 번째 글「루카치의 전(前) 마르크스주의적 사상의 측면들—『소설의 이론』을 중심으로」에서부터 시작한다. 이 글은 '초기 루카치', 정확하게 말하면 공산주의로 '회심(回心)'하기 전까지의 루카치를 소개하고자 쓴 글이다. 2000년에 발표한 책 『게오르크 루카치—과거와 미래를 잇는 다리』에서는 1920년대 중반부터 타계할 때까지의 루카치를 주로 다루었다. 따라서 이 글은 그 책에 비어 있었던 지점들 중 한 곳을 메꾸는 의미를 갖는다. 그다음 논문인 「루카치의 마르크스주의 문학론의 구성요소—자본주의·휴머니즘·미메시스·리얼리즘」은 루카치가 1930년대 초부터 사망할 때까지 쓴 글들을 바탕으로 그의 문학론 전체의 얼개를 포괄적으로 고찰해본 글이다. 그 과정에서 루카치의 후기 미학과 존재론의 사유들도 일부 소개되는데, 존재론에 대한 조금 더 구체적인 설명은 이어지는 글 「루카치의 마르크스주의 존재론의 발생사와 근본요소—『프롤레고메나』를 중심으로」에서 이루어진다. 이 글은 루카치의 마지막 작품 『사회적 존재의 존재론을 위한 프롤레고메나』를 통해 루카치 존재론의 문제의식과 기본원리를 다룬 글이다. 이 책의 마지막 논문 「루카치의 마르크스주의 미학의 방법론적 기초—'마르크스주의 미학의 아포리아'를 중심으로」는 마르크스주의 미학의 고전적 주제 중 하나인 '예술작품의 발생과 가치' 문제를 루카치의 존재론적 사유에 의거해 살펴본 글이다. 이 문제를 고찰하는 과정에서 우리는 루카치가 미학적 문제들을 다룰 때 작동하는 사유 방법의 일단을 확인할 수 있을 것이다.

이상의 글들 각각은 그 자체로 완결된 형식을 취하고 있기 때문에 따로 읽어도 무방하다. 그러나 루카치의 일생, 루카치 수용의 문제점, 초기 루카치, 마르크스주의 시기 루카치의 문학론과 철학과 미학 등 루카치의 삶과 사상을 구성하는 주제들을 미흡하게나마 두루 다루었기 때문에 수록된 글들을 다 읽으면 루카치에 대한 전체적인 상(像)이 어느 정도 형성될 수 있으리라 생각한다.

이런 식으로 독자 여러분들께 이 책이 일독할 가치가 있는 책이 되기를 바라지만, 책을 쓰면서 성긴 곳과 빈 곳이 아직도 너무 많다는 것을 실감했다. 성실성과 학문적 역량의 모자람이야 너무나 분명한 사실이라서 더 이상 핑곗거리도 못되겠지만, 루카치의 사유세계 전체가—순전히 양적인 측면에서만 보더라도—방대하다는 점은 '면피용'으로 슬쩍 말해두고 싶다. 비록 루카치 사상의 일부를 다룰지언정 생각과 문장은 언제나 구체적이고 깊어야 한다고 생각하니 보완하고 싶은 곳이 한두 곳이 아니었다. 하지만 이러한 보완은 해도 해도 끝이 없을 일이다. 지금으로서는 부족한 곳을 확인한 것으로 '만족'하고 공부의 한 매듭을 짓는 것이 좋겠다고 생각했다. 차례차례, 조금씩, 빈 곳을 메워나가는 공부를 계속할 수 있기를 바랄 뿐이다.

마지막으로, 이 책의 출판을 흔쾌히 맡아주신 산지니 출판사의 강수걸 대표님과 원고를 다듬어주신 편집자 윤은미님께 감사의 마음을 전한다. 루카치의 자서전 『삶으로서의 사유』와 그의 마지막 실제비평 『솔제니친』도 곧 산지니 출판사를 통해 세상에 나올 것이라는 점도 밝혀둔다. 아무쪼록 이 책들을 통해 루카치를 처음 또는 다시 접하는 독자들이 생겨나기를 기대해본다.

이 책을, 지금은 하늘 나라에 계신 아버지께 바칩니다.

2018년 여름, 김경식

차례

I
루카치의 삶과
사상에 대한 단장들

I
루카치의 삶과 사상에 대한 단장들

루카치의 주요작품

게오르크 루카치(Georg Lukács)라는 독일식 이름으로 더 많이 알려진 헝가리 출신의 사상가 루카치 죄르지(Lukács György)[1]는 문학이론과 문학사, 비평과 미학, 철학과 정치사상 등 여러 방면에 걸친 방대한 사유를 통해 20세기 사상사에 선명한 족적을 남겼다. 한국에서 그의 사유는 특히 각별한 주목을 받아왔는데, 20여 종이 넘는 번역서와 80여 년에 걸친 수용의 역사가 말해주듯이 그가 우리 지성사, 그중에서도 특히 문학계에 끼친 영향은 유례가 없을 정도로 장기적이고 강력했다.[2]

루카치는 1885년 4월 13일, 유대인으로서 자수성가하여 헝가리 왕실 추밀고문관이자 헝가리 일반 신용은행의 은행장에 오른 아버지 요제프 폰 루카치(József von Lukács, 1855~1928)와 오스트리아의 부유한 유대인 집안 출신인 어머니 아델레 베르트하이머(Adele Wertheimer, 1860~1917) 사이에서 2남 1녀 중 둘째로 태어났다(원래 3남 1녀였는데, 루카치보다 한 해 아래 태어난 파울Paul은 세 살 때 디프테리아로 사망했다). 이후 1971년 6월 4일 부다페스트에서 사망하기

까지 그가 펼친 사유의 세계는 "이 사람이 여기 우리 한가운데에
바로 어제까지 있었다는 사실이 믿어지지 않는다"[3]라는 마샬 버
먼(M. Berman)의 말이 과장된 것으로 들리지 않을 만큼 넓고 웅장
하다.

  부다페스트에 있는 개신교 김나지움에 재학 중이던 10대 후반
에 문예잡지에 연극비평을 기고하면서 문필활동을 시작한 그는,
1902년 부다페스트 대학 법과대학에 입학해 법학과 경제학을 공
부한다. 하지만 어떤 이유에서인지는 정확히 알 수 없지만 박사학
위는 부다페스트 대학이 아니라 헝가리 왕립 프란츠 요제프 대학
(콜로주바르Kolozsvár 대학)에서 받는다(1906년 10월 법과대학에서 정
치학 박사학위 취득). 그러나 이미 그 당시 그의 주된 관심은 문학
및 예술사와 철학에 가 있었다. 직접 창작활동에도 관여했는데,
대학 재학 중인 1904년에 산도르 헤베시(Sándor Hevesi), 머르첼 베
네데크(Marcell Benedek), 라슬로 바노치(Lászlo Bánóczi) 등과 함께 극
단〈탈리아〉(Thalia)를 창단, 1907년까지 무대에 올릴 외국작품을
번역하고 각본을 쓰는 등의 활동을 했다. 괴테, 헤벨, 입센, 하웁
트만, 고리키, 스트린드베리(A. Strindberg), 단눈치오(G. D'Annunzio)
등의 작품을 헝가리어로 처음 공연한 이 극단은, 헝가리 최초로
노동자를 관객으로 끌어들이려 시도한 극단이기도 했다. 이 극
단의 경험을 바탕으로 루카치는 그의 첫 번째 책인『근대 드라
마의 발전사』초고를 1907년 가을에 완성한다. 이 글로 1908년 2
월 헝가리의 보수적 단체인 키슈펄루디 협회(Kisfaludy-Gesellschaft)
가 수여하는 크리스티너-루카치(Krisztina-Lukács) 상을 받은[4] 그
는 이후 원고를 철저히 개정, 1911년 두 권의 책으로 출판한다(A
modern dráma fejlödésének története I-II : 독일어판 Entwicklungsgeschichte des
modernen Dramas는『게오르크 루카치 저작집』제15권으로 1981년에 출

판). 그 사이 부다페스트 대학에서 철학과로 전과한 그는 칸트, 빌헬름 딜타이(W. Dilthey), 게오르크 지멜(G. Simmel) 등을 집중적으로 연구하는 한편, 그의 책 중 이론 부분을 다듬은 「드라마의 형식」("A dráma formája")으로 철학 박사학위를 취득한다(1909년 11월).

『근대 드라마의 발전사』가 지멜의 영향이 두드러진 일종의 문학사회학적 관점에서 쓰였다면, 이 책의 초고가 작성된 무렵부터 완성본이 나올 때까지 쓴 일련의 에세이들은 키르케고르의 흔적이 뚜렷한 형이상학적 · 실존주의적 입장에서 산출되었다. 그 에세이들은 『영혼과 형식』이라는 제목으로 1910년에 헝가리어로 출판되었는데, 루카치는 이를 독일어로 다시 옮기고 「동경과 형식: 샤를르-루이 필립」("Sehnsucht und Form: Charles-Louis Philippe")과 「비극의 형이상학: 파울 에른스트」("Metaphysik der Tragödie: Paul Ernst")를 추가하여 1911년 독일에서 출판한다.[5] 현대 실존주의의 원형으로 평가받는 이 책은 막스 베버(Max Weber), 토마스 만(Thomas Mann), 발터 벤야민(W. Benjamin) 등 우리에게도 친숙한 독일 지성들에게 깊은 인상을 주게 된다.

1906년부터 1911년 초까지 딜타이와 지멜이 있는 베를린에 자주 머물렀던 루카치는 지멜이 이끄는 콜로키엄에서 만난 동갑내기 철학자 블로흐(Ernst Bloch)의 권유로 1912년 하이델베르크로 활동무대를 옮긴다. 그곳에서 루카치는 하인리히 리케르트(Heinrich Rickert), 에밀 라스크(Emil Lask), 막스 베버, 슈테판 게오르게(Stefan George) 등과 교류하면서 교수자격을 취득하기 위한 미학 집필에 착수한다. 하지만 곧이어 1차 세계대전이 발발했고, 루카치는 그 전쟁 자체에 대해서뿐만 아니라 전쟁에 특별한 의미를 부여하거나 전쟁을 지지하는 독일 지식인들의 태도에 대해서도 큰 충격을 받게 된다. 이에 루카치는 집필 중이던 미학을 중단하고 도스토옙스키를 통해 유럽적 근대를 초극할 새로운 역사철학과 윤리학을 모색하는 작업에 매진하게 된다. 하지만 그 당시 루카치로서는 도저히 감당할 수 없을 정도로 작업이 방대해지면서 그 일은 결국 중도에 그치고 마는데, 그 부산물로『소설의 이론』이 탄생한다.[6] 나중에 현대 소설론의 고전 반열에 오르게 되는 이 책을 통해 그는 헝가리를 넘어 독일에서까지 문명(文名)을 얻게 되지만, 이후 그의 삶은 누구도 예상치 못한 방식으로 극적인 전환을 겪게 된다. 그에게 절망의 대상이었던 유럽적 근대에서 벗어날 수 있는 현실적 대안으로 제시된 1917년 러시아혁명은, 그로 하여금 촉망받는 신진 학자에서 혁명적 공산주의자로 삶의 양식과 세계관을 통째로 바꾸게 한 결정적 계기가 된다. 그리하여 1918년 12월 중순, 창당한 지 3주가 된 헝가리 공산당(1918년 11월 24일 창당)에 입당한 그는, 이후 50여 년의 시간 동안—자신의 삶을 스스로 "마르크스로 가는 길"이라고 표현할 정도로—누구보다도 충직한 마르크스주의자로서의 삶을 살았다.

1919년 헝가리 평의회 공화국(Die Ungarische Räterepublik, 1919년 3월 21~8월 1일)이 수립된 지 133일 만에 루마니아와 체코슬로바키아의 침공에 의해 붕괴된 후 그는 기나긴 망명 생활에 들어간다. 첫 번째 망명지 오스트리아에서 정치 활동을 하던 와중에 집필한 글들을 조탁한『역사와 계급의식』이 출간된 것은 1923년이었다. 마르크스주의 '철학'을 지향하고 있는 이 책에서 그는 러시아와는 다른 선진 자본주의 사회에서 가능한 사회주의 변혁의 문제를 이론적으로 고찰하고 있는데, 이를 통해 그는 그람시(A. Gramsci) 및 코르쉬(K. Korsch)와 더불어 "서구 마르크스주의의 창시자"라는 위명(偉名)을 얻게 된다. 한쪽에서는 "헤겔적 마르크스주의의 고전"

으로, 또 다른 한쪽에서는 "현대 수정주의의 판도라 상자"로 불리게 될 이 책에서 근대 자본주의의 발전을 사물화 · 합리화의 증대 과정으로 설명하는, 마르크스주의 이론의 역사에서 한 획을 긋는 사유 방식을 선보인 그는, 하지만 20년대 중 · 후반의 이론적 · 실천적 경험을 거치면서 스스로를 '레닌적 마르크스주의'에 밀착시켜 나간다.

1920년대 말엽 망명지에서 벌어진 헝가리 공산당 내의 분파 투쟁에서 패하고 정치 일선에서 물러난 그는, 자신의 출발지였던 문학과 미학의 영역으로 복귀한다. 그것은 정치적 위험 부담이 상대적으로 적은 영역에서, 달리 말하면 자기 자신의 목소리를 낼 여지가 상대적으로 큰 영역에서, 연구와 비평 활동을 통해 공산주의 운동과 반파시즘 투쟁에 복무하고자 한 선택이기도 했다.

1929년 오스트리아 정부에 의해 추방당한 그는 처음에는 모스크바(1930~31)로, 이어서 독일 베를린(1931~33)으로 활동의 거점을 옮기면서 이데올로그로서 공산주의 운동에 헌신한다. 독일에서 히틀러가 권력을 장악한 지 두 달 뒤인 1933년 3월 중순경 그는 다시 스탈린 치하의 모스크바로 돌아온다.[7] 모스크바에서 그는 반파시즘 투쟁과 공산주의 운동의 지속을 위해 스탈린의 "일국사회주의" 노선과 정책에 동의하는 가운데 이른바 "빨치산 투쟁(Partisanenkampf)"[8]을 통해 자기 나름의 마르크스주의적 입장을 발전시켜 나가는데, 그렇기 때문에 스탈린주의에 대한 그의 태도는 "양가적이고 전략적"[9]이었다. 그의 이러한 태도는 문학이론의 문제와 관련해서도 확인할 수 있는데, 그는 소련의 공식 철학과 마찬가지로 반영론을 유물론의 기본 입장으로 인정하면서도—엥겔스와 레닌뿐만 아니라 때로는 스탈린까지 방패막이로 내세우면서—그것의 기계적 적용을 배격했으며, 리얼리즘을 문학적 지표로 내세우지만 공식적인 '사회주의 리얼리즘' 이론이나 이에 따른 작품에 대해서는 거리를 취했다. 이 시기 대표적인 문학비평으로는 「서사냐 묘사냐?」("Erzählen oder beschreiben?"), 「문제는 리얼리즘이다」("Es geht um den Realismus"), 「마르크스와 이데올로기의 쇠락 문제」("Marx und das Problem des ideologischen Verfalls") 등이 있다. 그의 30년대 대표작 중 하나인 『역사소설』은 그가 관여했던 『문학비평가』(Literaturnyj kritik)에 러시아어로 연재되었지만(1937~38) 책으로는 한참 뒤에 나왔다(1947년에 헝가리어판이, 1955년에 녹일어판이 출판되었다). 그 내용이 당시 소련 문학계를 지배했던 파데예프(A. A. Fadeev)의 노선에 부합하지 않았기 때문에 책으로 출판될 수는 없었던 것이다.

철학적 작업에서는 공식 노선과의 차이가 한층 더 두드러진다. 가령 1930년대 후반에 집필이 끝난 『청년 헤겔』[10]의 기본 관점은 헤겔을 프랑스 혁명에 반대한 봉건적 반동 이데올로그로 평가한 당시 소련 및 코민테른의 공식적 입장과 배치되는 것이었으며, 원고의 대부분이 2차 세계대전 중에 쓰인 『이성의 파괴』는 서구의 근대 철학을 유물론과 관념론의 대립이라는 획일적 틀로 재단하는 도그마에 반대하는 한편, 합리주의와 비합리주의 모두에 맞서는 관점을 취하고 있다. 『청년 헤겔』이 소련에서 출판되지 못하고 1948년에 스위스에서 출판된 것이나, 『이성의 파괴』가 1954년이 되어서야 옛 동독에서 출판될 수 있었던 것도 이런 입장의 차이와 전혀 무관한 일은 아니었을 것이다.[11]

1944년 12월,[12] 근 사반세기에 걸친 망명생활 끝에 루카치는 전쟁으로 황폐해진 헝가리로 돌아온다. 곧이어 1945년 11월 부다페스트 대학에 미학과 문화철학 담당 정교수로 취임하여 대학 강단에서 학생들을 가르치는 한편, 헝가리 의회 및 학술원의 일원이자 여러 잡지의 편집에 관여하는 공적 지식인으로서 삶을 살아간다. 하지만 1949년에 반(反)수정주의 투쟁의 일환으로 루카치에 대한 공격이 시작된 이후 헝가리에서 그는 '요시찰 인물'이 된다. 1953년 스탈린이 죽고, 1956년 소련 공산당 제20차 당 대회에서 스탈린의 개인숭배에 대한 흐루쇼프(N. Khrushchev)의 비판이 나온 이후 루카치는 스탈린을 억지 인용하던 "이솝의 언어"를 벗어던지고 온전히 자기 자신의 목소리로 발언하기 시작하는데, 이후 그의 집필 활동의 초점은 철학적으로는 실존주의, 신실증주의 등을 위시한 당시 서구의 지배적 철학 조류와 여전히 온존했던 스탈린주의 양자에 맞서 진정한 마르크스주의를 복원하는 데 놓여 있었으며(이는 60년대에 "유물론적·역사적인 존재론"을 정립하고자 하는 적극적 시도로 이어진다), 문학적으로는 '모더니즘'과 스탈린식 '사회주의 리얼리즘'을 동시에 극복하는 "제3의 길"로서의 리얼리즘 노선을 구축하는 데에 놓여 있었다(1958년 옛 서독에서 출판된 『오해된 리얼리즘에 반대하여』가 이를 잘 보여준다).

헝가리 공산당 내 반대파의 대표적 인물로 공적 발언을 하던 그는 1956년 10월에 발생한 '헝가리 민중봉기'에 연루된다. 소련의 '붉은 군대'의 총칼로 봉기가 진압된 후 그는 60년대 중반까지 가택 연금 상태로 지내게 된다. 어쩔 수 없이 연구와 집필밖에 할 수 없었던 조건을 전화위복의 계기로 삼아 그는 "청년기의 꿈"이었던 미학의 완성에 몰두한다.[13] 하지만 3부작으로 계획했던 미학 작업을 제1부(『미적인 것의 고유성』, 『게오르크 루카치 저작집』 제11/12권으로 1963년 출간)로 마감한 그는, 그에게 남아 있던 마지막 10여 년의 삶을 마르크스주의의 존재론적 재구축을 위해 송두리째 바친다. 그가 죽고 한참 뒤에 출판된 『사회적 존재의 존재론을 위하여』와 『사회적 존재의 존재론을 위한 프롤레고메나』

가 그 결과물이다. 그 사이에 그는 체코슬로바키아에서 발발한 이른바 "프라하의 봄"(1968년)을 맞이하여 『민주화의 오늘과 내일』을 집필하기도 했는데,[14] 마르크스주의 존재론의 연장선상에서 정치이론을 개진한 이 소책자는 옛 소련에서 고르바초프(M. Gorbatschow)가 주도했던 이른바 "페레스트로이카"를 전후로 다시 주목을 받게 된다.

원래 루카치는 존재론에 이어 마르크스주의 윤리학을 다루는 책을 쓸 계획을 가지고 있었다. 하지만 『사회적 존재의 존재론을 위한 프롤레고메나』를 마쳤을 때 그의 몸과 정신 상태는 더 이상 글쓰기가 불가능할 정도로 악화되어 있었다. 결국 윤리학은 구상과 발췌문으로만 남게 되었는데,[15] 이와 달리 제자들의 건의에 따라 이루어진 자서전 작업은 그의 경이적인 의지력과 제자들의 애정 어린 헌신 덕분에 완성될 수 있었다. 그가 자서전 집필을 위해 적어둔 메모를 근거로 제자들이 묻고 병상에 누운 그가 답하는 형식으로 진행된 자서전 작업은, 그의 사후 10년 뒤인 1981년에 『삶으로서의 사유』라는 제목으로 세상에 나올 수 있었다.[16] 이 작업을 끝낸 지 채 한 달도 안 된 1971년 6월 4일 죽음을 맞이한 그는, 부다페스트의 케레페시(Kerepesi) 공동묘지에 먼저 작고한 그의 아내 게르트루드 보르츠티예베르(Gertrud Bortstieber, 1882~1963)와 함께 안장되었다.

그가 타계하기 6년 전, 그의 80회 생일을 맞이하여 벗이었던 오스트리아의 마르크스주의자 에른스트 피셔(Ernst Fischer)가 그에게 바친 글 중에는 이런 대목이 있다.

당신에게 현존재는 사유가 되었고 사유는 행동의 힘이 되었습니다. (…) 당신은 당신의 사유를 살았습니다.[17]

어떤 인물을 기념하는 문장들이 흔히 그러하듯이 피셔의 발언
도 루카치의 삶과 사상을 칭송하는 데 방점을 두고 있는 것이 사
실이다. 그렇지만 루카치와 같은 형태의 삶을 산 학자나 사상가가
드문 것도 분명한 사실이다. 대(大)부르주아 집안이라는 생활조건
과 촉망받는 신진학자로서의 삶의 방식을 자기 사유의 결론에 따
라 일거에 포기하고 혁명적 공산주의로 '존재 이전'을 감행한 것
은 혁명기에 드물지 않게 볼 수 있는 장면이라 치더라도, 망명과
숙청의 고비 고비를 넘어 인류의 당면문제에 개입하는 글쓰기를
일생토록 지속한 삶은 실로 희귀한 것이다.

　혁명과 전쟁으로 점철된 20세기 초·중반의 역사적 시공간 속
에서, "신발보다 더 자주 나라를 바꾸면서 전쟁들과 계급들을 지
나갔던"(베르톨트 브레히트, 「후손들에게」) 역정 속에서, 그 현장 속
에서, 생각하고 글쓰기를 멈추지 않았던 그의 삶은 "구체적 보편
성"을 지향하는 그의 리얼리즘 이념을 그대로 살아낸 삶이 아닐
까. 바로 그 구체성 때문에 그의 사유에는 '구체적 현장 바깥'에
서 조망하고 관찰하는 사유들이 지닌 여백이 부족할지 몰라도, 자
본주의 세계체제 속에서 현재를 '파국'이 으르대는 '위기의 순간'
으로 사유하는 사람들에게는 그의 작품들이 "과거와 미래를 잇는
다리"로서 계속 참조될 수 있을 것이다. 가라타니 고진이 인용한
나카에 초민의 표현을 빌려 말하자면, 그가 재구축한 마르크스주
의, 그가 추구한 공산주의는 지금껏 실현된 적이 없기 때문에 여
전히 새롭다.[18] 그러한 그의 사상을, 이제 "아우라(Aura)"는 걷어내
고 "흔적(Spur)"[19]으로 대하면서 파악하고 전유하는 작업이 새로
시작되어야 할 때이다.

루카치와 여인

　루카치가 남긴 작품 중 여인에게 헌정된 책은 네 권이 있다. 『영혼과 형식』, 『소설의 이론』, 『역사와 계급의식』 그리고 『미적인 것의 고유성』이 그것이다. "에세이 시기"(1908~1911)[20] 루카치의 대표작인 첫 번째 책은 이르머 셰이들레르(Irma Seidler)에게 헌정되었고, 『소설의 이론』은 그의 첫 번째 아내였던, 책을 집필할 때는 부부였으나 책을 출판한 1920년에는 이미 이혼한 옐레나 안드레예브나 그라벵코(Jeljena Andrejewna Grabenko)에게 바쳐졌다. 『역사와 계급의식』과 이 책보다 정확히 40년 뒤에 나온 『미적인 것의 고유성』은 두 번째 아내이자 평생의 동지였던 게르트루드 보르츠티에베르(Gertrud Bortstieber)에게 헌정되었다. 루카치의 일생의 대표작에 속한다고 봐도 무방할 이 네 권의 책은 각기 다른 루카치를 드러내고 있는데, 이 세 명의 여인은 그 각각의 루카치의 삶과 사유에 중요한 영향을 미쳤다. 그런데 "루카치와 여인"이라는 제목을 단 글이라면 그의 어머니가 빠져서는 안 된다. 앞에서 말한 세 명의 여인이 이미 어른이 된 루카치의 삶과 정신세계에 깊숙이 들어왔던 사람들이라면, 어린 시절 루카치의 삶과 정신세계에 가장 깊은 흔적을 남긴 여인은 다름 아닌 그의 모친 아델레 베르트하이머이기 때문이다.

아델레 베르트하이머

　가부장제적 가족관계의 관념이나 프로이트적 정식분석의 도식에서 한 아이의 성장은 아버지의 훈육과 어머니의 사랑을 통과하는 것으로 설정된다. 이때 아버지는 기존 질서, 기존 가치체계의 상징이며, 그의 훈육은 금기(기존의 법)를 위반하는 아이의 행위를 벌하는 것으로 표상된다. 이러한 훈육을 통해 아이는 '아버지의 법'을 자기 것으로 받아들이거나 아니면 그 금기의 상징인 '아버지를 죽이는' '혁명'을 거쳐 마침내 어른이 된다.

루카치의 어린 시절에도 이 도식을 적용할 수 있지만, 그에게는 아버지와 어머니의 자리가 뒤바뀌어 있다. 루카치에게 일방적으로 사랑을 준 쪽은 어머니가 아니라 아버지였으며, 어머니는 사랑이 아니라 훈육을 담당했다. 법의 상징은 아버지가 아니라 어머니였으며, '어머니의 법'에 대한 반감이 기존 질서에 대한 어린 루카치의 부정적 인식과 태도에 강한 영향을 미쳤다. 루카치는 '혁명' 대신 "빨치산전(戰)"을 벌이는 방식으로 '어머니의 법'에 맞서 싸웠다. 다음은 86세의 루카치가 어린 시절을 회고하면서 한 말이다.

> 대담자—당신 어머니가 당신을 목재골방에 가두었을 때도 비슷하게 생각했나요?

> 루카치—어머니에 맞서서 나는 일종의 빨치산전을 벌였어요. 어머니는 우리에게 엄했거든요. 집에는 어두컴컴한 목재골방이 하나 있었습니다. 우리가 용서를 빌 때까지 우리를 그곳에 가두어 두는 것이 어머니가 가하는 벌의 일종이었어요. 형과 누이동생은 금방 용서를 빌었습니다. 반면에 나는 정확히 구분해서 행동했어요. 어머니가 나를 오전 10시경에 가두면 나는 10시 5분에 용서를 빌었습니다. 그러고 나면 모든 게 제자리로 돌아왔죠. 아버지는 1시 30분경에 집에 오셨습니다. 어머니는 아버지가 오셨을 때는 가능하면 집안에 긴장이 없도록 하려고 하셨어요. 따라서 나는 1시가 지나서 갇혔다면 절대로 용서를 빌지 않았을 거예요. 1시

25분이 되면 용서를 빌지 않았더라도 풀려나리라는 것을 알고 있었거든요.[21]

이러한 회고에서 우리는 나중에 그가 공산주의자로서 활동하고 살아남기 위해 해야만 했던 '자기비판(Selbstkritik)'의 메커니즘을 엿볼 수 있다. 뿐만 아니라 여기에서 우리는 이미 유명을 달리한 지 오래인 어머니에 대한 반감이 그의 인생 말년에도 사라지지 않았음을 느낄 수 있다.

루카치의 어머니 아델레 베르트하이머는 오스트리아의 부유한 유대인 집안 출신으로, 집안에서는 헝가리어보다 더 익숙한 독일어를 사용했다. 그래서 루카치에게 독일어는 헝가리어와 더불어 일종의 모어(母語)였고, 그 덕분에 그는 대부분의 작품을 독일어로 쓸 수 있었다. 루카치가 국제적인 명성을 얻게 된 데에는 이 점도 분명히 유리하게 작용했을 것이다.

루카치의 어린 시절 "집안의 분위기와 이데올로기를 지배"한 사람은 어머니였다. 그 분위기와 이데올로기를 루카치는 한마디로 "의례적인 것(Protokollarisches)"이라 정식화하는데,[22] 아무런 의미 없는 관례와 허식으로 가득 찬 사교생활에서 어머니는 유능했으며, 현명하고 교양 있는 여자로 처신했고 또 그렇게 인정받았다. 그런 집에서 보낸 어린 시절을 루카치는 자서전 초안에서 "집에서 절대적인 소외. 특히 어머니"[23]라는 말로 압축하고 있는데, 루카치에게 자본주의적 삶, 부르주아의 생활은 무엇보다도 그런 의례, 그런 무의미와 소외로 표상되었다. 루카치의 회고에 따르면 대부르주아 가정에서의 그런 성장 경험이 그에게 "자본주의적 삶에 대한 경멸에 찬 증오심"을 갖게 만들어 주었으며, 이로 인해 그는 다수의 노동자들과 소시민적 지식인들이 결국에 가서는 자본

주의 세계의 위력에 경외심을 갖곤 하는 것과 같은 잘못에 빠져들지 않을 수 있었다.[24]

　루카치가 어렸을 때 아버지는 아이들이 잠든 후에나 귀가했기 때문에 일요일 말고는 얼굴을 보기 힘들었다. 루카치 남매 옆에 항상 같이 있었던 사람은 어머니였다. 어린 루카치는 그런 어머니에게 인정받고 사랑받기를 원했지만 어머니는 유독 형만 사랑했다. 루카치보다 한 살 많은 형 한스(Hans)에 대한 어머니의 편애는, 어린 루카치가 보기에 사실을 왜곡하면서까지 유지되는 것이었다. 형보다 월등한 학습능력을 보였지만 자신의 탁월성을 끝내 인정하지 않았던 어머니에게 어린 루카치는 심한 배신감을 느꼈을 법하다. 맏아들에게 쏠린 어머니의 사랑에서 같이 소외된 탓에 어린 시절부터 루카치와 친밀했던 여동생 마리아(Maria)는, 어머니에 대한 루카치의 감정을 "실망한 사랑(die enttäuschte Liebe)"이라는 말로 표현한 적이 있다. 그녀가 1973년에 기록한 기억의 한 대목이다.

> (…) 그것은 실망한 사랑이었다. 마지막까지 규리(Gyuri)[루카치의 애칭-인용자]는 거의 증오심을 가지고 어머니에 대해 이야기했다. 몇 년 전, 아마 4년 전 규리와 나는 우리의 어린 시절에 대해 이야기했다. 어머니에 대한 그의 판단은 신랄했다. 나는 도무지 이해할 수가 없어 그에게 말했다. "그분이 돌아가신 지 이렇게 오래되었는데도 너는 잊을 수 없는 거야?" "잊을 수 없어. 그분은 내게 나쁜 것을 너무 많이 베풀어주셨지"라고 그는 말했다. 나는 "부모님의 결혼이 없었다면 우리가 지금 여기에 앉아서 이야기할 수도 없을 거라는 걸 너도 결국은 알아야만 해. 너도 나와 마찬가지로 그 결혼의 산물이야"라고 말했다. 이에 대해 그는 아무 대꾸도 하지 않았다. 우리는 이에 대해 더 이상 이야기하지 않았다.[25]

루카치는 아홉 살 때 『일리아스』와 『모히칸족의 최후』를 읽고 의미 있는 첫 독서체험을 했다고 회고한 바 있다. 이 두 책에서 루카치는 성공이 올바른 행동을 판가름하는 기준(이것은 루카치의 아버지가 옹호하는 세계관이었다)이 아니며 오히려 성공하지 못한 사람이 올바르게 행동한다는 것을 배웠다고 한다.[26] 루카치에게 평생 기억되고 작용하게 되는 이 독서체험이 어린 루카치에게 생성된 데에도 어머니와의 관계가 작동하지 않았을까? 어머니로부터 사랑받기에 성공하지 못한 어린 아이의 심정이 아킬레우스에게 패한 헥토르에게, 유럽인들에게 짓밟힌 인디언들에게 쉽게 감정이입할 수 있게 만든 건 아닐까? 나중에 그 아이는 저명한 학자, 성공한 대학교수가 되기를 바라는 집안의 기대를 저버리고,[27] 성공한 소수에게 지배받고 착취당하는 다수 인류와 함께 하는 삶을 선택하게 된다. 그의 모친 아델레 베르트하이머는—그녀에게 다행인지 불행인지 몰라도—그가 이러한 '선택'을 하기 전해인 1917년에 세상을 떴다. 향년 57세였다.

이르머 셰이들레르

청년 루카치의 첫사랑은 아닐지 몰라도 그가 그때까지 경험치 못했던 '강렬한' 관계에 빠져들었음에 틀림없는 이르머 셰이들레르와 그의 첫 만남은 1907년 12월 18일 부다페스트의 한 문학 살롱에서 이루어졌다. 당시 루카치는 정치학 박사학위를 취득하고 헝가리 왕실 상무성에서 보좌관으로 잠시 일한 뒤 베를린과 부다페스트를 오가면서 철학과 미학을 공부하던 중이었다. 이르머 셰이들레르는 루카치와 마찬가지로 헝가리 상류계층에 속했던, 미술을 전공한 여인이었다. 루카치보다 두 살 많았던 그녀는 매력적인 외모 못지않게 충분히 지적이었지만, 그 당시 '너무나 정신적인' 루카치에게는 '삶의 화신'으로 현현한다. 두 사람의 관계가 친밀해지면서 그녀는 루카치에게 '이해'가 아니라 '사랑'을 원하게되지만, 그녀의 적극적인 구애 앞에서 루카치는 그녀를 '동경'하면서도 다가서는 데는 늘 주저하는 모습을 보였다. 이미 '정신'의영역에 깊이 뿌리내리고 있었던 루카치에게 그녀와 함께하는 '삶'이란 도저히 결합 불가능해 보이는 두 이질적 세계의 공존을 의미하는 것으로 인식되었다. 당시 그에게는 키르케고르적 인간형과자신을 동일시하는 경향이 있었다.

> 위대해질 수 있기 위해서는 행복과 햇살을 조금이라도 상기시키는 모든 것이 영원히 금지되어 있어야만 하는 그런 인간들이 있다.[28]

스스로를 그런 인간들과 한 부류로 여겼던 그에게 셰이들레르라는 존재는 격심한 동요를 가져왔다. 그리하여 루카치는 그녀와만나서 결별하기까지 삶과 정신, 삶과 예술, 삶과 작품, 삶과 형식의 화해 가능성을 여러 각도에서 여러 매질(媒質)을 통해 묻고 또모색했는데, 이 작업은 셰이들레르가 1908년 말에 루카치와 결별한 뒤 동료화가와 결혼한 뒤에도 계속 이어졌다.

루카치의 일생에서 "에세이 시기"라 불리는 이 무렵에 쓰인 상당수 에세이를 루카치는 "이르머 에세이"라 불렀다. "쇠렌 키르케고르는 레기네 올센과의 관계를 작시(作詩)했다"는, 『영혼과 형식』에서 루카치가 인용하고 있는 루돌프 카쓰너(Rudolf Kassner)의말은, 루카치 자신에게 해당하는 말이기도 했다. 그 또한 이르머셰이들레르와의 관계를 작시했던 것이다. 키르케고르가 그러했듯이, "진실을 은폐하기 위해서가 아니라 진실을 말할 수 있기 위해서".[29] 루카치는 "이르머 에세이"들을 포함하고 있는 『영혼과 형식』 독일어판(1911년 11월 Fleischel-Verlag에서 출판)을 이르머 셰이들레르에게 헌정했다. 하지만 그때 그녀는 이미 이 세상 사람이 아니었다.

1911년 5월 어느 날, 이탈리아의 피렌체에 머물러 있었던 루카치는 충격적인 신문기사를 접하게 된다. 5월 18일 이르머 셰이들레르가 다뉴브강에 몸을 던져 목숨을 끊었다는 기사였다. 경악과 절망감이 루카치를 엄습했다. 5월 24일에 루카치가 쓴 일기의 한 대목이다.

> 이렇게 불쌍한 사람이 없다, 신은 그를 더 불쌍하게 만들 수가 없다. 그
> 것을 나는 몰랐다. 지금은 안다, 끝났다는 것을. 모든 끈이 찢겨져나갔
> 다─그녀가 모든 끈을 대표했으니 말이다. 이제부터 있는 것이라고는 목
> 적 공동체와 목표들뿐이다. 그리고 책무들, 그리고 일[이 있을 뿐이다─
> 인용자]. 그도 그럴 것이 그녀는 모든 것이었다. 모든 것. 나의 모든 생각
> 은 내가 그녀에게서 가져온 꽃이었다. 그녀의 기쁨과 그녀의 삶의 가치
> 는 그 꽃이 그녀의 것이라는 데 있었다.[30]

그리고 죄책감이 몰려왔다. 당시 그의 절친한 벗이었던 레오 포페르(그도 같은 해 10월 23일 결핵으로 요절하고 만다)에게 보낸 5월 26일자 편지에서 루카치는 다음과 같이 적고 있다.

> 만일 누군가가 그녀를 구할 수 있었다면, 그건 나였을 터인데… 나는 그
> 러려고 하지 않았고, 또 그럴 수가 없었어. 나는 그녀의 '좋은 벗'이었어,
> 알아.─하지만 그녀는 그런 것을 필요로 하지 않았어. [그녀가 필요로 했

던 것은-인용자] 다른 것, 그 이상의 것이었어. 나는 행동할 태세가 갖춰져 있지 않았어. 그래서 심판이 내려진 거야.[31]

루카치는 그녀의 죽음을 자신에게 내려진 "신의 심판"으로 받아들였다. 견디기 힘든 죄책감과 자기 회의는 루카치를 삶과 죽음의 갈림길에 서게 했는데, 죽음의 유혹을 이겨낸 루카치는 그녀의 "자살에 대한 책임을 윤리적으로 결산하려는 시도"로 「마음의 가난에 관하여」를 집필한다.[32] 이르머 셰이들레르의 돌연한 죽음, 그것도 전혀 예기치 못한 비극적 방식으로 이루어진 죽음에 대한 루카치의 경악, 그리고 만약 자신이 지금과 같은 존재가 아니었더라면 그녀를 구할 수 있었을 텐데, 하는 죄의식은 루카치로 하여금 그가 고수하고자 했던 존재양식, 그의 인격 전체에 대한 분석을 필요로 하게 만들었다. 루카치의 "경악과 자기성찰의 직접적 표현"이자 "자기고백"으로, 루카치의 텍스트 중 "가장 주관적인" 작품으로 읽힐 수 있는 「마음의 가난에 관하여」는 1911년에 헝가리어로, 1912년에 독일어로 발표되었다.[33]

이것으로 "에세이 시기"를 마감한 그는 철학적 미학으로 방향을 전환한다. 그리고 이와 동시에 심층에서는 "새로운 인간"의 윤리를 모색하는 길도 시작되었는데, 이제 그 길의 동반자는 "우리의 가장 강력한 서사시인의 가장 신성한 이름, 도스토옙스키"[34]였다. 후자의 길은 1차 세계대전이 발발하면서 더욱 분명해졌고, 급기야 그의 관심의 중심은 미학에서 윤리학으로 이동하게 된다.

옐레나 안드레예브나 그라벵코

1911년 베를린을 떠나 피렌체에 머물렀던 루카치는 1912년 하이델베르크로 생활의 무대를 옮긴다. 같이 베를린에 있다가 먼저 하이델베르크로 간 에른스트 블로흐의 권유와 지멜의 추천으로 하인리히 리케르트와 에밀 라스크, 그리고 특히 막스 베버가 있는 하이델베르크로 갔고, 그들과 어울려 지내면서 루카치는 마침내 안착할 곳을 찾았다고 생각했다. 그리하여 그는 하이델베르크 대학에서 교수직을 얻기 위해 교수자격청구논문 집필에 들어간다. 나중에 "하이델베르크 예술철학"이라 불리게 될 그 글을 작성 중이던 1913년 늦여름, 루카치는 친구인 벨러 벌라주(Béla Balázs) 부부와 함께 휴양차 머물렀던 이탈리아의 한 해변에서 그라벵코를 만나게 된다.

벌라주로부터 테러리스트 전력이 있는 러시아 아나키스트로 소개받은(실제로 그녀가 테러리스트였는지는 지금까지도 입증되지 않았다) 그녀는 루카치에게는 무엇보다도 '도스토옙스키의 세계에서 온 인물'이었다. 사람들의 영혼을 구제하기 위해 자신의 영혼을 희생할 용기를 지닌 인간! 루카치에게 그녀는 먼저 그런 인물로 다가왔다. 다음은 당시 벨러 벌라주가 쓴 일기의 한 대목이다.

> 첫째 날 우리는 친구가 되었다. 그녀는 도스토옙스키적 인물들의 경이로운 사례였다. 그녀의 모든 이야기, 모든 발상과 감정은 도스토옙스키의 가장 환상적인 장들에서 나올 법한 것이었다. 그녀는 테러리스트였다. 수년간 수감되었다. 엄청난 노동을 하느라 그녀의 신경, 위, 폐는 망가졌다. 지금 그녀는 아프고 지쳤다. 죽음에 대한 공포를 가지고 있으며, 또 자기 자신을 위한 뭔가도 원한다. 배우고 싶어 하며 교양을 쌓기를 바란

다. 그녀는 러시아 농민들을 가르쳤던 반면에 그녀 자신은 배움을 얻지 못했다. 슬프고 아름답고 속 깊고 영리한 사람. 그리고 놀라운 이야기들을 알고 있다. 규리(Gyuri)의 윤리학으로의 대전환—여기에는 레나[엘레나 그라벵코-인용자]와의 위대한 만남이 있다. 그녀는 그에게 하나의 시험소, 그의 문제들과 윤리적 명령의 인간적 현실화이다.[35]

그녀는 루카치에게서 정신적, 물질적 의지처를 구하고자 했고, 루카치는 그녀를 받아들였다. 이르머 셰이들레르의 자살로 충격을 받았던 루카치는 여인의 구애를 거부할 수 없었다. 게다가 당시 그녀는 병자였고, 물질적 지원과 헝가리 시민권이 필요한 상태였다. 루카치는 집안의 격렬한 반대에도 아랑곳하지 않고, 집안에 통보도 하지 않은 채 1914년 5월 20일 하이델베르크에서 그라벵코와 결혼식을 올린다.

그라벵코의 결혼관은 독특했던 것 같은데, 부부간 "결합의 충실성"은 육체적 관계에 구속되지 않는다고 생각한 듯하다. 아래에서 인용한 자서전 초안에서 루카치는 이를 "모던"하다고 적고 있으며, 독일 하이델베르크 대학 독문학·문예학 교수였던 디트리히 하르트(Dietrich Hardt)는 "부르주아적 결혼을 인정하지 않"는 "비타협주의적 생활형태"[36]와 관련짓고 있다. 그녀는 루카치와 처음 만났을 때도 이미 벌라주의 동생과 관계를 갖고 있었다. 처음부터 그녀는 루카치에게는 정신의 만족을 구했고 육체의 만족은 다른 남자들을 통해 충족시켰다. 그리고 이러한 생활은 결혼 후에도 이어져, 한집에서 두 남자와 함께 사는 "시험"을 하기에 이른다. 그녀의 애인이었던 빈 출신의 젊은 피아니스트 브루노 슈타인바흐(Bruno Steinbach)도 한집에서 같이 살았던 것이다. 세 사람의 동거 생활은 헝가리에서 루카치의 부친이 보내주는 돈으로 유지되었다.

막스 베버 서클(그 유명한 "일요서클")[37]에서 만난 칼 야스퍼스 (Karl Jaspers)에게 보낸 한 편지에서 루카치는, 정신분열증을 앓고 있는 브루노 슈타인바흐에 대한 그라벵코의 사랑을 뭔가 "운명적인, 본질적이고 필연적인 것"[38]이라고 적고 있지만, 이 세 사람의 이러한 공동생활은 오래가지 못했다. 루카치는 1917년 가을에 그라벵코와 결별하고 11월에 하이델베르크를 떠나 부다페스트로 돌아갔다. 이 모든 일은 1차 세계대전의 와중에 벌어졌으며, 그 사이에 『소설의 이론』이 쓰였다. 자서전 초안에서 루카치는 그라벵코와의 관계에 대해 다음과 같이 적고 있다. 조금 길지만 그대로 인용한다.

전쟁으로 인해 사생활에서도 [전쟁과] 유사한 혼란상태. 1913년 여름 J. 그라벵코(벌라주의 여자 친구. 사랑 +우정. 좋은—언제라도 끝낼 수 있는—[관계]의 두 토대)./

문필가로서 자유로운 생활: 적합한 기반. 하이델베르크의 상황: 결혼이 필요했음. 전쟁. J. 그라벵코: 러시아 여인, 유일한 보호책: 헝가리 시민권. 물질적 토대: 일 년. 예견할 수 있었음(J. 그라벵코는 이런 형식으로도 결혼생활이 실제로 가능하다고 여겼음): 그녀와 한 음악가의 애정관계. 셋이서 같이 거주: 결합의 충실성을 시험했음: 내면적으로 단절된 부부관계. 올바른 해결책: 전쟁이 끝난 후에야 우애롭게 갈라섬.

전쟁 중에 있었던 이 공동생활의 우애로운 그 모든 수단과 방법에도 불구하고: 우리가 우리 생활을 인간적으로 정직하고 동시에 '모던하게' 정초하려 애쓰는 데 도움이 되었던 그 모더니즘적 구성은 해체됨. 레나가 음악가와 헤어진 후 독재[39] 중에 나를 찾아왔을 때 우리 사이에 서로를 이해하는 우정이 있었던 것은 사실이나, 두 사람에게 이 우정은 각자 삶의 고유한 중심적 문제에 닿는 것은 아니었음. 삶의 중심에까지 미치는 유대는 없는 존중과 호감. 그녀의 날카롭고 명철한 지성, 한 인간의 본질을 한눈에 파악하는 그녀의 능력—언제나 높게 평가. (B. 쿤—보트랭[40] 등등.) 그러나 삶의 중심은 달리 놓임.[41]

비록 짧은 결혼생활이었지만 그라벵코와의 관계가 루카치로 하여금 러시아 문학과 러시아 혁명에 더 많이 주목하게 한 것은 분명한 사실이다(러시아어를 하지 못했던 루카치에게 그녀는 러시아 소설을 독일어로 옮겨 읽어주기도 했다). 아마도 그렇기 때문에 루카치는 1920년에 『소설의 이론』을 단행본으로 출판했을 때 그 책을 이미 헤어진 그라벵코에게 헌정했을 것이다.

게르트루드 보르츠티에베르

게르트루드 보르츠티에베르와의 인연은 아주 일찍 시작되었다. 맨 처음 그녀는 루카치의 두 살 아래 여동생 마리아를 돌봐주는 일을 했던 한 여대생의 친구로서 루카치와 알게 되었다. 1906년 입센을 다룬 루카치의 비평을 읽고 그녀가 루카치에게 보낸 9월 7일자 편지도 있는데, 거기에서 그녀는 루카치가 자신의 글을 읽어줄 사람을 필요로 한다면 언제든 그 역할을 할 용의가 있다고 밝히고 있다(나중에 루카치와 결합한 이후 그녀는 그 역할을 실제로 평생 동안 하게 된다).

두 사람은 1917년(또는 1918년[42]) 〈정신과학을 위한 자유학교 (Freie Schule für Geisteswissenschaften)〉에서 루카치가 "윤리학(Ethika)"을 강의했을 때 재회한다. 그 사이 그녀는 수학자 임레 야노시 (Imre Jánossy)와 결혼했고 아들 두 명을 두고 있었는데, 이때의 만남은 이후 그들 관계의 시작이 된다. 자서전 초안에서 루카치는 다음과 같이 적고 있다.

17/18년: 새로운 유대관계의 생성: 명료하지는 않지만 마침내—내 생애 처음으로—사랑이라는 감정[43]

　　1920년 초 남편과 사별한 보르츠티에베르는 자식들을 데리고 루카치를 찾아왔고, 망명지인 오스트리아 빈에서 두 사람의 동거는 시작된다. 두 사람 사이에 태어난 딸도 있었으나 그녀가 헝가리정부로부터 받는 공무원 미망인 연금을 포기할 수 없었던 경제적 형편 때문에 공식적인 결혼식은 1923년에야 올리게 된다. 루카치가 독일 예나 대학에 교수로 임용될 가능성이 생겼고, 함께 독일로 가기 위해서는 부부임을 증명할 필요가 있어서였는데, 하지만 독일 쪽 사정으로 그 가능성은 무산된다. 그러자 보르츠티에베르는 결혼한 적이 없는 척하면서 헝가리 대사관에 찾아가 미망인 여권을 갱신했고, 소련에 정착하게 되는 1933년까지 두 사람은 공식적으로는 부부가 아닌 채로 같이 살았다.[44]

　　그들이 함께하게 된 후 루카치가 글을 쓰면 맨 먼저 읽는 독자는 보르츠티에베르였다. 그녀는 그의 사고가 "현실적인지, 다시 말해 진정한 개성을 (주관적으로는: 정직하게, 객관적으로는: 유(類)에 부합되게) 표현"[45]했는지 여부를 재는 리트머스 시험지와 같았다. 그녀의 제스처, 어조 등을 통해 제시되는 의견은 루카치에게 일종의 조절장치 역할을 했으며, 그의 사유에 대한 그녀의 이러한 조절작용은 일생 동안 계속되었다.

　　이러한 관계는 비단 글에만 한정된 게 아니었다. 자서전 초안에서 루카치는, "게르트루드를 만나고부터는 그녀에 의해 긍정되는 것이 나의 개인적 삶에서 중심문제가 되었음"[46]이라고 적고 있다.

루카치가 어떤 결정을 내렸을 때 그녀가 소극적 반응을 보이면 루카치는 뭔가 문제가 있음을 직감하고 결정을 다시 검토했으며, 그녀가 긍정의 태도를 보이면 안심하는 식의 관계가 이루어졌다. 루카치가 "그녀의 조용하면서도 겸손한 동행이 분명하게 드러났던 곳에서, 나는 항상 앞으로 더 나아가게 하는 강력한 자극을 받았음"[47]이라고 적고 있듯이, 그녀는 루카치와 같은 길을 함께 걸은 동행자였고, 그의 모든 결정에 강력히 관여한 동지였다. 루카치가 세계관과 삶의 양식을 송두리째 바꾸게 되는 "운명적인 결단"을 내릴 때에도, 즉 공산당에 입당할 것인지 아니면 좌파 사회주의적 입장에 머물러 있을 것인지를 결정할 때에도 그녀의 영향은 컸다.[48] 다음은 자서전 초안 「삶으로서의 사유」("Gelebtes Denken")의 한 대목이다.

> 이 이행과정에서 게르트루드의 중요성: 생애 최초. 이전의 여자들(이르머, 레나)과의 차이. (…) 이제 모든 결정에 게르트루드가 강력히 관여: 바로 인간적으로 가장 개인적인 결정들에서. 그러한 결정에 대한 그녀의 반응이 결정적으로 중요할 때가 자주 있었음. 따라서: 그녀가 없었더라면 공산주의로의 길을 결코 가지 않았을 것이라는 것은 아님. 그것은 이전과 마찬가지로 나의 발전으로부터 주어져 있는 것이었음, 하지만 바로 여기에서, 그때그때 마주치는 '어떻게'의 문제에서 드러나는 아주 복잡한, 그 결과에 있어서 지극히 중요한 개인적 뉘앙스는, 그녀가 없었더라면 전혀 다르게 펼쳐졌을 것이 분명함. 그리고 이와 함께, 내 생애에서 가장 본질적인 수많은 일[이 있었음].[49]

언젠가 루카치는 게르트루드 보르츠티에베르가 자신에게 미친 영향에 비할 수 있는 것은 러시아 10월 혁명밖에 없다고 말한 적이 있다. 그만큼 그의 삶에서 그녀의 존재, 그녀의 역할은 지대했다. 오로지 사유하고 글을 읽고 쓰는 일만이 생활의 전부이다시피 했던 루카치에게, 따라서 일상생활과는 거의 단절된 삶을 살았던 루카치에게 그녀는 그를 일상생활과 이어주는 유일한 끈이기도 했다. 하지만 그 끈도 결국 1963년 4월 28일 끊어지고 만다. 그녀의 죽음이 임박했어도 루카치는 그녀가 치명적인 병에 걸렸다는 사실을 인정하려 하지 않았고, 심한 독감에 걸렸다 낫듯이 병상에서 금방 일어나리라 믿으려 했다. 하지만 곧 그녀의 부재가 현실이 되었고, 노년의 루카치는 절망에 빠진다. 하지만 그는 젊은 시절 이르머 셰이들레르와 레오 포페르의 연이은 죽음을 맞아 그러했듯이 이번에도 "일하는 기계(Arbeitsmaschine)"[50]로서 금욕적으로 연구와 집필에만 매진함으로써 아내의 죽음이 가한 충격에서 벗어나는 길을 간다. 그녀가 세상을 뜬 지 몇 달 뒤에 옛 서독의 루흐터한트 출판사에서 『게오르크 루카치 저작집』 제11, 12권으로 나온 『미적인 것의 고유성』을 "생활과 생각, 일과 투쟁을 40여 년 이상 함께한 게르트루드 보르츠티에베르에게"[51] 바친 루카치는, 그에게 남은 지상의 시간을 마르크스주의의 존재론적 재구성을 위해 바친다.

루카치의 자기비판

　마르크스 사후 2년 뒤에 태어난 20세기의 대표적 마르크스주의자 루카치는 30대 중반에 늦깎이로 마르크스주의에 투신했다. "20대에 마르크스주의자가 되어보지 못한 사람은 바보고, 40대가 돼서도 그것을 버리지 못한 사람도 바보다"라는, 이탈리아의 파시스트 무솔리니의 말로 알려진 '세속의 지혜'에 정면으로 반하는 사례인 그는, 40대는 물론이고 86세로 세상을 뜰 때까지 마르크스주의에 충실한 공산주의자로 살았다. 1918년 말에 입당한 헝가리 공산당에서는 단지 이데올로그일 뿐만 아니라 당 중앙위원으로서, 1919년 3월에 수립된 헝가리 평의회 공화국에서는 교육인민위원으로서, 그 공화국을 붕괴시키려 한 루마니아와 체코슬로바키아의 침공으로 야기된 전쟁에서는 적군(赤軍) 제5사단 정치위원으로서, 망명지 오스트리아에서는 1920년대 말까지 조직가이자 이론가로서 정치의 최일선에서 때로는 목숨을 건 비합법 임무를 수행하기도 했다.[52]

　헝가리 평의회 공화국의 붕괴 이후 25년간 지속된 긴 망명생활의 첫 거처는 오스트리아의 빈이었지만, 가장 오래 머문 곳은 소련이었다. 모스크바에 있다가 독일 베를린의 〈프롤레타리아·혁명작가동맹〉(BPRS) 지부에 파견되어 활동하기도 했지만 히틀러가 집권하자 독일을 탈출해야만 했다. 히틀러의 권력 장악이 있고 두 달 뒤인 1933년 3월 중순경 루카치는 블로흐, 브레히트, 벤야민, 호르크하이머, 아도르노 등등 독일의 동시대 좌파지식인들과는 달리 당시 유일한 사회주의국가였던 소련을 망명지로 선택한다. 그들과는 달리 공산당원이었던 루카치로서는 당연한 결정이었을 것이다.

마르크스주의의 고전적 인물들, 즉 마르크스와 엥겔스뿐만 아니라 레닌까지도 자본주의 극복을 위한 삶을 살고 사상을 일구었다면, 19세기 후반에 태어난 마르크스주의자들은 자본주의 극복뿐만 아니라 실정화(實定化)된 사회주의의 경로까지도 문제영역으로 삼아야 했다. 스탈린, 마오쩌둥, 트로츠키뿐만 아니라 그람시, 블로흐, 브레히트, 벤야민, 호르크하이머, 아도르노 등등과 비슷한 시간대에 활동했던 루카치는, 이들 마르크스주의자 내지 좌파지식인 중에서도 독특한 위치를 차지한다. 그가 "서구 마르크스주의"의 한 갈래를 이루는 "비판적 마르크스주의"의 원조(元祖)에 해당하면서도 '현실사회주의'를—삶의 공간으로서뿐만 아니라 사상의 결속점이라는 의미에서도—완전히 떠나지 않은 것이 그와 다른 서구 마르크스주의자들을 가르는 큰 차이라면, '현실사회주의' 안에서 "공식적 마르크스주의"[53]에 맞서 어떤 식으로든 비판적 대결을 멈추지 않았던 것은 그 세계 속에서 살아남았던 대부분의 이데올로그들과 그를 가르는 변별점이라 할 수 있다.

'현실사회주의' 안에 살면서 그 속에서 투쟁하고 사유하고 집필한 그의 독특한 위치는 루카치로 하여금 서구 마르크스주의자들은 경험할 필요가 없었던 종류의 '고난'을 겪게 했다. 1930년대 후반 모스크바 대숙청 시절에는 '운 좋게' 살아남았지만[54] 결국 '헝가리 정보기관을 위해 일하는 간첩이자 트로츠키주의자'라는 죄명으로 1941년 체포된 것이나,[55] 1956년 10월 헝가리 민중봉기가 진압된 뒤 근 반년간 루마니아로 추방되어 강제 억류당한 것, 그리고 그 이후 60년대 중반까지 일종의 가택연금 상태로 지내야 했던 것은 루카치가 '현실사회주의' 국가에서 산 까닭에 겪어야만 했던 일이었다. 여기서 우리가 살펴볼 자기비판도 그런 일에 속하는데, 하지만 그가 생전에 한 자기비판이 모두 외부의 강요에 의한 것, 살아남기 위해서 한 "타협"만은 아니었다. 그중에는 실제로 자신의 발전을 위해 자발적으로 수행한 "진지한 자기비판"도 있었다.

자신이 한 자기비판들에 대해 루카치 스스로는 어떻게 생각했을까. 이와 관련해서는 그가 프랑크 벤젤러(F. Benseler)에게 보낸 편지가 유용한 정보를 제공한다. 옛 서독의 루흐터한트 출판사에서 간행되었던 『게오르크 루카치 저작집』 책임편집자인 프랑크 벤젤러에게 보낸 1962년 2월 26일자 편지에서 루카치는 "자기비판이란 회고적인 회한 없이, 따라서 에피쿠로스와 스피노자가 영위한 생활방식의 의미에서 이루어지는 내적 변화, 내적 성장을 위한 하나의 수단"이라고 말하면서 자신이 지금까지 했던 두 번의 "전술적인 자기비판"과 두 번의 "진지한 자기비판"에 관해 말하고 있다. 1930년에 있었던 「블룸 테제」에 대한 자기비판과 1949~50년 헝가리에서 벌어진 "반(反)-루카치 캠페인"을 맞아 했던 공개적인 자기비판은 스탈린시대에 겪을 수 있는 "참사"를 피하기 위해 불가피했던 일련의 "타협"에 해당하는 "전술적인 자기비판"이라면, 공산주의자가 되고 난 후 그 이전에 쓴 저작들을 거부한 것과 『역사와 계급의식』에 대한 자기비판은 "실제로 진지한 자기비판"이었다고 한다.[56]

그가 공개적으로 수행한 첫 번째 자기비판은 「블룸 테제」로 인한 것이었다. 오스트리아에 망명 중이던 루카치는 헝가리 공산당의 위임을 받고 제2차 당대회에 제출할 보고서를 작성한다(1928년). "블룸(Blum)"이라는 가명으로 작성된 이 보고서(「블룸 테제」)에서 루카치는 당시 헝가리의 호르티·베틀렌 체제[57]에 대한 분석과 공산당의 정치노선을 밝히고 있는데, 이를 통해 장차 루카치 고유의 정치적 노선이라 할 만한 입장이 최초로 표명된다. 그는 헝가리에서 직접적·즉각적인 프롤레타리아계급 독재가 아니라 "프롤레타리아계급과 농민의 민주주의 독재"를 수립해야 하며, 그 과정에서 공산당은 "전면적 민주주의를 위한 투쟁"을 지도하여 이를 프롤레타리아계급 혁명으로 성장·전환시켜야 한다고 주장한다. 즉, 민주주의를 위한 투쟁을 일종의 '혁명적 매개'로 설정한 것인데, 민주주의의 발전을 축으로 놓는 이러한 매개 중심적 입장, 달리 말하면 "혁명적 민주주의" 노선이야말로 말년의 루카치가 "「블룸 테제」 이후 줄곧 나는 하나의 지속적인 노선을 따랐고 그것을 철회하지 않았다"[58]고 했을 때의 그 노선이라 할 수 있다.[59]

당시 루카치의 이러한 제안은 혹독한 비판을 받게 되는데, 비록 단기간이긴 했지만 이미 프롤레타리아계급 독재를 경험했다고 생각하는 헝가리 공산당의 입장에서는 루카치의 테제는 헝가리의 발전방향을 거꾸로 돌려놓는 것으로 보였다. 1928년 제6차 코민테른 대회 이후 좌경화로 치닫고 있던 코민테른 집행위원회와 함께 헝가리 공산당은 루카치의 테제를 "청산주의" 내지 "우익 기회주의적 편향"을 노정한 것으로 비판하게 되고, 이에 루카치는 공개적인 자기비판을 수행한다.

루카치가 이렇게 순순히 자기비판에 나선 것은, 당시 헝가리 공산당의 중심세력이었던 벨러 쿤 그룹이 반대파에 속했던 자신을 출당시키려 한다는 정보를 입수했기 때문이었다. 루카치는 '이단적' 입장을 천명했다가 독일 공산당에서 축출당한 칼 코르쉬와 같은 처지가 되기를 원치 않았다. 당과 단절된 마르크스주의자란 기껏 해봐야 세미나 그룹의 수장 이상의 역할을 하기 힘들다고 생각했을 것이다. 더욱이 때는 파시즘의 전야였다. 그는 파시즘에 맞서 효과적이고 적극적인 이데올로기 투쟁을 수행할 수 있기 위해 무조건 당에 남기를 바랐고, 그럴 수 있는 "'입장권'으로"[60] 자기비판을 사용했다.

「블룸 테제」는 루카치의 일생에서 또 다른 중요한 의의를 갖는데, 이 일을 기화로 그는 자신이 "정치가가 아니라는 것"을 깨닫고 직접적인 정치활동에서 물러나는 결정을 내리게 된다. 자신이 진짜 능력 있는 정치가였다면 그런 국면에서는 "「블룸 테제」를 쓰지 않거나 적어도 발표하지는 않았을 것"[61]인데, 자신에게는 그런 정치적 감각이 없다는 것을 자인했던 것이다. 이후 루카치는 정치 일선을 떠나 문학과 미학에 매진한다. 자기 자신의 목소리를 자유롭게 낼 여지가 상대적으로 컸던 그 영역에서 그는, 헝가리 망명객으로서, 더 이상 당의 중심에 선 정치가가 아니라 아웃사이더 이데올로그로서 공산주의 운동과 반파시즘 투쟁에 복무한다.[62]

루카치 스스로 "민주주의로 향한 이데올로기적 발전의 길을 연 것"[63]으로 자평한 「블룸 테제」는 1949~50년의 헝가리에서 또 다시 루카치의 발목을 잡는다. 2차 세계대전 이후 헝가리에서는 인민민주주의체제가 수립되었다가 1947년부터 '사회주의체제로의 전환'이 시작된다. 그 과정에서 '민주주의의 심화와 확대를 통한 사회주의로의 전환'을 주장했던 루카치의 입장은 사회주의의 질적 차이와 우월성을 강조하는 공식 노선에 걸림돌이 된다. 당시 헝가리 공산당(당시 공식 명칭은 "헝가리 근로자당. 1956년에 '헝가리 사회주의 노동당'이 된다")의 총서기였던 스탈린주의자 라코시(M. Rákosi)는 1949년 이데올로기 영역을 "정리"하는 결정을 내렸고, 루카치는 그 "정리"의 대상이 된다. 특히 1948년에 2판이 발간된 『문학과 민주주의』(Irodalom és demokrácia, 1947)를 문제 삼아 루카치에 대한 비판이 개시되는데, "수정주의", "우익 기회주의" 등등의 레테르가 그에게 붙기 시작했다. 그 과정에서 다시 「블룸 테제」가 소환되는데, 가령 레버이(J. Révai)는 루카치의 입장이 「블룸 테제」의 기본원리들에 그대로 머물러 있다고 비판한다.

당시 헝가리에서는 직전까지 외무상이었던 라슬로 러이크 (László Rajk)에 대한 공개재판이 벌어지고 있었다. 확실한 공산주의자이자 스탈린주의자였음에도 불구하고 그는 "제국주의의 첩자"이자 "티토주의자"라는 죄명을 뒤집어쓰고 1949년 10월 처형당한다. 이런 상황에서 루카치는 "문학의 러이크"[64] 취급을 받게되면서 생명의 위협을 느낀다. 살아남기 위해서는 "전술적인 퇴각"이 불가피하다고 생각한 그는 다시 자기비판이라는 수단을 사용한다. 당시의 상황과 관련하여, 1962년 옛 동독의 문학연구자한스 마이어(Hans Mayer, 그는 이후 서독으로 넘어간다)가 방문했을때 루카치가 한 말이 인상적이다.

> 그 당시 내가 자기비판을 하지 않았더라면, 지금 나는 경의를 표하는 말들로 뒤덮인 무덤 속에 있을 것이다. (…) 나는 목이 매달렸을 것이고, 나중에 온갖 예우를 받으면서 복권되었을 것이다.[65]

이것으로 루카치의 "전술적인 자기비판"은 끝난다. 우리가 살펴본 두 차례의 자기비판에 대해 그는, 「블룸 테제」 이후 자신의 이데올로기적 노선을 상황에 맞게 계속 전진시킬 수 있기 위한 수단일 뿐이었다고 한다. 그에게 그 두 자기비판은 스탈린시대에 있을 수 있는 참사를 피하기 위해 불가피했던 일련의 "타협"에 해당하는 것일 뿐이었다는 것이다.

스탈린에 대한 공개적인 비판이 이루어진 1956년 소련공산당 제20차 당대회 이후 루카치는 헝가리 공산당 내 반대파의 대표자에 속했다. 1956년 6월에 있었던 "페퇴피 서클(Petöfi-Kreis)"의 철학 논쟁을 이끌었던 그는 학생시위가 10월 23일 민중봉기로 발전하면서 새로 구성된 6명의 공산당 중앙위원 중 한 명으로 선출되고 임네 너지(Imre Nagy) 수상하에서 문화상으로 임명된다(임명은 되었지만 그가 실제 한 일은 없었으며, 너지 정부가 바르샤바조약기구 탈퇴를 결정하자 이에 반대해 사퇴한다). 하지만 소련군의 개입으로 11월 4일에서 11일 사이에 혁명이 붕괴하자 71세의 루카치는 너지 등과 함께 도피한 유고슬로비아 대사관에서 체포, 2~30명 이상의 인사들과 함께 루마니아로 끌려간다. 그곳에서 몇 달간 미지의 장소에 수감되어 조사를 받았는데, 그때 그는 더 이상 자기비판을 하지 않았다. 이미 그 전부터 비판적인 입장을 가지고 있었던 임네 너지에 대해 부정적인 진술을 해달라는 요구에 대해서도 그는 응하지 않았다. 너지가 자유로운 처지에 있게 된다면 그의 전체 행동을 평가하는 견해를 밝히겠으나, 같이 수감되어 있는 동료 죄수에 대해서 이러쿵저러쿵 말할 수 없다면서 거절한 것이다.

여기서 우리는 문득 어린 시절 루카치가 어머니에 맞서 벌인 "빨치산전(戰)"을 떠올리게 된다. 앞의 두 차례 "전술적인 자기비판"은 아버지가 금방 올 가능성이 없을 때 어린 루카치가 한 행동과 같다면, 1956년의 루카치는 더 이상 어머니가 자신을 가두어 놓을 수 없는 상황이라는 것을 알고 끝까지 용서를 빌지 않았던 어린 루카치를 연상시킨다. 이미 그는 헝가리 당국이 마음대로 처형할 수 없을 만큼 국제적으로 저명한 인사가 되어 있었다. 이후 헝가리 공산당 지도부에게 그는 삼킬 수도 뱉을 수도 없는 "목구멍에 걸린 가시"[66]와 같은 존재로 남았다.

1957년 4월 그는 헝가리로 돌아올 수 있었지만, 새로 들어선 야노시 카다르(János Kádár) 정부에 의해 당에서 축출당하고 교수직은 물론 일체의 교육활동과 출판을 금지당한다. 일종의 가택연금 상태에서 홀로 연구와 집필에만 몰두하던 그에게 1960년대 중반이 되어서야 다시 공적 활동의 공간이 조금씩 열린다. 그 무렵부

터 그의 책이 다시 출판되기 시작했으며, 1967년 다시 당원으로
받아들여졌다.

　이제 루카치가 "진지한 자기비판"이라 한 것들에 대해 살펴볼
차례이다. 먼저 말할 것은 전(前) 마르크스주의 시기에 대한 그의
자기비판인데, 그것은 그 시기와 일거에 절연하고 심지어 기억에
서도 지워버릴 정도로 강력한 것이었다. 1918년 12월 공산주의로
'회심(回心)'한 이후 루카치는 귀족 작위를 받은 헝가리 일반 신용
은행장의 아들인 "게오르크 폰 루카치 박사(Dr. Georg von Lukács)"
로서의 실존을 버렸으며, 미학에 대한 학문적 관심도, 대학교수가
되고자 했던 계획도 깨끗이 지워버린다. 하이델베르크 시절에 쓴
글 중 일부에 대해서는 아예 그 존재를 '망각'했다. 우리가 다른
글에서 『소설의 이론』의 발생사와 관련하여 거론할 도스토옙스키
노트[67]가 대표적인 예인데, 이 원고를 포함하여 그 당시에 쓴 글
과 일기, 1,600통이 넘는 편지가 들어 있는 가방이 1973년에, 그러
니까 그의 사후(死後) 2년 뒤에 하이델베르크의 한 은행 보관함에
서 '운 좋게' 발견되었다. 생전에 그가 이 가방의 존재에 대해 말
한 적이 없었기 때문에 그 발견은 그를 아는 사람들을 놀라게 했
다. 또 다른 예가 있다. 제자들이 그가 하이델베르크 시절에 쓴 초
기 미학의 수고(手稿)들을 아르놀트 하우저(A. Hauser)가 보관하고
있다는 사실을 알렸을 때에도 그는 자기와는 아무런 관계도 없는
일을 대하는 듯한 태도를 보였다. "그는 되찾은 수고들을 훑어보
지도 않았다."[68] 이런 태도는 생애 마지막 순간에 가서야 바뀐다.

　그의 말년에 제자들이 그에게 "망각된 청년기를 되돌려주려"
했을 때 먼저 그로 하여금 그 시기를 "기억"하게 만들어야 했다.
그리고 그 시기에 쓴 글들이 지닌 의미를 인정하도록 그에게 "설
명"해야만 했다. 서구에서 누구보다도 먼저—이미 1940년대 중반

부터—초기 루카치의 저작에 주목한 루시앙 골드만(L. Goldmann) 이 관련 연구 성과를 발표하기 시작했을 때 루카치가 한 말은 이 와 관련해 인상적이다. "이 골드만이라는 친구는 알 수가 없네." "좋은 녀석이긴 하지만 내 초기 글에서 어떤 먹이를 찾는지 모르 겠군." 이런 태도는 말년에 이르러서야 조금씩 변한다. 그는 자신 의 청년기를 "역사화"함으로써 자기 삶으로 받아들였다. 그리하 여, "어쩌면 거기에 뭔가가 있을 수도 있겠네." "골드만 이 친구가 거기에서 한 말은 재미있군"이라고 말할 수 있게 된다.[69]

　루카치가 "진지한 자기비판"의 두 번째 경우로 들고 있는 것 은 『역사와 계급의식』에 대한 것이다. 1923년 출판된 이 책에 대 해 코민테른 지도부의 강력한 비판이 이루어졌는데, 1924년 6~7 월 코민테른 제5차 대회에서 부하린(N. Bucharin), 지노비예프(G. Sinowjew), 데보린(A. Deborin) 등이 루카치를 칼 코르쉬 등과 함께 묶어 "좌익이탈자(Linksabweichler)"라고 비판했다. 이미 그 무렵 『역 사와 계급의식』의 루카치가 기대를 걸었던 세계혁명의 물결은 퇴 조하기 시작했고, 소련 내에서도 프롤레타리아 국제주의가 포기 되는 정세변화 이루어지고 있었다. 하지만 루카치는 내심 그러한 비판에 동의하지 않았다. 1925~26년에 쓴 것으로 추정되는, 하지 만 루카치 자신은 평생 이에 대해 단 한마디도 하지 않았던 반론 이 러시아의 한 문서고에서 발견, 1996년에 처음 발표되었는데, 거기에서 루카치는 『역사와 계급의식』에서의 입장을 바꾸기는커 녕 오히려 자신을 비판한 데보린과 루더시(László Rudas)의 글을 날 카롭게 공격하고 있다.[70] 이 글의 발굴로 1920년대 중반의 루카치 에 대해 보다 신중하게 재고할 필요성이 생기긴 했지만, 20년대 중후반을 거치면서 루카치 자신의 입장이 조금씩 변해나간 것은 부인할 수 없는 사실이다.[71] 그 과정에서 『역사와 계급의식』은 더 이상 거론되지 않았고, 공산주의 공론장에서 점차 잊혀갔다.

그런데 스탈린에 의해 촉발된 이른바 "철학논쟁"의 와중에 『역사와 계급의식』이 다시 문제가 된다. 1930년 12월 29일, 모스크바에 소재한 〈철학과 자연과학 담당 적색 교수 연구소〉 당세포 결의에서 "루카치와 같은 유형의 헤겔주의적 관념론자들"은 "마르크스·레닌주의"와는 통합될 수 없다고 비판되면서 그동안 거의 망각되었던 『역사와 계급의식』이 다시 수면에 떠오른 것이다.[72] 당시 침묵을 지켰던 루카치는 파견되었던 베를린에서 모스크바로 돌아온 직후 자기비판을 수행한다. "공식적·반(半)공식적 문학론에 대항하는 진정한 빨치산 투쟁"을 방해받지 않고 수행할 수 있기 위해서는 『역사와 계급의식』에 대해 자기비판하는 것이 "전술적으로 필요한 일"이라고 생각했던 것이다. 하지만 이미 루카치 스스로 『역사와 계급의식』의 이론적 한계와 문제를 인정하고 있었기 때문에 이 자기비판에는—과장된 어조를 제외한다면—어느 정도 진정성이 담겨 있었다.[73]

베를린의 〈프롤레타리아·혁명작가동맹〉 지부에 파견되기 전에 루카치는 모스크바의 〈마르크스-엥겔스-레닌 연구소〉에서 『마르크스 엥겔스 전집』(MEGA) 편찬 작업을 하였는데, 거기에서 그는 마르크스의 미출간 원고인 『경제학-철학 수고』를 접하게 된다. 마르크스의 이 책은 루카치에게 『역사와 계급의식』의 배면에 깔려 있던 헤겔적 주체·객체 동일성론, 이와 연관된 것으로 대상화와 소외를 동일시한 관점을 비판할 수 있게 하고, 노동 범주와 인간의 유적 성질에 대한 성찰을 자극했다. 아울러 루카치는 1926~27년에 엥겔스의 『자연변증법』과 레닌의 『유물론과 경험비판론』을, 그리고 1930년대 초반에 레닌의 『철학 노트』를 읽게 된다. 이를 통해 모사론 일반을 사물화된 의식이라 비판했던 『역사와 계급의식』의 입장을 뒤로하고 "변증법적 반영론"을 받아들이게 된다. 『역사와 계급의식』의 자기비판은 루카치 자신의 이러한 이론적 변화과정에서 나왔는데, 이 자기비판은 1933년에 발표된 자전적 소묘인 「마르크스로 가는 나의 길」("Mein Weg zu Marx")에서 짧게 이루어진 뒤 34년, 레닌의 『유물론과 경험비판론』의 의미를 강조하는 한 편의 글을 통해 공개적으로 이루어진다. 『마르크스주의의 깃발 아래에서』(*Pod Znamenem Marksizma*, 모스크바, 1934년 4호)에 발표된 그 글은 「공산당들의 볼셰비키화와 관련해 『유물론과 경험비판론』이 지니는 의미. 『역사와 계급의식』에 대한 비판과 자기비판」("Die Bedeutung von *Materialismus und Empiriokritizismus* für die Bolschewisierung der kommunistischen Parteien. Kritik und Selbstkritik zu *Geschichte und Klassenbewußtsein*")이라는 제목을 달고 있다. 그리고 비슷한 시기에 쓰인 『파쇼 철학은 어떻게 독일에서 생겨났는가?』 (*Wie ist die faschistische Philosophie in Deutschland entstanden?*) 앞부분에서도 마찬가지 양상의 자기비판이 반복되고 있는데, 이 모든 글에서 비판의 초점은 『역사와 계급의식』에서 자연변증법과 모사론(반영론)을 부정한 데에 맞추어져 있다.

이 글 앞에서 우리가 소개한 1962년 2월 26일자 편지에서 루카치는 『역사와 계급의식』에 대한 비판은 "객관적인 학문적 발전과 나 자신의 사상적 정직성을 위해" 한 것이며, "따라서 이 경우에 자기비판은 나의 학문적 발전의 통합적 구성요소"라고 밝히고 있다.[74] 실제로 30년대 초반부터 루카치에게는 이른바 '존재론으로 가는 길'이 개시되는데, 그 길은 루카치 개인에게는 『역사와 계급의식』을 이론적으로 극복하는 길이기도 했다. 그리하여 그는 근 반세기에 걸친 긴 우회로를 거쳐 마침내 "유물론적 · 역사적인 존재론"으로서의 새로운 마르크스주의 철학을 제시하게 된다.[75]

교수 루카치와 그의 제자

1944년 12월, 오스트리아와 독일 그리고 소련을 거친 약 25년 간의 긴 망명생활 끝에 마침내 루카치는 헝가리로 돌아온다. 곧 이어 45년 11월, 그는 부다페스트 대학(당시 명칭은 파즈마니 페테르 Pázmány Peter 대학)에서 미학과 문화철학을 담당하는 정교수로 취임, 생애 처음으로 대학 강단에서 강의를 시작한다. 일찍이 부친이 아들의 직업이 되기를 간절히 소망했던, 그리고 젊은 시절 한때 루카치 스스로도 목표로 삼았던 그 직업을, 60대 나이에 들어서야 갖게 된 것이다.

청년시절, 교수직을 갖기를 바랐던 루카치는 맨 처음에는 부다페스트 대학(1911년), 그 후에는 독일 프라이부르크 대학(1912년), 그리고 마지막으로 하이델베르크 대학을 상대로 교수자격을 얻기 위한 시도를 했지만 모두 실패했다. 이 세 번의 실패 중 하이델베르크 대학을 상대로 겪게 된 실패는 그의 인생에서 중요한 한 고비를 이룬다.

대학시절 〈탈리아〉 극단의 경험이 녹아 있는 『근대 드라마의 발전사』 초고를 베를린에서 집필한 루카치는 부다페스트와 베를린을 오가면서 수학한다. 이후 그는 베를린 대학에서 게오르크 지멜의 강의를 들었으며 곧 그의 애제자 중 한 명이 된다. 지멜의 집에서 정기적으로 열린 사적 세미나에도 참석할 정도로 돈독한 관계를 가졌지만 루카치는 지멜의 "문화의 비극"에 함축된 체념적 정조에는 동의할 수 없었다. 1911~1912년 이탈리아의 피렌체에 머물렀다가 루카치가 찾은 다음 행선지는 하이델베르크였다. 당시 마르부르크와 함께 신칸트학파의 본산 중 한 곳이었던 그곳에는 하인리히 리케르트와 에밀 라스크 그리고 막스 베버가 있었다.

1912년 5월에 하이델베르크로 온 루카치는 이미 1910년부터 알고 지냈던 에른스트 블로흐와 함께 막스 베버 서클의 일원이 된다. 그는 베버의 자택에서 매주 일요일마다 열렸던 토론 모임("일요서클")에 참석하고 베버가 주관하는 잡지에 기고도 하는 등 마침내 안착할 자리를 찾은 듯했다. 루카치는 여기 하이델베르크 대학에서 교수직을 얻을 계획도 세운다.

하지만 이러한 계획은 1차 세계대전의 발발과 함께 흔들린다. 루카치는 전쟁에 충격을 받았을 뿐만 아니라 전쟁 초기 전쟁 지지 쪽으로 경사되었던 독일 지성의 대표적 인사들(여기에는 에밀 라스크와 막스 베버도 포함된다)의 반응에 크게 실망했다. 하지만 하이델베르크 대학에서 교수직을 얻으려는 계획이 완전히 중단된 것은 아니었다. 1912년부터 시작된 그 계획이 실제 행동으로 옮겨진 것은 그로부터 6년 후인 1918년이었는데, 그 사이 파울 에른스트(P. Ernst)의 소개로 뒤셀도르프 대학의 교수 채용에도 지원한 적이 있었다(1914년). 물론 그 시도도 실패로 끝났다.

하이델베르크 시절 루카치의 주 관심사는 예술철학이었다. 이 연구를 통한 성과로 교수자격을 취득할 계획이었는데, 1914년 1차 세계대전의 발발 이후 그는 갑자기 주제를 바꾸어 도스토옙스키에 몰두하게 된다. 당시 루카치를 교수로 만들기 위해 지원을 마다하지 않았던 베버에게 이러한 루카치는 못마땅하게만 보였다. 하이델베르크 대학의 어느 과에 어떤 식으로 교수자격 취득을 신청하는 게 좋을지 묻는 루카치에게 베버는 실용적인 조언을 해주면서 동시에 전장(戰場)에서 고인이 된 에밀 라스크의 생각도 같이 전달한다. 루카치는 "천생 에세이스트"라서 "체계적인(전문적인) 연구에 머물러 있지 않을 것"이기 때문에 "교수자격을 취득해서는 안 된다"는 라스크의 생각을 전하면서 베버는 다음과 같이 적고 있다. 1916년 8월 14일자 편지의 한 대목이다.

> 당신이 돌연 도스토옙스키 쪽으로 선회한 것은 저 (라스크의) 견해에 정
> 당성을 부여하는 듯했습니다. 그렇기 때문에 나는 당신의 이 작업[『소
> 설의 이론』-인용자]을 증오했으며 아직도 증오하고 있습니다. 그도 그
> 럴 것이 원칙적으로 나도 [라스크와-인용자] 같은 생각이니까요. 체계적
> 인 연구를 끝내고 그 사이에 다른 일은 안 하는 게 당신에게 정말로 견딜
> 수 없는 고통이자 압박이라면, 만약 그렇다면, 무거운 마음으로 당신에
> 게 충고하고자 합니다. 교수자격 취득을 그만두세요. 당신이 그것을 할
> '자격이 없기' 때문이 아니라 그것이 당신에게, 그리고 학생들에게도 궁
> 극적으로는 도움이 되지 않기 때문입니다. 그렇다면 당신의 직업은 다른
> 것이 될 것인데, 그렇지만 당신이 옳다고 여기는 것을 하게 되겠지요.[76]

하이델베르크에서의 첫 결혼생활이 파경에 이른 후 1917년 11
월, 루카치는 부다페스트로 귀향한다. 그곳에서 루카치는 아직 전
쟁이 끝나지 않았던 1918년 5월 21일, 하이델베르크 대학에 미완
의 교수자격청구논문을 제출한다. 하이델베르크 대학 철학학부
학장인 에버하르트 고트하인(Eberhard Gothein), 교수자격청구논문
의 심사교수 중 1인이었던 하인리히 리케르트, 그리고 막스 베버
뿐만 아니라 그의 동생 알프레트 베버(Alfred Weber)까지도 음으로
양으로 지원하고 후원함으로써 초기에는 거의 채용될 듯했지만,
결국 1918년 12월, 그의 교수직 신청은 아무 성과 없이 끝나고 만
다. 그 사이 새로 부임한 학장 도마스체프스키(Domaszevski)가 12
월 7일, 부다페스트에 있던 루카치에게 보낸 편지에는 이렇게 적
혀 있다.

매우 존경하는 박사님! 철학학부는 현 시대상황에서 외국인, 그것도 헝
가리 국적을 가진 사람에게 교수자격을 허락할 수 없다는 것을 당신에게
전달하오니 양해바랍니다.[77]

　이 편지를 받은 루카치는 12월 16일, 교수자격취득신청을 철회
한다는 답장을 바로 보낸다. 이 무렵, 루카치는 이미 헝가리 공산
당의 당원이 되어 있었다. 『삶으로서의 사유』에서 루카치는 이 시
절을 회고하면서, "따라서 가장 잘 돼봐야 나는 하이델베르크에서
'흥미롭고' 별쭝난 시간강사가 되었을 것임"[78]이라고 적고 있다.
　루카치에게 그 후로 교수가 될 기회가 전혀 없었던 것은 아니
다. 오스트리아 빈에서 망명 중이던 1923년, 독일의 예나 대학교
에 교수로 채용될 듯 보일 때도 있었다. 작센과 튀링겐에서 사회
민주당 좌파와 공산주의자들이 제휴함에 따라 시행된 대학 개혁
의 일환으로 그 가능성이 생겼으나 사회민주당 지도부의 압력으
로 제휴가 결렬되면서 그 가능성도 무산된다.
　그 후 교수라는 직종은 생각도 할 수 없었던 삶을 살았던 루카
치는 전쟁으로 폐허가 된 헝가리로 돌아와서야 비로소 교수가 되
었다. 일찍이 교수가 되기를 원했던 그가, 그의 그러한 바람이 이
루어지지 못했기 때문에 오히려 '위대한' 삶을 살 수 있었던 그가,
마침내 대학 강단에 서게 된 것이다.[79]
　루카치의 애제자였던 아그네스 헬러(A. Heller)의 회고에 따르면
강단에서 그는, 자신에게 시선을 모으는 식의 제스처는 일체 배제
한 채, 나지막한 목소리로 텍스트 자체가 말하게 하는 방식으로
강의를 했다. 루카치라는 인물은 텍스트가 전하는 사상 뒤로 사라
지고 학생들이 스스로 그 사상을 이해하고 스스로 생각하게 하는
것, 그래서 독자적인 사유를 하게 하는 것, 이것이 그의 강의 방식

이었다. 처음에 학생들은 앞에서 강의하고 있는 자그마한 노교수의 과거에 대해서, 그의 활동과 작품에 관해서 아무것도 모른 채 강의를 들었다. 하지만 곧 그의 강의에는 수백 명의 학생들이 몰려들게 되었고, 아그네스 헬러를 위시한 몇몇 사람에게는 그와의 만남이 "운명이 되었다"(A. Heller).

1949년, 헝가리에서 최초로 루카치 비판이 전개된 후 그의 강의에 참석하는 것은 용기가 필요한 행동이 된다. 그의 강의에는 그를 감시하는 학생을 포함하여 대여섯 명의 학생들만 들어왔지만, 그의 강의 내용과 강의 방식 자체에는 변화가 없었다. 세 명의 학생을 앞에 두고도 그는 300명의 학생을 앞에 두고 강의했던 그 방식 그대로, 그 어조로 강의했다.

이런 식으로 루카치는 1956년까지 대학에서 학생들을 가르친다. 그는 특히 칸트의 『판단력 비판』과 헤겔의 『미학 강의』그리고 문학작품 분석과 드라마, 소설 등등에 관해 강의했는데, 하지만 마르크스를 다룬 적은 한 번도 없었다. 그 당시 마르크스의 원전은 강의나 세미나 대상이 될 수 없었다. 헝가리의 각 대학에는 〈마르크스 · 레닌주의 연구소〉가 있었고, 여기에 소속된 사람들만이, 그것도 소련에서 나온 소책자로 마르크스를 가르칠 수 있었다. 그들의 강의는 과학적 사회주의, 마르크스주의 경제학, 마르크스주의 철학, 이 세 부분으로 구성되어 있었으며, 학생들이 직접 마르크스 원전을 읽는 것은 허용되지 않았다. 당시 마르크스에 관한 글(「청년 마르크스의 철학적 발전 과정에 관하여」("Zur philosophischen Entwicklung des jungen Marx", 1954년)까지 발표한 적이 있는 루카치였지만 마르크스에 대한 강의는 할 수 없었다. 이 모든 것도 1956년으로 끝이 난다.

헝가리 민중봉기에 연루되어 체포, 루마니아로 연행되었다가

1957년 4월에 헝가리로 돌아온 이후 루카치는 요주의 인물로 감시 받는 가운데 집에만 있어야 하는 완전한 '사인(私人)'이 된다. 6명 이상이 모이면 봉기를 모의하는 것으로 간주되어 처벌대상이 되었기 때문에 제자들과 사적인 세미나를 갖는 것조차 불가능했다. 당에서—비공개적으로—축출당하고 강단에서 내쫓긴 루카치는, 청년시절 좌절을 겪었던 미학의 완성을 위한 집필에 매달린다. 청년시절과는 달리 마르크스주의적 방법에 입각한 그 작업의 일부는 1963년 『미적인 것의 고유성』이라는 제목을 달고 옛 서독에서 출판되었다.

헝가리에서 경제개혁이 구상되기 시작한 60년대 중반 이후 사정은 한결 나아진다. 그동안 헝가리의 공적 세계에서 완전히 지워졌던 루카치는, 책의 출판을 위해 외국에 글도 '합법적으로' 보낼 수 있게 되며 그를 찾아오는 외국인들이나 신문·잡지의 관계자들과도 대화를 나눌 수 있게 된다. 연금 상태에 있는 동안 그의 곁을 떠나지 않았던 제자들, 즉 아그네스 헬러와 페렌츠 페헤르(F. Fehér), 그리고 죄르지 마르쿠시(G. Márkus)와 미하엘 버이더(M. Vajda) 등과 함께 루카치가 구성한 이른바 "부다페스트 학파"도 이 무렵, 정확하게 말하면 1967년부터 시작된 것으로 볼 수 있다. 부다페스트 학파는 '독창적인 사상가' 루카치와, 그로부터 '독자적인 사유'를 익힌 제자들이 함께 모여 "마르크스주의의 르네상스"를 도모하고자 했다.

루카치의 견해에 따르면 "마르크스주의의 르네상스"는 마르크스로 되돌아감으로써 이루어질 수 있는 것이었다. 그동안 마르크스주의는 완전히 왜곡되고 허위에 찬 것이 되어버렸기 때문에, 마르크스에 의거해서 마르크스주의를 잊어버리고 마르크스로 되돌아가서 철학의 올바른 방향을 발전시킬 것, 이것이 루카치를 중심으로 한 부다페스트 학파가 일종의 '사명'으로 받아들인 일이었다.

부다페스트 학파를 구성하는 공통분모는 구성원 모두가 아주 넓은 의미에서 사회주의자라는 것, 그리고 아주 넓은 의미에서 "마르크스주의의 르네상스"를 도모한다는 것이었는데, 하지만 이러한 비전을 공유한 구성원 각자의 사유는 하나의 '....주의'로 묶이기에는 이미 너무 '독자적'이었다. 그들은 루카치에게 배운 바 대로 스스로 사유하고 철학하는 사람이 되어 있었던 것이다.

비록 루카치가 학파의 중심에 있는 것은 분명했지만 구성원과의 관계에서 그는 독단적인 것과는 거리가 먼 사람이었다. 그는 제자들 가운데 그 누구에게도 과제를 강요하지 않았으며, 제자들은 모두 주체적으로 자신의 연구 영역을 선택했다. 루카치는 자신이 진리를 알고 있다고, 세계정신이 자신의 사유에 내재한다고 믿었던 사람이다. 하지만 그는 동시에 의견의 차이를, 비판을 즐겼다. 그는 생동감과 정직한 토론을 좋아했다. 그는 자신의 견해를 단지 해석하거나 반복하는 사람은 지루하게 여겼고, 그 지루함을 혐오했다. 그는 자기가 말하는 것이 진리라고 믿었지만 동시에 제자들이 그의 견해에 반박하기를 원했고 그러한 반박을 유쾌하게 받아들였다. 그는 스스로 사유하고, 정직하고 진지하게 토론하는 제자들을 원했으며 그들의 치명적인 비판마저도 "혁명적 관용"의 태도로 받아들였다.

그러나, 아니, 바로 그랬기 때문에, 그의 제자들은 하나의 '....주의'로 묶일 수가 없었다. 그들은 '스스로 사유하는 사람'이 되었기 때문에 원칙이나 교리들을 잊어버렸으며, 결국 그들의 마르크스주의는 마르크스주의의 틀에서 완전히 벗어난 것이 되고 말았다. 부다페스트 학파는 "마르크스주의의 르네상스"를 위해 출발했지만 마르크스주의를 해체하는 것으로 끝나고 만다. 그들은 마르크스주의를 비난하거나 부인하지는 않았지만 체계적이고 지속적으로 마르크스주의를 해체해 나갔다. 그러다가 마침내 1976년, 미하엘 버이더가 자본주의는 극복될 수 없으며 사회주의와 마르크스주의는 망상이라고 천명함으로써 부다페스트 학파는 종말을 맞이하게 된다. 루카치 사후 5년 뒤에 벌어진 일이었다.

그 이후 정확히 20년이 흐른 뒤인 1996년 〈국제 게오르크 루카치 협회〉가 독일 파더보른에서 창설되었다. 비록 루카치가 직접 이끌었던 부다페스트 학파는 사라졌지만, 루카치가 남긴 사유의 르네상스를 도모하는 활동의 거점이 마련된 것이다. 이 단체는 지금까지 꾸준한 활동을 유지하면서 루카치의 새로운 제자들, 루카치의 새로운 벗들이 학술적으로 교류하는 마당 역할을 하고 있다.

II
루카치 공부하기의
어려움

Ⅱ
루카치 공부하기의 어려움
인문학 공부의 기초와 관련하여

1. 들어가는 말: 루카치 공부의 환경

칠판에 'Georg Lukács'를 적으면 〈스타워즈〉의 제작자 '조지 루카스'를 떠올리는 학생들은 간혹 있지만 헝가리 출신의 사상가 '게오르크 루카치'로 바로 아는 이는 거의 없다. 그만큼 한국 대학 사회에서 루카치는 충분히 '망각'된 셈이다. 몇 년 전부터 아주 왕성하게 번역·수용되고 있는 슬라보예 지젝 '덕분'에 루카치의 이름이 신문지상에 오를 때도 가끔 있지만,[1] 그렇다고 도서관 서가 한 구석에 먼지가 가득 쌓인 채 꽂혀 있는 루카치의 책을 다시 혹은 새로 찾아 읽을 사람들이 당장 생길 것 같지는 않다. '주변부 자본주의' 남한에서 인문학을 공부했던 사람들에게는 '지나치게 친숙한' 인물이었다가 'OECD 회원국' 대한민국에서 대학을 다니는 세대에게는 '전혀 생소한' 인물이 되고 만, 그래서 양쪽 모두에게 다시 또는 새로 읽을 마음을 유발키 어렵게 된 사상가가 루카치가 아닐까 싶다.

그래도 서구에서는 비록 드물긴 하지만 루카치의 사유를 둘러싼 논의들이 끊긴 것 같지는 않다. 2000년대에 들어와 우리말로 소개된 책만 보더라도, '사물화'론을 새로이 전유한 악셀 호네트[2]나 레닌주의-스탈린주의와의 관계 속에서 루카치를 가끔씩 호명하는 지젝,[3] 소설 장르를 고찰하면서 『소설의 이론』을 환기시키는 모레티[4] 등등의 작업에서 우리는 루카치의 사유 중 몇몇 대목이 결코 망각될 수 없는 이유들을 만날 수 있다.

그렇지만 루카치가 '통째로' 환기되는 경우는 보기 힘든데, 사실 루카치의 사유세계 자체가 시기별로 조금씩 또는 많이 다른 복수(複數)의 구상들로 구성되어 있기에 루카치를 통째로 파악하고 평가하기란 쉬운 일이 아니다. 물론 "총체성"이나 "문화"와 같은 커다란 코드로 루카치 사유의 유기적인 연속성을 포착할 수도 있겠지만, 이를 구현하고 있는 사유의 방식과 형태들은 한 인물에서 나온 것이라 보기 힘들 정도로 '이질적'이다. 서구의 현대적 실존주의의 원형적 작품으로 평가되는 『영혼과 형식』의 루카치와 『사회적 존재의 존재론을 위하여』의 루카치 사이의 거리는 얼마나 아득한가. "혁명적 메시아주의"의 열정으로 충만한 『역사와 계급의식』의 루카치와 '객관주의'로 평가받는 "위대한[大] 리얼리즘"론 시기의 루카치 사이의 편차나, 그 스스로가 근대의 "문제적 개인"으로서 정신적 편력과 모색을 감행한 『소설의 이론』의 루카치와 "인간 유(人間 類)", "인류의 자기의식"이 중심 코드로 작동하는 『미적인 것의 고유성』의 루카치 사이의 간극은 또 얼마나 확연한가.

그렇기 때문에 루카치 수용은, 수용하는 측의 문제설정에 따라 그 지점이 크게 다를 수밖에 없는데, 1970~80년대 한국에서는 리얼리즘 이론가로서의 루카치가 거의 독점적으로 부각되었다. 사정이 이랬던 것은 당시 '진보적' 지식담론을 주도한 쪽이 문학계였던 탓이 클 터인데, 리얼리즘 기획이 졸지에 촌티 나는 담론이

되고 만 '포스트모던'한 순간이 되자 이 땅에서는 아예 루카치의 사유 **전체**가 '죽은 개' 취급을 받기에 이르렀다.

이런 환경에서 루카치를 제대로 공부하기란 분명 쉬운 일이 아니다. 그의 사유의 원천을 이루었던 사상적 뿌리들과는 다소 다른 곳에 젖줄을 대고 있는 프랑스발 이론들이 지식담론의 '주류'가 된 상황도 그렇지만, 역사적 현실과 밀착해 있었던 그의 사유의 성격 또한 루카치 공부를 어렵게 만든다. 현실과의 대결의 산물이자 역사적으로 주어진 대결 구도 **속에** 있고자 했던 그의 사유에는 '실패한' 역사적 기획까지 깊숙이 배어 있기에 곤혹스러움은 더 커지는 것이다. 게다가 '루카치주의'라는 말까지 통용될 정도로 이 땅에서 루카치가 점했던 과도한 현재성도 그를 온전한 태도로 공부하기 어렵게 만드는 데 일조하는 듯하다. 과거에 루카치를 읽었던 이들에게는 수용의 강도만큼이나 환멸의 정도가 클 수 있을뿐더러, '다시 읽기'를 유발하기에는 과거에 형성된 인상이나 통념이 너무도 완강하게 자리 잡고 있는 듯하다.

그런 탓인지 최근에 접하게 된 루카치 관련 글들에서도 '새로 읽기'의 뚜렷한 성과는 잘 보이질 않는다. 아니, 그러한 진전보다는 오히려 퇴행적인 면이 더 많이 눈에 띄는데, 루카치가 더 이상 주목의 대상이 아니라서 그런지 텍스트에 근거하여 쉽게 판별할 수 있는 '사실' 차원에서의 오류들마저 적지 않게 발견된다. 하기야 요즘은 "생산적 오해"니 "생산적 오독" 같은 말이 유행이긴 하지만, 그렇다고 한갓된 오해나 오독마저 덩달아 정당화될 수는 없을 것이다. 번역의 경우도 마찬가지다. '의역'이니 '직역'이니 하는 실효성 없는 분류를 떠나서, '원본'과 '번역본'의 양자관계로 환원될 수 없는 번역 고유의 차원과 지평을 인정한다 하더라도, '원본'에 근거하여 판별될 수 있는 한갓된 오역은 언제나 지적받고 또 수정되어야 마땅할 것이다.

이 글에서 내가 초점을 맞춘 것은 이러한 **기초적인** 문제들과 관련된 것이다. 2000년대에 들어와 접하게 된 루카치 관련 글이나 번역서에서 눈에 띄는 '사실' 차원에서의 '왜곡'이나 '착각', '오독'과 '오역' 등과 같은 문제를 다루는 이 글은, 따라서 루카치에 관한 연구 현황을 충실하게 전체적으로 살펴보는 글도, 해석이나 평가의 차원에서 옳고 그름을 따지는 이론적인 글도 아니다. 그저 공부의 기초와 관련된 것으로 보이는 문제들에 국한하여, 그것도 순전히 부정적인 면모만 부각시키는 '반쪽짜리' 글인 셈인데, 물론 그렇다고 해서 단순히 문제점을 들추어내고자 쓴 글은 아니다. 직접적으로는 루카치를 공부하기 어렵게 만드는 부정적 여건에 해당하는 문제들을 비판적으로 짚어보는 글이지만, 이를 통해 인문학 공부의 여건을 형성하는 데 관여하는 사람들—나 자신을 포함하여—의 책임과 공부의 기본에 대해 다시 한 번 생각해보는 자리를 갖고자 한다.

2. '왜곡'과 무책임

인터넷의 등장으로 공부환경은 과거와 확연히 달라졌다. 몇 번의 '클릭'만으로 관련 주제에 관한 오만 가지 자료들을 찾아볼 수 있게 되었으며, 아주 오래전에 쓰인 글도 늘 현재의 글인 양 접하게 된다. 여기서 제일 먼저 살펴볼 글은 이러한 인터넷 매체가 없었다면 언급할 필요도 없었을 글이다. 어쩌면 글쓴이가 그 글을 썼다는 사실조차 잊고 있을지도 모를 정도로 오래전에 발표된 글일 뿐더러, 여기서 거론되는 다른 글들에 비하면 현저히 그 질이

떨어지는 글이다. 그렇지만 학생들이 공부를 할 때 맨 먼저 인터넷 공간에 올라 있는 자료들부터 찾아보는 게 일반화된 상황인지라, 어쩌면 그 글이 루카치 관련 자료 중 가장 많이 읽히고 있을지도 모를 일이다.

이 글은 대표적인 검색장치인 구글(Google)에서 '루카치'로 검색하면 맨 앞에서 만나게 되는 글인데,[5] 「진짜 루카치는 누구인가?」라는 다소 선정적인 제목 탓인지 수년간 계속 검색목록의 맨 앞자리를 차지하고 있다. 루카치를 공부하고자 하는 학생들이 그만큼 많이 '클릭'했다는 것을 방증하는 것이리라. 하지만 이 글은 '클릭의 빈도'와 '콘텐츠의 수준'이 반드시 비례하지는 않는다는 것을 여실히 보여주는 한 사례가 될 수도 있을 듯한데, 주장의 편파성뿐만 아니라 논증 방식이나 그 수준에서도 '학술 논문'으로 읽어주기 힘들 정도로 문제가 많은 글이다.

한 예로, 1919년 헝가리 평의회 공화국 시절 루카치가 무고한 인명을 "살해"하도록 "잘못된 명령"을 내렸으며, 그 후 빈에 망명해 있을 때는 "공공건물에 방화할 것을 선동"했다고 주장하는 대목을 보자. 그때 그곳에 함께 있지 않았던 사람으로서는 어쩔 수 없이 사료에 기대어 사실 여부를 논증할 수밖에 없는 일이지만, 이 글의 필자가 내세우는 증거 자체가 편파적일 소지가 다분한 것인 데다가 이를 다루는 필자의 태도 또한 심히 무책임하다. 필자는 주장을 뒷받침하는 증거로 "헝가리의 반공주의적 경향의 문헌", "헝가리어로 된 카톨릭계 신문"의 "기사" 등을 내세우고 있는데, 이는 마치 〈조갑제닷컴〉 같은 곳에 올라 있는 글을—그것도 글의 작성자나 작성 일시, 심지어 글의 제목조차 밝히지 않은 채—전거로 삼아 '김일성의 만행을 둘러싼 소문이 사실로 밝혀졌다'고 주장하는 것과 다를 바 없어 보인다.[6]

여기서 필자의 관점이나 글의 내용을 본격적으로 따질 생각은 없다. 루카치를 "스탈린주의의 옥동자"(sic!)로 보든 "귀신 씨나락 까먹는 소리를 늘어 놓"(sic!)은 인물로 보든 그건 그가 누릴 수 있는 '해석의 자유'에 속하는 일이다. 하지만 그 '자유'는 '사료의 물질성'에 의해 제약받을뿐더러 사실의 자의적인 왜곡과 혼동되어서는 안 된다. 더군다나 이 글처럼 줄곧 인신공격 수준에서 논지를 전개하는 글이라면, '사실'을 다룰 때 한층 더 신중할 필요가 있다. 누구에게나 있을 수 있는 '착각'의 산물이 그저 실수로 머물러 있지 않고 비난의 적극적인 근거로 동원된다면, 그것은 더 이상 단순한 '착각'이 아니라 '왜곡'이 되고 만다.

「진짜 루카치는 누구인가?」에서 만날 수 있는 몇몇 기막힌 구절들 중에는 이런 대목도 있다.

> 그[루카치-인용자]는 1910년에 에른스트 블로흐를 만나면서 그는 '오늘날 계급적 의미에서 철학이 가능하다'는 사실에 확신을 갖는다.

"그는"이라는 주어가 반복된 것은 오타로 치자. 그런데 출전도 밝히지 않은 채 작은따옴표로 인용하고 있는 대목은 도무지 이해하기 힘든 말이다. 『영혼과 형식』, 『미적 문화』 등 마르크스주의와는 거리가 먼 글들을 쓰고 있었던 1910년에[7] 루카치가 "계급적 의미에서 철학이 가능하다는 확신"을, 그것도 "궁극귀결, 신화, 비전 따위를 떠들었"(sic!)던 에른스트 블로흐를 통해 갖게 되었다니![8]

위 인용문구의 원천으로 짐작되는 곳이 있다. 루카치의 자서전을 보면 신칸트주의 등 당대에 유행하던 철학 조류를 좇는 데 몰두하다가 블로흐와의 만남을 통해—'계급적 의미에서'가 아니라—"전통적인 방법으로" 철학하기가 가능하다는 것을 확신하게 되었다는 구절이 나온다.[9] "전통적인"이라는 말이 "계급적"이라는 말로 둔갑한 것인데, 내가 보기에는 필자가 루카치의 자서전을 제대로 읽은 것 같지도 않다. 대담으로 구성된 자서전은 루카치의 일생을 연대기적으로 배치해놓고 있는데, 블로흐와의 첫 만남과 그가 루카치에게 끼친 영향이 언급되고 있는 1장은 아직 "계급"이나 "마르크스주의"와는 거리가 먼 시절의 루카치 이야기를 담고 있다. 그렇기 때문에 그 책을 훑어만 봤어도 이 대목에서 "계급적 의미에서"라는 말을 사용하지는 않았을 것이다.

사실 여기서 들춰내는 이러한 문제들은 언제나, 누구에게나 있을 수 있는—따라서 내가 쓴 글들에서도 발견될 수 있는—단순한 착각 내지 실수의 소산일 수 있다. 다만 「진짜 루카치는 누구인가?」의 경우 거의 비난에 가까운 수준에서 전개되는 주장의 논거로 그러한 '착각'이 동원되고 있다는 점에서 이례적이긴 하지만 말이다. 그런데 이와는 조금 다른 경우로—이 글의 필자 또한 많은 대목에서 그러한 것으로 보이는데—루카치의 저작이 아니라 루카치를 읽었다고 주장하는 사람들의 글에 근거하여 글을 쓰는 풍조를 떠올려 볼 수도 있다. 더 큰 문제는, 그렇게 쓴 글을 루카치의 저작에 근거하여 판독할 수 있는 지식의 나눔도, 왜곡이나 잘못을 정정할 여지를 만들 수 있는 국내 연구자 상호 간의 관심도 아직 많이 부족하다는 것이다. 학회지에 수록된 한 논문을 사례로 삼아 이와 관련된 이야기를 조금 더 구체적으로 해보도록 하자.

3. '착각'과 무관심

2000년대에 들어와 국가의 주도로 인문학 학회지들의 지면이 급속도로 팽창했지만 그곳에서 루카치를 다룬 논문을 만나는 경우는 아주 드물다. 그렇기 때문에 학회지에서 루카치 연구 논문을 보게 되면 더욱더 반가운데, 유감스럽게도 내가 개인적으로 가장 신뢰하는 한 학회의 학회지에 실린 논문에서마저도 '사실'과 관련된 착오를 발견할 수 있었다. 물론 지금 거론하는 글은 앞의 글에 견주자면 비교가 안 될 정도로 '품격'을 갖춘 논문이다. '루카치의 문학이론의 성취와 한계'라는 제목을 단, 충분히 그 제목을 감당할 만한 폭넓은 안목과 진지한 문제의식을 보여주는 글로서, 최근에 내가 읽었던 루카치 관련 논문 가운데 가장 인상적인 것이었다. 하지만 여기서는 그 글 전체의 미덕은 도외시한 채 몇 가지 문제적인 대목만 골라 우리의 논의를 위한 사례로 삼고자 한다.

먼저 사실 관계의 '착각'과 관련된 대목인데, 이 글에서 필자는 마르크스주의에 입문한 이후 루카치 사유의 전개과정에서 결정적인 전환점을 이루는 대목을 「블룸 테제」에서 찾고 있다. "우리가 알고 있는 바의 루카치의 '루카치적' 견해는 1934년의 '블룸 테제' 이후에나 윤곽이 잡힌 것"[10]이라는 게 그의 주장이다. 그리고 이와 관련하여 여러 가지 이야기를 하고 있는데, 정작 「블룸 테제」가 쓰인 것은 1934년이 아니라 1928년 말이다.[11] 시기를 착각한 탓에 다소 앞뒤가 안 맞는 말들이 나오는데, 이 글에서 필자가 주요하게 참조하고 있는 『역사와 계급의식』 신판 「서문(1967)」만 '꼼꼼히' 읽었더라도 이런 실수는 생기지 않았을 것이다. 「서문(1967)」에서 루카치는 자기 사유의 발전과정을 시간 순에 따라 회고하는 과정에서 「블룸 테제」가 쓰인 시기의 상황과 문제의식을 비교적 자세하게 말하고 있을 뿐만 아니라, 「서문(1967)」자체가 바로 1934년 이전까지의 과정만 다루고 있기 때문이다.

이 논문의 한 각주에서 필자는 "루카치의 문학이론은 이미 잘 알려져 있"기 때문에 "교과서적 설명"은 불필요하다고 말하고 있다.[12] 하지만 루카치는 이미 충분히 잘 알려져 있다고 여기는 것 자체, 그리고 그렇게 잘 알고 있다고 여기는 것의 내용이야말로 과거에 루카치를 읽었던 이들의 루카치관을 완강하게 규정하고 있는 '통념'인 경우가 허다하지 않던가. 특히, 다른 원천에 입각하여 구축된 사유를 돋보이게 만들기 위한 부정적인 배경화면으로 인용되는 루카치의 경우, 바로 그러한 통념에 따른 루카치일 때가 더욱 빈번하지 않던가. 이 글의 필자가 루카치의 이론에서 보이는 "세 가지 문제점"으로 지적하고 있는 것들도 그러한 통념에서 그렇게 많이 벗어나 있는 것 같지는 않다. 그 "세 가지 문제점"은 "전위(당)-민중(노동자)라는 구도", "'경제'와 '노동'의 애매성", "역사발전법칙론" 내지 "목적론"인데,[13] 여기서는 필자가 주장하는 내용 자체나 관점을 문제 삼기보다는 공부의 기초와 여건 형성이라는 우리의 기본주제와 관련된 논의만 하도록 하겠다.

루카치 이론의 문제점들을 지적하고 있는 이 대목에서 먼저 눈에 띄는 것은, 필자의 주장을 뒷받침할 수 있는 문헌이 하나도 제시되어 있지 않다는 점이다. 물론 다루는 문제의 성격에 따라 그럴 수도 있겠지만, 이 글에서는 그러다 보니 루카치의 텍스트 자체에 충실한 것으로 보기에는 곤란한 대목들이 발견된다. 가령 "'경제'는 『역사와 계급의식』의 주관주의를 극복하[는] .... 과정에서 그[루카치-인용자]가 가장 중요하게 생각하는 범주이다"[14]라고 주장하는 구절이 있는데, 하지만 루카치 본인이 하고 있는 말은 이와는 조금 다르게 들린다. 필자의 말대로 루카치가 '경제'를 중요하게 생각했을 수도 있겠지만(한데 '경제'를 중요하게 생각하지 않는 마르크스주의자가 있을 수 있을까?), 『역사와 계급의식』이 주관주의로 경도된 것과 관련해서는 '경제'를 소홀히 해서라기보다는 그 경제에서 '노동'을 빠뜨렸기 때문이라는 것이 루카치가 힘주어 강조하고 있는 점이다.[15] 만약 필자가 루카치를 루카치 본인의 자기 진단과는 다르게 읽었다면, 왜 그렇게 읽었는지를 밝혀주는 것이 필요하지 않을까. 해석과 평가의 대상을 자의적으로 만들어내지 않는 것이야말로 공부의 기본에 해당할 터이며, 이는 어쩔 수 없이 대상 텍스트 자체에 '즉(卽)'한 읽기에서부터 출발할 수밖에 없는 일이겠기에 하는 말이다. 텍스트에 즉한 독서야말로 인문학 공부의 출발점이자 기본일 터이며, 그러한 기본에 충실할 때에야 공부를 통한 자기 객관화도 이루어지고, 그럼으로써 오히려 자기 사유의 폭과 깊이마저도 더해질 수 있는 게 아닐까. '오독'도 그러한 바탕 위에서야, 그러한 바탕과 함께할 때야 실로 '생산적'일 수 있을 것이다.

또, 이 대목에서 공부의 여건 형성의 측면과 관련해서 지적하고 싶은 것은 국내의 연구 성과—당연히(!) 번역을 포함하는—에 대한 필자의 무관심이다(사실 이 문제는 이 글의 필자에게만 해당하는 일이 아니다. 정남영의 논문은 만연한 현상을 부각시키기 위한 하나의 사례로서 거론되는 것일 뿐이다). 만약 필자가 국내 연구자들의 연구 성과에도 관심을 갖고 있었더라면, 「블룸 테제」를 전후로 한 루카치나 '목적론'의 문제와 관련하여 한층 더 정확하게 서술할 수 있는 기회를 가질 수도 있었을 것이다. 내가 쓴 글이라 말하기가 민망하지만 정남영의 글이 발표되기 전에 출간된 글에서 나는 「블룸 테제」나 그 전후의 루카치를 정남영과는 꽤 다르게 파악한 바 있으며,[16] 또 정남영이 루카치 이론의 "세 가지 문제점" 가운데 하나로 꼽고 있는 "목적론"과 관련해서도 그것이 루카치에 관한 잘못된 통념 가운데 하나임을 주장한 바 있다.[17] 설사 나의 주장이 잘못된 것이라 하더라도, 그것이 잘못임을 지적하거나 왜 잘못인지를 밝히는 과정 자체가 루카치에 관한 **우리의** 논의 수준을 한 단계 더 끌어올리는 계기가 될 수 있다. 이러한 대화와 논의들이 있을 때에야 바깥(외국, 특히 서양)에서 주어진 자극들에 따라 쌓이는 것 없이 변하기에만 바쁜 공부의 기반들이 조금씩 두터워질 수 있지 않을까.

국내의 연구 성과에 대한 무관심은 번역본을 대하는 데에서도 드러나는데, 이 글에서 다루어지는 『역사와 계급의식』의 경우 필자가 인용하고 있는 영역본 못지않게 많은 사람들이 읽고 인용하는 국역본이 있음에도 필자가 이를 참조한 것 같지는 않다. 그래서인지 가령 "das zugerechnete Klassenbewußtsein"이라는 『역사와 계급의식』의 중요 개념을, 독어본이나 국역본으로 루카치를 공부한 사람들에게는 어느 정도 익숙한 "귀속되는 계급의식" 내지 "귀속적 계급의식"과는 달리 "전가된 계급의식(imputed class consciousness)"[18]으로 옮기고 있는데, 내 생각에는 둘 다 어려운 한자를 사용한 말이긴 하지만 그래도 "전가된 의식"보다는 차라리 기존 국역본의 옮김말이 원뜻을 더 잘 전달하는 것 같다.[19] 너무나 당연한 말이지만, 어떤 용어를 새롭게 옮겼다는 것 자체가 문제될 것은 전혀 없다. 기존의 옮김말보다 원뜻을 더 적절하게 전달할 수 있는 말을 만들어낸다면, 그것 자체가 우리 공부에 크게 기여하는 일이 될 수 있다. 하지만 이 경우처럼 그렇게 썩 나아 보이지도 않는 새로운 번역어를 선택했다면, 왜 그렇게 했는지, 기존의 옮김말은 어떤 문제 내지 한계가 있는지를 밝혀주는 것도 같이 공부하는 사람들에게 큰 도움이 된다.

물론 국역본들 가운데에는 인용은커녕 참조도 할 수 없는 수준의 번역도 있다. 하지만 다행히—이 또한 나의 판단이지만—『역사와 계급의식』은 그렇지 않다.[20] 이런 정도의 국역본이라면, 설사 독일어 원서나 영역본을 기준 텍스트로 삼아 글을 쓴다 하더라도 그 과정에서 충분히 참조할 만하다. 그렇게 참조하는 가운데 중요한 대목에서 혹 오독이나 오역을 발견하게 되면 이를 바로잡아주는 것 또한 우리말로 글을 쓰는 외국문학 연구자들이 공부의 여건 개선에 기여할 수 있는 중요한 '실천' 가운데 하나가 아닐까.

사실 이 문제는 이 글의 필자 개인에게만 요구할 문제가 아니다. 이른바 '전공학술지'들이 내세우는 '논문의 형식적 요건'과도 연관된 문제일 터인데, 필자처럼 한국의 현실과 한국문학에 지속적인 관심을 가지고 있는 사람부터 이를 타개하기 위한 노력을 해야 하지 않을까 싶다. 나 또한 뜻만 가지고 있을 뿐 제대로 실행한 적이 없었던 일이라, 필자에게 하는 말은 곧 내게 요구하는 것이기도 하다.

4. '오역'과 무성의

번역과 관련된 이야기를 한 김에 마지막으로 번역서 한 권을 살펴보도록 하겠다.[21] 번역 일반, 그중에서도 특히 인문학술서적의 번역이 얼마나 열악한 조건 속에서 이루어지고 있는지를 잘 알고 있는 처지에[22] 주로 문제점만을 부각시키는 이 글에서 특정 번역서를 다루자니 꺼려지는 게 사실이다. 하지만 우리가 살펴볼 이 책의 경우 공부의 여건 형성과 관련하여 역자 · 출판사 · 독자의 책임 문제를 한꺼번에 짚어볼 수 있는 한 극단적 사례가 되겠기에 작심하고 거론하는데, 우리가 반면교사(反面教師)로 삼기 위해 살펴볼 그 책은 게오르게 리히트하임(George Lichtheim)이 쓴 루카치 입문서를 옮긴 『루카치』(이종인 옮김, 시공사, 2001)이다.

사실 리히트하임의 책[23] 자체도 온전한 입문서가 되기에는 적지 않은 문제를 지니고 있다. 이 책은 지난 세기 80년도에도 다른 역자에 의해 번역된 바 있는데,[24] 하지만 출판사의 안이하고 편의적인 기획이 아니라면 2000년대에 들어와 굳이 다시 번역될 까닭이 없는 책이다. 리히트하임의 "마지막 연구서"로 "그동안 연구한 학문적 온축이 원숙하게 스며들어 있는 수작"이라는 광고 문구가 붙어 있지만, 1970년에 나온 책이기에 그 이후 발간된 루카치의 초기 미학과 말년의 존재론은 다 빠져 있다. 게다가 스탈린주의에 대한 저자의 혐오감이 워낙 강해서인지 1930~50년대에 나온 루카치의 문학 관련 저술들은 거의 모두 "쓰레기"(sic!)[25] 취급을 받고 있다. 이런 평가의 근거라고는, 그 당시 루카치가 스탈린주의자였다는 게 거의 다다. 리히트하임 본인이 "루카치의 최대의 걸작"[26]이라 칭하면서 비교적 호의적으로 다루고 있는 『미적인 것의 고유성』조차도 과연 그가 제대로 읽었을지 의심스럽다. 루카치의 반영론을 문제 삼으면서 리히트하임은 "반영"이라는 용어 자체가 자동적으로 음악을 검토 대상에서 제외시키는바, 루카치는 이 주제에 관해서 사실상 침묵을 지키고 있다고 말한다.[27] 하지만 『미적인 것의 고유성』에서 음악은 제외되기는커녕 무려 70여 쪽에 걸쳐 신중하게 다루어지고 있다.[28] 특히 이 부분은 "이중적 반영", "미메시스의 미메시스" 등과 같은 흥미로운 개념들이 다루어지는 곳이기도 한데, 설사 이 부분을 읽지 않았다 하더라도, 책 전체의 목차만이라도 주의 깊게 본 사람이라면 리히트하임과 같은 말은 할 수 없을 것이다. 『미적인 것의 고유성』 제일 앞머리에 실려 있는 목차를 보면 제2분책 14장 1절의 제목이 바로 "음악(Musik)"으로 되어 있기 때문이다.

만약 출판사가 책표지의 광고 문구처럼 "서양 학문의 중추를 이루고 있는 거장들의 사상과 학문을 간결하고 명료하게 집약한 권위 있는 입문서"를 낼 마음을 진짜로 가지고 있었다면, 30년도 더 전에 나온 이런 허술한 책 말고 훨씬 더 나은 입문서를 찾을 수 있었을 것이다. 게다가 30권의 총서 중 『루카치』를 포함한 12권의 책을 한 번역자에게 맡기는 일은 하지 않았을 것이다.[29] 이른바 '인문사회과학 전문번역가'로 꽤나 이름난 역자가 옮긴 이 책은, 그래도 루카치를 제법 읽었다는 나조차도 도무지 이해하기 힘든 구절들을 곳곳에 간직하고 있다. 예컨대 루카치의 말을 인용한 대목을 옮긴 다음과 같은 구절을 보자.

> 만약 내가 과거의 소비에트 문학에 관한 연구에 솔제니친의 중요성을 추가한다면, 그것은 내가 이 분야에서 전에 저질렀던 비행의 연속이 될 것이다.[30]

앞뒤 문맥을 보더라도 이해되지 않는 말일뿐더러, 솔제니친의 문학적 의의를 누구보다도 강력하게 조명했던 사람이 루카치라는 사실을 염두에 둔다면[31] 문장 자체의 연결도 도무지 이해할 수 없는 번역이다. 역자인 이종인이 "내가 이 분야에서 전에 저질렀던 비행의 연속"으로 옮긴 부분은 원래 "eine geradlinige Fortsetzung meiner bisherigen Tätigkeit auf diesem Gebiet"[32]로 되어 있으며, 이를 리히트하임은 "a straight continuation of my earlier activity in this field"[33]로 옮기고 있다. 독일어로 쓴 루카치의 글에서건 이를 영어로 옮긴 리히트하임의 번역에서건 그 어디에서도 "비행"이라는 말은 나올 수가 없는데, 수십 권의 책을 옮긴 '전문번역가'가 이렇게 쉬운 단어들로 구성된 문장마저도 터무니없이 잘못 옮기고 있으니 차라리 그 연유가 궁금할 지경이다. 그런데 이런 식의 번역이 곳곳에 산재해 있을 뿐만 아니라 전혀 정확하지 않은 역주까지 친절하게 달아놓고 있는 책이 이 책이다. 『소설의 이론』에 나오는 "핵심 용어"가 "전형"과 "전망"이라는 역주는[34] 도대체 어떤 책을 읽고 단 것일까? 보통 "죄르지 루카치" 또는 "지외르지 루카치"로 적는 루카치의 헝가리식 이름 "György Lukács"가 "되르지 루카치"로 표기되고, "Verdinglichung"은 본문에서는 "물화"로, 미주에서는 "의인화(擬人化)"로 번역되어 있으며, "Isaac Deutscher"라는 사람은 "아이작 도이셔"였다가 금방 "이삭 도셔"로 둔갑하고 있으니, 역자의 무성의는 차치하더라도 출판사에서 교정을 보기나 한 것인지도 의심스럽다. 그런데 이런 책을 두고 〈알라딘〉의 한 독자 리뷰에는 "유려한 번역으로 놀라게 하는 이종인 선생의 번역과 긴요한 역주도 좋다"는 평이 올라 있는 판이니, 역자와 출판사는 물론이고 인터넷으로 인해 유통 과정에 영향을 미치는 능동적 소비자로서의 역할을 할 수 있게 된 독자 또한 스스로가 공부의 여건 형성에 참여하고 있다는 자각을 할 필요가 있겠다.

5. 마치는 말: 인문학 공부의 기본

오로지 부정적인 사례들만을 들어 문제점을 비판적으로 다루는 이런 글을 쓰는 심사가 유쾌할 리 없다. 또, 이 글 자체도 썩 바람직한 글은 못 된다. 루카치를 제대로 공부하기 어려운 여건이라면, 그러한 여건을 탓하기보다는 루카치를 다시 또는 새로 볼 수 있도록 신선한 시각에서 깊이 있는, 또는 현안과 관련된 글을 쓰는 게 보다 생산적인 길일 터이다. 하지만 아직 그럴 능력이 충분치 않은 처지라, 그러한 글을 쓰기 전에 일종의 현황점검을—그것도 순전히 부정적인 측면에 한정된 것이긴 하지만—해본 것으로 이 글을 읽어주면 고맙겠다.

　루카치와 관련된 글들에서 적출한 문제들, 곧 '왜곡', '착각', '오독', '오역' 등등 가운데 '왜곡'까지는 아니더라도 '착각'이나 '오역' 따위는 지금껏 내가 쓰고 옮겼던 글들에서도 발견될 수 있을 것이며, 또 앞으로 내가 쓰고 옮길 글들에도 없지 않을 것이다. '무책임'이나 '무성의', '무관심'을 넘어서기 위해 아무리 노력한다 하더라도 '착각'이나 '오독'과 '오역' 같은 오류를 완전히 피하기란 참으로 어려운 일이다. 그래서라도—물론 이 때문만은 아니지만—더욱더 아쉬운 것이 이 땅에서 공부하는 사람들 서로 간의 관심과 협력이다. '대화'니 '타자에의 열림'이니 하는 말들로 치장된 '독백'들로 가득한 인문학계에 정작 필요한 것은 구속 없는 실천적 대화, 진정한 호기심에서 이루어지는 대화의 실천이다. 그리하여, 책머리에서 자주 보곤 하는 '질정(叱正)을 바란다'는 말이 빈말이 아니게 되는 풍토, 아는 만큼 말하고 모르는 것은 기꺼이 배우는 정직하고 개방적인 학인(學人)의 태도와 그러한 태도들이 모여 상생작용을 하는 학문적 풍토가 곳곳에서 알차게 형성될 때, '거리'로까지 나가지는 못하는 대다수 인문학도들이 바로 자기 일상의 터전인 공부 현장 자체에서 인문학을 하는 이유와 보람을 얼마간 실감할 수 있는 구체적 가능성이 확보될 것이다. 또, 그럴 때에야 인문학 공부의 기초를 튼실하게 다져나갈 활력과 능력도 축적될 수 있을 것이며, 그러한 바탕 위에서 실로 창의적인 사유도 피어날 수 있을 것이다.

Ⅲ
루카치의
전(前) 마르크스주의적
사상의 측면들

Ⅲ
루카치의 전(前) 마르크스주의적 사상의 측면들
『소설의 이론』을 중심으로

1. 들어가는 말: 루카치의 '자기비판'과『소설의 이론』

1933년 히틀러가 권력을 장악하고 두 달이 지난 뒤인 3월 중순경, 루카치는 독일에서 모스크바로 탈출한다. 그리고 바로 그해 『국제문학』(Internationale Literatur)(3권 2호)에 「마르크스 · 엥겔스와 라쌀 사이의 지킹엔 논쟁」("Die Sickingendebatte zwischen Marx-Engels und Lassale")과 「마르크스로 가는 나의 길」("Mein Weg zu Marx")을 동시에 발표한다.[1] 루카치 스스로 "마르크스주의 미학을 위해 쓴 첫 번째 글"[*2]로 자리매김한 앞의 글은 루카치가 1930년에서 31년 초까지 모스크바의 〈마르크스-엥겔스-레닌 연구소〉에서 『마르크스 · 엥겔스 전집』(MEGA) 간행 작업을 하던 중에 쓴 글이었다. 루카치는 이 글을 독일 체류(1931년 여름~1933년 3월) 이후 다시 소련으로 돌아왔을 때에 발표했는데, 그럼으로써 이 글은 그가 앞으로 소련에서 전개할 방대한 규모의 문학사 · 문학이론 · 문학비

---

*   앞으로『게오르크 루카치 저작집』(Georg Lukács Werke)에서 인용할 경우에는 본문에 권수와 면수를 표기한다.

평적 작업의 방향을 알리는 글로서의 성격을 띠게 되었다. 후자 곧 「마르크스로 가는 나의 길」은 소련에서 문필활동을 본격적으로 개시하기 전에 지금 현재 자신이 도달한 사상적 좌표를 확인하고 공개하는 짧은 자전적 메모다. 이 글에서 그는 지금까지 자신의 철학적 · 이론적 입장이 변천해온 과정을 마르크스 사상과의 관계를 중심으로 서술하고 있는데, 마르크스를 처음 접했던 김나지움 시절부터 1933년 현재까지 자신의 마르크스주의적 사유가 어떻게 형성되어왔는지, 어떤 오류들을 거쳤으며 그 오류들을 어떻게 극복했는지를 스케치하고 있다. 그리하여 그는 "지금에야 비로소 마르크스주의 변증법의 포괄적이고 통일적인 성격이 나에게 **구체적으로** 분명하게 되었다"고 천명하며, 바로 그렇기 때문에 마르크스주의의 실질적인 연구는 "**이제** 비로소 **시작**"된다고 선언한다.[3]

이것은 단순한 수사적 언사가 아니었는데, 루카치 스스로 "마르크스주의의 수업시대"로 자리매긴 20년대의 이론적 · 실천적 훈련을 거친 후, 특히 앞서 말한 『마르크스 · 엥겔스 전집』 간행 작업을 하면서 그때까지 발간되지 않았던 마르크스의 『경제학-철학 수고』를 접한 후, 그는 일찍이 『역사와 계급의식』(1923)에서 개진했던 마르크스주의와는 다른 관점에서 마르크스 사상을 연구하기 시작했다. 흔히 "존재론으로의 전환"이라 불리는 그 "시작"은 그의 사상적 전개과정에서 또 다른 "시작의 시작"인 『사회적 존재의 존재론을 위하여』 및 『사회적 존재의 존재론을 위한 프롤레고메나』로까지 이어진다.[4] 이렇게 보면 그에게 "마르크스로 가는 길"은 그의 생애 내내 계속된 길이었으며, 그는 늘 그 도정에 있었다. 그리고 그 도정에서 마르크스의 학설과 사상에 대한 단순한 해석이 아니라 루카치 고유의 마르크스주의라 할 만한 사유가 구축되었다.

그에게 "마르크스로 가는 길"은 실천적으로는 '공산주의로 가는 길'이었다. 루카치에게 마르크스의 이념은 곧 공산주의이며, 그 공산주의는 무엇보다도 "자유의 나라", 계급 없는 "사랑의 사회"로 표상되는 것이었다. 루카치는 자신의 삶 그 자체인 사상적 · 이론적 작업이, 인류가 그 "자유의 나라"로 가는 길을 다지고 넓히는 데 유용하게 쓰이기를 바랐다. 그렇게 그는 학자로 머물러 있지 않고 자발적으로, 자유의지에 따라 "자유의 나라"를 위한 이데올로그이고자 했다. 그런데 모든 이데올로그는 자신의 작업이 공적인 영향을 끼치기를 바라며, 그러니만큼 자신이 저질렀던 잘못이 그릇된 영향을 미치지 않도록 경계해야 마땅하다. 루카치가 자신의 오류에 대해서, 스스로가 오류라고 판단한 것에 대해서, 그것이 오류임을 인정하고 수정하는 '자기 정정' 또는—넓은 의미에서의—'자기비판'에 전혀 인색하지 않았던 데에서 우리는 그러한 이데올로그의 태도를 볼 수 있지 않을까.[5] 다른 측면에서 보자면, 그러한 '자기 정정' 내지 '자기비판'은 자신이 가고 있는 길이 마르크스 사상의 핵심에 점점 더 깊이, 올바르게 다가가고 있다는 상력한 '자기 확신'이 있기에 가능한 일이기도 했을 것이다.

루카치가 옛 서독의 루흐터한트 출판사에서 간행된 『게오르크 루카치 저작집』 책임편집자인 프랑크 벤젤러(F. Benseler)에게 보낸 1962년 2월 26일자 편지에서 우리는 '자기비판'에 대한 그의 생각을 읽을 수 있다. "자기비판이란 회고적인 회한 없이, 따라서 에피쿠로스와 스피노자가 영위한 생활방식의 의미에서 이루어지는 내적 변화, 내적 성장을 위한 하나의 수단"이라고 말하면서 루카치는 자신이 지금까지 했던 두 번의 "전술적인 자기비판"과 두 번의 "진지한 자기비판"에 관해 적고 있다. 1929년 말에 있었던

「블룸 테제」("Blum-Thesen", 1928년 말에 집필)에 대한 자기비판과 1949~50년 헝가리에서 벌어진 '반(反)-루카치 캠페인' 때 했던 공개적인 자기비판은 스탈린시대에 겪을 수 있는 "참사"를 피하기 위해 불가피했던 일련의 "타협"에 해당하는 "전술적인 자기비판"이라면, 공산주의자가 되고 난 후 그 전에 쓴 저작들을 거부한 것과 『역사와 계급의식』에 대한 자기비판은 "실제로 진지한 자기비판"이었다고 한다.[6] 그렇기 때문에 옛 서독의 루흐터한트 출판사가 전(前)마르크스주의 시기 작품인 『소설의 이론』의 신판을 출간하고자 했을 때에 루카치는 망설이지 않을 수 없었다. 결국 벤젤러의 간곡한 부탁과 권유로 마지못해 출판을 수락한 루카치는 자신이 근 반세기 전에 쓴 그 책에 대한 아주 엄격한 비판적 평가를, 따라서 저자가 쓴 글치고는 기이해 보일 정도로 냉정한 언설을 그 책 「서문」으로 붙인다.

1962년에 이 「서문」을 썼을 때 루카치는 이미 스탈린주의의 강요에서 자유로운 처지였다. 비록 가택연금 상태에 있긴 했지만 더 이상 "이솝의 언어"를 사용하지 않아도 될 위치에 있었기 때문에 「서문」은 루카치 스스로 그렇게 생각한 것, 그 당시 자신의 지성에 정직한 목소리를 적은 것으로 볼 수 있다. 그런데 바로 그 「서문」에서 루카치는 독자들에게 이 책을 "단호히 거부"할 것을 권한다. 1920~30년대의 주요 이데올로기들의 전사(前史)를 아는 데에는 얼마간 도움이 될 수 있겠지만 삶의 방향을 잡기 위해 이 책을 읽으면 "방향상실"만을 초래할 뿐이라는 것이다.*[7] 이러한 입장은 생애 마지막 순간에 가졌던 대담에서 다소 완화된 모습을 보이

---

* 앞으로 『소설의 이론』(김경식 옮김, 문예출판사, 2007)에서 인용할 경우에는 본문에 면수를 적는다. 표현을 바꾼 곳도 있는데, 오역을 수정한 것이 아닌 이상 이를 따로 밝히지 않는다.

는데, 『소설의 이론』이 갖는 적극적 의미를 확인하고자 하는 대담
상대자에게 그는 단호한 부정 대신 "『소설의 이론』 같은 과도기적
산물은 과도기적인 것으로서 평가되어야"[8] 한다고 말하고 있다.

지금까지의 역사는 「서문」에서 루카치가 삶의 올바른 방향이라
고 생각한 것과 닿아 있는 쪽으로 나아가지 못했다. 그가 삶의 터
전으로 삼았던 '현실사회주의'는 긍정적 유산을 찾기에는 너무 부
정적인 방향으로 고착되어갔으며, 현재 우리는 그 체제를 사실이
그랬던 것보다 더 부정적으로, 오로지 부정적으로만 보게 만드는
이데올로기 환경 속에서 살아가고 있다. 루카치가 생각한 올바른
방향과는 정반대의 방향이 더욱 힘을 더해간 것이 루카치 사후 지
금까지의 역사였던 것이다. 이러한 정황 속에서 마르크스주의자
이자 공산주의자로서의 루카치의 작업이 빛바랜 역사적 유물 취
급을 받는 것은 어쩌면 당연한 일일 것이다. 이에 반해 바로 그 루
카치가 "방향상실"만을 낳을 뿐인 글들이라 자평한 『영혼과 형식』
이나 『소설의 이론』 같은 전(前)마르크스주의 시기의 저작들은 아
직 안착할 곳을 찾지 못한 "문제적 개인"의 절실한 모색에 따른 깊
고 섬세한 사유와 시적 문체 그리고 실존적 울림으로 독자들과의
만남을 계속 이어가고 있다. 그중 『소설의 이론』은 루카치의 저작
중 가장 많은 독자가 꾸준히 찾고 있는 작품에 해당할 것이다.

『소설의 이론』은 노년 루카치의 말대로 방향을 잡는 데는 부적
절한 책이라 하더라도 특정한 한 시기의 이데올로기의 흐름을 알
기 위해서만 읽을 가치가 있는 책은 아니다. 소설(Roman)에 관한
이론적 담론으로서 "거의 이미 고전이 된 작품"(L. 골드만)이며 "철
학적 미학의 한 척도"(Th. 아도르노)를 세운 책이라고 봐도 무방하
다. 소설을 고찰하는 여러 시각 중 한 시각으로서 충분한 자격이
있는 '역사적 · 철학적인 소설미학'의 바탕을 놓은 책으로 볼 수

있기 때문이다. 푸코(M. Foucault)의 표현을 빌리자면 『소설의 이론』의 루카치는 마르크스나 프로이트 같은 "담론성의 창설자"라고는 할 수 없겠지만, "그 속에서 다른 저자들과 다른 책들이 각기 자리 잡게 될 이론, 전통, 연구 분야의 저자"로서 "'관(貫)담론적' 위치"에 있다고 볼 수는 있을 것이다.[9] 인류의 삶에서 소설이 더 이상 아무런 가치도 의미도 갖지 않게 되는 상황이 전면화되지 않는 한, 그리하여 소설에 관한 사유가 완전히 사라지지 않는 한, 어떤 식으로든 참조될 수밖에 없는 책이 바로 『소설의 이론』이다.

2. 『소설의 이론』의 발생사

먼저 분명히 해둘 것은, 『소설의 이론』은 1차 세계대전의 산물로서 이른바 "모더니즘"의 걸작들과 발생 맥락을 같이한다는 점이다. 미국의 영문학자이자 비교문학 연구자인 프랑코 모레티(Franco Moretti)는 조이스의 『율리시스』, 카프카의 『소송』, 토마스 만의 『마의 산』, 엘리엇의 『황무지』, 무질의 『특성 없는 남자』 등과 같은 "위기의 문학"의 "뿌리"를 1차 세계대전으로 보면서, 이 작품들이 갖는 소수의 공통점 중 하나로 공통의 확신이 있었다고 하는데, 그가 말하는 그 확신은 "전쟁을 위기의 **원인**"이 아니라 그 위기의 "격렬하고 두드러진 표출"로 보는 것이다.[10] 『소설의 이론』 또한 그러한 확신을 공유한다.

당시 루카치는 독일의 하이델베르크 대학에서 교수자격을 얻기 위한 미학 논문을 집필하고 있었다. 하지만 1914년 여름에 발발한 전쟁은 루카치로 하여금 순수한 학술작업인 미학 집필에 집중할 수 없게 만들었다. 그는 전쟁 초기부터 전쟁에 반대하는 입장을 가지고 있었다. 하지만 루카치와 마찬가지로 유럽의 근대문명이 초래한 과도한 합리주의와 지나친 개인주의에 환멸을 느끼고 있었던 루카치 주위 독일 지식인 다수의 입장은 달랐다. 전쟁이 격화되고 장기화되면서 입장을 바꾼 사람들도 있었지만 전쟁 초기에는 대부분이 바로 그 전쟁의 참호 속에서 새로운 영웅적 인간과 형제애로 맺어진 공동체의 출현을 기대하고 전쟁을 지지하거나 용인했다. 루카치가 쓴 첫 번째 책 『근대 드라마의 발전사』의 이론적 배경을 제공했던, 그리하여 루카치가 직접 베를린 대학에 가서 강의를 듣고 사적인 세미나도 함께했던 게오르크 지멜(G. Simmel)이 그러했으며, 그 이후 루카치가 마침내 안착할 '지적 공동체'를 찾은 듯이 느꼈던 하이델베르크에서 사귄 막스 베버(M. Weber)와 에밀 라스크(E. Lask) 또한 예외가 아니었다. 하지만 루카치에게 1차 세계대전은 "최초의 보편적 전쟁이자 동시에 보편적으로 무(無)이념적이고 이념적대적인 전쟁"[11]이었다. 라스크가 국가에 대한 의무를 내세워 자진 입대했다가 전사한 데 반하여, 소렐(G. Sorel)의 아나코-생디칼리즘(Aanarcho-syndicalisme)의 영향을 받았던 당시 루카치에게 근대 국가란 "조직된 부도덕", "조직된 죄"[12]일 뿐이며, 그런 근대 국가가 요구하는 병역의무란 "가장 비열한 노예제"[*13]에 불과한 것이었다. 그는 전쟁에서 새로운 영웅주의나 공동체의 생성 가능성을 본 것이 아니라 "스스로 창조한 세계이지만 이미 그 자신이 그 속에서 어떻게도 할 수 없는 수동적 존재로 전락해버린 현대인의 비극"[14]을 보았다. 전쟁과 "전쟁에 대한 주위의 정신병적 열광"(6)은 유럽적 근대에 대한 그의 절망감을 더욱 깊게 만들었으며, 그 절망의 깊이에 비례하여 새로운 세

---

* 　앞으로 *Georg Lukács: Briefwechsel 1902~1907*에서 인용할 때에는 본문 안에 괄호를 친 뒤 'BW'라는 약어와 함께 면수를 병기한다.

상에 대한 갈구는 더욱 더 절실해졌다.

1920년 독일의 파울 카시러 출판사에서 단행본으로 출판된 지 43년 만에 다시 출간되는 『소설의 이론』 신판(1963년 루흐터한트 출판사에서 출간)을 위해 1962년에 쓴 「서문」에서 루카치는 이 책의 집필 당시 자신이 가졌던 생각을 다음과 같이 회고한 바 있다.

> 중부유럽제국[독일과 오스트리아·헝가리의 동맹]이 러시아를 물리칠 가능성이 있는데, 그렇게 되면 차르 체제가 붕괴될 수 있다. 이에 대해 나는 동의한다. 서구[서유럽]가 독일에 승리를 거둘 가능성도 있는데, 그 승리로 호엔촐레른 가(家)와 합스부르크 가가 무너진다면, 나는 이에 대해서도 동의한다. 하지만 그럴 경우 누가 우리를 서구 문명으로부터 구제해줄 것인가 하는 문제가 생겨난다(그 당시의 독일이 최종 승리를 거둘 것이라는 전망은 끔찍한 악몽처럼 느껴졌다)(6).

러시아의 차르체제와 독일 및 오스트리아 그리고 서유럽 문명 모두에 부정적이고 비관적인 입장은 "누가 우리를 (…) 구제해줄 것인가"라는 물음으로 표현되는 종말론적 구원 열망으로 이어진다. 그리고 이에 대한 희미한 답을 루카치는 참호 속에서가 아니라 러시아 작가들, 그중 특히 톨스토이와 도스토옙스키의 작품 속에서 찾을 수 있으리라 믿었다. 그 속에서 "'유럽적' 개인주의(그리고 이로부터 생겨나는 혼란과 절망과 신의 부재)"와는 전혀 다른 유형의 "새로운 인간"을 발견했으며, "'유럽적' 발전이—비록 동경하고 추구하기는 했지만—자기 자신으로부터 형성할 수 없었던 무언가가, 일련의 절망적인 문제들에 답을 가져올 수 있는 그 무언가가 있다"고 본 것이다.[15]

유럽의 근대에 대한 전적인 부정의식과 새 세상에 대한 비전

(Vision)은 루카치로 하여금 자기 당대를 "아포칼립스의 시대"로 보게 했다. 그에게 이 "아포칼립스의 시대"는 서구에서는 "해체와 몰락에 이르는 길의 한 순간"을 의미했다면, 동구에서는 "아버지의 지배에 의해 침해받지 않는 새로운 형제애(Brüderlichkeit)의 나라를 형성할 가능성"을 의미했다.[16] 이러한 문제의식이 루카치로 하여금 전쟁 발발로 중단된 미학 논문 대신 도스토옙스키에 관한 책을 쓰도록 내몬 내적 동력이었다. 그는 도스토옙스키라는 창을 통해 유럽 바깥인 러시아의 대지와 인민들 속에서 희미하게 빛을 발하는 새로운 인간과 새로운 세상의 조짐을 확인하고 그 정체를 파악하고자 했으며, 그 가운데 새로운 윤리학과 역사철학을 정초하고자 했다.

사실 도스토옙스키에 대한 루카치의 관심은 당시 지식사회에서 특별하거나 새삼스러운 것이 아니었다. 독일과 헝가리에서는 1차 세계대전이 발발하기 훨씬 전부터 도스토옙스키를 "건널 수 없는 문화적 차이의 상징"이자 "정신적 재생의 희망"으로, 심지어는 "우리의 수호성인 중 한 사람"이라고까지 부르면서 추앙하는 분위기가 만연했는데, 루카치 또한 그러한 분위기 속에 있었다.[17] 하이델베르크에서 루카치가 가담한 이른바 '막스 베버 서클'에서도 도스토옙스키는 항상 주요한 토론의 대상이었으며, 전쟁 중 병역 때문에 부다페스트로 돌아가 벨러 벌라주(B. Balázs)와 함께 조직한 "일요 서클"[18]에서도 도스토옙스키는 키르케고르와 함께 토론의 단골 주제였다. 게다가 루카치의 경우에는 1913년 늦여름에 만나 그의 첫 번째 아내가 된 그라벵코(J. A. Grabenko)의 영향까지 가세했다. 테러리스트 전력이 있는 러시아 아나키스트로 소개받은(실제로 그녀가 테러리스트였는지는 확실치 않다) 그녀는, 새로운 인간 유형을 찾고 있던 루카치가 러시아 문학은 물론이고 러시아 테러리스트의 세계로까지 관심을 확장하는 데 주요한 역할을 했다.

루카치가 남긴 기록 중 도스토옙스키 기획에 관한 최초의 언급은 1915년 3월, 그가 하이델베르크에서 파울 에른스트(P. Ernst)에게 보낸 편지에서 발견된다. 여기에서 그는 1912년부터 매진했던 미학 작업을 일시 중단하고 도스토옙스키를 다루는 책을 준비하고 있노라고 밝히고 있다.

> 이제야 마침내 나의 새 책, 도스토옙스키를 다루는 책에 착수합니다.(미학은 일시적으로 중단상태에 있습니다.) 한데 그것은 도스토옙스키보다 훨씬 더 많은 것을 포함하게 될 것입니다. 나의—형이상학적인 윤리학과 역사철학 따위의 많은 부분을 말입니다(BW, 345).

이어서 그는 "특히 첫 부분에서는 서사 형식의 많은 문제가 논의될 것"이라고 밝히고 있는데, 하지만 5개월도 채 안 된 8월 2일 에른스트에게 보낸 편지를 보면 도스토옙스키 작업이 중단되었다는 것, 그리고 이로부터 『소설의 이론』이 따로 완성되었다는 것을 확인할 수 있다.[19]

> 나는 너무 방대하게 된 도스토옙스키 책을 중단했습니다. 거기에서 (한 편의) 긴 에세이, 소설의 미학이 완성되었습니다(BW, 358).

이 "긴 에세이"인 "소설의 미학"이 바로 『소설의 이론』이다. 그것은 도스토옙스키 연구서의 서론 내지 제1장으로 집필된 것이었다. 결국 이것만 "완성"되고 본론인 도스토옙스키론은 구상과 메모로 그치고 말았는데,[20] 표면적으로는 병역[21] 때문에 "중단"된 것이지만—위 인용문에서 도스토옙스키 책이 "너무 방대하게" 되었다고 말하고 있는 데서도 엿볼 수 있듯이—당시의 루카치로서는 도저히 감당할 수 없을 정도로 주제가 확장되고 규모가 커짐에 따라 좌초될 수밖에 없었다. 이렇게 보면 그 좌초한 기획의 예기치 못한 부산물이『소설의 이론』인 셈이다.

　루카치에게『소설의 이론』은 교수자격청구논문의 집필을 접고 쓰지 않을 수 없었던, 그만큼 강력한 역사적·실존적 문제의식에 추동된 기획의 소산이다. 루카치가 하이델베르크 대학에서 교수로 자리 잡아 탁월한 학문적 능력을 꽃피울 수 있기를 바랐던 사람들에게 루카치의 그런 '일탈'은 매우 실망스러운 것이었다. 막스 베버도 그렇게 실망한 사람 중 하나였다. 비록 루카치가 신판「서문」에서 "토마스 만과 막스 베버는 이 책에 동의를 표명한 독자"(9~10)라고 적고 있지만, 루카치가 도스토옙스키 기획에 빠져 있었던 동안 실상은 달랐던 것 같다.『소설의 이론』을 완성한 후 다시 하이델베르크 대학에서 교수자격을 얻기 위해 준비하던 루카치에게 베버가 보낸 1916년 8월 14일자 편지의 한 대목이다.

　　당신이 돌연 도스토옙스키 쪽으로 선회한 것은 저 (라스크의) 견해[22]에 정당성을 부여하는 듯했습니다. 그렇기 때문에 나는 당신의 이 작업[『소설의 이론』-인용자]을 증오했으며 아직도 증오하고 있습니다. 그도 그럴 것이 원칙적으로 나도 [라스크와-인용자] 같은 생각이니까요. 체계적인 연구를 끝내고 그 사이에 다른 일은 안 하는 게 당신에게 정말로 견딜 수 없는 고통이자 압박이라면, 만약 그렇다면, 무거운 마음으로 당신에게 충고하고자 합니다. 교수자격 취득을 그만두세요. 당신이 그것을 할 '자격이 없기' 때문이 아니라 그것이 당신에게, 그리고 학생들에게도 궁극적으로는 도움이 되지 않기 때문입니다. 그렇다면 당신의 직업은 다른 것이 될 것인데, 그렇지만 당신이 옳다고 여기는 것을 하게 되겠지요

(BW, 372).

루카치의 이후 삶은 결과적으로 라스크와 베버의 생각이 옳았다는 것을 보여준다. 루카치가 택한 '소명으로서의 직업(Beruf)'은 전문적이고 체계적인 연구와 교육을 위한 대학교수가 아니라—에세이스트의 또 다른 양상이라 할 수 있는—공산주의 이데올로그[23]였으니 말이다. 하지만 1916년 당시에 루카치는 다시 교수가 되기 위한 작업에 들어갔다. 그 전후로 베버는 루카치를 물심양면으로 도왔는데, 그가 "증오한다"고 한 『소설의 이론』도 그의 주선으로 『미학과 일반예술학지(誌)』(*Zeitschrift für Ästhetik und allgemeine Kunstwissenschaft*, 11권 3~4호, 1916)에 발표될 수 있었다. 하지만 그 과정이 그리 녹록지 않았는데, 당시 베를린 대학교 교수이자 이 잡지의 발행인이었던 막스 데소이르(M. Dessoir)는 루카치의 원고를 게재하는 과정에서 중간 전달자 역할을 했던 막스 베버에게 보낸 편지에서 루카치의 원고 중 제2부만이 학술지인 잡지의 성격에 부합한다면서 제1부를 생략하는 게 좋겠다는 의견을 전한다. 설사 제1부를 그냥 둔다 하더라도, 제1부 제1장—"별이 총총한 하늘이 갈 수 있고 또 가야만 하는 길들의 지도인 시대 (…) 는 복되도다"(27)라는, 한국의 독자들에게 특히 유명한 문구로 시작하는 바로 그 제1장—이 포함된 초반부를 꼭 빼달라는 게 그의 요청이었다.[24] 그리고 몇 가지 지엽적인 수정 요구와 함께 제목도 "대(大)서사문학의 형식들. 역사철학적 시론(試論)"으로 할 것을 제안한다(BW, 364).

베버를 통해 잡지 발행인의 요구를 전달받은 루카치는 원래 생각하고 있었던 "소설의 미학"이라는 제목을 "소설의 이론"으로 변경하고 "대(大)서사문학의 형식들에 관한 역사철학적 시론(試

論)"이라는 부제를 다는 '성의'를 보이는 것으로 그치고, 제1부 또는 제1부 전반부의 생략 요구는 받아들이지 않는다. 베버에게 보낸 1915년 12월 30일자 편지에서 루카치는 데소이르의 요구를 받아들일 수 없는 이유를 소상히 밝히고 있는데, 그의 주장을 요약하면 다음과 같다. ① 그리스 문화와 중세를 다루는 것은 현시대(Jetztzeit)의 역사철학적 이해를 위해 필수불가결한 일이다. ② 삶과 본질, 내면성과 외부 세계 같은 개념들이 미학적·형식적인 의미를 분명하게 갖기 위해서는 서사문학과 극문학의 차이가 다루어져야만 한다. ③ 서사 형식들을 분류하는 것은 꼭 필요한데, 그러지 않을 경우 제2부의 유형론과 작품 선별을 정당화할 도리가 없다. ④ "완결적·유기적인 세계"와 "초월적·내면적으로 관습적인 세계"의 차이를 다루는 것은 소설 형식 일반의 실존을 정초하는 데 불가결한 전제조건이다. ⑤ 초반부가 삭제된다면, "마성(das Dämonische)"에 관한 제1부의 결론이나 제2부의 시간 개념이 이해될 수 없을 것이며, 또 자연과 관습의 문제성을 알지 못한다면 『빌헬름 마이스터』의 문제성을 이해 가능하게 만들 수가 없을 것이다. 이러한 이유들을 밝힌 뒤 루카치는, 자신의 독자들은 초반부를 필요로 한다고 확신한다, 그렇지 않으면 그들은 결론을 이해할 수 없을 것이다, 라고 강한 어조로 주장한다(BW, 365). 베버의 중재 덕분이었는지 루카치는 한 부분도 생략하지 않은 원고를 잡지에 실을 수 있었는데(1916년 두 권으로 나온 『미학과 일반예술학지』 225~271면과 390~431면 수록), 그때 본문 첫 면에 각주를 통해 다음과 같은 일종의 '해제'를 붙였다.

다음 논술[『소설의 이론』—인용자]은 한 가지 이상의 연관에서 단편적이다. 이 논술은 도스토옙스키를 다루는 미학적·역사철학적인 저작의 서론 장으로 썼으며, 그 본질적 목표는 소극적인 것(ein negatives)이었다. 즉 문학적 형식 및 그것의 역사철학적 연관성과 관련해서, 도스토옙스키—새로운 인간의 포고자(布告者)로서, 새로운 세상의 조형가로서, 새로우면서 오랜 형식의 발견자이자 재(再)세례자로서—가 부각되는 배경을 그리는 것이 목표였다. 그래서 희망컨대, 그의 작품들과 그가 지니는 역사철학적 의의에 대한 적극적 분석(positive Analyse)이 여기에서는 암시만 된 많은 것을 보완적 대조를 통해 참으로 명료하게 만들었으면 한다.[25]

사실 이런 식의 해제 또한 데소이르의 제안에 따른 것이었고, 그래서인지 루카치가 1920년에 그의 글을 단행본으로 출간할 때는 빼버린 것이긴 하지만, 루카치의 문제의식을 이해하는 데에는 분명히 도움이 된다. 하기야 막스 베버조차도 루카치에게 **"당신을 알지 못하는** 모든 이들에게 첫 부분들은 거의 이해될 수 없다는 생각을 나도 가지고 있습니다"(BW, 363. 강조는 베버)라고 말한 마당이니, 루카치 자신도 글의 취지를 본문 바깥에 따로 밝혀둘 필요성을 느꼈을 수 있다. 아무튼 여기에서 그는 '체계성의 부족'을 자인하면서 그럴 수밖에 없는 이유를 밝히고 있는 셈인데, 이에 따르면『소설의 이론』은 '소설'의 '이론'을 목표로 쓰인 것이 아니다.[26] 보기에 따라서는『소설의 이론』을 '소설'의 '이론'이라는 잣대로 평가하지 말라는 암묵적 요구로도 읽힐 수 있는 말이다.

『소설의 이론』에서 루카치가 서사시 및 소설을 위시한 서사문학의 형식들을 탐구하고 있긴 하지만 서사문학의 장르론이나 소설사가 그의 관심사는 아니었다. 『하이델베르크 예술철학(1912~1914)』에서 루카치는 "진정한 경전적 작품들의 역사적 · 초(超)역사적인 본질적 특성"을 인식하고 그것들에서 "한 단계, 한 시대의 역사철학적 의미"를 간파해 내는 것을 과제로 하는 "예술의 역사철학자"[27]에 대해서 말한 적이 있는데, 『소설의 이론』 전반에 걸쳐 그가 하고 있는 일은 이와 유사한 것이었다. 그러한 작업을 통해 유럽의 정체, 유럽의 근대성을 유럽의 역사 속에서 파악하고, 현재의 역사적 순간에 가능하고 필연적인 삶의 좌표와 방향("갈 수 있고 또 가야만 하는 길들"(27))을 찾는 데 그의 관심의 초점이 놓여 있었다. 이를 위해 그가 택한 매체는 "대(大)서사문학 (die große Epik)"이었는데, 그도 그럴 것이 "대서사문학은 모든 것을 규정하는 결정적인 초험적[28] 근거에 있어서 경험적"(49)이기 때문에, 다시 말해서 "대서사문학은 역사적 순간[29]의 경험에 결부된 형식"(183)이기 때문에 역사를 역사철학적으로 조감하는 매체로 적합하다고 판단했을 것이다. 따라서 『소설의 이론』을 체계적인 소설론이나 본격적인 소설사의 차원에서 읽는 것은 루카치가 원래 설정했던 목표를 고려하지 않는, 별로 생산적이지 못한 독서 방식이 된다. 그것은 "오늘날 우리는 어떻게 살 수 있고 또 살아야만 하는가?(wie kann und muß man heute leben?)"[30]라는, 이른바 "에세이 시기"[31] 전체를 규정했던, 하지만 체계적인 미학을 집필하면서 잠시 억제되었던 문제의식이 다시 전면에 부상한 국면에서 쓰인 "(한 편의) 긴 에세이"였다. 이렇게 "갈 수 있고 또 가야만 하는 길들"(27)을 찾고자 하는 절박한 문제의식에 강하게 규정되어 있는 것이 『소설의 이론』이긴 하지만, 『소설의 이론』은 '소설'의 '이론'으로서도 "거의 이미 고전이 된 작품"이다. 예술형식과 결부된 총체성 범주, 소설을 구성하는 요소들의 추상성, 이러한 추상성에서 비롯되는 위험에 빠져들지 않기 위해 소설이 견지해야 하는 세계에 대한 비타협적 태도, 소설 고유의 과정적 성격, "문제적 개인"으로서의 소설 주인공, 소설 주인공의 심리와 연관된 "마성", 소설의 형식원리로서의 반어(反語, Ironie), 소설에서 시간이 갖는 새로운 기능, 소설에서 "위대한 순간"이 갖는 의미 등등에 관한, 『소설의 이론』 이후 개진된 수많은 소설론에서 거듭 재론되는 선구적인 통찰과 인식들을 포함하고 있을 뿐만 아니라 "소설이 근대의 대표적 장르로 부상하는 현상을 근거 지우는 데 성공"[32]한 최초의 시도라는 점에서도 이 책이 '소설'의 '이론'으로서 거둔 성취는 결코 작은 것이 아니다.

3. 『소설의 이론』의 근대관과 역사상(歷史像)

적적하다 못해 권태롭기까지 했던 한국 문학비평계에 한때 적잖은 파문을 불러일으켰던 가라타니 고진(柄谷行人)의 "근대문학의 종언"론은 무엇보다도 소설의 운명에 관한 담론이었다.[33] 그런데 근대소설은 가라타니의 말처럼 "네이션"을 형성하는 강력한 매체에 그치는 것이 아니다. 그것은 네이션을 구성하면서도 네이션의 지평을 초과하는 힘을 지닌 특권적인 문학형식으로 여겨져 왔다. 로런스(D. H. Lawrence)가 "갈릴레오의 망원경보다 훨씬 위대한 발견"[34]이라고 했던 그 소설은, 그래서 '위대한'이라는 관형어가 크게 어색하지 않을 수 있었다. 가라타니의 "종언"론도 본질적으로는 소설에 내속된 힘의 '위대성'에 대한 믿음에 근거한 것으로서, 만물이 상품화된 "절대자본주의" 시대에 그 '위대성'이 속절없이 사라짐에 대한 애도의 한 표현이라 할 수 있을 것이다.

가라타니의 「근대문학의 종언」보다 약 90년 전에 나온 『소설의 이론』은 소설의 불가피한 탄생과 힘을 증언하되 역설적이게도 그러한 소설의 종언을 갈망하는 또 다른 판본의 "종언" 선언이었다.

그것은 절정에 도달한 세계자본주의의 힘에 압도되어 기꺼이 혹은 무력하게 몸을 파는 처지로 전락한 문학의 현황에 대한 개탄과 탄식이 배어 있는 가라타니의 "종언"론과는 달리, 자본주의적 근대를 뒤로 할 새로운 인간, 새로운 세상을 예감하는 가운데, 소설을 발생·발전시켰던 근대의 종언을 선언하고 그럼으로써 새 시대의 도래를 촉구하는, 파국적이자 유토피아적인 종말론적 영감으로 고취되어 있는 것이었다. 그러한 『소설의 이론』의 첫 문장은 다음과 같다.

> Selig sind die Zeiten, für die der Sternenhimmel die Landkarte der gangbaren und zu gehenden Wege ist und deren Wege das Licht der Sterne erhellt.

이 문장을 반성완은 과감하게 두 문장으로 잘라 수사적 의문문으로 옮겼다. 한때 널리 인용되었던 그의 번역은 다음과 같다.

> 별이 빛나는 창공을 보고, 갈 수가 있고 또 가야만 하는 길의 지도를 읽을 수 있던 시대는 얼마나 행복했던가? 그리고 별빛이 그 길을 훤히 밝혀 주던 시대는 얼마나 행복했던가?[35]

책을 펼쳤다가 도무지 이해하기 힘든 말들이 나열된 데 질려 책장을 덮고만 독자들마저도 즐겨 인용하곤 했던 문장인데, 우리는 바로 이 한 문장—반성완의 번역에서는 두 문장으로 나뉘어 있는—에서 『소설의 이론』이 그 유명한 난해성에도 불구하고 '대중성'을 지녔던 이유를 엿볼 수 있다. 그 이유 중 하나가 텍스트의 시적 성격이라면, 다른 하나는 텍스트 전반을 지배하고 있는 동경의 정조이다.

호메로스 서사시의 배경을 이루는 역사철학적 상황("서사시의 시대")을 형상적으로 묘사하는 기능을 하는 이 구절은, 자연과 인간이 조응하고 세계와 나, 나와 너가 서로 구별되면서도 하나의 동질적 원환(圓環)을 이루었던 시대에 대한 시적 표현이 이어지는 도입부로 손색이 없다. 동시에, 그러한 시대에 대한 청년 루카치의 동경을, 어떤 식으로든 상실을 앓는 현대의 독자들도 같이 느낄 수 있게 하는 매력을 지닌 문장이다. 하지만 저자의 동경은 과거로의 회귀를 지향하지 않는다. 그는 불가역적인 시간의 흐름 속에서 과거 회귀는 불가능한 일임을 명확히 밝히고 있다.[36] 호메로스의 세계라는 절대적 과거를 우회한 동경은 미래로 향한다. 텍스트의 대미는 "영혼에서 영혼으로 이어지는 (…) 길들"(BW, 352)로 이루어진 "영혼현실"(182)에 대한 동경, 호메로스의 시대와는 다른 "새로운 원환적(圓環的) 총체성"(183)의 구축을 가능케 하는 새 시대에 대한 기대로 채워져 있다.

우리의 세계, 우리의 현실인 근대는 그 사이에, 즉 향수의 대상으로서 돌이킬 수 없이 지나간 "황금시대"와 그 도래가 갈망되는 새로운 시대 사이에, 그 성질에 따라서 보자면 양극으로부터 가장 먼 지점에 놓여 있다. 동경의 주체인 우리가 살고 있는 근대는 그 내실에 있어 이러한 동경이 추구하는 시대상과 정확히 반립적인 양상을 띤 역사철학적 시대로 자리매김되는 것이다. 이렇게 『소설의 이론』에서 근대는 한마디로 균열의 세계, 소외의 시대로 그려지며, "죄업이 완성된 시대"(183)로 규정된다.

"갈 수 있고 또 가야만 하는 길들"(27)이 대상적 자명성을 띠고 가시화되었던 호메로스의 세계와는 달리, 근대는 도무지 길이 보이지 않는 시대이다. "칸트의 별이 총총한 하늘은 순수인식의 어두운 밤에만 빛날 뿐", 근대적 인간인 "고독한 방랑자 (…) 어느 누구에게도 그가 가는 오솔길을 더 이상 밝혀주지 않는다"(37). 청년 루카치가 쓴 일련의 에세이들을 규정했던 주도적 물음, 즉 "오늘날 우리는 어떻게 살 수 있고 또 살아야만 하는가?"라는 물음은 이러한 시대인식에 따른 것이었다.

"에세이 시기"의 대표작 『영혼과 형식』에서 이 물음은, 근대 **내**에서 가능한 대안적 삶의 모색을 낳았다. 여기에서는 근대 **너머**의 세계에 대한 기획 가능성은 부인되며, 근대의 조건 내에서 개인 차원에서 근대적 폐해를 극복할 수 있는 여러 실존적 구상이 여러 매질을 통해 실험되고 있다. 하지만 1916년에 처음 발표된 『소설의 이론』에서는 동일한 물음에 대해 다른 각도에서 대답이 모색된다. '역사'가 본격적으로 사유되면서 근대는 역사적인 체제로 파악되고 그 너머의 세계에 대한 탐색이 시작된 것이다.

『소설의 이론』에서 "서사시의 시대"에 구현된 "가장 고유하게 그리스적인 것"(36)을 찬양하는 루카치의 언설은 독일에서는 빙켈만(J. J. Winckelmann) 이후 친숙한 것이었다. 고대 그리스문화에 대한 루카치의 상(像)은 초기 낭만주의(특히 그리스 시문학을 "예술과 취미의 원형"으로 본 슐레겔F. Schlegel[37])와 독일 고전주의(특히 쉴러F. Schiller의 "소박문학"과 "성찰문학"의 구분), 그리고 무엇보다도 헤겔 미학에 그 연원을 두고 있다. 헤겔 미학에서 그려지고 있는 고대적 통일성과 총체성의 이념은 『소설의 이론』에서 그대로 반복된다.

이 책에서 헤겔 미학의 영향은 여러 곳에서 쉽게 확인할 수 있으며, 루카치 스스로도 인정하고 있다. 신판 「서문」에서 루카치는 『소설의 이론』을 집필할 당시 자신이 "칸트에서 헤겔로 넘어가는 과도기"(7)[38]에 있었다고 회고한다. 하지만 그렇다고 해서 그가 그 전에 영향을 받았던 정신과학적 경향에서 벗어난 것은 아니어서

"실제로『소설의 이론』은 정신과학적 경향들의 전형적인 산물"(7)이라는 말도 하는데, 정신과학의 영향과 관련해서는 주로 부정적으로, 특히 제2부의 소설 유형론의 문제점과 관련해서 언급하고 있는 반면,[39] 『소설의 이론』의 긍정적 측면—특히 미학적 고찰에 '역사'를 도입한 점과 관련된—은 무엇보다도 헤겔의 수용 덕분으로 돌리고 있다.[40] 하지만 그렇다고 해서 "정통 헤겔주의자는 아니었다"(10)고 하는데, 헤겔과는 다른 원천에서 나온 사유들, 예컨대 극문학과 서사문학에 대한 괴테와 쉴러의 분석, 소크라테스로부터 괴테로 이어지는 "마성" 개념, 청년기 프리드리히 슐레겔과 졸거(K. W. F. Solger)의 반어(反語)에 관한 성찰 등등으로 전반적인 헤겔주의적 윤곽을 보완하고 있을 뿐만 아니라, 헤겔과 갈라지는 결정적인 차이가 있기 때문이다. 이 차이는 무엇보다도 근대를 보는 대립적 관점에서 드러나는데, 그 결과 전혀 다른 역사상(歷史像)(또는 "역사철학")이 제시되며 소설의 역사적 · 미학적 자리매김도 달라진다.

헤겔이 근대를 미학적으로 특징지은 "산문의 세계"란, 예술철학자 헤겔에게만 문제적일 뿐 역사철학자 헤겔에게는 "역사의 완성"의 이면이었다. 그에게 유럽의 근대는 정신이 자기외화의 과정을 거쳐 마침내 사상과 사회적 · 국가적 실제 속에서 자기 자신에 도달한 시대였다. 이에 반해 루카치에게 근대는, 인류의 "고향"으로부터 멀어지는 긴 전락 과정의 끝, 그 속에서 스스로를 갱신할 어떠한 내재적 동력도 찾을 수 없는 막다른 골목으로 보였다. 루카치의 회고에 따르면 근대를 보는 이러한 관점은 본질적으로 소렐(G. Sorel)의 영향 속에서 형성된 것이며, 이에 따라 '현재'는 헤겔식으로가 아니라 피히테(J. G. Fichte)의 표현을 빌려 "죄업이 완성된 시대"(183)라는 "절대적인 윤리적 부정성"[41]으로 특징지어졌다. 그러나 "윤리적으로 채색된 이 같은 당대 비관주의"는 "헤겔에서 피히테로의 전반적인 복귀를 나타내는 것이 아니라 오히려 헤겔적 역사변증법의 키르케고르화(ein Kierkegaardisieren der Hegelschen Geschichtsdialektik)를 나타내는 것"(14)이라는 게 루카치의 자평인데, 아래에서는 이와 관련해 조금 더 자세히 살펴보도록 하자.

루카치가 아나키즘 성향을 지닌 헝가리 정치가이자 마르크스와 엥겔스의 저작들을 헝가리어로 번역한 학자였던 에르빈 서보(E. Szabó)를 통해 영향을 받은 소렐은 17세기 이래 근대를 "몰락의 세계"로 그리며, 이 저지 불가능한 몰락은 19세기 중반을 전환점으로 더욱더 악화되어 마침내 대파국이 도래한다는 입장을 가지고 있었다. 하지만 소렐의 파악에 따르면 이러한 근대적 체제 속에 그 체제를 파괴하고 새 세상을 열 미래의 계급이 내재해 있는데, 프롤레타리아계급이 바로 그것이었다. 이 새로운 사회적 주체가 생산현장에서 총파업이라는 혁명무기로 노동자중심의 사회주의를 쟁취하는 것이 아나코-생디칼리스트인 소렐이 그린 역사의 상이었다.[42] 이에 반해 루카치는 현실의 프롤레타리아계급, 현실의 사회주의 운동에 대해서는 여전히 거리를 취하고 있었다. 그가 "혼란과 절망과 신의 부재"의 근본원인이자 서구 문명의 근본악으로 본 "'유럽적' 개인주의"와는 다른 방향에 있는 흐름으로 사회주의를 일찍부터 주목해왔던 것은 사실이다. 하지만 1910년에 집필한 「미적 문화」에서 표명했던 입장, 즉 "우리가 희망을 걸 수 있는 것은 프롤레타리아계급과 사회주의뿐일지도 모른다. (…) 그러나 우리가 지금까지 체험했던 바에 따르면 썩 좋은 것을 기대하기가 어렵다. 사회주의는 원시 기독교에 있었던, 영혼 전체를 가득 채우는 저 종교적 힘이 없는 것처럼 보인다"[43]는 입장은, 1918년에 출간된 『벌라주 벨러와 그를 싫어하는 사람들』(Balázs Béla és *akiknek nem kell*)까지 지속된다. 그 책에 수록된 「치명적인 청춘」("Haláos fiatalság")에서 루카치는 "프롤레타리아계급의 이데올로기, 프롤레타리아계급의 연대 사상은 오늘날에도 아직 심히 추상적이어서—계급투쟁의 무기를 넘어서—모든 삶의 표현에 영향을 끼치는 진정한 윤리를 제공할 수 없다"[44]고 적고 있는데, 새로운 영성을 지닌 새로운 인간들과 이들에 의해 형성될 새로운 문화, 새로운 세상을 창조하기에는 현재의 프롤레타리아계급과 그들의 연대 사상인 사회주의가 아직은 역부족이라고 본 것이다. 이를 마르크스주의 이전 시기 루카치의 일관된 입장이라고 볼 수 있다면, 당시 루카치에게 미친 소렐의 영향이란 근대 극복의 방향과 관련된 것이라기보다는 근대에 대한 파국적 진단에 국한된 것이었다고 할 수 있다. 그리고 이러한 진단에 따라 근대를 "죄업이 완성된 시대"라는 피히테의 표현을 빌려 규정했던 것이다.

그렇다고 해서 "피히테로의 전반적인 복귀"가 이루어진 것은 아닌데, 비록 '현재'의 역사철학적 위치를 과거의 시원과 미래의 목적 양쪽 모두로부터 거리가 먼 곳으로 파악하는 점에서는 통하는 데가 있으나, 윤리적 관점에 입각한 피히테의 역사철학 역시 헤겔의 역사철학과 마찬가지로 결국에는 이성의 지배로 귀착 · 완성되는 내적 논리를 갖고 있다는 점에서[45] 루카치의 역사상과는 그 구도가 다르다. 비록 헤겔과 피히테 두 사람의 역사철학에서 '현재'가 점하는 방법적 위치는 다르지만,[46] 헤겔이든 피히테든 역사란 그 자체의 내재적인 동력에 의해 전개되는 단계들을 거치는 것이며, 결국에는 보다 고차화된 시원으로 복귀하는 순환적 원환의 형태를 취하고 있다. 그런데 『소설의 이론』에서 그려지는 "몰락의 역사"에서는 그 자체 내에 그것을 넘어서는 동력이 산출되지 않는다. 그리하여 루카치가 갈구하는 새로운 세상은 "몰락의 역사"와 매개되지 않은 채, 그것과는 무관하게 상정된다. 루카치가 「서문」에서 말한 "헤겔적 역사변증법의 키르케고르화"는 바로 이러한 역사상과 관련된 것이 아닐까. 그렇다면 여기서 문제는 루카치가 키르케고르 철학의 '어떤' 점을 염두에 두고 이런 표현을 썼을까 하는 것이다.

이를 밝히기 위해 가장 좋은 방법은 1962년 「서문」을 썼을 무렵 루카치가 헤겔과 키르케고르의 관계를 어떻게 파악하고 있는지를 살펴보는 것이다. 이때 참조할 수 있는 것이 1954년에 출판된 『이성의 파괴』인데, 여기서 루카치는 키르케고르의 "이른바 '질적' 변증법"(9:221)의 '비합리주의'적 성격을 비판하고 있다. 루카치는 키르케고르가 헤겔 변증법의 약점을 극복하려 할 때 변증법 일반을 배척하는 방식이 아니라 "주관주의적인 사이비 변증법"(9:226)을 구성하는 방식을 취하며, 이를 급진적으로 끝까지 밀고 나간다고 한다. 그럼으로써 변증법적 방법을 형성하는 모든 결정적 규정들이 그의 "'질적' 변증법"에서는 삭제되고 마는데, 이에 따라 헤겔이 혁명을 역사적 과정 내에서, 역사적으로 필연적인 계기로서 파악하고자 했을 때에 사상적 수단이었던 "양에서 질로의 전환"도 부인된다.[47] 그 결과 키르케고르에서 질적 도약은 과정으로부터 분리되며 그럼으로써 필연적으로 비합리적인 성격을 띠게 된다고 한다. "새로운 질은 최초의 것과 함께, 도약과 함께, 불가사의한 것의 돌발과 함께 성립한다"(9:226)는 키르케고르의 말이야말로 "헤겔의 비합리화"(9:229)를 분명하게 보여주고 있다는 것이 루카치의 생각이었다.

앞서 말했다시피 『소설의 이론』에서 "죄업이 완성된 시대"에 뒤이어 도래할―정확히 말하면, 도래가 기대되는―새로운 세상은 헤겔식으로도, 피히테식으로도 설정되지 않는다. 그것은 역사

의 과정으로부터 분리된, 역사적으로 필연적인 계기로서의 질적
전환과는 거리가 먼 갑작스러운 도약이며, 매개되지 않은 급전(急
轉)이다. 루카치 자신이 『이성의 파괴』에서 키르케고르를 두고 한
말, 즉 "헤겔의 비합리화"가 이루어지고 있는 것인데, 『소설의 이
론』의 루카치는 이처럼 서로 융합될 수 없는 헤겔의 역사변증법
과 키르케고르의 비합리주의적 · 질적인 변증법을 한데 섞음으로
써 "헤겔적 역사변증법의 키르케고르화"라는 "절충적 역사철학"[48]
을 제시하고 있다.[49]

　그런데 이러한 역사상에 "역사철학"이라는 이름을 붙일 수 있
을까? "대(大)서사문학의 형식들에 관한 역사철학적 시론(試論)"
이라는 책의 부제에서부터 시작하여 책 곳곳에서 "역사철학" 내
지 "역사철학적"이라는 말이 쓰이고 있는 『소설의 이론』에 과연
"역사철학"이 있는가? 있다면 그것은 어떤 것일까?

　헤겔이 『역사철학 강의』(*Vorlesungen über die Philosophie der*
Geschichte)의 「서론」에서 역사 고찰의 종류를 "근원적 역사(die
ursprüngliche Geschichte)", "반성적 역사(die reflektierte Geschichte)", "철
학적 역사(die philosophische Geschichte)"로 나누면서, 역사적 사건의
배후에 존재하면서 역사를 이끌어온 정신이나 이념(또는 이성)을
파악하고 그것에 입각하여 역사를 인식하는 것을 "철학적 역사"
인 자신의 "역사철학"의 과제라 말하고 있는 데서 단적으로 드러
나듯이, 일반적으로 "역사철학"이란 하나의 단수의 역사로서의 역
사과정 전체를 포괄하고, 역사과정의 내재적 원리를 찾아내어 역
사의 발전단계들을 설명하며, 그러한 원리의 구현과정으로서 역
사의 의미를 탐색하는 목적론적인 구조를 취한다. 그런데 『소설
의 이론』을 보면 고대와 근대의 대립설정은 목적론적으로 설명
될 수 없으며 동질적인 진행 속에서 해소되지 않는다. "몰락이 진

행되는 과정의 논리(Prozeßlogik des Verfalls)"[50]가 없고 다만 각 시대에 대한 묘사만이 있을 뿐이다. 특히 책 말미에서 불확실한 심정으로 기대되고 있는 구원의 빛은 앞서 말했다시피 역사철학적인 과정성에서 벗어나 있다. 요컨대『소설의 이론』에는 미래적 목적(Telos)으로 지향·추동되는 하나의 보편적인 세계과정이 없고, 몰락의 역사와 불확실한 기대만이 있을 뿐이다. 달리 말하자면,『소설의 이론』에는 엄밀한 의미에서의 역사철학, 목적론적 역사철학이 아니라 종말론적인 역사상이 제시되고 있는 것이다. 그런데 이것도 "역사철학"이라 부를 수 있다면 그때의 "역사철학"이라는 말은 목적론적인 "역사철학"도 인과론적인 "역사이론"[51]도 아닌 어떤 역사상, 즉 복잡한 현상적·경험적 역사를 그 이면이나 심층에 있는 보다 본질적인 것(가령, 정신)의 역사성으로 소급해서 설명하는 역사상으로 이해하고 받아들여야 할 것이다. "정신의 초험적 지형도의 변화" 운운하는『소설의 이론』에서 쓰이는 "역사철학"이라는 용어가 그런 것인데, 여기에서는 엄밀한 의미에서는 양립할 수 없는 "종말론"과 "역사철학"이 역설적으로 결합된 일종의 '종말론적 역사철학'이 제시되고 있는 셈이다.

4.『소설의 이론』의 방법론

근대관에서 그리고 역사철학에서 헤겔과의 차이가 확연함에도 불구하고 예술형식과 역사의 내재적 연관성을 포착하는 점에서, 다시 말해서 예술이론과 역사철학을 결합하는 점에서 헤겔 미학이『소설의 이론』에 끼친 영향은 명백하다.『소설의 이론』은 방법론에서 헤겔의 예술이론의 역사화를 수용했으며, 이에 따라 문학형식들을 역사적 · 체계적인 방법에 입각해 고찰하고자 했다. 이와 관련해 루카치는 다음과 같이 회고한 바 있다.

> 그[『소설의 이론』의 저자-인용자]는 미학적 범주들의 본질, 문학형식들의 본질에 그 바탕을 두고 있고 역사적으로 그 기초가 세워진 제반 장르의 일반적 변증법을 탐색했다. 그것은 그가 헤겔에게서 찾았던 것보다 한층 내적으로 긴밀하게 이루어진 범주와 역사의 결합을 추구하는 것이었다. 그는 변화 속에서 이루어지는 지속을, 본질의 유효성이 지속되는 가운데 이루어지는 내적 변화를 사상적으로 파악하고자 시도했다 (11~12).

세계과정을 정신의 단계적인 자기인식으로 이해한 헤겔에게 정신의 자기인식의 최고형식은 절대정신이며, 이 절대정신은 위계적인 계열을 이루는 예술, 종교, 철학의 세 단계로 구성된다. 이런 식으로 예술은 비록 종교와 철학보다 하위 단계이긴 하지만 어쨌든 절대자를 매개하는 한 형식으로서 절대성의 기능을 부여받는다. "절대자의 감성적 현시(顯示)"라는, 헤겔 철학에서 체계적으로 규정된 고유 목적을 지닌 예술은, 세계사의 전진운동 속에서 교체되는 세 가지 예술형식("상징적 예술형식", "고전적 예술형식", "낭만적 예술형식") 가운데 고대 그리스시대에 할당된 "고전적 예술형식"에서 그 이상에 도달한다. 그 이후의 시대에 예술은 절대성의 기능에 있어서 종교에 의해, 이어서 철학에 의해 대체됨으로써 "예술의 시대"는 우리에게 "지나간 것"이 된다. 여기서 소설은 원칙적으로 "낭만적 예술형식"에 귀속되는 것으로서, 이미 정점을 지난 예술의 한 존속 형식으로 언급될 뿐 본격적인 미학적 고찰의 대상은 되지 못한다. 아마도 헤겔은 소설에서 더 이상 절대정신의 표현형식이 아닌, 질적으로 새로운 규정을 지닌 새로운 예술형식의 부상을 예감한 듯한데, 바로 그렇기 때문에 이에 대한 본격적 고찰은 자신이 고수하는 미학적 규칙과 규범체계는 물론 철학적 체계마저도 뒤흔들 위험성을 지닌 것이었다.

헤겔이 중단한 미학적 고찰을 그로부터 약 100년 뒤 루카치가 속개했는데, 헤겔에서는 예술이 절대정신의 필연적인, 그러나 역사적으로 극복된 한 단계로 여겨진 반면,『소설의 이론』에서 예술(특히 서사문학)은 세계의 역사철학적 해석을 위한 특권적 형식으로 남는다. 헤겔에서 예술은 정신이 사상 및 사회적·국가적 실제에서 자기 자신에 도달했기 때문에 추월되고 문제적으로 된 반면에, 루카치의 경우 소설형식의 문제성은 세계의 문제성, 곧 "존재의 총체성(Seinstotalität)"(39)의 상실을 반영하고 거기에 반응한 데 따른 것이었다. 위 인용문에서 루카치 자신이 "헤겔에게서 찾았던 것보다 한층 내적으로 긴밀하게 이루어진 범주와 역사의 결합을 추구"했다고 했을 때에는 아마 이런 점도 염두에 두고 있었을 것이다.

그런데 헤겔과 루카치 양자 모두 예술은 추상적으로 존재하는 것이 아니라 역사적 현실과 어떤 식으로든 매개되어 있다고 보는 점에서 같은 입장이지만, 헤겔의 경우 예술의 역사성이 세계사의 보편적 과정으로 해소되는 반면, 청년 루카치는 보편적인 역사의 맥락 속에서 문학형식들의 특수한 역사성을 설정하고 있다. 그는 장르의 역사성을 두 가지 역사의 교차점으로 파악하는데, 여기서 두 가지 역사란 사회 전체의 역사와 예술체계의 특수한—'상대적으로 자율적인'이라고 할 수 있는—역사를 말한다. 이 두 역사가 작용하는 문학형식들의 역사성은 "변화 속에서 이루어지는 지속", "본질의 유효성이 지속되는 가운데 이루어지는 내적 변화"라

는 말로 표현된 이중적 관점에서 다루어진다. 즉 개별적 요소들의
갱신과 그 속에서 관철되는 구조의 상대적 연속성이라는 이중적
관점 하에서 문학형식들의 역사가 파악되고 있는 것이다.[52]

이 점은 루카치가 헤겔 미학에서 제시된 방법론적 단초를 독창
적으로 계승·발전시킨 측면으로 볼 수 있다. 이와 동시에 그것은
루카치가 당시 교류관계를 가졌고 영향을 받았던 서남 독일파 신
칸트주의—최근 몇몇 연구에서『소설의 이론』에 결정적으로 영향
을 끼쳤다고 평가받는 에밀 라스크도 여기에 포함되는데—의 문
제점, 즉 "시대를 초월한 가치와 역사적인 가치 실현 사이에 있는
방법론적 심연을 벌려 놓"(11)은 데 대한 그 나름의 극복 시도였
다고도 볼 수 있다. 하지만 그 시도가 그렇게 철저하게 이루어졌
다고 보기는 어렵다.

분명히『소설의 이론』에서 문학형식들의 발생은 역사적으로 파
악된다. 하지만 그렇게 발생한 문학형식들의 '본질'은 "지속"보
다는 오히려 '불변'이라는 표현이 더 어울리는 위상을 지닌다. 예
컨대 대서사문학의 형식들의 경우 그 '본질'은 고대 그리스시대
에 발생한 호메로스의 서사시에서 확보된다. 호메로스의 서사시
는 역사적으로 상이한 면모를 보이며 출현했다 사라지는 대서사
문학들의 "선험적 고향"(41)이자, "완전한 형상화와 부합하는 형
식의 예정된 영원한 장소"(42)로 설정된다. 거기에서 대서사문학
의 "형식적 선험성"(49)으로서 '초역사적인' 위상을 지니는 '본질'
내지 '근본원리'가 도출되는데,『소설의 이론』에서 이에 해당하는
것으로 설정되고 있는 것은 '삶의 외연적 총체성의 형상화' 및 '객
관성'이다. 이 양자는 주어진 역사철학적 상황에 따라 서로 다른
방식으로, 서로 다른 양상으로 구현된다. 예컨대 호메로스 서사
시에서는 '삶의 외연적 총체성의 형상화'가 미리 주어져 있는 "자

연발생적인 존재적 총체성"(39)을 "수동적 · 환시적으로 받아들"(32)임으로써 실현되어 있다면, "존재의 총체성"이 상실된 근대의 서사시인 소설에서는 총체성이 칸트적 의미의 규제적인(regulativ) 이념이 된다. 『소설의 이론』에 나오는 표현을 빌자면, "주어진 총체성"에서 "부과된 총체성"(68)으로 총체성의 위상이 바뀌는 것이다. 그리고 그 총체성의 구현 양상도 '긍정적인(positiv) 구현'에서 '부정적인(negativ) 구현'으로 바뀌는데, 이러한 '부정적 구현'을 위한 형식적 구성원리가 반어(反語)이다. "끝까지 간 주관성의 자기지양"(108)인 반어는 소설에서 "총체성을 창조하는 진정한 객관성의 유일하게 가능한 선험적 조건"(108)으로 자리매김된다. 이런 것이 위 인용문에서 "본질의 유효성이 지속되는 가운데 이루어지는 내적 변화"라 한 것의 구체적인 예가 될 수 있을 것이다.

『소설의 이론』에서 서사시와 소설을 대서사문학이라는 통일적 범주로 묶는 방식은, 서사시를 소설의 특성을 부조(浮彫)하기 위한 비교의 대상으로 놓기 위해 필요한 공통성을 확보하는 데 그치는 것이 아니다. 본질적으로 새로운 형식인 소설의 '본질'이 서사시로 환원되는 구도를 취하고 있는 탓에, 소설형식의 열린 가능성과 잠재력을 보는 시야는 불가피하게 좁아진다. 『소설의 이론』이 제시하고 있는 소설 이론의 의고주의(擬古主義)적 성격은 궁극적으로 이와 연관된 것이다. 게다가 비단 대서사문학뿐만 아니라 모든 예술형식의 근본원리로 설정되어 있는—물론 각 장르에 따라, 주어진 역사철학적 상황에 따라 달리 구현되는—총체성은 '영혼의 실체성'과 연관되어 있다. 호메로스의 시대에는 총체성이 구성적인(konstitutiv) 것으로서 존재한다면, 근대에는—위에서 말했다시피—일종의 규제적 이념으로서, "의향(Gesinnung)"으로서 작동한다. "존재의 총체성"이 부재하는 시대에 이러한 "총체성에의 의향"

(62)이 왜, 어떻게 존립하고 작동할 수 있는지를 묻게 되면,『소설의 이론』에서 그 답은 궁극적으로 "큼[大]과 펼침과 온전함[53]이라는 **영혼의** 내적 요구들"(29, 강조는 인용자)에서 찾아질 수밖에 없다. 이때 영혼은 비록 그 존재 양상과 내적 구성은 역사적으로 변하지만 가장 깊은 근저에 있어서는 초역사적인 불변의 '실체'로 설정되어 있는바, 그렇다면 "총체성에의 의향" 또한 시대를 초월해 불변하는 것으로 볼 수 있다. 이 "총체성에의 의향"이 의식적으로 "창조된 총체성"(37)으로서 구현되는 영역, 그것이 바로—근대화 과정에서 독자적 영역으로 자립화되는—예술, 즉 형식을 창조하는 예술이다.

이런 식으로 자본주의적 세계에 의해 식민화되지 않은 영역으로서 영혼이나 예술 따위를 설정하는 것은, 프레드릭 제임슨의 구도에 따르면 "모더니즘"의 전형적인 모습이다. "철저하게 역사화"할 것을 요구하는 제임슨의 경우 "모더니즘" 시기에 이어 총체성이란 애당초 없는 것이라고 결정해버리는 "포스트모더니즘" 시기를 설정하고 있다면,[54] 『소설의 이론』의 루카치는 "총체성에의 의향"을 인간 영혼의 가장 깊은 내적 요구, 형이상학적 욕구와 연관 지음으로써 초역사화한다. 이러한 관점은 사물화(Verdinglichung)가 자본주의 사회의 모든 사회적 관계와 인간의 육체적·정신적 존재에까지 관철되는 것으로 분석하고 있는『역사와 계급의식』에서도 발견된다. 거기에서도 사물화에 대한 저항의 최후의 보루는 "노동자의 인간적·**영혼적인** 본질"(2:356, 강조는 인용자)이다.

이러한 '영혼의 실체성'에 대한 믿음에서 드러나는 형이상학적이고 관념론적인 성격[55]은, 일종의 인식론적 조건을 규정하는 방식에서도 드러난다. 루카치는 "모든 체험과 조형 행위를 조건 짓고 있는 궁극적인 구조적 관계"를 "초험적 장소들" 서로 간의 관계, 그리고 "초험적 장소들과 이에 선험적으로 귀속되어 있는 주관" 사이의 관계로 설정하고 있다(31). 그리하여 『소설의 이론』에서 역사철학적 시대 구분은 무엇보다도 "초험적 장소들" 서로 간의 관계 양상과 이 "초험적 장소들"에 대한 주관의 관계 양상에 따라 이루어진다. "가장 깊은 내면에서 꿈틀대며 솟아나는 모든 움직임"에게 "영겁의 시간 이래 (…) 할당되어 있는 형식"(28)이자 주관이 "선험적으로 귀속되어 있는"(31) 형식으로 설정된 "초험적 장소" 그 자체는 '초역사적'인 것이지만, 그것들 상호 간 관계의 양상("정신의 초험적 지형도")은 역사적으로 변하는바, 이러한 변화가 『소설의 이론』에서 역사철학적 시대 구분의 근거가 된다. 이 "초험적 장소"는 루카치가 『소설의 이론』 직전에 책을 쓰려 했을 만큼 몰두했던 플로티노스를 참조한다면 "일자(一者)"에서 유출된 것이자 "영혼" 상층부의 움직임이 닿아 있는 "정신"과 같은 위상을 지닌다.[56] "형이상학적 영역들"인 이 "초험적 장소들"은, 그리스 서사시에서는 서로 간의 질적인 차이가 없는 "자연스러운 통일성"을 띠고 있는 데 반해, 근대에는 그 통일성이 "영구히 해체"된 것으로 파악된다(37). 또, 이러한 "초험적 장소들"에 대한 주관의 관계는, 서사시의 시대에는 "저 원상(原象)의 지도"(28)가 대상적 자명성을 띠고 주관에게 가시화될 정도로 가까운 관계로, 근대에는 "초험적인 고향으로 가는 길이 갈 수 없게 되었"(121)다거나 "초험적 정향을 결여하고 있는 세계"(119)라는 등의 표현에서 드러나듯 단절에 가까울 정도로 완연히 멀어져버린 관계로 그려진다.

『소설의 이론』은 이런 식으로 보편적이고—개별 주관이 어떻게 생각하는지와는 무관하게 존재한다는 의미에서—객관적인 일종의 인식론적 조건을 역사화하는 구도를 취하고 있는데, 이러한 구도는 "인식의 가능성의 조건을 객관적인 담론의 질서에서 찾는 객관적 초험(le transcendantal objective)의 철학자" 미셸 푸코를 떠올리게 한다. 물론 푸코에게 그 "객관적 초험"이란 루카치처럼 객관적 관념론의 차원에서 설정된 "정신의 초험적 지형도"가 아니라 "각 시대, 각 문화의 담론적 실천들을 규제하는 언어적 질서와, 비담론적 실천들을 규제하는 사회적, 제도적 질서가 복잡하게 관계 맺음으로써 형성하는 [인식의-인용자] 가능성의 조건들"[57]이긴 하지만, 그 발상은 유사한 것이다. 그런데 『소설의 이론』에는 이 "객관적 초험"으로서의 정신의 "초험적 지형도"(32)의 변화 양상에 대한 기술은 있되 그 변화의 이유, 그 변화의 과정 논리에 대한 설명은 없다. 이를 설명할 수 있는 한 가지 방도는 헤겔의 역사철학을 받아들이는 것인데, 그러기에는 『소설의 이론』의 루카치가 한편으로는 헤겔식 관념론에 덜 철저했으며, 다른 한편으로는 아직 칸트적이었다. 루카치가 『소설의 이론』의 저자를 회고하면서 "칸트에서 헤겔로 넘어가는 과도기"(7)에 있었다고 했을 때 그 말은, 칸트 내지 신칸트주의적인 인식론적 장치를 활용하되 그것을 칸트처럼 인간의―비역사적인―의식 구조에서 찾는 것이 아니라 인식 가능성의 객관적 조건으로 전환시킨 뒤, 이 조건을 헤겔식으로―그의 역사철학을 그대로 받아들이지는 않되―역사화한 것과도 관계가 있다. 그리고 이런 식의 절충으로 말미암아 그 인식론적 조건의 역사적 변화의 이유, 그 변화의 내적 논리를 충분히 이론적으로 설명하는 것이 불가능했을 것이다. 이 문제에 대한 일관성 있는 이론적 해결은, 그가 나중에 마르크스의 유물론적 역사이론을 수용했을 때에야 비로소 가능하게 된다.

어쨌든 이런 식으로 『소설의 이론』은 아직 관념론의 틀 안에 있었고, 인식론적 조건 내지 인식론적 틀을 역사화하는 구도 자체도 결국에는 "완결된 문화"와 "문제적 문화"라는 두 항을 대립 설정하는 단순한 도식을 넘어서지 못했다. 이는 한 사회 전체를 그 문화적 체계와 동일시하는 "문화 중심주의적 구성"[58]이라 할 수 있는데, 경제영역을 위시한 구체적인 사회·역사적 현실과 분리된 추상성에서 루카치의 사유가 벗어나지 못했음을 여실히 보여주는 것이다. 또 그럼으로써 『소설의 이론』이 개진하고 있는 역사적·비판적 시각은 사회·역사적 현실 속에서 행해지는 구체적인 역사적 실천에 대해서는 아직 닫힌 시각일 수밖에 없었다. 루카치의 다음과 같은 회고도 우리의 이러한 평가와 크게 다르지 않다.

> 그 당시 나는 세계전쟁에서 유럽문화 전체의 위기를 보았다. 현재를 나는—피히테의 말을 빌려—죄업이 완성된 시대로 여겼으며, 오로지 혁명적 출로만이 있을 수 있는 문화의 위기로 보았다. 물론 이러한 전체적 세계상은 아직 순전히 관념론적인 기반에 기댄 것이었다. 이에 따라 "혁명"이라는 것도 오직 정신적 층위에서만 일어날 수 있는 것이었다. 이런 식으로 한편으로는—세르반테스에서 톨스토이까지의—부르주아 소설의 시대가 과거와, 서사시적 조화의 시대(호메로스)와 역사철학적으로 대립해 있으며, 다른 한편으로는 사회적 대립들의 인간적(정신적) 해결의 미래적 가능성이 전망으로서 부상하고 있다. 그리고 당시 나는—나의 그 당시의 관점에서 보자면—더 이상 소설이 아니었던 도스토옙스키의 작품들을 이러한 "혁명"의 하나의 전조로, 선구자로 보았다.[59]

5. 마치는 말: 『소설의 이론』과 낭만주의적 반자본주의

1962년에 쓴 「서문」에서 루카치는 종말론적 역사상을 포함한 이러한 사상적 한계들의 "사회철학적 토대"를 "낭만주의적 반자본주의의 입장"(15)이라고 규정한다. 이 입장은 청년 루카치에게 만 고유한 것이 아니었다. 그것은 세기 전환기인 19세기 말~20세기 초 특히 독일을 중심으로 형성되어 당시 지식인들의 의식과 정서를 각인했던 일종의 '세계관'과 같은 것이었는데, 프랑스의 마르크스주의 이론가이자 루카치 연구자인 미카엘 뢰비(M. Löwy)는 이를 "신(新)낭만주의적 **세계관**"[60]이라고 지칭한 바 있다.

근대 산업사회와 근대적 합리주의를 거부한, 전(全) 유럽적 차원에 걸친 일종의 운동으로서의 성격을 지니는 "신낭만주의"적 조류는, 그 명칭에서 이미 부각되듯이 과거의 낭만주의와 연속선상에 있다. 뢰비가 과거의 낭만주의와 "신낭만주의"를 아우르는 말로 쓰는, 넓은 의미에서의 낭만주의는, 19세기의 미학적 조류나 독일의 문학유파를 가리키는 것이 아니라, 문학과 예술뿐만 아니라 정치, 철학, 종교, 사회과학을 포함하는 "**문화생활의 모든 영역에서**" 표현되는, 18세기 말엽부터 현재에 이르기까지 근대적 사유의 한 근본형태를 나타내는 "하나의 현실적 **세계관**"을 의미한다. 뢰비는 낭만주의의 표출양상이 극도로 다양함에도 불구하고 그 정체를 확정할 수 있는 공통적인 기본특징으로, "전 자본주의적 과거에서 생겨난 **모종의** 사회적, 문화적, 윤리적, 미학적 혹은 종교적 **가치들에 근거해** 이루어지는 (…) **근대의 산업 부르주아 문명에 대한 비판**"[61]을 꼽고 있다. 뢰비는 이러한 공통성을 기반으로 낭만주의를 다시 "혁명적 낭만주의"와 "보수적·복고적인 낭만주의"로 구분하는데, 그가 말한 "신낭만주의"에 대해서도 똑같은 구분이 가능할 것이다. 루카치가 『소설의 이론』신판 「서문」에서 예로 들고 있는 『한 비정치적 인간의 고찰』(Betrachtungen eines Unpolitischen)의 토마스 만이 본질적으로 "보수적·복고적인" "신낭만주의" 계열에 속한다면, 루카치의 『소설의 이론』은 "혁명적"

"신낭만주의" 계열에 속하는 것으로 볼 수 있다. 토마스 만의 입장이 "'독일적 비참' 및 그것의 현재적 잔재에 대한 (…) 공감"(16)을 "문화"[62]의 이름으로 감추고 있다면, 『소설의 이론』에는 그러한 제스처가 일체 없다. 루카치의 말대로 『소설의 이론』은 보존하는 성격이 아니라 폭파하는 성격"(16)을 갖고 있으며, 그 목표는—뢰비가 "혁명적 낭만주의"의 특징으로 꼽은 것과 동일하게—"전자본주의적 **공동체**로의 **복귀**가 아니라 과거를 **돌아서 간** 미래의 새로운 세상"[63]이었다.

하지만 이러한 파괴성과 미래지향성의 내실에 대한 후기 루카치의 자기평가는 냉혹하다. 소박하고 아무런 근거도 없는 "유토피아주의"의 바탕 위에 서 있는 것, "유치한 유토피아주의"(16)였다는 것이다. 그것은 경제영역을 사상(捨象)함으로써 사회경제적 구조와 문화적 규범 사이의 매개를 파악할 수 없게 하는 것이었으며, 정치를 윤리로 대체하는 것이었다. 루카치가 신판 「서문」에서 『소설의 이론』의 또 다른 특징으로 "'좌파적' 윤리와 '우파적' 인식론(존재론 등등)의 융합을 추구하는 세계관"(17)이라고 한 것도 이런 점을 다른 측면에서 규정한 것으로 볼 수 있다.

그런데 "'좌파적' 윤리"와 "'우파적' 인식론"은 구체적으로 어떤 의미에서 사용된 말일까? 루카치가 "'좌파적' 윤리"라는 말로 뜻한 바는 위에서 논한 것으로 충분히 짐작할 수 있다. 그러나 "'우파적' 인식론"이란 무슨 말일까? 한때 루카치의 제자로서 그와 함께 "마르크스주의의 르네상스"를 도모했던, 하지만 결국 마르크스주의를 떠난 아그네스 헬러(A. Heller)도 이런 의문을 던진 적이 있다. 그녀의 말을 조금 길지만 그대로 인용한다.

우파적 인식론이 무엇을 뜻하는지 모르겠다. 인식론은 우파적일 수도 좌파적일 수도 없기 때문만이 아니라, 내 생각에 이 책[『소설의 이론』—인용자]에서는 인식론이 전혀 제시되어 있지 않기 때문이다. 그렇지만 루카치가 좌파적 윤리라는 말로 뜻하는 바는 알 듯하다. 그는 급진주의, 기존의 것에 대한 절대적 부정을 염두에 두고 있다. 이러한 부정이 『소설의 이론』을 특징짓고 있는 것은 확실하다.[64]

앞에서 우리는 루카치가 "헤겔적 역사변증법의 키르케고르화"라고 했을 때 무엇을 염두에 두고 한 말일지를 추정해보았다. 그때 우리는 이런 표현을 사용했던 당시의 루카치의 사유와 용어를 참조하여 그 뜻을 헤아려보고자 했다. "'우파적' 인식론"과 관련해서도 이 말 자체가 어불성설이라고 주장하기보다는 마르크스주의자 루카치 특유의 사유와 용어들에서 그 뜻을 헤아려보는 게 합리적인 독서가 아닐까? 그럴 경우 "'우파적' 인식론"이라는 말은 무엇보다도 "비합리주의"를 염두에 두고 쓴 말로 보인다.

비합리주의의 문제는 특히 『이성의 파괴』에서 집중적으로 다루어지고 있는데, 이 책에서 루카치가 말하는 비합리주의를 인식론과 관련된 측면에서 보자면 대략 다음과 같이 요약할 수 있다.

> 현실의 무한한 다층성과 복잡성은 우리의 인식 가능성과 항상 긴장관계에 놓일 수밖에 없다. 인식과정에서 인간은 존재에 무한히 접근할 수 있을 뿐인데, 비합리주의는 이러한 상대적 곤경을 절대적 곤경으로 만들고, 존재란 본질적으로 인식과정을 통한 모사에 대립한다고 주장한다. 우리의 인식 능력의 불가피한 역사적 한계에서 생기는 이성의 상대적 불완전성에서 이성의 절대적인 존재론적 무능력을 도출하려 하는 것, 이것을 루카치는 '비합리주의'라 한다.[65]

이러한 비합리주의에서 '이성의 무능'을 넘어설 수 있는 것으로 '직관'이 제시되곤 하는데, 그럼으로써 비합리주의는 결국 '귀족주의적 · 엘리트주의적 인식론'으로 귀착될 수밖에 없다는 것, 이러한 비합리주의는 자본주의 사회체제 속에서 체제에 대한 "간접적 변호론"으로 작동한다는 것 등등이 『이성의 파괴』에서 루카치가 비합리주의를 비판할 때 적시하는 것들이다. 그렇다면 그 연장선상에서 비합리주의에 대해 '우파적'이라는 일종의 정치적 성격을 부여하는 것도 가능할 수 있을 것이다('마르크스주의자' 루카치가 제시하는 '우파적'이지 않은 인식론이 있다면, 그것은 "변증법적 반영론"일 것이다).

후기 루카치에 따르면, 이러한 "'우파적' 인식론"으로서의 비합리주의는 독일 철학의 역사에서 전혀 특별한 것이 아니라 길고도 확실한 계보를 가진 것이지만(『이성의 파괴』에서는 후기 셸링에서부터 시작되는 것으로 파악된다), 그것이 "'좌파적' 윤리"와 혼융되어 효력을 발휘한 시발점에는 『소설의 이론』이 놓여 있다. 루카치는 『소설의 이론』을 "'좌파적' 윤리와 '우파적' 인식론(존재론 등등)의 융합을 추구하는 세계관"의 출발점으로, 다시 말해 "급진적 혁명을 지향하는 좌파적 윤리가 전통적이고 관습적인 현실 해석과 결합해서 나타난 **최초의** 독일 서적"(강조는 인용자)으로 규정함으로써, 에른스트 블로흐와 발터 벤야민, 초기 아도르노[66] 등도 무관하지 않은 사상적 · 이론적 계보의 맨 앞에 그 책을 놓고 있다 (17~18).

루카치가 거명한 이들의 사유와 『소설의 이론』 사이에는 분명히 유사한 데가 있다. 특히 그 점이 두드러지는 대목은 역사상(歷史像)인데, 그것을 거칠게 뭉뚱그려 말하자면 '몰락의 역사와 메시아주의(또는 유토피아주의)의 결합'이라 할 수 있을 것이다. 하지만 서로 다른 점도 분명한데, 이들과 달리 『소설의 이론』에서 '도래하는 빛'은 무너진 폐허의 잔해 위에서 나타나는 것이 아니라 그곳과는 다른 공간, 즉 유럽이 아닌 동방 러시아에서 출현 조짐을 보인다. 이 점이 『소설의 이론』의 루카치가 보여주는 독특한 구도인데, 하지만 유일하게 루카치에게서만 볼 수 있는 것은 아니다. 1930년대 후반 식민지 조선에서 이루어진 근대에 대한 논의 및 근대 이후의 비전에서 이와 유사한 형태를 볼 수 있는데, 한국문학 연구자 김예림에 따르면 이 시기의 근대비판은 "근대 세계의 몰락이라는 총체적인 붕괴의 서사와 근대 세계의 몰락 이후의 집단적 재생의 구축이라는 서사"[67]로 짜여진, "데카당스의 상상체계와 결합되어 있는 역사철학적 형식"[68]으로 전개되었다. 그런데 식민지 조선의 종말론적 구도는 서구의 "데카당스적 상상체계"—루카치가 "낭만주의적 반자본주의"라 부른 것도 이에 포함될 것인데—에서와는 달리 "공간의 정치학과 결합"[69]되어 있다고 한다. "결과적으로, 종말을 고하는 것은 근대이면서 서구였다. 근대라는 기존의 역사가 무화되고 근대 이후의 새로운 역사가 생성될 것이라는 시간의 정치학은 서양의 몰락/동양의 부흥이라는 공간의 정치학과 결합되어 있는 것이다."[70] 김예림이 제시하는 이러한 구도는 『소설의 이론』의 역사구도와 흡사하지 않는가?

　물론 이러한 외형적 유사성을 낳은 물질적·정신적 근거는 다르며 이에 대한 규명은 따로 이루어져야 할 문제이다. 여기서는 다만 『소설의 이론』에서 드러나는 역사상의 특이성과 일반성이 좀 더 넓은 지평에서 고려되어야 한다는 점을 부각시키기 위해 식민지 조선에서의 논의를 소개한 것인데, 어쨌든 이를 통해 분명히 드러난 것이 있다. 블로흐나 벤야민, 초기 아도르노 등과 달리 루카치의 역사상에는 "공간의 정치학"이 결합되어 있다는 점이 그것이다. 이런 차이는 왜 생긴 것일까? 바로 여기서 루카치가—비록 헝가리어뿐만 아니라 독일어도 모어(母語)인 환경에서 성장했고 정신적으로도 독일 사상에 가장 강하게 영향을 받았지만—헝가리인이었다는 점이 고려되어야 하지 않을까? 다시 말해, 루카치의 고유한 상황인식과 사유지평을 규정하는 구체적인 현실적 조건으로서—비록 1962년에 쓴 「서문」에서는 전혀 거론되고 있지 않지만—헝가리 사회가 반드시 같이 고려되어야 하지 않을까 하는 것이다.

자신의 삶과 사유의 현실적 토대가 세계사의 중심이라고—의식적으로든 무의식적으로든—생각하는 사람에게는 미래적 사건—그것이 몰락이든 진보든, 아니면 재생이든—이 일어나는 공간도 바로 그곳일 수밖에 없다. 하지만 루카치가 발 딛고 있는 현실은—그가 아무리 '유럽인'으로서 사유했다 하더라도—오스트리아 합스부르크 왕가에 종속되어 반(半) 자본주의적인 상태에 있는 유럽의 주변부 국가였다. 자서전을 쓰기 위해 작성한 메모에서 루카치는 그의 청년기를 규정했던 복잡다단한 사상적 영향관계 속에서도, "사유를 점한 모든 새로운 방법에도 불구하고", 일관된 기저적 "연속성"이 존재했는데, "헝가리 봉건제의 잔재에 대한 증오, 그러한 토대 위에 전개되는 자본주의에 대한 증오"[71]가 바로 그것이었다고 한다. 이것이 앞서 말한 루카치의 "혁명적" "신낭만주의"의 입장을 추동한 내적 동력 중 하나였다고, 아니, 어쩌면 가장 중요한 동력이었다고 할 수 있다면, 헝가리 사회의 실천적·정치적 상황의 취약성은 그 입장에 유달리 강한 양자택일적 성격을 부여했다. 근본적 변혁을 갈구했지만 구체적인 사회적 현실에서 그 가능성과 매개를 찾는 것이 불가능했던 헝가리의 상황은 루카치의 급진주의에 철저하게 비타협적인 성격을 부여하여 그로 하여

금 '전부 아니면 전무'의 태도, '전면적 파국이냐 구원이냐'의 양
자택일적 태도를 취하게 만들었다. 그리하여 '재생'은 몰락의 역
사와는 어떠한 연속성도 갖지 않는, 심지어 그 공간마저도 다를
수밖에 없을 정도로 단절적인 '사건'이 된다. 루카치의 제자였던
메자로스도 이러한 정황에 대해 언급한 바 있는데, 그에 따르면
청년 루카치에게 해결책은 "고도로 극적인 긴장 속의 양자택일에
서 언표된 '당위'의 형태로서만 지평에 떠오를 수 있었"으며, 후에
가서 사라져버린 청년 루카치의 시적 특질을 지닌 문체—『소설의
이론』에서도 구사되고 있는—도 이러한 시각에서, 이러한 지평에
서 설명될 수 있다.[72]

　　루카치의 이러한 멘탈리티와 사고구조는 공산주의자가 되고
나서도 상당기간 유지되었다. 1922년에 완성, 1923년에 출판된
『역사와 계급의식』에서는 "혁명적 메시아주의"의 파토스와 '당
위'로서의 세계혁명에 대한 기대가 아직도 생생하게 살아 있었다.
이후 레닌의 죽음 직후 발표한 『레닌』(1924)에서부터 그러한 색
채가 다소 완화되기 시작, 「라쌀의 서한집 신판」("Die neue Aufgabe
von Lassales Briefen", 1925)에서 '당위'에 의해 추동되는 피히테의
역사철학에 대한 비판과 헤겔의 "현재와의 화해" 테제에 대한 적
극적 재해석 작업(2:617/8)을 거쳐, 1926년에 발표한 「모제스 헤
스와 관념론적 변증법의 문제들」("Moses Hess und die Probleme der
idealistischen Dialektik")에서 "모든 추상적 유토피아주의"(2:650), "모
든 당위, 유토피아적으로 미래를 지시하는 사유를 거부"(2:653)
하고, 그 대신 "현재와의 화해" 테제에 내장된 "위대한 리얼리즘",
"진정한 변증법적 리얼리즘"(2:650)으로 나아가는 철학적 노선을
확정하기에 이른다. 이러한 철학적 입장이 불완전하게나마 정치
적으로 표현된 것이 「블룸 테제」였는데, 비록 이 문건이 야기한

파장 때문에 그가 정치 일선에서 물러나긴 했지만, 그에게 이 문건은 "마르크스주의의 수업시대"를 마쳤음을 확인해주는 증서와 같은 것이었다.[73] 우리가 이 글 서두에서 말했던 "마르크스로 가는 길"의 새 국면은 이러한 토대 위에서 시작되었다.

IV
루카치의
마르크스주의 문학론의
구성요소

IV
루카치의 마르크스주의 문학론의 구성요소
자본주의·휴머니즘·미메시스·리얼리즘

1. 들어가는 말: 루카치의 '문화' 이념과 '규범적' 문학 이론

20세기의 큰 사상가 중에서 게오르크 루카치만큼 극적인 삶을 산 인물이 또 있을까. 한때 "미학의 마르크스"라 불렸던 그는, 마르크스가 죽은 지 2년 뒤인 1885년 헝가리의 한 유대계 은행가 집안에서 태어났다. 개신교 김나지움을 졸업하고 부다페스트에서 대학을 마친 후 베를린과 하이델베르크에서 수학(修學), 헝가리와 독일 양쪽에서 신예학자로 주목받다가 30대 중반의 나이에 '돌연' 공산당에 입당, 헝가리 평의회 공화국이 수립되고 붕괴되는 현장의 중심에 서 있었고, 이후 오스트리아와 독일과 소련을 거치는 25여 년간의 긴 망명 생활에서 초기에는 정치 일선에 선 혁명가로, 1930년 이후에는 망명객 이데올로그로 반파시즘 투쟁과 공산주의 운동에 복무했다. 그 사이 오스트리아 정부에 의한 몇 차례의 추방 위협과 체포, 소련 당국에 의한 체포에도 '운 좋게' 살아남아 1944년 12월, 전쟁으로 만신창이가 된 헝가리로 귀국, 뒤늦게 대학교수의 삶을 살았으나 이마저도 또 한 차례의 공개적인 자기비판을 대가로 치르고서야 간신히 유지할 수 있었다. 하지만 1956년 헝가리 민중봉기의 실패 이후 반년가량 루마니아에 억류되어 있다가 돌아온 후에는 교수직을 포함한 모든 공적 활동에서 축출당하고 10여 년간 가택연금 상태로 지내야만 했다. 헝가리에서 경제개혁이 논의되기 시작한 60년대 중반 이후에야 출판과 대담 등의 대외적 활동을 조금씩 할 수 있게 되었고, 1967년에는 10년간―비공식적으로―박탈되었던 당원 자격도 되찾았다. 그 후로 그는 점차 헝가리의 대표적 지성으로 대우받기 시작했으며 서방세계에서도 주목받는 인물이 되었다. 1971년 6월 4일에 세상을 뜬 그의 장례식에는 헝가리 사회주의 노동당의 중앙위원들을 포함한 약 5천 명의 조문객이 참석했으며, 이후 헝가리에서는 자칭 '루카치의 제자들'이 문화 활동의 장을 지배했다. 하지만 실제로 그와 함께했고 그가 제자로 인정했던 몇 안 되는 '진짜 제자'들은 다시 문화·학술계에서 축출되었으며, 그중 몇 명은 학자로 살기 위해 헝가리를 떠나는 길을 선택할 수밖에 없었다.

이러한 삶과 죽음의 여정만큼이나 역동적이고 폭이 넓은 것이 또한 그가 걸었던 사유의 도정이다. "우리가 상상할 수 있는 거의 모든 주제와 거의 모든 장르"[1]를 다룬 수많은 글을 통해 그는 한 사람에게서 나온 것이라고 믿기 어려울 정도로 상이한 언어와 광범한 사유를 이 세상에 남겼다. 현대 실존주의의 원형적 작품으로 평가되는 『영혼과 형식』의 루카치와 마르크스주의의 갱신을 도모한 『사회적 존재의 존재론을 위하여』(이하 『존재론』으로 표기)의 루카치 사이의 거리는 얼마나 아득한가. 메시아주의적 열정으로 충만한 『역사와 계급의식』의 루카치와 "객관주의"로 비판받았던 "위대한 리얼리즘"론 시기의 루카치 사이의 편차나, 그 스스로가 근대의 "문제적 개인"으로서 정신적 편력을 감행한 『소설의 이론』

의 루카치와 "인간 유(人間 類, Menschengattung)", "인류의 자기의식"
이 중심 코드로 작동하는 『미적인 것의 고유성』의 루카치 사이의
간극은 또 얼마나 큰가.

하지만 이토록 큰 차이와 불연속적 국면들로 가득한 그의 삶과
사유 전체를 꿰뚫고 있는 연속성 또한 유달리 뚜렷한데, 그의 몇
안 되는 제자 가운데 한 사람인 죄르지 마르쿠시(G. Márkus)[2]는 그
것을 '문화(Kultur)' 이념으로 정식화한 바 있다. 스승의 삶과 사유
세계 전체를 관통하는 "핵심적 관심사"가 있다면 그것은 **문화의
가능성**에 대한 물음"이라고 규정하는 그에 따르면, 자본주의적 근
대에 대한 안티테제로서, 자본주의적 현재와는 전혀 다른 미래세
계를 갈구하는 유토피아 정신 속에서 생겨난 루카치의 '문화' 이
념은 언제나 "**삶**의 문제, '의미가 내재하는 삶(Lebensimmanenz des
Sinnes)'과 동일한 의미를 지니는 것"이었다.[3] 달리 말하면, 소외되
지 않고 파편화 · 원자화되지 않은 인간적 삶의 가능성에 대한 일
관된 모색과 추구가 루카치의 '문화' 이념이라는 것이다.

사실 '문화' 이념은 루카치에게만 고유한 것이 아니었다. 19세
기 말에서 20세기 초에 걸친 세기 전환기에—청년 루카치에게 큰
영향을 미쳤던—독일 지식인들의 정신세계를 지배했던 "신낭만
주의" 조류에서 '문화'는 중추적인 개념이었다.[4] 근대 산업문명과
근대적 합리주의, 자본주의적 개인주의와 '몰(沒)문화성'에 대한
반대에서 연유하는 그 조류는, 하지만 독일의 경우 "정치적 무의
지성과 민주주의 성향의 결핍"[5]을 본질로 하는 "비정치적 · 귀족
적 '문화' 개념"[6]의 전통과 합류한다. 루카치의 '문화' 이념은, 비
록 그것 역시 "신낭만주의" 조류 속에서, 그 영향 속에서 생성된
것이긴 하지만, "'독일적 비참' 및 그것의 현재적 잔재에 대한 (…)
공감"[7]을 내포하는, 당시 독일의 주류적 '문화' 개념과는 처음부터

그 성격과 지향을 달리하는 것이었다. 그것은 현실 변호적 경향이라고는 일체 포함되지 않은, 현재와는 전혀 다른 새로운 세계를 갈구하는 유토피아 정신 속에서 생성된 이념이었다.

　루카치는 인간을 소외시키고 추상적 개별자[8]로 주조해내는 자본주의 사회체제, 자본주의적 생활양식의 극복은—『영혼과 형식』을 예외로 한다면, 또는 늦어도『소설의 이론』시기부터는—새로운 집단적 삶으로서의 공동체를 통해서만 가능할 수 있다고 믿었다. 이런 견지에서 그는 개인의 '완전성(Perfectio)' 내지 '완전가능성(Perfektibilität)'을 개인의 차원에서 추구하는—독일적 '문화' 개념 전통의 중요한 구성요소인—'교양(Bildung)' 이상에 거리를 취했을뿐더러, 자기 못지않게 근대 부르주아 사회와 문화 전반에 대해 발본적인 비판을 가했던 니체(F. Nietzsche)의 대안, 곧 "위대한 영웅적 개인"[9]의 기획에도 공감할 수 없었다. 그런 그에게 1917년 러시아 혁명은 "모든 사람에게, 각자의 개인적 삶과 관련해서도, 의미와 무의미의 문제를 새로이 제기하지 않을 수 없게 만든"[10] 획기적 사건이자, 새로운 세상이 현실화될 수 있는 길이 있다는 것을 보여준 사건으로 체험된다. 자본주의적 근대에 절망했던 루카치가 러시아 혁명의 세례를 받고 마침내 선택한 해법은, "사랑의 사회"[11]와 일체가 되어야 하는 무계급사회를 위한 혁명적 사회변혁이었다. 한때 미학주의적 방식의 탐색으로, 또는 "영혼현실"에 대한 모색으로 추구되기도 했던 그의 '문화' 이념은, 이로써 현재의 사회와 인간이 상관적으로, 총체적으로 변혁되고 개혁됨으로써만 구현될 수 있는 것으로 재구축되며, 자유로운 인간들이 공생하는 사회인 '공산주의'에 대한 모색과 추구를 내실로 하는 것이 된다.

　공산주의자 루카치가 자신의 "부르주아적 과거가 남긴 최상의 유산"으로 여긴다는 "자본주의에 대한 증오"[12]는, 자본주의가 청년 루카치에게는 무엇보다도 "의미가 내재하는 삶"으로서의 '문화'에 적대적인 사회로 체험되고 파악된 데에서 연유한다. 자본주의를 '문화 적대적' 사회로 보는 그의 입장은, 1930년대에 들어와 본격적으로 개진되기 시작한 그의 마르크스주의 문학론에서 한 주제를 이루는 "자본주의의 예술적대성" 명제에도 관류하고 있다. 자본주의가 '예술에 적대적'이라는 그의 판단은, 자본주의가 '문화 적대적'이라고 했을 때 고유한 '문화' 이념을 전제하고 있었듯이 특정한 예술 이념을 전제로 하고 있다. 궁극적으로는 그 자체가 사회·역사적으로 형성된 것이자 과정적인 이 예술 이념에 따라 루카치는 문학현상을 평가하고 판단하며 또 이에 부응하도록 작가들을 독려한다. 따라서 그의 문학이론과 실제비평이 강하게 '규범적'인 것은 부인할 수 없는 사실이다.

그런데 가치 있는 것과 가치 없는 것, 중요한 것과 덜 중요한 것 따위를 구별하는 행위 자체를 문제시하는 냉소주의와 극단적 상대주의의 입장에 서지 않는다면, 나아가 지금 자본주의 체제에서 그런 냉소주의란 결국 공격적인 자기 방어적 순응주의[13]요 그런 상대주의란 결국 폐쇄적인 자기보존(Selbsterhaltung) 이상의 문제들을 감당하기를 포기한 지성의 쇠퇴, 이데올로기의 쇠락이라고 보는 입장이라면, 예술현상에 대한 해석과 파악 행위에도 언제나 어떤 척도 내지 '규범'이—암묵적으로든 명시적으로든—작동하고 있다는 것을 인정할 것이다. 더군다나 그러한 이론적·비평적 활동이 예술현상에 대한 단순한 기술(記述)과 분류나 설명에 그치는 것이 아니라 특정한 역사적 국면에서 특정한 문학예술적 실천을 지향하는 행위일 경우, '규범성'은 필수적이기조차 하다는 것도 인정할 것이다. 우리가 이렇게 문학이론의 규범적 성격을 특정한 문학적 실천에의 지향성이라고 이해한다면, 동시대인들의 삶 속에 들어가기를 마다하지 않는, 그리고 이에 따른 책임을 지고자 하는 이론에서 어느 정도의 규범성은 오히려 불가피할 것이다. 루카치의 문학이론뿐만 아니라 바흐친(M. Bakhtin)의 소설시학도 아도르노(Th. Adorno)의 예술이론도 각자의 방식으로 규범적이지 않은가. 이런 입장에서 본다면 문제는 규범성 자체가 아니라 '어떤' 규범성이냐 하는 게 된다. 그것이 과연 충분한 숙고와 설득력 있는 사유과정을 통해 설정된 것인지, 그리고 어떠한 역사적 맥락 속에 있는 것인지, 또 어떤 능력 혹은 어떤 현실적 한계를 갖고 있는지 등등을 규명하는 것이 규범성 자체를 비판하는 것보다 더 생산적이고 유익할 수 있다는 말이다. 고체화된 규범성에 대한 정당한 비판이 규범성 일반에 대한 비판을 거쳐 미적 평가의 규준 자체를 증발시켜버린 요즘의 담론 상황에서는 더욱더 그런 생각이 든다. "자본주의의 예술적대성" 명제를 실마리 삼아 마르크스주의자 루카치가 전개한 문학이론적 사유의 일단을 살펴보는 이 글은 이러한 입장에서 출발한다.

2. 자본주의와 예술

　　루카치의 텍스트에서 종종 등장하는 "자본주의의 예술적대성" 이라는 표현은 마르크스에서 따온 것이다. 『잉여가치론』(*Theorien über den Mehrwert*)에서 마르크스는, 물질적 생산을 "물질적 재화의 생산 일반"으로만 파악하고 "이 생산의 역사적으로 발전하는 특정하고 특수한 형태"로 파악하지 못하는 슈토르히(H. F. Storch)를 비판하는 자리에서 다음과 같이 말하고 있다.

예를 들면 자본주의적 생산은 어떤 정신적 생산 분야들, 가령 예술과 시문학에 적대적이다. 만약 이것을 고려하지 않는다면 레싱이 기막히게 풍자했던 18세기 프랑스인들처럼 [다음과 같이―인용자] 상상하게 될 것이다. 우리가 역학 등등에서 고대인들보다 앞서 있다면 서사시도 만들지 못하란 법이 없지 않은가? 일리아드의 자리에 앙리아드를!*

여기에서 마르크스는 물질적 생산을 특정한 역사적 형태로 파악할 것을, 그리고 물질적 생산(토대)과 정신적 생산(상부구조)의 조응관계를 세분화하여 파악할 것을 요구하고 있다. 그의 말은 물질적 생산의 발전과 예술 내지 예술의 몇몇 분야의 발전 사이의 불균등 관계를 서사시를 통해 예시함으로써 단선적이고 균일적인 발전관을 비판하는 데 초점이 놓인 발언이지[14]―물론 위 인용문이 분명히 보여주듯이 자본주의적 생산이 예술 및 시문학에 적대적임을 인정하고 있긴 있지만―"자본주의의 예술적대성" 자체를 논제로 하는 문맥 속에 있는 말은 아니다.

루카치의 "자본주의의 예술적대성" 명제는 비록 마르크스에서 빌린 표현을 통해 마르크스의 통찰과 권위에 기대고 있지만 마르크스보다는 오히려 독일 고전주의와 낭만주의의 정조를, 특히 근대 자본주의를 '산문의 시대'로 규정하고 '예술시대의 종언'을 고한 헤겔의 목소리를 더 많이 연상케 하는 것이 사실이다. 하지만 "자본주의의 예술적대성" 명제는 헤겔의 '예술시대의 종언' 명제

---

* *Karl Marx-Friedrich Engels-Werke*, Band 26. Erster Teil. K. Marx, *Theorien über den Mehrwert*. Erster Teil, Berlin: Dietz, 1985, p.257. 앞으로 『칼 마르크스-프리드리히 엥겔스-저작집』에서 인용할 때는 본문에 'MEW'라는 약어와 함께 면수를 병기한다.

와는 다른 역사이론적 배경, 다른 지향, 다른 파토스를 지니고 있다. 헤겔의 경우, '정신'이 이미 미의 수준을 넘어섰으며 따라서 예술의 실질적 전성기는 궁극적으로 불가능해졌다는, "현재와 미래의 예술에 관한 비관주의"[15]가 지배적이다. 실상 '역사의 완성'을 뜻하는 '역사의 종언'이라는 헤겔의 관념은 이러한 비관주의적 미학의 궁극적 배경을 이룬다. 이에 반해 루카치는 자본주의를 극복하게 되면 인류의 모든 문화가, 따라서 예술도 새로 힘차게 부흥하리라고 믿는다. 공산주의의 전망을 통해 현재의 예술, 부르주아 예술도 새로운 각도에서 조명된다. 헤겔은 거의 주목하지 않았던 '비판적' 리얼리즘의 유의미성과 혁명적 진보성에 대한 루카치의 강조는 이러한 역사이론적 배경을 지닌다. 따라서 그가 말하는 "자본주의의 예술적대성" 명제 자체도 자본주의가 참된 예술 창조에 매우 불리하다는 것을 뜻하는 것이지, 자본주의에서는 진정한 예술, 위대한 예술의 탄생이 불가능함을 주장하는 것이 아니다.

루카치가 "자본주의의 예술적대성"을 주장하는 일차적 근거는 자본주의적 분업의 성격에 있다. 여기에서 먼저 분명히 해둘 필요가 있는 것은, 루카치가 공장 내 노동 분할을 위시한 자본주의적 분업의 부정적 · 파괴적 양상을 강조하지만, 그가 분업 일반을 일방적으로 비판하는 것은 아니며, 또 자본주의적 분업도 변증법적으로 파악하고 있다는 점이다. 분업을 전적으로 부정적인 것, 인간을 파편화하고 불구로 만드는 것으로만 보는, "분업에 대한 낭만주의적 · 반자본주의적인 비판"의 일면성을 논박하는 루카치는, 분업을 "인류가 더 높이 발전하는 과정에서 불가피한 하나의

---

* 앞으로 『게오르크 루카치 저작집』(Georg Lukács Werke)에서 인용할 경우에는 본문에 권수와 면수를 병기한다.

단계"로서 파악할 뿐만 아니라, 분업 자체는—자본주의에서 아무리 인간을 파괴하고 억압하는 방식으로 작동한다 하더라도—"인간의 전체성[온전성](Ganzheit) 개념을 확장하고 풍부하게 만드는 특성과 능력 등등을 인간 속에서 일깨우고 발전시킨다"고 본다 (11:535). 루카치의 또 다른 중심명제인 "진보의 모순성" 명제와도 통하는 이 같은 변증법적 인식은, "진보의 모순성" 명제가 대기론 (待機論)과 무관한 것과 마찬가지로, 자본주의적 분업의 인간 파괴적 경향을 비판하고 그에 맞서 싸울 것을 요구하는 것과 논리적 · 실천적으로 모순되지 않는다.

　　루카치의 "진보의 모순성" 명제는 마르크스의 다음과 같은 인식, 즉 "유(類)로서의 **인간**의 능력들이 발전되는 것은 비록 이 발전이 맨 처음에는 인간 개체들 다수 및 인간 계급들 전체의 희생 위에서 이루어진다 할지라도 결국에 가서 이 적대를 꿰뚫고 나가 개별적 개체의 발전과 합류하며 따라서 개체성의 더 높은 단계로의 발전은 오직 개체들이 희생되는 하나의 역사과정을 통해서만 획득된다"(MEW, 26-2:111)는 인식에 기초하고 있다. 이른바 "역사발전단계론"과도 통할 이러한 인식은, 개인들의 고통에 대해 그것은 과도기의 필연적 현상이니 손 놓고 있자는 태도를 조장하는 것으로 이해되어서는 안 된다. 또, 이러한 인식이 미래로 투사되어 "사회주의의, 논리적으로 매개된 목적론적 필연성"(13:643)을 주장하는 "논리주의적 역사철학"(13:643)으로 왜곡되어서도 안 된다. "역사발전단계론"이라고 하는 오해의 소지가 많은 이름으로 알려진 마르크스의 역사이론은, 그것이 구체적 현실과의 매개를 상실할 때는 헤겔식의 목적론으로 전락하고, 주체적 실천으로부터 분리될 때에는 기계적 결정론으로 변질된다. 우리가 뒤에서 살펴볼 루카치의 휴머니즘 사상은, 자본주의에서 관철되는 진보의 모순성을 인식하고 그 과정에서 파괴되는 인간의 온전성을 옹호하며 비인간적·반인간적 경향에 맞서 싸울 것을 요구하는 투쟁적 사상이자, 그러한 싸움을 통해, 그러한 싸움 속에서, 자본주의 체제를 극복하고 공산주의 사회를 이룩할 주체의 형성을 도모하는 실천적 사상이다. 자본주의적 분업을 대하는 루카치의 태도도 이렇게 이해되어야 한다.

　루카치가 보기에 자본주의적 분업이 전체로서의 인간 능력을 풍부하게 만드는 것은 사실이지만 동시에 그것은—특히 공장 내에서 이루어지는 노동 분할이 극단적으로 보여주듯이—개별 인간을 일면적이고 편협하게 만든다. 작가의 지배적인 실존방식 또한 이에 따라 재구성되는바, 자본주의적 분업체계의 성숙에 따라 그들은 편협한 '전문가'(글쓰기 전문가)로 전락한다. 삶에 대한 작가의 관계, 예술에 대한 작가의 관계에서 변화가 일어나는데, 자본주의 사회체제에 무리 없이 순응하는 평범한 작가들은 말할 것도 없고, 자본주의 체제에 대해 나름의 진정성을 지니고 예술적으로 저항하는 작가의 경우라 하더라도, 과거 자본주의 발생기 내지 분업이 완숙되기 이전 단계의 위대한 작가들이 공통적으로 보여주었던 "객관성의 추구"(4:393), 다시 말해 작가 자신의 주관성, 작가 자신의 문학적 개성을 "예술의 객관적 요구들과, 민중 속에서 갈망으로·무의식적으로 표출되는 객관적·사회적인 흐름들과 통합"(4:394)하려는 노력은 현저히 약화된다. 그 결과, "위대한 예술에 대한 사회적 욕구, 인류발전의 일반적이고 지속적인 특징들에 대한 포괄적이고 깊이 있는 문학적 재현에 대한 욕구에서 발원하는 형상화와 형식화의 중대한 문제들"은 뒷자리로 물러나고 "직접적인 현시 기법의 아틀리에적 문제들"이 중요하게 된다(4:378). '민중성'과도 상통하는 "객관성의 추구" 대신, 견고하게 울타리 쳐진 문학 내적 문제들(루카치가 "아틀리에적 문제들"라고 표현한)에 초점을 둔 '전문가'적 활동은, 그 자체가 자본주의적 분업에 포섭된 활동이자 그 분업을 재생산하는 활동이 된다. 그것은 "이러한 분업에서 자생적으로 생겨나는 사고형태들, 사고가능성들, 지각방식들에 대한 의식적인 긍정"을 포함하게 되는데, 루카치는 "객관적 현실의 인식 가능성에 대한 불신, 모든 이론에 대한 경시, 지성과 이성에 대한 업신여김", "자생성에의 호소, 한갓된 직접성을 리얼리티의 성취를 위한 최종심급 기관으로 찬양하기" 따위를 그러한 긍정의 결과들로 본다(4:417).

루카치에 따르면, 자본주의적 분업체계에 포섭됨으로써 생겨나는 이 같은 이데올로기적 결과들은 "부르주아계급 지배의 순조로운 작동"에 기여하며, "부르주아계급의 편협하고 이기주의적인 계급이해에 완전히 부합한다"(4:417). 뿐만 아니라 지배이데올로기는 신문, 잡지, 영화, 라디오 따위의―지금이라면 텔레비전, 인터넷 매체 따위도 포함시켰을 것이다―이데올로기 장치를 통해 문학과 예술을 자본주의 체제의 정상적 작동에 봉사하는 방향으로 몰고 가는바, 그 효과에 대해 루카치는 다음과 같이 말한다.

> [자본주의 내지 자본주의의 정상적 작동에-인용자] 익숙해짐을 센세이션으로 치장하고, 무뎌짐을 도취를 통해 흥밋거리로 만들기. 이것이 바로 부르주아지의 계급이해가 문학과 예술에 요구하는 것이다. 긴장과 흥미로움, 흥분과 위안의 전문가로서의 작가는 자본주의적 분업의 산물이다. 부르주아지의 계급이해는 이 과정을 촉진하고 강화한다(4:429).

이와 같은 문학예술적 현상은 또한 문학과 예술의 "보편적 상품화"(4:430)의 결과이기도 하다. "상품경제가 완전히 보편적으로 됨에 따라 모든 문화적 재부(財富) 또한 상품이 되고, 그 생산자는 자본주의적 분업의 전문가가 된다"(4:429/30). 진정한 작가들마저도 인격이 자잘해지고, 개인적인 기법적·기예적 독특성, 표현수단과 소재 선택에서의 개인적 새로움 따위를 강조하는 경향에 물들게 된다. "체험, '개인적 색조'는, 시장유통을 위해, 문학작품의 교환가치를 위해 불가피하고 불가결한 사용가치"(4:430)이기 때문이다. "인간의 궁극적인 주관성을 상품화"한다는 점에 착목하여 루카치는 이를 "체험의 매춘"이라고 통렬하게 비판하는데(4:431), 실제로 이를 매춘 행위로 느끼는 일부 예술가들은 시장의 보편성 속에서 자기 방어를 위해 비의적(秘義的)인 것으로 탈주하기도 한다. 그래서 심지어는 독서와 소통을 문학적으로 거부하는 작품이 진정한 문학작품으로 상찬되는 지경에 이르기도 하지만, 그러한 작품마저도 일종의 고급상품으로 삼켜버릴 정도로 '만물의 상품화'는 진척된다. '비의적 문학'과는 반대방향에서 "생활실제로의 예술의 지양"을 시도한 "역사적 아방가르드 운동"[16]의 산물들이 끝내 대형 미술관의 고급 전시물로 포섭된 정황도 '만물의 상품화' 추세의 위력을 여실히 보여주는 것이라고 할 수 있을 것이다.

자본주의적 분업체계의 성숙, 문학과 예술의 보편적 상품화와 더불어 "자본주의의 예술적대성"을 규정짓는 또 다른 근거는 자본주의 사회 고유의 '사물화(Verdinglichung)' 경향이다. 다른 계급사회들과는 달리 상품구조가 지배적 구조가 되는 자본주의 사회에서는 본래 인간의 산물, 인간들의 사회적 관계의 소산이었던 것이 그 인간적 연원을 지우고 독자적으로 되어 도리어 인간 삶을 지배하는 추상적인 사회적 힘들로 현상하고 작동한다. 상품, 화폐, 가격 등등과 같은 사물화된 범주들이 일상생활을 규정함으로써, 일상의 경험세계를 살아가는 사람들의 의식 속에서 세계는 현실적(wirklich) 연관관계, 실재의 세계와는 다르게 현상한다. 인간 존재의 현실적 지반, 인간 삶의 실상을 왜곡하고 은폐하는 이 같은 사물화 현상은 인간의 현실적 존재를 탐구하는 문학과 예술에 극히 불리하게 작용한다. 대상세계는 인간 주체로부터 독립하여 마치 자연세계처럼 독자적인 법칙성에 따라 진행되는 것("제2의 자연")으로 현상하고, 주체 또한 세계를 그런 식으로—『역사와 계급의식』에서 정식화된 "정관적(靜觀的) 태도"로, 또는 「서사냐 묘사냐?」("Erzählen oder beschreiben?")에서 "동참적" 태도와 대립 설정된 "관찰자"의 시선으로—대함으로써 주체와 객체의 분리, 현상과 본질의 상이성을 넘어선 예술적 창조, 예술적 총체성의 창출은 점점 더 어렵게 된다.[17]

이상과 같은 루카치의 주장을 일반화하면, 사회의 자본주의화가 증대할수록 예술에는 더욱 더 불리한 '조건'이 조성된다고 할 수 있다. 그 과정에서 1848년은 결정적인 분기점을 이루는데, 루카치의 이론 체계에서 유럽의 1848년은 그해 6월 파리에서 일어난 노동자 봉기를 시발점으로 부르주아지와 프롤레타리아트 사이의 투쟁이 계급투쟁의 중심에 들어선 시점이자 자본주의가 자기 구성을 끝내고 "'기성(旣成)'의 체제"(4:231)로 굳어진 시기로 자리매김된다. 해체되어가는 중세의 품 안에서 태동하여 형성 중에 있던 자본주의에서 신생의 부르주아 이데올로기는, 단순히 반(反)봉건적일 뿐만 아니라 "인류의 보편적 해방의 파토스"[18]까지 포함하고 있었다. 하지만 1848년부터 부르주아지의 보편주의는 '허위의식'으로서가 아니면 더 이상 지탱될 수 없게 되었으며, 지배이데올로기로 정착한 부르주아 이데올로기는 체제 '변호론'으로 전락하기 시작, 바야흐로 전반적인 쇠락기로 접어든다. 상황이 그러할진대, "이데올로기적인 형태들"[19]에 포함되는 문학과 예술

141 IV 루카치의 마르크스주의 문학론의 구성요소

에 대해 이 같은 '쇠락'에 거스를 것을 요구하는 루카치의 주장은, 그렇다면 주의주의(主意主義)적 강변이거나 도덕적 요청에 불과한 것이 아닌가 하는 의구심이 들 수 있다.

루카치에 따르면 부르주아 이데올로기 전반의 쇠락 과정, 따라서 자본주의 체제 속에서 생산되는 문학의 전반적인 쇠락 과정은 "사회적으로 필연적"(4:206)이다. 하지만 그렇다고 해서 그것이 '숙명론적'인 의미에서 필연적인 것은 아님을 루카치는 누차 강조한다. 만약 그런 식으로 '결정'되어 있다면, 그렇게 숙명론적으로 필연적인 역사적 현상에 대해 시비를 가리거나 특정한 문학적 실천을 지향하는 '규범적' 행위는 그야말로 '규범주의'적이고 '주의주의'적인 태도의 소산에 다름 아닐 것이다. 그렇지만—루카치에 따르면—개별 인간이 대면하는 사회 현실 전체는 자체 종결적으로 고정된 동질적 구조가 아니라 언제나 "생생한 역동적 모순들의 통일체이자 이러한 모순들의 부단한 생산과 재생산"(4:262/3)이 이루어지는 과정이며, 그 사회의 지배이데올로기 또한 아무런 틈새 없이 매끄럽고 동질적인 전체가 아니다. 따라서 그러한 현실을 사는 개인의 삶 자체 속에는 지배이데올로기로 완전히 봉쇄할 수 없는 파열구들이 생성될 수 있다. 다시 말해서 작가들이 사회와 이데올로기의 전반적 발전의 흐름을 거슬러 나아가는 것을 가능케 만드는 구멍 내지 틈새—루카치의 표현을 빌리자면, "에피쿠로스가 말한 '사이[間] 세계들'(epikureische 'Intermundien')"(4:267)—가 발생할 수 있다는 것이다. 여기에서 지배이데올로기를 통해 이러한 틈을 봉합할 것인지, 아니면 그 이데올로기적 장막을 뚫고 나갈 것인지는 상당 부분 개인 자신에게 달려 있게 된다. 이는 곧 개별 인간의 주체적인 선택 가능성의 여지(Spielraum)—물론 객관적으로, 사회·역사적으로 그 한계가 규정되어 있는—를 인정하는 것으로서, 자본주의 세계 속에서 살아가는 작가들에게도 진정한 예술의 길이 원칙적으로 봉쇄되어 있는 것은 아님을, 또 그렇기 때문에 "사회적으로 필연적인" 예술적 현상에 대해 비평가와 독자는 가치판단을 내릴 수 있음을 함의한다. 루카치가 1930년대 후반에 쓴 글들에서 작가 개인의 지적·도덕적 차원을 문제 삼고 있는 것도 이처럼 개인의 주체적 선택 가능성의 여지를 인정하는 입장에 따른 것이다. 물론 이데올로기의 쇠락 경향이 지배하고 사물화 현상이 심화되는 가운데 그러한 가능성을 현실화하기가 얼마나 지난한지를 알고 있기에, 루카치는 당대의 작가들에게 19세기 전반기의 작가들에 비해 더 큰 "지적·도덕적 힘"(4:263)을 요구하며 "지적·도덕적 도야(陶冶)"(4:357)를 게을리하지 말라고 권고한다.

　루카치가 작가의 "지적·도덕적 도야"의 중요성을 역설한 것은, 작가에게 '선한' 인간이 되기를 요구하는 것이 아니며 어떤 과학적·철학적 인식에 도달하는 것 자체가 중요해서도 아니다. 그리고 그렇게 "다른 곳에서 획득된 인식"[20]의 문학적 형상화를 요구한 것은 더욱 아니다. 만약 루카치의 문학론이 그런 요구를 포함하고 있는 것이라면, 그가 전개한 '리얼리즘의 승리론'[21]이나 공식적인 '사회주의 리얼리즘' 문학의 "도해(圖解)적 성격"에 대한 그의 비판,[22] 그리고 '모더니즘'의 근본양식으로 설정된 알레고리에 대한 그의 부정적 입장[23] 등은 그의 문학론과 미학의 이론적 자기모순을 드러내는 꼴이 되고 말 것이다. 실제는 그렇지 않은데, 자본주의 사회의 실상을 은폐하고 왜곡하는 표면적 현상형태에 고착됨을 뜻하는 "직접성"[24]을 극복하기 위해서 한 인간으로서의 작가는 "지적·도덕적 도야"를 게을리하지 않아야 하며, 이를 통해 쌓이는 "지적·도덕적 힘"은 작가가 삶을 사는 태도, 삶과 세계를 보는 시각에 융합되고, 그리하여 삶의 과정 전체의 한 계기로서의 체험의 내용과 창작과정을 크게 규정하게 된다는 것, 이것이 루카치가 뜻하는 바에 가까울 것이다. 루카치에게 문학은 철학적·과학적 각성으로 환원되는 것이 아니라, 그것을 내적 계기로 포함하는 살아 있는 인간이 "온몸으로, 바로 온몸을 밀고 나가는 것"(김수영)으로서 이룩하는 창조적 작업이다.

루카치의 이러한 제언을 '예술에 적대적인' 자본주의 사회 속에서도 진정한 예술작품이 창작될 수 있는 주·객관적인 근거와 관련된 주장으로 읽을 수 있다면, 그것은 여기에 그치지 않는다. 그는 작가가 아무리 "지적·도덕적 도야"에 힘쓴다 하더라도 단순히 자기 개인의 힘에만 의존할 경우에는 결국 자본주의에 굴복할 수밖에 없을 정도로 체제의 힘이 강하다고 본다. 이를 뚫고 나아갈 수 있는 길, 그것은 우리가 앞서 "객관성의 추구"와 통한다고 본 '민중성'에 있다는 것이 1930년대 후반 루카치의 또 다른 제언이다. 작가가 이데올로기 전반의 쇠락 경향에 맞선 싸움에서 이겨낼 수 있는 길은 "휴머니즘의 궁극적인 승리를 경제적·정치적으로, 사회적·문화적으로 보장하는 저 민중적 힘들과 생생한 연결점을 찾아내는"(4:308) 데 있다는 것이다. 이것은 이른바 '민중연대성' 내지 '민중성'으로 규정될 수 있는 주장인데, '인민전선정책'에 고무된 1930년대 후반기의 루카치가 쓴 텍스트들에서 특히 강조되는 지점이다. 그렇다고 해서 이러한 입장이 일시적이었던 것은 아닌데, 그도 그럴 것이 과정으로서의 역사가 대립적인 힘들, 대립적인 경향들이 각축하는 역동적인 장이라면, 현실의 실상을 현시하고자 하는 문학은 그러한 힘들, 그러한 경향들로까지 육박해 들어가야 하며, 그 가운데 미래 지시적인 힘과 어떤 식으로든 연계될 수밖에 없다는 것, 그리고 그 힘, 그 경향의 원천은 민중의 삶, 민중의 고통과 분노와 동경과 소망 외에 다른 곳에서 찾을 수 없다는 것이 루카치의 일관된 소신에 가깝기 때문이다.

'예술에 적대적인' 자본주의가 유의미한 문학을 낳을 수 있다면 그것은 어떻게 가능한가 하는 문제에 대해 루카치가 또 다른 방향에서 제시하는 대답은 바로 문학과 예술의 고유한 특성, 그 내적 동력과 관련된 것이다. '변화'와 '변화 속의 지속'을 재생산하는 역사과정 속에서 발생하여 그 자체 또한 변화하는 가운데 지속되는, 그리하여 역사적인 현재의 시점에서 문학과 예술이라 부를 수 있을 '정체'를 형성하고 있는 특성 자체가 예술 창조에 지극히 불리한 조건을 이겨낼 수 있는 잠재력을 갖고 있다는 것이다. 후기 미학(특히 『미적인 것의 고유성』)에서 한층 더 풍부하게 개진되는 이러한 입장은, 1938년에 발표된 「마르크스와 이데올로기의 쇠락 문제」("Marx und das Problem des ideologischen Verfalls")에서도 벌써 그 단초를 드러내고 있다. 이 글에서 루카치는 개별 이데올로기 영역들이 지배이데올로기에서 벗어날 수 있는 가능성의 차이를 비교하는 가운데, 문학은 그 특성 덕분에 여타의 영역(예컨대 사회과학)에 비해 유리한 조건들을 지닌다고 주장한다.

> 직접적인 차원에서 보자면 문학은, 궁극적인 차원에서만 시대의 사회적 연관관계를 건드리며, 특히 부르주아지와 프롤레타리아트의 대립과의 직접적인 연관성을 꼭 보여줄 필요는 없는 개별적인 인간들과 개별적인 운명들의 현시[25]다(4:267).

이 말은 지금 · 여기의 구체적인 개별 인간들의 구체적인 삶을 현시하는 문학 고유의 '본성'에 힘입어, 그 힘으로 시대의 흐름을 거스르는 문학적 성취도 가능할 수 있다는 맥락에서 하고 있는 말이다. 요컨대 문학은 다른 영역들보다 한층 더 강하게 구체성을 내재적 속성으로 함유하고 있으며 그 속성 자체가 문학의 상대적 독자성을 구성하고 있는바, 이에 충실함이 '예술에 적대적인' 시대에도 진정한 예술의 길로 나아가게 하는 동력이 될 수 있다는 것이다. 이러한 생각은 리얼리즘에 충실할 것을 요구하는 루카치 고유의 입장과 통한다.

그가 제시하는 또 다른 대답은 문학과 예술의 본래적인 휴머니즘적 성격에서 찾을 수 있다. 1934년 말에 집필한 「장편소설」("Der Roman")에서 루카치는—헤겔의 표현을 빌려—인간의 "개체적 총체성", "인간의 자립성 및 자기활동성"에 대한 욕구를 어떠한 상황에서도 근절될 수 없는 '인간의 근원적 욕구'로 설정하고 있다.[26] 인간의 "개체적 총체성"에 대한 욕구를 "인간의 소질과 능력들의 조화"(4:299), "인격의 조화로운 완성"(4:300)에 대한 욕구로 이해할 수 있다면, "인간의 자립성 및 자기활동성"에 대한 욕구는 사물화와 소외, 자기소외로부터의 해방을 뜻하는 자유에 대한 욕구로 이해해도 큰 무리는 없을 것이다. 루카치의 이론체계에서 이러한 욕구는 자본주의의 그때그때의 경제적·사회적 상황, 이데올로기적 상황에 따라 활성화되기도 했다가 때로는 거의 소멸한 듯 보일 정도로 약화되기도 하며, 또 계급과 집단에 따라서도 그 활력과 강도가 달라지는 것으로 설정된다. 이런 식으로 작동하는 인간의 근원적 욕구를 루카치는 예술형식 일반의 인간학적 토대이자 예술적 창조의 근본적인 동력으로 파악하는데, 따라서 그에게 예술은 본원적으로 휴머니즘적·반자본주의적 지향성을 가진 것이 된다. "진정한 예술가라면 누구나—자신이 알건 모르건—인간을 형상화하는 작가로서 풍부하고도 폭넓게 계발된 인간들을 제시하려는 자신의 충동에 따르기 때문에 그 결과 필연적으로 자본주의체제의 적대자일 수밖에 없다"(4:309). 요컨대 문학과 예술의 존립 근거로서의 휴머니즘이 자본주의의 반인간성·반예술성과 충돌하며, 이에 맞설 내재적 동력이 된다는 것이다. 다음 장에서는 이 문제 곧 휴머니즘에 대해 조금 더 구체적으로 살펴보도록 하자.

3. 휴머니즘과 예술

루카치에 따르면 휴머니즘은 문학과 예술의 내재적 성질이며, 진정한 문학과 예술은—예술가의 주관적 의도가 어떠하든—비인간적·반인간적 경향들에 맞서 '인간적 온전성'을 옹호하고 '인간의 인간화'에 기여한다. 이 말이 문학은 그때그때의 정치적·사회적 문제에 해결책을 직접 제공해야 한다는 식으로 이해되어서는 안 된다. 후자와 같은 문학적 추구는 루카치가 "진정한 문학의 당파성"과 구별하여 "단순한 시사문학의 경향성들"이라고 부른 것에 가깝다.[27] 루카치에 따르면 "호메로스에서 오늘날에 이르기까지 모든 시대의 위대한 문학은 궁극적으로, 주어진 사회상태·발전단계·발전경향이 인간존재와 인간화의 방향에 어떻게 영향을 미치며, 탈(脫)인간화, 인간의 자기 자신으로부터의 소외의 방향에는 또 어떻게 영향을 미치는지를 보여주는 것으로 '만족'했다."[28] 그리고 이런 식으로 "어떻게"를 보여주는 것은 "구체적으로 작동하고 있는 사회적 힘들의 형상화 없이는 문학적으로 생각도 할 수 없는 일"이며, "그렇기 때문에 사회적 존재 자체가 직접 산출할 수 있는 것보다 한층 더 명확한 사회적 존재의 형상(Bild)이 이러한 견지에서 생겨난다."[29] 이것이 루카치가 "위대한" 또는 "진정한", "훌륭

한" 따위의 '규범적'이고 '선별적'인 관형어를 앞에 붙이는 문학에 공통적으로 관류하는 '본질'인 셈이다.

인용한 루카치의 말에서 우리는 문학작품의 위대성을 판단하는 기준이 정치적·사회적이거나 인간적·도덕적인 문제들에 대해 작품이 표나게 제시하는 대답에 있는 것이 아니라 문제 자체가 얼마나 올바로 제기되고 있는지에 있다는 것이 그의 생각이라는 것도 엿볼 수 있다. 인간존재, 인간의 인간화 혹은 탈인간화와 관련된 중대한 문제들이 문학적으로 얼마나 깊고 강렬하게, 얼마나 포괄적이고 구체적으로 제기되고 있는지가 작품의 진정성과 위대성을 판단할 때 관건이 된다는 것이다. 루카치가 1943년에 미국의 한 출판물에 발표한 「도스토엡스키」("Dostojewskij")에서는 **"문제의 해결과 문제의 올바른 제기"**(5:162, 강조는 루카치) 사이를 딱 잘라 구분한 체호프(A. Chekhov)의 말이 그대로 인용되고 있는 것을 볼 수 있다. 루카치가 아무런 주석도 덧붙이지 않고 그대로 인용하고 있는 체호프에 따르면 "오직 후자[문제의 올바른 제기]만이 예술가의 의무이다. 『안나 카레니나』와 『오네긴』에서는 단 하나의 문제도 해결되어 있지 않다. 그렇지만 그 작품들은 [우리를] 완전히 만족시키는데, 그 작품들 속에서는 모든 문제가 올바로 제기되어 있다는 오직 그 이유 때문이다"(5:162).[30] 우리의 주제와 연관지어 말하자면, 문제에 대한 해결책이나 대안 제시를 통해서가 아니라 문제의 올바른 제기만으로도, 아니 바로 그것을 통해서 문학은 궁극적으로 '인간의 인간화'에 기여한다고 할 수 있다.

휴머니즘은 이런 식으로 루카치의 문학론을 떠받치고 있는 주춧돌 역할을 한다. 하지만 정작 그의 저작들에서 휴머니즘 개념 자체에 관한 별도의 포괄적인 고찰은 찾아보기 힘들다. 그의 텍스트에서 휴머니즘은 그 주체나 성격에 따라, 그 주체가 놓여 있는 역사적 조건에 따라 부르주아 휴머니즘, 민중적 휴머니즘, 프롤레타리아 휴머니즘, 르네상스 휴머니즘, 계몽주의 휴머니즘, 반제국주의 휴머니즘, 사회주의 휴머니즘 따위의 이름을 달고 등장한다. 휴머니즘이 추구하는 '인간 논리'가 그것을 설정하는 주체와 그 주체가 처해 있는 사회·역사적 조건에 따라 내실을 달리한다는 것인데, 이 모든 종류의 휴머니즘을 가르고 자리매김하는 궁극적 지평으로서 루카치 자신의 휴머니즘 사상이 자리하고 있다. 인간의 제반 소외를 극복한 것으로 주장되었던 '현실사회주의' 사회속에 살면서도 루카치가 환기시키기를 멈추지 않았던 "르네상스적 이상"에서 우리는 그의 휴머니즘 사상의 지향과 내용을 얼마간 엿볼 수 있다.

> 르네상스의 거인들은 폭풍과 같은 거센 열정과 함께 오늘날에는 상상을 불허할 정도로 다채로운 천재적 능력을 발휘해서 모든 사회적 생산력을 발전시키는 일에 매진했다. 그들의 가슴 속에 품고 있었던 원대한 목표는 사회적 삶에서 지방적이고 고루한 중세적 질곡을 타파하는 것이었고, 자연의 잠재력을 근본적으로 파악하고 이를 인류의 목적에 근본적으로 귀속시킬 수 있는 인간의 능력, 가능성 일체가 해방되는 사회상태를 창출하는 것이었다. 이들은 생산력의 진정한 발전이 인간 자체의 생산적인 능력들의 발전을 의미한다는 사실을 항상 명백히 통찰하고 있었다. 자유로운 사회에서 자유로운 인간들에 의한 자연 지배, 바로 이것이 조화로운 인간에 관한 르네상스적 이상이었다(4:300/1).

인간의 창조적 역능과 가능성이 해방된 자유로운 사회, 그런 사회에서 영위되는 자유로운 인간들의 삶에 대한 루카치의 부단한 강조는, 투쟁의 직접적 대상이었던 자본주의는 말할 것도 없고 루카치가 선택한 삶의 공간인—위에서 인용한 「부르주아 미학에서 조화로운 인간의 이상」("Das Ideal des harmonischen Menschen in der bürgerlichen Ästhetik")을 발표했던 1938년 당시 유일한 '사회주의' 국가였던—소련마저도 여전히 '인간의 인간화' 도정에 있다는 사실을 간접적으로 역설하는 것이다. 이렇게 보면 "조화로운 인간" "자유로운 인간"—이는 앞서 우리가 인간의 "개체적 총체성", "인간의 자립성 및 자기활동성"이라 한 것과 통하는데—이라는 지향점은 우리의 시야가 현재에 매몰되지 않도록 하는 기능을 한다. 달리 말하면, 루카치의 휴머니즘은 "인간의 사회적 정신적 삶이 그때마다 놓여 있는 구체적 조건에 대해 물음을 던지는 것"이며, 당대의 "기본적인 모순구조와 인간을 대면하게 하는 일"[31]을 그 내용으로 지니고 있다고 볼 수 있다. 따라서 그것은—제임슨(F. Jameson)이 루카치의 총체성 개념을 두고 한 말을 빌리자면—일종의 "방법론적인 기준"[32]으로서, "부정적이고 방법론적인 위상"[33]을 지닌다고 할 수도 있겠는데, 우리가 그것에 이름을 붙인다면 '공산주의적 휴머니즘'이 가장 적절하지 않을까. 그에게 공산주의는 역사적 현재에서 설정 가능한 최고의 전망이자 궁극의 지평이며,[34] 인간의 "인간화의 완성"[35]의 다른 이름이니까 말이다. 그 전망에 입각해 현재의 인간 삶을 분석 · 판단하고 평가하며, 그 방향으로 나아갈 수 있는 인류의 주 · 객관적 힘을 강화하는 데 기여하고자 한 것, 그것이 공산주의 이데올로그로서 루카치가 일관되게 수행한 작업이라고 할 수 있을 것이다.

　서구의 근대 휴머니즘에 내재한 특정 경향에 대한 비판을 통해 휴머니즘 일반을 통째로 부정하거나[36] 과학기술, 그중에서도 특히 생명과학기술의 급속한 발달을 배경으로 "포스트휴머니즘" 내지 "트랜스휴머니즘"이 제기되고 있는 현재의 담론 지형에서 휴머니즘을 전면에 내세우려면 별도의 논쟁적 고찰이 전제되어야 하겠지만, 여기에서는 휴머니즘 비판에서 자주 등장하는 몇 가지 논거가 루카치의 휴머니즘 사상에는 그대로 적용되기 어렵다는 사실만 짚고 넘어가도록 하겠다.

먼저, 루카치가 말하는 휴머니즘이 '인간 중심적'임에는 틀림이 없으나 그가 인간을 자연으로부터 분리되고 자연을 넘어서 있으면서 자연을 대상이나 도구로만 대하는 존재로 파악하는 것은 아니라는 점을 분명히 해둘 필요가 있다. 그가 주장하는—종종 '경제결정론'으로 오해 또는 왜곡되곤 하는—"경제영역의 존재론적 우선성"(13:673)은 인간이 사회적 존재이면서 동시에 자연적 존재, 자연의 일부이기도 하다는 것을 전제로 하기에 설정될 수 있는 것이다.[37] 위에서 우리가 인용한 대목에서 "자연 지배"라는 표현이 나오지만 이 또한 단순히 자연을 정복하고 탈취할 대상으로 여기는 것이라기보다는 '자연의 법칙'—이는 '자연의 순리'라고 옮겨도 무방할 것인데—을 파악하고 그것에 준하여 "자연의 잠재력"을 인류의 목적에 귀속시키는 과정을 뜻하는 것으로 볼 수 있다. 휴머니즘이 반드시 자연과 대립하고 생태계에 파괴적인 기능을 하는 사상이 되리란 법은 없는 것이다. 게다가 루카치의 후기 철학에서는 심지어 자연과의 공생 사상까지 읽어낼 수 있다.

말년에 제시한 마르크스주의 존재론에서 루카치는 '실천'을 사회적 존재인 "인간이 인간으로서 존재하기 위한 존재기반이자 인간 존재의 모든 계기의 기반"(13:39)으로 파악하면서 '노동'을 그 '실천'의 원천이자 가장 일반적인 모델("사회적 실천의 모델"[38])로 설정한다. 인간을 인간이게 하는 "제1의 실천"(13:39)으로서의 '노동'은 "사회와 자연의 신진대사", "사회와 자연의 신진대사의 매개자"(2:19) 등으로 규정되는데, 신진대사를 하는 양쪽 중 어느 한쪽이 피폐해지면 신진대사 자체에 문제가 생기는 것은 당연한 일이다. 아울러 루카치가 누누이 강조하듯이 인간은 사회적 존재인 동시에 자연적 존재인 이상, 자연의 파괴는 인간 존재 자체의 파괴로 귀결된다. 인간이 자연적 한계들을 부단히 뒤로 밀어내는 과정("자연적 한계들의 후퇴")이 곧 '인간의 사회화' '인간의 인간화' 과정이지만, 그것이 자연을 착취하고 파괴하는 것을 의미하지는 않는다.[39] 비록 루카치가 명시적으로 주장하지는 않았지만, 그의 존재론에 따르면 인간은 존재론적으로 자연과의 공생, 아니 상생해야만 하는 존재일 수밖에 없다.

또 다른 문제로, 루카치가 휴머니즘을 주창한다고 해서—알튀세르(L. Althusser)가 "이론적 인간주의[휴머니즘]"나 "인간주의적[휴머니즘적] 마르크스주의"의 이름으로 비판한 것처럼—계급사회를 사회적 관계들에 대한 분석 없이 개인 또는 추상적 인간을 기원으로 삼아 설명하려 한 것은 아니라는 사실도 지적되어야 한다. 이에 대한 루카치의 반대는 "보편적 인간성(das allgemein Menschliche)" 개념이나 실존철학적인 "인간의 조건" 담론에 대한 그의 명확한 거부에서 확인할 수 있다. 루카치에 따르면 "보편적 인간성" 개념은 철학적 관념론이 "인간의 특정한(그때그때 주어진 역사적 상황의 이데올로기적 필요에서 연유하고 또 그렇게 일반화된) 특징들이 그와 같은 ['보편적 인간성'이라고 하는] 개념적 신성(神聖)을 띤 채 인간들의 특수하거나 개별적인 자질, 속성 등등과 기계적으로 경직되게 대립"(11:574)하도록 만든 개념일 따름이다. 이 같은 "'보편적 인간성' 이념은 (…) 인류를 인간관계들의 구체적 형태들, 특히 계급 및 민족과 배타적이고 형이상학적으로 대립시키는 결과를 가져온다." 그리하여 "한 사람 한 사람의 인격과 인간관계, 운명 등등의 구체적 내용과 양상에 막대한 영향을 주는 인류의 구체적인 관계와 결합들"은 부차적인 지위로 격하되고 만다는 것이 루카치의 생각이다(11:587).

　『역사와 계급의식』으로 대표되는 루카치의 초기 마르크스주의에서는 '계급' 범주가 이론적 중심에 있었다. 하지만 그의 후기 마르크스주의 저작들(특히 『미적인 것의 고유성』과 『존재론』 등)에서는 '계급' 범주가 뒤로 물러나고 그 대신 '인간' '인류' '인간 유' 등의 범주가 중추적 역할을 한다. 이러한 이론적 현상을 관념론으로의 퇴행으로 보는 시각도 없진 않지만, 꼭 그렇게만 볼 것은 아니다. 표면적으로는, 그가 미학과 존재론에서 다루는 대상의 역사적 외연이 계급사회에 국한되지 않기 때문에 빚어진 현상으로 볼 수 있다. '계급'을 포괄하는 보다 일반적인 범주가 필요했던 것이다. 그렇기 때문에 그의 논의에서 '계급'과 '인간 유'는 상호 배타적 관계에 있는 것이 아니다. '계급'은 인간이 맺는 사회적 관계들의 역사적으로 특수한 한 형태이기 때문이다. '인간 유' 범주의 부각을 더 적극적으로 읽자면, 루카치가 자연적 존재와 사회적 존재의 질적 차이를 확실히 함과 동시에 자연적 존재와 사회적 존재의 연관성을 누락시키지 않기 위해 이 범주를 사용한 것으로 볼 수도 있다. '유(類, Gattung)'는 우선적으로 자연적 존재의 범주이기 때문이다. 나아가 마르크스주의에서 계급 개념의 환원론적 사용을 막고 계급을 여타의 사회적 관계들과 중층적으로 얽혀 있는 것으로 파악하려는 의도, 그리하여 사회적 존재의 중층 결정된 구체성을 파악하려는 의도에 따른 이론적 현상으로 읽을 수도 있다. 물론 루카치가 직접 이러한 의도를 명시적으로 밝힌 것도, 또 이에 따른 이론적 작업을 구체적으로 수행한 것도 아니지만, 우리가 그렇게 할 수 있는 이론적 방향과 도구들을 루카치로부터 획득할 수 있는 것이다.

'인간 유' 개념이 중심에 있는 후기 루카치의 담론에서 "보편적 인간성" 개념을 대체하는 위치에 놓일 수 있는 개념은 '인간의 유적 성질[유성(類性)](Gattungsmäßigkeit)'이다. 루카치가 말하는 '인간의 유적 성질'은 '보편적 인간성' 개념과는 달리 인류의 사회적 관계들의 구체적 형태들 속에서 관철되는 것이다. 마르크스의 『경제학-철학 수고』에 나오는 '유' 개념에 대한 루카치의 다음과 같은 해석도 이런 관점에서 나온 것이다.

> 반면에 마르크스가 유라고 부른 것은 무엇보다도 사회·역사적으로 부단히 변화하는 어떤 것이지, 발전의 과정에서 유리된, 발전을 억제하는 보편성[일반성]이 아니며, 또 개별성 및 특수성과 배타적으로 대립되는 추상도 아니다. 말하자면 유라는 것은 주관적으로나 객관적으로 끊임없이 어떤 과정의 한 가운데에 존재한다. 그것은 모든 개체[개인]의 행동과 생각과 감정에까지 파고들어 있는, 다소간 자연적이거나 비교적 고도로 조직된 크고 작은 인간공동체들 사이의 상호관계들의 결과로서—인간의 행동·생각·감정 모두는 최종결과를 수정하고 형성하면서 이 결과로 수렴되는데—결코 동일한 상태로 머물러 있는 것이 아니다. 마르크스는 개체[개인]와 유적 존재(Gattungswesen)의 이러한 통일성을 열정적으로 강조한다(11:575).

'개별자(das Einzelne)'도 그렇지만 '유' 또한 일차적으로는 자연적 존재에 속하는 범주다. 그러나 "유의 생물학적·인간학적인 바탕을 인정한다고 해서 인간에게 있어서 유의 특수한 범주들이 사회·역사적 기초 위에 세워져 있다는 사실을 결코 간과해서는 안 된다"(11:574). 단순한 생물학적인 관계로서의 유는 "침묵하는[무언의][40] 유"(13:68)이고 그 '유적 성질'은 "침묵하는 유적 성질"

(13:39, 41, 54 등등)로서―「포이어바흐에 관한 테제」에서 마르크스가 한 말을 빌리자면―'침묵하는 보편성[일반성]' '정태적 보편성[일반성]'이라 할 수 있다. 이러한 유는 유로서의 자기의식을 갖지 못할뿐더러 그 개별자도 '유적 의식(Gattungsbewußtsein)'을 지니지 못한다. 이때의 개별자란 추상적인 유의 개별 표본에 불과하다. 이에 반해 '인간 유'는 처음부터 노동, 언어 소통, 교환, 교류 등과 같은 사회적 행위에 의해 형성되고 매개된다. 따라서 원칙적으로 인간의 유적 성질은 의식적으로 작용하는 사회적 연관과 관계들 속에서 존립하는 것이며, 이에 따라 '인간 유'의 객관적 존재에는 "즉자적인 유적 성질(Gattungsmäßigkeit an sich)"(13:231)을 "대자적인 유적 성질(Gattungsmäßigkeit für sich)"(13:271)로 고양시킬 수 있는 잠재력, 구체적 가능성이 내재해 있다.[41]

한편 '유'와 마찬가지로 일차적으로 자연적 존재의 범주인 '개별성(Einzelheit)'은 사회적 존재인 인간에서는 '개체성[개인성](Individualität)'으로 고양된다. 루카치에 따르면 '개체[개인]'와 '유적 존재'는 통일되어 있으며, 따라서 진정한 개인으로의 발전, 인간적 개체성의 참다운 실현은 "대자적인 유적 성질"로 향해 있는, 유적 성질의 실천적 구현과 무관하게 이루어지는 것이 아니다. "고유한 유적 성질의 실천적 실현(=개체성의 **진정한** 전개)"[42]이라는, 루카치가 남긴 마지막 글인 자서전 초안(「삶으로서의 사유」"Gelebtes Denken")에 나오는 정식화는, 루카치가 말하는 '인간의 인간화' 과정의 표현이자 '인간의 순리'에 맞는 참삶의 모습을 말하는 것이다. 그렇다고 이 말이 개인은 유적 존재 또는 사회적 관계들로 환원될 수 있는 존재라는 뜻은 아니다. 루카치는 나뭇잎의 예를 통해 자연에는 똑같은 대상이 없다는 것을 보여준 라이프니츠(G. W. Leibniz)의 일화를 여러 곳에서 언급하고 있는데, 그렇게 나뭇잎 하나하나가 다 다르듯이 자연적 범주로서의 개별자는 모두 다 다르다. 개인은 이 같은 자연적 범주인 개별자가 사회적 존재로 도약함으로써 형성된 것이다. 개인은 이미 유적 존재와 통일되어 있음으로써만 개인이지만, 각 개인은 다른 것으로 환원될 수 없는 고유한 인간적 개체성을, 또는 그 잠재력을 지니고 있다.

자본주의는 이러한 측면에서 보더라도 지극히 모순적인 사회다. 자본주의의 경제적 실천에는 "휴머니즘의 발전을 위한 객관적 기반의 축적과 (…) 휴머니티의 말살이 불가분한 관계"(11:198)로 얽혀 있다. 객관적으로 볼 때 자본주의에서 인간 상호 간의 사회적 관계들은 내포적·외연적으로 역사상 유례없이 확대된다. 사회·역사적 발전이 야기하는 분화·전문화는 폭발적으로 증대하며, 이에 따라 인간 상호 간의 사회적 관계들은 점점 더 복잡하고 풍부하게 된다. 또, 그러한 관계들이 형성되는 영역 또한 광범위해져서 명실상부하게 '지구적' 차원에 달하게 된다. '인류'가 일상생활에서도 실감되는 현실이 된 것이다. 이렇게 자본주의의 발달은 인간 상호간의 사회적 관계들을 엄청나게 확장시키지만, 따라서 인간의 개체성이 보다 풍부해질 수 있게 되었지만, 이와 동시에 자본의 확장 과정은 각 개인의 진정한 개체성을 지우는 "추상적 동질화"[43] 과정으로, 인간의 개체적 총체성의 형성을 방해하는 형태로 이루어지는 분업의 고도화 과정으로, 개별 인간이나 여러 형태의 인간집합체에서 추상적 개별성을 주조해내는 과정으로 진행된다. 자본주의는 서로 분화된 인간의 활동영역들 서로 간의 생산적인 상호관계나 상호촉진작용을 강화하고 인간으로 하여금 "대자적인 유적 성질"로 향하게 하는 것이 아니라, 사물화를 통해 인간 상호 간의 실질적인 사회적 관계들을 은폐하고 인간들을 파편화·개별화함으로써만 순조로운 재생산이 보장되는 체제

이다.[44]

루카치에게 '인간의 인간화'는 이런 식으로 작동하는 자본주의 체제의 비인간적 사물화와 소외, 추상적 개별화에 맞서 싸움으로써, 궁극적으로는 그러한 체제의 극복을 통해서 관철되고 이룩되는 것이다. 그리고 루카치의 예술론에서 문학과 예술은 그 싸움, 계급투쟁들의 역사였던 "인류의 전사"를 극복하고 "인간 유의 본래적이고 진정한 역사를 시작"(13:40)하는 공산주의를 향한 싸움이라 부를 수 있을 바로 그 싸움의 일환으로서 위치가 설정된다. 세계에 대한 인간적·주체적인 반응 형식 가운데 하나인 예술이 고유한 방식으로 '유적 휴머니티(Gattungshumanität)'를 일깨우고 보전하며 촉진하는 한, 그것은 '공산주의적 휴머니즘'을 구현하는 도정에 있는 것이다. 아래에서는 그러한 예술의 특성에 대한 루카치의 생각을 조금 더 구체적으로 살펴보도록 하자.

4. 반영과 미메시스

루카치는 『미적인 것의 고유성』에서 객관적인 "사회적 필요[욕구]"에 따라 분화되는 인간의 정립방식들, 그 가운데서도 특히 일상생활과 일상적 사고를 "출발점이자 종착점"(11:13)으로 하는 양극단의 정립방식으로서 과학과 예술의 역사적 발생과 그 분화과정을 역사적·체계적으로 서술하는 가운데 미적인 것의 상대적 고유성을 "규정"[45]하려 시도한다. 과학과 예술의 상대적 차이에 대한 루카치의 이론적 설명은 양자의 반영 대상의 동일성과 반영 방식의 상이성에 대한 규정에서부터 출발하는데, 이에 관해 살펴보기 전에 이른바 '반영론'과 관련하여 몇 가지 사실을 확인하고 넘어갈 필요가 있다.

반영론은 "재현의 불가능성"이라는 슬로건이 각광받기 이전에도 벌써 문제적인 이론이었다. 문학적 반영론의 대표적 이론가로 알려진 루카치 자신이야말로 반영론에 가장 먼저, 가장 강력하게 원칙적인 비판을 가한 사람이었다. 일찍이 실천철학적 기획으로 씌어진 『역사와 계급의식』에서 그는 "사유와 존재, 의식과 현실 간의 이원성이라고 하는―사물화된 의식에서는―극복될 수 없는 이원성이 이론적으로 객관화"된 것이 "모사론"이라고 비판한 바 있다(2:388). 요컨대 모사론 내지 반영론은 근대 자본주의의 사물화된 의식의 이론적 표현이라는 것이다. 이러한 이론적 비판뿐만 아니라 반영론이 "변증법과 역사유물론의 전체 범주를 자연화"한 '자연변증법'을 보완하면서 혁명 후 소련 사회를 "정당화하는 학문"으로 작동한 이력 또한 반영론에 대한 세간의 불신을 강화했다.[46] 반영론은 스탈린주의의 이론적 구성요소로 인식되었던 것이다. 그렇기 때문에 1920년대 말~30년대 초반에 루카치가 반영론을 받아들인 이후 여러 글에서 반영관계를 출발점으로 삼아 문학적 담론을 전개한 것에 대해, "강요된 화해"(Th. 아도르노)에 따른 지성의 타락이라는 비판마저 존재했던 것이 사실이다. 그렇지만 루카치 본인은 60년대에 들어와 스탈린주의와의 철저한 단절을 주장할 때에도 반영론과는 '단절'하지 않았다. 스탈린 치하에서 굳이 "빨치산 투쟁"[47]을 할 필요가 없게 된 시기에 씌어진 『미적인 것의 고유성』에서도 반영 개념은 이론적 설명의 출발점으로 자리 잡고 있으며, 서구 근현대철학의 지배적 경향으로서의 "인식론의 지배"를 철학적으로 극복하고자 마르크스주의의 존재론적 재구축을 시도한 『존재론』에서도 반영 개념은 포기되지 않는다.

루카치의 후기 미학에는 그의 3~40년대 문학론에서는 볼 수 없었던 "미메시스" 개념이 등장한다. 루카치가 반영 개념의 협소함과 소련 공식철학에서의 왜곡을 의식하고 이를 대신하는 것으로 도입한 것이 미메시스 개념이라는 해석도 없진 않지만, 이는 루카치 미학 전체를 대상으로 하는 하나의 해석 방식으로 가능할 수 있을지 모르나 개념의 쓰임 자체만 보면 실상에 부합하지 않는다. 루카치의 후기 미학에서 미메시스는 반영과 거의 같은 뜻을 지닌 말로 쓰일 때도 있지만(이때의 '반영'은 넓은 의미에서의 반영이라 할 수 있다) 대개는 반영을 전제하고 내포하는 "모방(Nachahmung)"을 뜻하는 말로 사용된다. 루카치의 정식화에 따르면 모방활동, 모방행위로서의 미메시스란 "현실의 어떤 현상의 반영을 고유한 실천으로 옮기기"(11:352)에 다름 아니다. 물론 이 말이 현실에 대한 의식상의 반영(그 자체 변증법적인)을 그대로, 직접적으로 대상화한다는 뜻은 아니다. 미메시스는 그 자체로 고유한 실천, 대상적 활동이지만 주어진 객관적 현실에 근거하여 그것에 다가가고자 하는 행위를 나타내는 말이다. 루카치는 이와 같은 미메시스를 자신의 환경과 능동적으로 상호 관계하는 "모든 고등 유기체의 기본사실"(11:352), 인간에게 있어서는 "생활뿐만 아니라 예술의 기본사실"(11:353)로 보는데, 이 같은 모방활동을 인정한다면 그것은 "객관적 현실에 대한 반영의 인정"(11:353)을 함축하는 것이라고 한다. 루카치에게 있어서 반영은, 인식론이 존재론에 종속되듯이 인간의 대상적 활동 곧 실천의 계기로서 위치한다. 반영 개념은 의식에 대해 세계가 갖는 존재론적 자율성에 대한 인정, 달리 말하면 '객관' 현실에 대한 인정을 요구하는 개념이자 "사회적 존재의 성질에서 물질적인 것의 선차성"[48]을 함축하는 개념이면서, 현실세계, 역사적 · 객관적인 세계에 대한 인간의 반응에 불가결한 기본사태로 설정되는 개념이다. 루카치의 다음과 같은 말은 이를 잘 보여준다.

> 원시인이 돌을 골라 줍는 것과 같은 극히 초보적인 노동조차도 그 순간
> 에 직접적으로 문제되고 있는 현실의 올바른 반영을 전제한다. 이는 어
> 떠한 목적론적 정립이라도 이 목적론적 정립이 실천적으로 의도 · 지향
> 하는 현실의 직접적인 모사—이 모사가 아무리 원시적일지라도—없이는
> 성공적으로 수행될 수 없기 때문이다(2:27).

　이렇게 보면 실천을 중심으로 놓는 철학적 구상과 반영 개념
이 반드시 논리적 대립관계에 있는 것은 아니게 된다. 모사론(반
영론)을 사물화된 의식의 이론적 표현이라 비판하고 있는『역사와
계급의식』의 루카치가 바로 이런 식의 배타적 관계설정을 보여주
는데, 1930년대에 들어와 루카치는 이를 자기비판하면서 "변증법
적 반영론"을 받아들인 이후—비록 그의 사유세계에서 그것이 점
하는 이론적 지위가 시기에 따라 달라지긴 하지만—이를 끝까지
거부하지 않았다. '혁명의 관점'에 입각한 실천철학적 기획으로서
의『역사와 계급의식』과는 달리 '공산주의의 관점'에서 시도된 실
천철학인『존재론』에서도 반영 개념은 인정되고 있으며, 그 속에
서 의식의 세계 창조적 기능과 의식의 반영적 성격은 논리적으로
대립하지 않는다.
　앞에서 말했다시피『존재론』이전에 씌어진,『존재론』으로 넘
어가는 과도기에 해당하는 후기 미학도 1930~40년대 문학론에
서와 마찬가지로—비록 그 전에는 볼 수 없었던 새로운 내용들
을 담고 있긴 하지만—반영론의 주체 · 객체 관계를 논리적 · 체
계적인 설명의 출발점으로 삼고 있다. 루카치가 왜 반영관계에
서 논의를 시작하는지, 그럼으로써 얻는 것과 잃는 것이 무엇인

지를 더욱더 구체적으로 규명할 필요가 있지만, 여기에서는 반영 방식의 내용을 파악 · 서술할 때 새로이 도입된 두 개념, 즉 "인간연관적(anthropomorphisierend)"[49] 반영과 "탈(脫)인간연관적 (desanthropomorphisierend)" 반영을 중심으로 이 글 전체의 논지와 연관된 대목만 살펴보도록 하겠다.

루카치에 따르면 "과학적 반영은 모든 인간학적 한정들, 감각적 · 정신적 한정들로부터 벗어나고자 하며, 대상들과 그 관계들을 그것들이 즉자적으로, 의식과는 무관하게 있는 그대로 모사하려고 노력"(11:25)하는바, 이런 의미에서 "탈인간연관적" 반영이라면, "이에 반해 미적 반영은 인간의 세계에서 출발하고, 인간의 세계로 지향되어 있"(11:25)으며, "각 대상, 특히 대상들 전체를 인간의 주체성과의—설사 직접적으로 명백하지 않을지라도—불가분한 연관 속에서 파악하려고 노력한다"(11:564). 이를 두고 루카치는 미적 반영에서는—인간 생활의 다른 영역에서라면 철학적 관념론으로 들릴—"주체 없이 객체 없다(kein Objekt ohne Subjekt)" (11:229)는 말을 하기도 하는데, 그렇다고 해서 이것이 단순한 주관주의를 의미하는 것은 아니다. 이때에도 반영되고 형상화되는 세계는 "즉자적으로 있는 그대로의 세계"(11:305)이기 때문이다. "그러나 이 즉자존재(das An-sich-Sein)는 극복 불가능하게 인간과, 사회적으로 생성되고 사회적으로 전개되는 인간의 유적 욕구들 (Gattungsbedürfnisse)과 연관되어 있다"(11:305). 루카치는 바로 이 점을 미적 반영의 특성으로 보고 "인간연관적" 반영이라 지칭한다. 현실의 인간중심적 · 인간연관적인 재생산이 미적 반영의 특성이라는 것이다. 과학적 반영이 '객관세계에 대한 의식[인식]'인데 반하여 예술은 "인류의 자기의식"이라는 규정도 이러한 구분에 근거하여 이루어진다.

루카치의 후기 미학에서 예술은 대상 인식, 즉 객관세계에 대한 의식으로 소진되지 않는다. 예술은 대상 인식을 가시적 · 비가시적으로 내포하되 대상 인식으로 환원되지 않는 "인류의 자기의식"이 이루어지는 매체이다. 여기에서 루카치가 말하는 "자기의식"은 "직접적인 감정들을 제어하는, 자아의 보다 심층적인 영역의 활성화"[50]에 존립하는 것인데, 예술창작의 목표는 이런 의미에서의 주체성의 고양이며, 예술작품은 주체성이 최고도로 전개되는 곳이 된다. 하지만 인간의 자기의식이 심화되는 이 같은 주체성의 고양은―이것이 루카치 미학의 독특한 지점인데―객관세계의 규정들과 폭넓게 그리고 깊숙이 접촉할 때에만, 그러한 접촉을 통해서만 가능하다. 루카치는 예술적 주체성의 이러한 이중적 운동을 표현하기 위해 헤겔의 『정신현상학』에서 "외화(外化, Entäußerung)"와 그것의 "회수(Rücknahme)"를 뜻하는 "내-화(內-化, Er-Innerung)"로서의 "기억"이라는 표현을 빌려와 주체성과 역사적 · 객관적인 세계 사이의 원환운동을 설명하기도 하는데(13:550~572), 주체성이 자기 자신을 세계 속에 풀어놓음으로써 풍부하게 확장된 주체성으로 복귀하는 이 과정은 유일무이한 인간성(주체성)의 자기표현과 세계를 그 객관성에서 개시(開示)하는 운동 간의 통일성을 나타내는 것으로서, 개별적 주체성의 직접적 개별성은 객관세계와의 불가분한 유대에 힘입어 탈개별적 주체성으로 지양될 수 있음을 주장하는 것이자, 오로지 객관적 현실의 미메시스를 통해서만 "인류의 자기의식"이 구현될 수 있음을 주장하는 것이다. 이처럼 루카치에게 있어서 예술의 서정적 성격과 미메시스적 성격은 서로 대립하는 양극이 아니라 불가분의 통일체로, "하나의 통일적 과정의 두 가지 대립적 측면"[51]으로 파악된다. 따라서 예술작품은 객관적 현실의 미메시스와 주체성의 자기

표현을 본질적 계기, 구성적 질로서 내포하고 있지만, 미메시스로도 주체성의 자기표현으로도 환원될 수 없는 양자의 독특한 종합이라 할 수 있다.

그런데 예술이 구현하는 이러한 자기의식은 위에서 말했듯이 개별 인간의 자기의식이 아니라 '인간 유의' 자기의식, '인류의' 자기의식이다. 이 문제는 루카치가 "미학의 영역범주"로 설정하는 '특수성(Besonderheit)'을 통해 보다 쉽게 이해할 수 있는데, 루카치의 예술론에서 '특수성'은 '개별자(das Einzelne)'와 '보편자[일반자](das Allgemeine)' 각각이 지양되어 분리될 수 없게 용해되어 있는 "새로운 종합"(10:769)이 이루어지는 미적 영역의 핵심적 범주다. 그것은 '개별성'과 '보편성[일반성]'을 동시에 내포하지만 양쪽 어디로도 환원되지 않는, 그 자체로 독자적인 영역으로서, 미적인 것의 구조적 본질을 이룬다. 개별자의 측면에서 보자면 특수성은 모든 개별자로 하여금 그 단순 개별적 성격을 넘어서도록 끌어올리는바, 인류에게 중요한 계기들, 인류의 발전과정이 모든 개별인간과 직접적으로 연관되는 식으로 전개된다. 그리고 이는 수용과정에 그대로 전이된다. 즉, "예술적 형식의 체험 유발적, 환기적 기능"(10:768)은 수용자가 객관세계에 대한 그와 같은 미메시스를 자기 일로 체험토록 하는 것을 목표로 하는데, 이를 통해 수용자는 자기 자신을 인류와 그 발전과정의 부분으로서 의식하게 된다. 수용자는 예술작품에서 인류의 발전과정을 자기 자신과 직접 관련 짓는 가운데 자기 자신을 재발견하고 자기의식을 일깨울 수 있는 것이다(12:307/8). 이런 의미에서 루카치는 과학이 인류 발전의 객관적 진행을 발견하고 그것을 의식의 전유물이 되게 만드는 데 반하여, 예술작품과 그 미적 작용은 "인간의 내면에서 인류의 자기의식―이는 동시에 인류에 대한 그의 의식성이기도한데—을 일깨우고 발전시킨다"(11:529)고 주장한다. 이런 식으로 위대한 예술은 위대한 인격(루카치는 소크라테스와 예수를 대표적인 사례로 꼽는다), 위대한 철학과 마찬가지로 진정한 "대자적인 유적 성질"로 향한, 유적 성질의 질적 발전에 기여하며, 바로 이 점이 인류의 역사에서 그것이 지속적으로 영향력을 발휘하는 이유라는 것이 루카치의 생각이다. 그에 따르면 위대한 예술은 "인류의 진정한 역사"(13:72)가 시작되는 공산주의가 도래하기 전에도, 직접적인 추상적 개별성에 사로잡혀 있는 "즉자적인 유적 성질"을 넘어, "더 이상 소외에 의해 지배받지 않는 삶에 대한, 따라서 어떠한 소외도 생기게 하지 않는 유적 성질에 대한 인류의 동경"(13:208)을 표현함으로써 "인류의 기억에 보존되고 인간으로 하여금 자유의 나라를 위해 내적으로 예비하게 하는 준비조건들로 축적"[52]된다. 이런 방식으로 예술은 "자유의 나라"를 구성하는 인격의 형성을 궁극적 목적으로 하는 '공산주의적 휴머니즘'을 구현하는 도정에 있는 것이다.

5. 마치는 말: 리얼리즘 정신과 문학적 리얼리즘

착취와 지배, 소외와 "조작"[53]에서 해방되기 위해 민주주의와 사회주의의 통일적 활력을 대중의 의식에서 일깨우는 일은 19세기 초 노동운동이 막 생성될 때의 상황에 견줄 만한 조건에서 시작될 수밖에 없음을 알아야 한다고 말할 만큼 말년의 루카치는 현실 상황에 대해 비관적이었다.[54] 처음부터 다시 시작해야 한다는 것! 하지만 그것은 기왕의 '사회주의'가 거의 실패로 드러난 마당에서 시도되어야 하는 일이니만큼 더욱 불리한 조건에서 이루어질 수밖에 없다. 하지만 그러한 비관적 인식이 그에게는 절망으로 이어지는 법이 없다. 하워드 진(H. Zinn)의 말을 빌리면 "나는 절망할 권리가 없다. 희망을 고집한다"와 같은 태도, 또는 백낙청이 "이상(理想)은 없고 사명(使命)만이 남은 경지"라고 표현한 "각성된 민중의식"[55]을 방불케 하는 것이 이 당시 이데올로그로서의 루카치가 지닌 태도였다.

하인리히 뵐(H. Böll)의 문학적 성취와 관련해 1968년에 발표한 에세이 「19세기 찬양」("Lob des neunzehnten Jahrhunderts")에서 그는, 조작이 아무리 지배적 현상이 되었다 하더라도, 경제와 사회가 야기하는 소외가 정신적으로나 제도적으로 극복이 불가능한 지경에 이른 것으로 보인다 하더라도, 최소한 "나는 **나 자신**의 소외를 더 이상 견디지 않겠다"(4:663, 강조는 루카치)고 천명하고 태도를 다잡을 수 있는 여지는 항상 있다고 주장한다. 사회가 아무리 총체적으로 "조작" 또는 "관리"(Th. 아도르노)된다 하더라도, 그래서 저항과 변혁의 어떤 집단적 주체가 형성될 조짐이 도무지 보이지 않는 상황이라 하더라도, 인간에게는 최소한 자기 자신의 고통을 감지하고 이를 거부할 여지가 있다는 것, 그리하여 자기 자신의 소외를 견디지 않겠다고 천명하고 이에 맞선 저항을 결단할 가능성이 있다는 것이다. 이와 같이 결단하는 사람, "소외와 조작과 탈(脫)이데올로기화"(4:663)가 지배하는 기존 현실을 거부하고, 나아가 그 현실을 변화시키고자 하는 사람이라면, 현재 있는 그대로의 현실 진행이 불가피하다고 보는 "숙명론적 세계관"(4:464)에 대한 거부는 필수적이다. 사회적 현실에는 "이성의 힘"이 여하튼 관철될 수 있다는 확신, 대규모의 집단적 행동뿐만 아니라 개인의 결단까지 포함하여 인간 행동은 사태의 진행에 여하간 영향을 미칠 수 있다는 확신 없이는 진정한 저항, 참된 비판과 실천은 불가능할 것이다(4:464). 현실의 변화 가능성, '인간의 인간화' 가능성의 여지가 어떠한 사회·역사적 상황에서든 말살되는 법은 없다는 믿음 없이는, 그 전제로서 인간에 대한 사랑 없이는, 인간의 삶에 대한, 인간 현실에 대한 진지한 참여적 탐구 정신으로서의 참다운 리얼리즘 정신이란 애당초 존립할 수 없을 것이다.

『오해된 리얼리즘에 반대하여』(1958)에서 루카치는 바로 이러한 태도, 이러한 '세계관'이 문학현상에 대한 그의 고찰에서 일종의 "근원현상"(4:465)으로 적용된다고 한다. 물론 여기서 문제는 작품 이전의, 작품 바깥의 한 개인으로서 작가가 표명하는 세계관이 아니다. 작품 이전의 개인으로서의 작가의 삶의 양상, 작가가 삶을 사는 사회·역사적 조건, 작가가 삶을 대하는 태도와 삶을 보는 시각 등이 작품의 성취 정도와 전혀 무관할 수야 없겠지만, 작품으로 구현된 세계관 곧 "'문학적' 세계관"(4:469) 말고 달리 그것을 논하는 것은 일종의 '전기비평'에 지나지 않을 것이다. 루카치에게 중요한 것은 작품의 내용과 형식으로 관철된 "'문학적' 세계관"이었다. 그가 '작가의 세계관'이라고 말할 때에도 그것은 그가 작품의 내용과 형식, 양식과 심지어 기법에서까지 파악해내는 세계관이지, 작품 바깥의 작가가 지니고 있는 세계관이 아니었다.[56] "프란츠 카프카냐 토마스 만이냐?"라는 슬로건으로 '악명 높은' 『오해된 리얼리즘에 반대하여』에서 그는 이러한 "'문학적' 세계관"을 최종심급에 놓고 '리얼리즘 경향'의 문학과 '반리얼리즘 경향'의 문학 사이에 전선을 긋는다.

'리얼리즘'이 한국의 문학담론에서는 식상할 정도로 친숙한 용어일지 모르지만 옛 동구 사회주의권의 문학론에서나 서구의 문학론에서는 그리 각광받은 말이 아니었다. 동구 사회주의권에서는 '사회주의 리얼리즘'이 특화되면서 리얼리즘 자

체는 '사회주의 리얼리즘'을 논하기 위한 이론적 배경 정도
로 밀려났다면, 서구에서 리얼리즘은 진작 '시대에 맞지 않는
(unzeitgemäß)' 것으로 취급되기 일쑤였다. 그런 상황 속에서 루
카치는 '현실사회주의'에서 도그마로 고착된 '사회주의 리얼리
즘'과 19세기 중반 이후 서구의 본격문학에서 점차 주류가 되
었던 '모더니즘'을 거부하는 가운데 이 양쪽 모두를 극복하는
'제3의 길'로서 문학적 리얼리즘 노선을 고수했다.

1930년대 들어와 본격적으로 개진되기 시작한 루카치의 마
르크스주의 문학론에서 '리얼리즘'이라는 용어가 처음부터 이
런 뜻으로 쓰였던 것은 아니다. 1930년대 초반에 그가 쓴 글들
에서는 리얼리즘이 특히 발자크(Honore de Balzac)의 작품들로 대
표되는 19세기 전반기의 특정한 문학사조를 지칭하는 용어로
쓰였다. 하지만 1930년대 중반부터 그의 문학론에서 리얼리즘
은 더 이상 과거의 사조가 아니라 문학 일반에 적용되는 평가
범주로 자리 잡기 시작한다.[57] 이후 그의 글에서 리얼리즘이라
는 말은 다양한 모습으로 나타나는데, 시기에 따라, 이론적 문
맥에 따라 참다운 문학 자체, 문학이념, 창작방법, 특정한 양식
등등을 가리키는 말로 사용된다. 하지만 루카치의 후기 미학
에 오면 리얼리즘은 더 이상 특정한 양식이나 창작방법이 아니
라 "형상화하는 예술 일반의 기본특징"(11:565)으로 규정된다.
이에 따라 그의 이론체계에서 리얼리즘의 위상이 재설정될 수
밖에 없는데, 더 이상 리얼리즘 자체가 평가 범주일 수는 없게
되는 것이다. 그럼에도 불구하고 여전히 문학에서 '리얼리즘의
길'을 주창하는 루카치를 만날 수 있는데, 이때의 그는 예술 일
반의 기본특징, 예술의 본래적 속성으로서의 리얼리즘에 보다
충실할 것을, 그리하여 '리얼리즘의 심화' 또는—'인간의 인간

화'에 빗대어 표현하자면─'리얼리즘의 리얼리즘화'를 당대 현
실에서 바람직한 문학의 길로 제안하고 있는 것이라고 볼 수
있다. 이렇게 보면 그가 1930~40년대에 주창한 "위대한 리얼리
즘"의 길이, 그때에 비해서는 훨씬 덜 전투적이고 훨씬 덜 강조
된 형태로나마 어쨌든 견지되고 있다고 할 수 있다. '리얼리즘
의 심화'로서, '리얼리즘의 리얼리즘화'로서 말이다.

　독일의 연구자 파스테르나크(G. Pasternack)는 루카치의 후기 미
학에 대한 심층적 분석을 통해 루카치 미학에서 '미적인 것의
고유성'을 구성하는 것으로 설정되어 있는 가장 일반적이고 기
초적인 미적 원리 다섯 가지를 적출한다. 미적인 것의 구성에서
가장 기본적인 전제조건, 미적인 것의 원리적 통일성을 뜻하는
이 다섯 가지 미적 원리는 결코 인간학적인 근원적 능력이 아니
라 역사적으로 생성된 것이지만, "미적 영역에서 이루어지는 생
산과 수용의 예술사적 · 시대적 · 양식사적 전환에 종속되어 있
지 않은, 인류사적으로 큰 견고성을 지닌 (…) 기초적 규제자"[58]
이다. "하나의 대상 또는 과정을 오늘날─긴 시공간에 걸쳐, 이
지상의 모든 문화에서─미적인 것으로 정체를 확인할 수 있게
해주는"[59] 척도가 되는 그것은 다음과 같다.

1) 통일적이고 직접적인 생활연관의 구조적 중단: 원리로서의 탈실용화.
2) 전체성으로의 지향을 지닌 작품세계의 구조적 완결성: 총체성의 원
리. 3) 미메시스적 형성물의 구성과 현실인상의 환기에서 이루어지는,
미메시스적 재생산과 현실경험의 연관화: 원리로서의 리얼리즘. 4) '감
각적으로 명백한 것'의 개별적 보편화 가능성: 원리로서의 특수성. 5) 유
(類)의 자기의식으로의 주체성의 탈개별화.[60]

루카치의 미학적 구상의 다원성을 보여주는 파스테르나크의 파악은, 루카치의 미학을, 따라서 문학론까지도 '반영'이나 '리얼리즘'의 틀을 통해서만 파악하는 것은 편협하다는 점을 일깨워준다. 루카치의 후기 미학이 그의 1930~40년대 문학론에서 볼 수 없었던 새로운 면모를 보여주는 것은 분명하다. 새로운 개념들도 등장하는데, 우리가 앞서 거론한 '(탈)인간연관적 반영', '특수성' 등등뿐만 아니라 예술의 환기적 성격을 내포하고 있는 미메시스 개념("환기적 미메시스"(11:468))도 그중 하나다. 그렇지만 문학적 리얼리즘이 가리키는 핵심적인 사태 그 자체와 관련해서는 1930~40년대의 논의와 후기의 논의 사이에 본질적인 차이가 있다고 보기는 힘들다. 그렇다면 루카치의 이론체계에서 리얼리즘의 위상이 변경된 것은, 리얼리즘을 진정한 문학 자체가 아니라 그 한 가지 계기로서, 한 가지 '구성적 질'로서 파악할 만큼 루카치의 미학적 사유가 복잡하고 풍부하게 되었다는 사실을 말해주는 것일 터이다. 1930~40년대와 마찬가지로 후기 미학에서도 "위대한 문학"은 '리얼리즘적'이지만, 그때와는 달리 리얼리즘이 "위대한 문학"의 필요충분조건은 아니게 된다. 이제 "위대한 문학"은 리얼리즘의 심화를 필요조건으로 포함하면서 그 이상의 요건을 충족시키는 것이 된다. 리얼리즘은 위대한 문학을 구성하고 있는 한 가지 핵심적 질이요 원리이지, 위대한 문학의 모든 구성소가 리얼리즘으로 환원되는 것은 아닌 것이다. 그렇다면 이제 그의 문학론 또한 리얼리즘론(그리고 이와 직결된 반영론)으로 환원될 수 없을 만큼 복잡하고 풍부하면서도 그 복잡한 것들이 긴밀하게 결합되어 하나의 복합적 체계를 이루는 것으로 다시 구축되어야 하는데, 이 일은 루카치가 우리에게 과제로 남긴 것이다.

그렇다고 하더라도 '예술 적대적'이라고까지 표현할 정도로 예술에 불리한 자본주의적 환경에서 진정한 문학을 창조할 수 있는 길로서 문학적 리얼리즘이 지닌 힘에 대한 루카치의 믿음이 사라진 것은 아니다. 이때의 리얼리즘은 기법이나 양식, 글쓰기 방식 따위의 차원에서 설정되는 개념일 수가 없다. 변화하는 현실 속에서 삶의 사회·역사적 필요에 응답하는 작가의 힘든 노동을 통해 늘 새롭게 창조되는 것이 양식이요 기법인 이상, 양식적 규범이란 있을 수 없다. 루카치가 문학적 리얼리즘의 이름으로 주장한 것은, 인간을 그때그때 존재하는 사회적 상태 및 경향과의 구체적인 연관 속에서, 사회의 전환에 규정받고 거기에 반작용하는 가운데 존재하는 구체적 인간으로 파악하며, 이러한 규정성과 반작용을 통해 그 시대의 직접적인 문제를 보편적인 인류발전과 연관·결합하여 생생하게 제시하는 문학의 길이었다. 구체적인 개인들의 삶에서 인간에게 중요한 문제, 인류에게 본질적·장기 지속적인 문제를 현시하는 '큰' 문학. 루카치의 문학론이 '규범적'이라면 이러한 문학의 길을 일관되게 추구한다는 의미에서 그런 것이다. 루카치는 이것이 자본주의적 현실 속에서 저항의 계기를 포착하고 확산하는 문학의 가장 유력한 길이라고 믿었다. 따라서 그에게 문학적 리얼리즘은 문학을 구성하는 한 가지 핵심적 질을 나타내는 개념임과 동시에 자본주의 체제 속에서 "인간으로 남아 있기 위해, 인간의 인간화를 위해"(4:664) 벌이는 싸움의 일환으로 자리매김될 수 있는 것이었다.

한때 루카치의 텍스트가 존재 자체로 '현재성'을 갖던 때가 있었다. 동구에서는 1950년대 후반까지, 서구에서는 1970년대 중반까지 그러했다면, 남한에서는 1980년대 말까지가 그런 시절이었다. 이후, 특히 남한에서는 '시대착오' 속에서 동일시되던 '1930년대 루카치'가 비로소 역사적 거리 속에서 고찰되고, 그럼으로써 루카치의 사유 전체가 진지한 고찰의 대상이 될 수도 있었을 시점에, 그는 망각의 서랍장 속에 들어갔다. 그나마 아주 가끔씩 이루어지고 있는 루카치 인용은 새로운 이론과 인식들의 '새로움'을 환히 드러내기 위한 어두운 배경 이상의 역할을 하지 못하고 있다. 사정이 이렇다 보니 텍스트를 꼼꼼히 읽으려는 노력이 수반되지 않는 것은 당연할 터라, 무책임한 사실 왜곡마저 드물지 않은 형편이다.

루카치가 통째로 수용될 수 있는 시기는 분명히 지났지만 그렇다고 그의 사유가 통째로 '죽은 개' 취급을 당해도 마땅할 만큼 그가 제기한 문제들과 그가 제시한 방향들이 낡아버린 것 같지는 않다. 이미 붕괴하고 만 동구 사회주의체제 속에서 형성되고 통용되었던 그의 마르크스주의적 언어에 낡은 때가 묻어 있는 것은 사실이다. 그리고 그의 예술론이 문학, 그중에서도 특히 장편소설을 중심으로 형성된 것이고 또 유럽문학을 전거(典據)로 구축된 이상, 이에 따른 한계 또한 엄연히 존재할 것이다. 이러한 역사적 한계와 지평의 한계가 그의 사상 속에서 과연 어떤 맹점들을 구성하고 있는지, 만약 그렇다면 이로 인해 그의 사상 자체의 능력에 어떤 한계가 드리워지고 있는지를 구체적으로 해명하는 작업도 있어야 하겠지만, 강렬한 세계사적 소명의식 속에서 이루어진 그의 탐구 가운데에는 여전히 되새겨야 할 대목 또한 적지 않아 보인다.

지금 항간에서 운위되고 있는 '소설의 위기'나 '근대문학의 종언'은 단순히 문학 영역 자체만의 문제가 아니다. 그것은 현재 인류가 봉착한 거대한 변화와 이에 따른 복합적 위기의 한 징후 또는 증상으로 보아야 한다. 그렇다면 지금 우리가 살고 있는 세상은 그러한 대위기를 직시하고 극복할 수 있는 큰 생각이 요구되는 시대라 할 수 있으며, 문학에 관한 사유 또한 그런 생각의 일환으로 이루어지기를 요청받고 있다고 할 수 있다. 하지만 미적 평가와 판단이 상대주의적으로만 고집되는 개인 취향의 문제로 치부되고 문학연구나 비평은 쇄말주의와 전문가주의에 의해 주도되고 있는 것이 현재의 유력한 지적 경향이다. 이런 시점에 루카치 문학론의 거대한 안목과 저항성은 우리가 망각해서는 안 될 유산임에 틀림없다. 인간생활에서 문학이 갖는 영향력이 과거에 비해 작아질 수밖에 없다 하더라도 그것이 문학 스스로 사소화(些少化)될 이유는 못 되며 문학에는 다른 무엇으로도 대체할 수 없는 고유의 능력이 있다고 믿는 사람에게는, 나아가 글로벌 자본주의의 물살에 휩쓸리지 않으면서 그 물줄기를 흩뜨리고 그리하여 마침내 물줄기 자체를 바꿀 수 있는 인류사적 기획의 일환으로서 문학예술론을 재사유할 필요성을 느끼는 사람에게는, "신체적 존재에서부터 공적인 삶에 이르기까지"(4:660) 인간 존재의 전부면(全部面)에 걸쳐 작동하는 자본주의적 "조작기계에 모래를 뿌리"(4:660)는 문학의 길을 모색한 루카치의 지적 고투는 여전히 중요한 참조점이 될 수 있을 것이다. '공산주의 미학자' 루카치는 자신에게 주어진 역사적 지평 내에서 그러한 문학예술론이 가능할 수 있다는 것을 보여주었다.

루카치의
마르크스주의 존재론의
발생사와 근본요소

V
루카치의 마르크스주의 존재론의 발생사와 근본요소
『사회적 존재의 존재론을 위한 프롤레고메나』를 중심으로

1. 들어가는 말: 루카치의 '철학적 유언' 『프롤레고메나』

> 나에 관해서 말하자면, 몇 달 안에 『사회적 존재의 존재론을 위한 프롤레고메나』를 끝낼 수 있기를 희망하고 있습니다. 그러고 나서 하나의 이론적 연속물(인간의 유적 성질의 발전)을 쓸지 아니면 나의 젊은 친구들이 몹시도 바라는 것(지적인[지적 발전 과정을 다룬-인용자] 자서전)을 쓸지는 아직 확실치 않습니다. 이 세 가지 일을 모두 끝낼 수 있을 동안 일할 힘이 있으면 좋을 텐데… [1]

루카치가 청년시절 동학(同學)이었던 에른스트 블로흐(E. Bloch)에게 보낸 1970년 12월 30일자 편지의 한 대목이다. 사상가로서 그의 마지막 소망을 적은 이 편지를 쓸 무렵 이미 그의 몸은 말기 폐암으로 고통받고 있었다. 위에서 말한 "세 가지 일"중 자서전 작업은 병세가 악화되어 그가 더 이상 정상적으로 글을 쓸 수 없게 되었을 때에, 하지만 대화는 어느 정도 가능했던 시점에 이루

어졌다(1971년 3월~5월). 그 작업은 그가 초(草)를 잡아둔 54쪽 분량의 메모를 실마리 삼아 제자들이 묻고 그가 답하는 대담형식으로 진행되었다. 병상의 루카치가 보여준 경이적인 의지력과 제자들의 사랑과 헌신 덕분에, "혁명들의 시대" 한복판에서 인류의 문제를 자기 자신의 문제로 받아들였던 한 거대한 지성의 역사적 회고와 자기해명이 『삶으로서의 사유』[2]라는 제목으로 세상에 나올 수 있었다. 하지만 루카치가 『사회적 존재의 존재론을 위한 프롤레고메나』(아래에서는 『프롤레고메나』로 약칭)[*3]에 이어 그것의 "이론적 연속물"로서 쓸 수 있기를 희망했던 "인간의 유적 성질의 발전"을 다루는 윤리학은 발췌와 메모, 단편적인 구상으로 남을 수밖에 없었다.[4] 루카치가 죽기 전에 끝낼 수 있기를 바랐던 "세 가지 일" 중 그가 가장 먼저 착수했던 『프롤레고메나』는 그래도 사정이 나았는데, 비록 초고이긴 하지만 루카치가 손수 마지막 방점을 찍을 수 있었다. 하지만 그 이상의 작업은 불가능했다. 초고를 끝낸 후 그가 미진한 부분을 보충하고 수정할 수 있도록 제자들이 원고를 큰활자로 타이핑해서 그에게 주었지만, 처음 몇 쪽을 읽은 뒤 그는 자신이 그 작업을 감당할 수 없다는 것을 깨닫게 된다. 그의 몸과 정신의 상태는 그로 하여금 자신의 작품을 "판단"할 능력이 더 이상 없다는 것을 자인하게 만들었다. 『프롤레고메나』는 그리하여 저자 스스로 만족할 만한 온전한 작품으로는 완성되지 못한 채 남았고, 그 상태 그대로 그의 사후(死後) 13년 뒤인 1984년에 출판되었다.

그런데 그렇게 남긴 마지막 작품의 제목이 '프롤레고메나'인 것

---

* 앞으로 『게오르크 루카치 저작집』(Georg Lucács Werke)에서 인용할 때에는 본문 괄호 안에 권수와 면수를 병기하되 『프롤레고메나』에서 인용할 경우에는 면수만 표기한다.

은 다분히 역설적인 인상을 준다. 김나지움 재학 중인 17세 때 문예지에 연극비평을 처음 발표한 이후 근 70년 동안 수백 편의 글, 수십 권의 책을 썼던 사상가가 남긴 마지막 저작의 제목이 '프롤레고메나'라니! 하지만 그가 최후의 순간까지 로고스(Logos)로서의 삶을 산 사람이라면 이는 역설이 아닐 수도 있다. 죽음을 목전에 둔 순간, 루카치가 그의 제자들과 나눈 대화 중에는 이런 대목이 있다.

> 갑자기 그가 말했다. "가장 중요한 것, 가장 중요한 것, 그것을 나는 모르고 있다." 가장 중요한 그것이 무엇인지를 우리는 물었다. "그것을 아직 모르겠다"고 그는 대답했다.[5]

역사 속에서, 역사를 궁극의 지평으로 사유했던 사상가에게, 임박한 역사 너머의 세계가 지금까지의 문제설정 전체를 재편하게 만드는 새로운 물음의 대상이 된 것일까? 혹은, 그에게 삶 그 자체였던 지금까지의 사유 작업 전체를 부정하는 '허무'를 여기서 읽어야 할까? 그렇게 읽을 소지가 전혀 없는 것은 아니다. 마지막 순간을 옆에서 함께했던 제자 중 한 명인 이슈트반 외르시(I. Eörsi)가 소설로 각색해 전하는 루카치와의 대화에는 이런 대목이 있다.

> "문제는 일생 동안 내게 흐... 흥미를 갖게 했던 것이 더 이상 내게 흥미를 느끼게 하지 않는다는 겁니다"라고 그[루카치-인용자]는 지친 목소리로, 하지만 분명하게 말했다.
> (…)
> "당치도 않습니다"라고 그[방문객-인용자]는 응답했다. "당신은 당신의

삶을 헛되다 판단하시는 겁니까?"

대답이 없었다.[6]

세계정신의 시종(侍從)이며 소명 받은 기사(騎士)라는 깊은 확신을 가지고 일생을 살았던 사람에게, 마지막 순간, 그 '자기 확실성'이 무의미해진 것일까? 하지만 그의 마지막 순간을 곁에서 지켰던 또 다른 제자 아그네스 헬러(A. Heller)는 우리가 앞에서 인용한 루카치의 말을 다르게 읽는다. 헬러는 '가장 중요한 것을, 아니 가장 중요한 그것이 무엇인지를 모르겠다'고 한 루카치에 대해, "죽음도 개념파악(begreifen)하고자 했"던 사람, "마지막까지 로고스"[7]였던 사람이라고 회상한다. 로고스로서 죽음을 산 사람! 루카치가 그런 사람이라면, 그의 마지막 작품이 '프롤레고메나'인 것은 오히려 그 삶에 어울리지 않는가.

설사 죽음 앞에 홀로 선 유한자로서 가질 법한 허무감을 헤아린다 하더라도, 적어도 『프롤레고메나』의 루카치만큼은 '허무'와 거리가 멀다. 이 책은 오히려 새로운 출발을 다짐하는 책으로 보이기까지 한다. 이 책에서 우리는 몸과 정신의 '마모'에 맞서 싸우면서 그야말로 마지막 안간힘을 다해 글을 쓰고 있으면서도 이 책 이후에 착수할 새로운 연구계획을 세우고 있는 루카치를 만날 수 있다. 이 책의 한 각주에서 루카치는 인간의 발생사, 사회의 발생사로부터 사고의 발생사가 나오는 "실재적인 연관관계"를 구체적으로 다룰 수 있는 "사회 · 역사적 인간행위이론"을 『프롤레고메나』의 "후속작업"으로 쓸 계획이라고 밝히고 있다(300). 그렇다면 그 자신이 마지막 방점을 찍은 이 최후의 작품은 육체의 생물학적 소멸이 없었다면, 역사가 계속되는 한, 끝없이 이어졌을 그의 지적 작업의 또 하나의 출발선이 될 수도 있지 않았을까? 아니나 다를까 그는 '존재론' 작업을 "시작의 시작"[8]으로 여겼다. 그의 그러한 의도는 책의 제목에서도 드러난다. 『프롤레고메나』에 앞서 그가 쓴 책의 정확한 제목은 『사회적 존재의 존재론을 위하여』(*Zur Ontologie des gesellschaftlichen Seins*)(아래에서는 『존재론』으로 약칭)이다. "위하여" 또는 "향하여"로 옮겨질 수 있는 전치사 'zu'(영어로는 'toward')를 앞에 붙임으로써 원래 윤리학이라는 본론을 위한 서론 내지 제1장으로 착수했던 그 『존재론』을, '사회적 존재의 존재론' 자체에 대해서도 일종의 서론으로 자리매김하고 있는 것이다. 그런데 이 서론에 붙인 또 하나의 서론이 『프롤레고메나』이니, 『프롤레고메나』는 '시작의 시작의 시작'이라고 볼 수도 있겠다. 그런데 이런 식의 글쓰기는 이 책에만 국한된 것이 아니다. 오히려 그것은 '유물론적'이자 '역사적'인 루카치 사유 전체의 특징을 보여주는 것이기도 하다. 그에게 이론은 언제나 사회·역사적 현실의 우선성에 대한 인정 위에서 이루어지는 지적인 작업이었다. 일생토록 그는 운동하는 그 사회·역사적 현실을, 과정 중에 있는 시대를 사유로 파악하고자 했다. 그의 철학은 "운동 속에서, 그리고 '사회적 존재의 핵심들'과의 동시성 속에서 형성되는 사유"[9]였다. 루카치의 사유가 그런 것이라면 그것은 끝과 시작이 언제나 새롭게 이어지는 열린 과정으로서 작동할 것이다. 그렇다면 그의 마지막 작품이 『프롤레고메나』인 것은 그렇게 살았던 사유, 그렇게 사유했던 삶에 적중하는 상징적 표현으로 보이기까지 한다.

이 글에서 우리는 루카치의 '철학적 유언' 『프롤레고메나』를 통해 그가 구축하고자 시도한 마르크스주의 존재론을 소개하고자 한다. 루카치의 존재론이 포괄하고 있는 문제군(群)에 대한 전면적이고 구체적인 고찰은 한편의 글로는 도저히 감당할 수 없는 일이기 때문에 차후의 과제로 남겨두고, 여기에서는 그의 존재론 기획 중 몇 가지 지점만 조명할 것이다. 먼저 그의 생애 마지막 10년을 『존재론』과 『프롤레고메나』의 발생사에 초점을 맞추어 재구성할 것인데, 한 학자이자 이데올로그였던 그의 치열한 사유과정을 일별하는 기회가 되는 것만으로도 다소 장황한 소개가 무의미하진 않으리라 믿는다.

2. 『프롤레고메나』의 발생사

『프롤레고메나』의 발생사는 윤리학 기획에서 시작한다. 원래 3부로 계획했던 미학의 제1부 『미적인 것의 고유성』[10] 집필을 마친 루카치는 미학의 완성은 뒤로 미루고 윤리학 집필에 착수한다. 당시 그는 윤리학 작업을 끝낸 후 자서전을 집필하고 이어서 미학 제3부를, 그리고 마지막으로 미학 제2부를 쓸 계획을 가지고 있었다.[11] 윤리학에 관한 언질은 1960년 3월 18일 오스트리아의 마르크스주의자―우리에게는 『예술이란 무엇인가』(The Necessity of Art)로 알려진―에른스트 피셔(E. Fischer)에게 보낸 편지에서 확인할 수 있다.

> 그래서 [미학 제1부를 마친 후에―인용자] 미학을 속행(續行)하지 않고 그동안 밀쳐둔 윤리에 관한 비교적 작은 책자(『인간 행동의 체계에서 윤리의 위치』)를 쓰기로 결심했습니다. 여기에는 물론 모종의 경솔함이 표현되고 있습니다. 나는 이제 75세가 되는데, 아직 10~15년은 더 살 것처럼 행동하고 있습니다. 하지만 바로 윤리학이 우리 이론의 가장 약한 지점이며 그래서 좌우 양쪽에서 가장 큰 혼란이 창궐하고 있는 지점이라는 것을 생각해보시면 본선(本線)에서 이렇게 벗어나는 것을 이해하실 겁니

다. (…) 지금 나는 2년 안에 이 책을 끝낼 수 있을 거라고 생각하고 있습니다. 지금 내가 여기서 잘못 생각하고 있는지 아닌지는 시간이 가르쳐 주겠지요.[12]

루카치가 미학을 연기하고 윤리학 집필에 착수하기로 결정한 까닭은 무엇일까? 널리 알려져 있다시피 그의 윤리학 시도가 이번이 처음은 아니었다. 1차 세계대전이라는 세계사적 사건을 배경으로 착수했던, 공교롭게도 그때도 집필 중이던 미학을 중단하고 착수했던, 그렇지만 결국에는 그 서론인 『소설의 이론』만 완성하고 본론은 구상과 메모로만 남은 미완의 기획 도스토옙스키론의 최종목표가 윤리학이었으며,[13] 루카치와 그의 친구들이 부다페스트에서 조직한 "일요서클(Sonntagskreis)"이 중심이 되어 1917~18년에 열었던 〈정신과학을 위한 자유학교(Freie Schule für Geisteswissenschaften)〉에서 루카치가 담당한 강의 주제도 "윤리학(Ethika)"이었다. 그렇게 단상과 단편으로 그치고 만 청년시절의 기획을, 지상에서 허여된 시간이 그리 길지 않음을 직감한 철학자로서 기어이 완성하고 싶었던 것일까? 미학 또한 청년기에 좌초됐던 꿈을 실현하는 작업이라 할 수 있다면, 그 미학의 완성을 뒤로 미루고 윤리학 집필로 선회한 것은 이 문제가 마르크스주의의 발전을 위해 그만큼 절박하다고 생각했기 때문일까? 또는, 윤리학적 문제들과 내적으로 밀접하게 결부되어 있는 『미적인 것의 고유성』을 집필하는 과정에서 독자적인 윤리학의 가능성과 필요성이 보다 분명하게 인식된 것일까? 이도 아니라면, 아그네스 헬러의 말처럼 미학 1부로 인해 2부의 집필이 불가능하게 된 것을[14] 직감한 탓에 미학 집필을 연기하고 그 대신 윤리학 작업에 착수한 것일까?

그 구체적인 사정이야 알 수 없지만, 윤리가 루카치의 일생의 사유 전체를 관통하는 문제설정이자 전체 저작의 근저에 놓여 있는 근본적인 동인인 것만은 분명하다.『소설의 이론』의 그 유명한 첫 문장에서 "갈 수 있고 또 가야만 하는 길들"[15]로 표현된 그 문제설정은 그 이전인 이른바 "에세이 시기"의 주도적 물음, 즉 "오늘날 우리는 어떻게 살 수 있고 또 살아야만 하는가?(wie kann und muß man heute leben?)"[16]라는 물음에서부터 이미 시작된 것이며, 마르크스주의로 전향한 이후의 이론적 작업에서도 "역사과정 속에서 이루어지는 인간행위의 조건들과 가능성들에 대한 물음"[17]으로 계속해서 작동했다. 또, 우리가 위에서 인용한 편지에서 루카치가 말하고 있듯이 마르크스주의 이론의 "가장 약한 지점"이 윤리학이었던 것도 부인할 수 없는 엄연한 사실이다. 따라서 마르크스주의 윤리학이라는 목표 설정은 루카치가 줄곧 고수해온 "마르크스주의의 보편성" 사상을 구체화·현실화하는 작업의 일환으로서의 성격도 지닌다. 그렇게 루카치는 "진정한 마르크스주의의 회복"을 위한, "마르크스주의의 르네상스"를 위한 이론적 발걸음을 내딛기 시작했다.

위의 편지에서 확인할 수 있듯이 그가 미학을 뒤로 미루고 윤리학 작업에 착수한 데에는 그 일이 그리 많은 시간을 요하지는 않을 거라는 판단도 한몫했을 것이다. 하지만 그것이 큰 오산이었음이 곧 드러난다. 같은 해 9월 8일 피셔에게 보낸 편지에서 루카치는 "사회적 삶의 범주들, 특히 실천의 범주들을 존재론적으로 연구하지 않고서는 이 문제들[윤리의 문제들-인용자]을 풀 수 없"다는 것이 밝혀졌는데, 이 "실천의 본질을 존재론적으로 파악하고자 한다면 완전히 새롭고 극히 착종된 문제들이 생겨납니다. 나는 지금 이 난관들 한가운데에 빠져 있습니다"라고 고백한다.[18] 윤리학적 문제들을 붙들고 작업하는 동안 부득불 존재론적인 문제틀이 부상하게 되면서 그는 "철학적 문제들의 회오리돌풍"[19] 속에 빠져들게 되었다.

루카치 생애 마지막 10년은 그 "회오리돌풍"을 뚫고 나아간 과정이었다. 그런데 그 과정은 1963년 봄, "삶과 사유, 일과 투쟁을 40여년 이상 함께한"[20] 아내 게르트루드 보르츠티에베르(Gertrud Bortstieber)의 죽음(1963년 4월 28일)으로 중단되고 만다. 자서전을 위한 메모에서 그녀에 관한 부분이 다른 그 어떤 사건보다 많은 분량을 차지하고 있는 데에서도 엿볼 수 있듯이 그의 삶과 사유에서 그녀는 각별한 존재였다. 루카치 스스로 자신의 삶에 그녀가 끼친 영향은 10월 혁명이 미친 영향 말고는 비할 게 없다고 말할 정도였다. 1918년 12월 그가 "운명적인 결정(공산주의자들에 가담할 것인지 '좌파 사회주의적' 입장에 머물러 있을 것인지)"[21]을 내려야 했던 순간부터 이미 그녀는 강력한 관여자 역할을 했다. 그렇게 결정적인 선택의 순간순간마다 곁에서 그 선택을 함께했던 그녀는 일생 동안 루카치를 일상의 삶과 연결시켜준 유일한 끈이었을 뿐만 아니라 그의 사유의 균형추 역할까지 했다. 그러한 아내의 죽음은 그로 하여금 일찍이 청년시절 이르머 셰이들레르(Irma Seidler)와 레오 포페르(Leo Popper)가 죽었을 때 맞이했던 것와 같은 실존적 위기에 봉착하게 했다.[22] '삶이냐 죽음이냐'의 양자택일적 상황에서 몇 주간 홀로 고뇌하던 그는, 젊은 시절에 그러했듯이 이번에도 "일하는 기계(Arbeitsmaschine)"[23]로서 금욕적으로 연구와 집필에만 매진함으로써 아내의 죽음이 가한 충격에서 벗어나는 길을 택한다.

그리하여 재개된 작업을 하는 동안 루카치에게는 "존재론 없이 윤리학은 없다(Keine Ethik ohne Ontologie)"는 인식이 점점 더 뚜렷해진다. 그리하여 존재론의 비중은 점점 더 커지는데, 서독의 루흐터한트 출판사에서 간행되던 『게오르크 루카치 저작집』의 편집자 프랑크 벤젤러(F. Benseler)에게 보낸 1964년 9월 19일자 편지에 그 존재론을 다룰 글의 제목이 처음으로 언급된다.

> 문제는 (…) 내가 지금 윤리학 작업 중에 있다는 겁니다. 그런데 윤리학 제1부가 생각했던 것보다 훨씬 더 방대해질 거라는 게 분명해졌습니다. 최소한 300쪽의 (…) 독자적인 책이 될 공산이 아주 큽니다. (…) 연구 제목은 '사회적 존재의 존재론을 위하여'입니다.[24]

이렇게 서서히 존재론은 더 이상 윤리학의 서론이나 제1부가 아니라 '사회적 존재의 존재론을 위하여'라는 이름을 단 독자적인 작업이 되어 가는데, 그 이유에 대해서 루카치는 다음과 같이 말한 적이 있다.

> 나는 원래 『존재론』을 『윤리학』의 철학적 근거를 확립하는 작업으로 계획했습니다. 그런데 이 토대 위에서 『윤리학』은 『존재론』에 의해 밀려났습니다. 왜냐하면 문제는 현실의 구조이지 하나의 분리된 형식이 아니기 때문이죠.[25]

물론 루카치가 처음에 구상했던 윤리학도 사회·역사적 현실과 동떨어진 별도의 형식으로서 성립하는 윤리학은 아니었다. 또, 우리가 이 글 서두에 소개한 블로흐에게 보낸 편지에서 확인할 수 있듯이 루카치가 윤리학의 집필을 포기한 것도 아니었다. 다만 "존재론 없이 윤리학은 없다"는 확신이 분명해짐에 따라 존재론의 비중이 더욱 커진 것이며, 윤리학은 그 토대 위에서만 가능한,

그것의 "이론적 연속물"로 다시 자리매김된 것이다.

루카치가 "하나의 분리된 형식"이라는 말로 염두에 두고 있는 것은 무엇보다도 칸트의 윤리학과 같은 것이며, 그것에 대한 부정은 "하나의 '순수한 도덕'의 가능성"에 대한 거부를 의미한다. 그는 칸트에게는 "도덕적 가치들의 사회적 발생사가 결여"되어 있다고 본다. 이에 반해 루카치는 "도덕의 생성 문제"부터 탐구해야 한다고 생각했다. 이것은 칸트식의 윤리학뿐만 아니라 실존주의도 겨냥한 것인데, "한 인간의 결정은 정언명령의, 혹은 자유로운 선택의, 실존주의적인 자유로운 결정의 텅 빈 공간에서 진행되는 것이 결코 아니다"라는 것이 그의 주장이다.[26] 오직 사회적 발생사만이 도덕적 가치들을 포함한 사회적 가치들의 발생과 변화를 분명하게 할 수 있다는 것이 그의 인식이었으며, 마르크스주의 윤리학은 "가치들의 과정적 성격과 역사성"[27]을 본질적 요소로 포함한다는 것이 그의 이론적 확신이었다. 이런 식으로 윤리학의 도정에서 유물론적이고 역사적인 존재론이 점점 더 구체화되고 그 비중이 점점 더 커지게 되면서 결국에는 윤리학 작업을 뒤로 밀어내기에 이르게 된 것이다.

그런데 윤리학의 부분이 아니라 그 토대로서 독립된 작업인 『존재론』의 분량을 "300쪽" 정도로 예상한 것은 그의 또 다른 오산이었다. 그리 긴 시간이 걸리지 않으리라 예상했던 『존재론』의 집필은 1968년까지 계속되었으며 그 결과로 나온 초고의 분량은 예상한 것의 다섯 배에 달했다. 1968년 5월 27일 프랑크 벤젤러에게 보낸 편지에서 루카치는 "마침내 존재론의 마지막 장을 끝마쳤"다고 알린다. "이제 받아쓰게 하고 그 후 초고 전체를 교열하는 일이 남았습니다. 여름이나 가을에는 전체 일이 끝나게 되기를 희망합니다. 마침내!"[28]

벤젤러에게 보낸 동년 9월 2일자 편지에서 첫 번째 기록이 끝났다고 알리고 있지만 이를 다시 읽고 교열하는 최종 작업은 중단된다. 그 사이에 서구에서 일어난 이른바 '68혁명' 그리고 무엇보다도 체코슬로바키아 사태(이른바 "프라하의 봄")는 루카치에게 정치·이론적 개입의 필요성을 강하게 느끼게 했으며, 이에 그는 사회주의와 민주주의의 문제를 사회존재론의 차원에서 구체화하는 『민주화의 오늘과 내일』을 집필하는 작업에 들어간다. 이 작업을 통해 현행 사건에 개입하고자 한 루카치의 시도는, 하지만 소련을 필두로 한 바르샤바 조약군의 체코 침공과 그 이후 진행된 일련의 강압정치로 인해 불발로 끝나고 만다.[29] 한데 『존재론』의 최종 작업이 지연되고 결국에는 이루어지지 못하게 된 데에는 이러한 '외도'보다는 『존재론』 자체에서 비롯한 문제 탓이 더 컸다.

초고 상태의 『존재론』은 2부로 구성되었다. "현재의 문제상황"이라는 제목을 단 제1부가 신실증주의 및 실존주의에 대한 비판에서 출발해 선구자로서의 하르트만(N. Hartmann)과 헤겔을 거쳐 마르크스의 존재론적 기본원리들로 상승하는 역사적 부분이라면, 제2부("가장 중요한 문제복합체들")는 역사성 범주의 토대 위에서 네 가지 범주, 즉 노동, 재생산, 이데올로기, 소외를 다루는 이론적·체계적인 부분이다. 그런데 바로 이 구성 자체부터 문제가 되었는데, 이를 가장 먼저 비판하고 나선 이들은 다름 아닌 루카치의 제자들이었다.

『존재론』의 초고 집필이 끝난 후 루카치의 제자들(F. 페헤르, A. 헬러, G. 마르쿠시, M. 버이더)은 루카치가 『존재론』을 수정·완성하는 것을 돕기 위해 1968년 말부터 1969년 초까지 다섯 차례에 걸쳐 루카치와 함께 『존재론』 원고를 검토하는 모임을 가졌다. 제자들은 『존재론』의 각 장에 대한 자신들의 의견을 글로 정리하여 루카치에게 전달했으며, 이를 기초로 토론이 진행되었다. 이들이 작성한 글은 「루카치 동지를 위한 '존재론'에 관한 메모」("Aufzeichnungen für Genossen Lukács zur 'Ontologie'")라는 제목으로 60년대 말에 이탈리아어로 처음 소개된 뒤 1976년에 영어로, 이어서 독일어와 헝가리어로 발표된다. 독일어로 쓴 원본이 출간되기도 전에(『프롤레고메나』와 『존재론』제1부는 1984년에 『게오르크 루카치 저작집』제13권으로, 『존재론』제2부는 1986년에 제14권으로 출간) 먼저 소개된 이들의 글은 『존재론』의 수용에 오히려 부정적인 선입견을 조장했다는 평가를 받을 정도로 근본적인 회의와 비판을 담고 있다.

이 글에 이어 1975년에 이들 네 명의 제자는 「메모」에 대한 일종의 안내문인 「"루카치 동지를 위한 '존재론'에 관한 메모" 입문」("Einführung zu den 'Aufzeichnungen für Genossen Lukács zur Ontologie'")을 따로 작성해 발표하는데, 여기에는 루카치와의 토론 과정과 「메모」를 공개하기로 결정한 경위가 설명되어 있을 뿐만 아니라 그들이 루카치에게 제기한 반론 내지 비판의 요지도 일목요연하게 정리되어 있다. 그들의 정리에 따르면, 자신들은 『존재론』전체에 도사리고 있는 "'두 개의 존재론' 사이의 모순"(필연성 구상이 지배하고 있는 존재론과 인간의 자기해방에 강조점이 놓인 존재론 사이의 모순)과 『존재론』이 방법상으로 불분명하다는 점을 지적했으며, 자연변증법과 반영 범주를 거부했다. 또, '존재론이냐 인식론이냐'로 정식화된, 『존재론』의 인식론-적대성에 반대했으며, 인간 활동과는 '독립적인' 사회·역사적 법칙 개념의 의의를 부인했다. 경제적 영역에서조차도 자연주의적인 '성장' 개념은 부적절함을 주장했으며, 역사적 진보의 이념은 사회주의 및 그것을 지향하는 실천의 가치 선택에서 필수불가결한 원리임을 강조했다. 나아가 루카치의 텍스트에는 일관된 가치 개념이 부재한다고 보고 가치 개념은 사회성의 본질에 속하는, 전적으로 보편적인 범주임을 주장했다. 그들은 루카치의 『존재론』에서 "역사주의와 유적 일반성의 층위에서 실행되는 분석의 종합, 실천중심주의와 철학적 보편성의 종합을 실현하는 작업"을 보기를 기대했는데, 『존재론』 초고를 읽으면서 그 기대는 "회의"와 "환멸"로 변하고 말았다고 한다.[30]

이러한 이의제기와 비판 중 일부는 『존재론』에 대한 불충분한 이해와 오독에서 나온 것이며, 다른 일부는 『존재론』의 루카치와는 다른, 오히려 『역사와 계급의식』의 루카치에 가까웠던 당시 그들 자신의 입장에서 나온 것으로 보인다(이들이 제기한 문제들 대부분은 이 글을 진행하는 중에 재론될 것이다). 그렇지만 어쨌든 이런 식으로 제자들의 문제제기와 비판은 문서로 공개됐지만 이에 대한 루카치의 반응, 즉 논쟁이라면 논쟁이라고도 할 수 있을 토론의 내용 그 자체는 기록으로 남아 있지 않은 상황에서, 루카치가 제자들의 비판을 통해 『존재론』의 내용을 어느 정도로 수정할 생각을 했는지 직접 확인할 길은 없다. 하지만 『존재론』을 제자들과의 토론 이후에 집필한 『프롤레고메나』와 비교했을 때 그 관점과 내용에서 근본적인 수정이라 할 만한 것은 없었다고 봐도 무방하다. 아니, 『프롤레고메나』는 제자들의 문제제기와 비판에 대한 루카치의 "쌀쌀맞은 거부"[31]를 포함하고 있는, 사실상 『존재론』의 압축본이라 할 수 있다.[32]

그렇지만 그 토론이 루카치 스스로 가졌던 불만, 즉 분량이 지나치게 늘어나버린 것에 대한 불만과 더불어 그로 하여금 『존재론』의 체계를 변경하는 작업에 착수하게 한 것은 분명한 사실이다. 역사적 부분과 이론적·체계적 부분의 경직된 이분화에 대한 제자들의 문제제기도 고려하여 그는 존재론의 역사적 부분에서 세 개의 장, 곧 신실증주의와 실존주의, 하르트만, 헤겔을 다룬 장을 뺄 생각을 했다. 그 대신 『존재론』의 핵심을 압축한 짧은 서론을 써서 넣고, 역사적 부분에 배치되었지만 이론적 성격이 강한 마르크스 장과 이론적 · 체계적인 2부의 네 개의 장을 수정하여 『존재론』의 최종판을 만들기로 결정했다. 하지만 실제 작업에 들어가자 서론으로 계획했던 시작 부분이 범위나 내용에서 원래의 의도를 넘어서 또다시 하나의 독자적 작품으로 성장하고 말았다. 그래서 루카치는 『존재론』 전체를 수정하는 작업을 하기 전에 이 일부터 끝내기로 결정하고 새 텍스트의 집필에 들어간다. 그가 『프롤레고메나』라는 제목을 붙인 이 텍스트의 집필 작업은 1971년 초에야[33] 끝난다. 그 후 급격하게 진행된 병세의 악화는 그가 이 초고를 다시 읽고 수정하는 일을 불가능하게 만들었으며, 따라서 『존재론』의 최종 교열작업도 결국 이루어질 수 없었다. 이 마지막 과정에 대해서 이슈트반 외르시는, 자신이 번역한 헝가리어판 『존재론』의 옮긴이 서문에서 다음과 같이 적고 있다. 다소 길지만 그대로 인용한다.

> 벗들과 제자들 측에서 가해진 비판이 그[루카치-인용자]로 하여금 기본적인 견해나 자신의 사유방법에 대해 의심하게 만든 것은 결코 아니었다. 다만 그것은 자신의 서술에는 필요한 설득력이 부족하다는 것을 그가 납득하도록 만들었다. 이에 따라 그는 자신이 분명히 알고 있었던 병과 경주(競走)하는 가운데 자기 견해의 본질적 핵심을 약 500쪽에 걸쳐 총괄하려 시도했다. 역사적 부분과 방법론적 부분의 경직된 이원론을 피하고 있는 이 『프롤레고메나』는 실제로는 『존재론』의 서문이 아니다. 정말이지 전혀 그렇지 않다. 그것은 더 이상 쓰여지지 않은(아마도 결코 쓰

여질 수 없는) 작품의 총합이다. 『프롤레고메나』의 객관적인 내실을 넘어서 우리는 깊은 감동을 주는 인간행위에 경탄하지 않을 수 없다. 침투해 들어오는 병을 자신의 개념들과 확신의 모래주머니로 제방을 쌓아 막아내려 하면서 루카치가 행했던 그 엄청난 노역(勞役)에 경탄하지 않을 수 없는 것이다. 그가 아픈 기간 마지막 순간에 일종의 구조작업단 (SOS-Brigade)이 나서서 읽기에 심히 어려운 수고(手稿)를 타이핑했지만, 루카치는 자신의 작업을 정서한 그 원고를 더 이상 끝까지 읽을 수 없었다. 타이프라이터로 친 페이지늘을 쇠약한 손으로 대중 넘기면서 게오르크 루카치는 두려워하면서도 기대감에 찬 채로 작품과 영향을 미래의 판단에 넘겼다.[34]

"일하는 기계"인 그의 노동은 이것으로 끝나지 않았다. 더 이상 이론적인 글은 쓸 수 없지만 일을 하지 않고 그냥 있을 수 없는 존재였던 그에게 제자들은 자서전 작업을 제안한다. 주관적인 기억을 자료들을 통해 교정할 여력이 없었기에 망설였지만 결국 그 일에 착수한 루카치는, 우리가 이 글 서두에서 소개했듯이 『삶으로서의 사유』를 세상에 남겼다. 지상에서 자신에게 주어진 재능과 능력을 최선을 다해 '소진'시킨 루카치는 1971년 6월 4일, 더 이상 일이 없는 영면의 세계에 들어갔다. 향년 86세였다.

3. 대안적인 문제틀로서의 존재론

(우리의 활동은) 수많은 불쾌한 일과 환멸 따위와 결부되어 있습니다. 그러나 이는 불가피한 일입니다. 우리가 마르크스주의를 다시 살아 있는 힘으로 만들고자 한다면 우리는 부득이 비대중적으로 될 수밖에 없습

니다. 우리가 스탈린주의 전통과 서구의 철학적 편견들 양쪽 모두에 맞
서서 정말이지 제3의 길을 대변하기 때문이지요. 두 진영에서 사람들이
스스로를 방어하고자 하고 진리의 승리를 방해하거나 적어도 지연시키
려 시도하는 것은 마르크스주의자로서 보건대 조금도 놀랄 일이 아닙니
다.[35]

　루카치가 『존재론』 작업을 한창 진행 중이던 1965년 11월 22일
에 폴란드의 철학자 아담 샤프(A. Schaff)에게 보낸 편지의 한 대목
이다. 여기에서 우리는 『존재론』의 지향과 그것이 맞서고자 하는
이론적 대상들을 확인할 수 있다. 뿐만 아니라 자신의 작업이 당
장에 큰 공명(共鳴)을 얻기 힘든 실천적·이론적 지형 속에서 확
신을 가지고 한길로 나아가는 한 철학자의 '고독'마저 읽을 수 있
다. 스탈린 시대를 거치면서 이론적 분석력과 대중적 설득력을 완
전히 상실해버린 마르크스주의를 "다시" 생생히 "살아 있는 힘"으
로 되살리고자 하는 이론적 시도, "마르크스주의의 르네상스"를
위한 이론적 시도인 『존재론』은, 한편으로는 스탈린 사후에도 여
전히 완강한 "스탈린주의 전통"에 맞서면서 동시에—다른 한편으
로는—신실증주의와 실존주의로 대표되던 당시 "서구의 철학적
편견들"에 맞서는 "제3의 길"로서 이해되고 있다.

　1960년대에 들어와 루카치는 당시의 세계사적 상황을 총괄하
는 표현으로 "조작의 시대"라는 말을 빈번히 사용했다. 스탈린주
의의 굴레에서 벗어나지 못한 '현실사회주의'와 당대 자본주의 사
회 양쪽 모두에서 "조작의 체계"가 지배 메커니즘으로서 작동한다
고 본 것이다. 하지만 그 조작체계의 원천과 양상, 그 성격은 다르
다고 보는데, 스탈린의 정치적 종파주의가 낳은 거대한 관료체계
와 그것이 자행하는 "폭력(Gewalt)"에 의해 유지되는 '현실사회주의'

의 "난폭한 조작"은 "사회주의 건설에서 이질적인, 제거될 수 있고 제거되어야 할 요소"라는 게 당시 루카치의 인식이었다.[36] '현실사회주의'의 발전 가능성에 대한 회의가 점점 더 깊어졌음에도 불구하고 그는 사회주의의 소생 가능성에 대한 희망과 믿음의 끈을 끝까지 놓지 않았다.[37] 스탈린주의에 대해서는 "근본적인 단절"을 요구하면서도 '현실사회주의'에 대해서는 "반대가 아니라 개혁(nicht Oppositon, sondern Reform)"[38]이라는 입장을 고수했던 것도 그래서이다. 그는 정치 · 실천적으로는—특히 앞서 소개한 『민주화의 오늘과 내일』을 통해—"사회주의적 민주주의"("평의회 민주주의" 또는 "일상생활의 민주주의"로 정식화되기도 하는)[39]를, 이론적으로는 "유물론적 · 역사적인 존재론"을 제안함으로써 스탈린주의와의 근본적 단절을 통한 '현실사회주의' 개혁의 길을 열고자 했다.

이에 반해 자본주의 사회의 "조작"은 본질적으로 자본의 필요에 따라 생겨난, 자본주의에 고유한 것이기 때문에, 바로 그 자본주의의 폐지 없이는 극복될 수 없다는 것이 루카치의 확신이었다. 루카치에 따르면 자본주의는 1929년 대공황 이후 생산의 영역뿐만 아니라 소비의 영역마저 자본주의적으로 재편하여 대량생산 · 대량소비의 시대를 열었다. 마르크스는 접할 수 없었던 자본주의의 "새로운 단계", "자본주의의 구조적 변화"가 시작된 것인데, "서비스 산업의 성장"을 동반하는 이 "새로운 자본주의는 노동계급의 소비에 의존"하기 때문에 이제 "그것[자본주의-인용자]은 마르크스의 시대 때처럼 단순히 착취의 원천으로서만이 아니라 소비자로서의 노동자에 관심이 있다."[40] 이에 따라 자본주의는 특수한 구매 장치를 필요로 하는데, 이로부터 점차적으로 형성된 것이 자본주의적인 "조작의 체계"이다. 텔레비전을 위시한—지금은 인터넷 매체까지 더해진—각종 매체를 통해 전파되는 소비주의 이데올로기가 주효하게 작동하는 이 "부드러운, 형식적으로는 폭력이 없는 조작"[41]은 경제의 영역뿐만 아니라 사회와 정치의 영역, 취향의 영역으로까지 확장되며 마침내 "사회적 삶의 모든 표현들을 지배"[42]하기에 이르렀는데, 이 "새로운 조작적 자본주의"[43]가 지배하는 생활형태를 대표하는 것이 이른바 "미국식 생활방식(American way of life)"(34)이며, "탈이데올로기화"나 "역사의 종언" 담론은 그렇게 조작된 체제를 지속시키는 데 복무하는 이데올로기로서 작동한다(113).

'현실사회주의'와 서구 자본주의 전체를 아우르는 "조작의 시대", "조작사회"라는 루카치의 규정은 아도르노(Th. Adorno)의 "관리되는 사회"나 푸코(M. Foucault)의 "규율사회" 또는 들뢰즈(G. Deleuze)의 "통제사회"와 같은 일종의 시대 규정이다. "조작"이라는 강한 표현을 통해, "정신의 식민화(Kolonialisierung des Geistes)"[44]를 논하는 제임슨(F. Jameson)의 포스트모던 담론을 앞서 말하고 있는 듯한 루카치의 입론에서 독특한 것은, 자본주의적 조작을 철학적으로 뒷받침하고 있는 것을 신실증주의로 보고 있다는 점이다. "현재의 정치, 군사, 경제를 이끄는 세력의 이론적 주도동기가 진지하게 분석된다면, 그것이 (…) 신실증주의적 사유방법에 의해 규정되어 있다는 것이 밝혀질 것"[45]이라는 게 그의 주장이다.

루카치의 관점에서 신실증주의는 자본주의의 필연적인 이데올로기적 현상인 "인식론의 철학적 지배"(34)가 급진전된 것에 다름 아니다.[46] 루카치가 보기에 서구의 근·현대철학의 사유를 지배해 온 것은 인식론과 논리학과 방법론이었는데 그중에서도 "인식론의 우위"가 점차 강력해졌다(7). 특이하게도 그는 갈릴레이 재판으로 유명한 벨라르민(R. Bellarmin) 추기경을 "근대 인식론의 아버지"(7)라 부른다. 갈릴레이 재판에서 그가 취했던 입장에 주목한 것인데, 이런 입장은 일찍이 유명론(唯名論)에서 표현된 "'이중적 진리'의 이데올로기"(31)로까지 거슬러 올라갈 수 있는 것으로서, 요컨대 존재의 문제를 종교의 영역, 믿음의 영역으로 돌림으로써 과학과 철학에서 배제하는 것이다. 이러한 사상적 연원을 지닌 근대의 인식론은 데카르트(R. Descartes)를 거쳐 칸트에서 정점에 이르는데, 칸트는 "인식능력으로부터 현실을 근거지우려 하지 존재로부터 인식을 근거지우려 하지 않는다"(22). 루카치에 따르면 버클리(G. Berkeley)와 칸트의 철학에는 "물질적 세계에 대한 우리의 인식에 어떠한 존재론적 의미도 인정될 수 없다는 것을 인식론적으로 입증"(13:339)하려는 공통점이 있는데, 서구의 19세기 철학은 이러한 관점들에 의해 지배되면서, "순수한, 단호히 반(反)존재론적인 입장에 선 인식론의 방향으로"(13:339) 심화되어 나간다. 그리하여 신칸트주의에 오면 칸트의 "물 자체(Ding an sich)" 개념, 즉 원칙적으로 인식할 수 없는 것이긴 하지만 어쨌든 그것을 통해 존재론적 현실이 인정되었던 그 "물 자체" 개념마저도 인식론에서 배제된다. 신실증주의에 오면 그 정도가 더 심해져, 그래도 "신칸트주의에서는 아직 주도적이었던 (…) 인식의 객관적 진리가치를 (…) 점점 더 단호히 배제"하며, "진리를 실천적 · 직접적인 목표정립들을 통해", 그리고 "현실인식을 직접적인 실천에서 불가결한 대상들의 조작을 통해" 대체하고자 한다(13:341). 이런 일은 존재에 대한 물음 일체, 심지어는 무엇의 존재 여부의 문제에 대해 입장을 취하는 것조차 시대에 맞지 않고 비과학적이며 아무런 의미도 없는 일이라고 천명함으로써 이루어지는 일이다(7).[47]

하지만 신실증주의가 존재에 대한 물음을 근절한다 하더라도 철학에서 존재론 내지 존재론적 기획이 완전히 사라지지는 않는다. 존재에 대한 물음은 생활이나 실천과 아주 밀접하게 결부되어 있기 때문에[48] 세계 문제에 대한 존재론적 접근이 근절될 수는 없다는 것이 루카치의 주장이다. 따라서 신실증주의가 헤게모니를 행사하는 상황 속에서도 "보편적 조작에 맞서는 투쟁, 따라서 실증주의 및 신실증주의에 맞서는 투쟁"(64)의 일환으로 존재론적 기획들이 생겨나는데, 루카치는 야스퍼스(K. Jaspers), 하이데거(M. Heidegger), 초기 사르트르(J. P. Sartre) 등의 "실존주의적 존재론"을 그런 것으로 본다. 하지만 루카치가 보기에 그들 모두는 공통된 문제를 가지고 있는데, 본질적으로 "고립된 독자적 개인에서 출발"(8)한다는 점,[49] 그리고 당대의 사회적 발전에 특유한 시대적 특징들을 "시대를 초월하는 존재론적 근본범주들로 고양시키는 경향"(64)을 보인다는 점이 그것이다. 전자를 통해서는 "인간 존재의 근본을 이루는 사회성"이 소실되며(8), 후자를 통해서는 그러한 시대적 특징들의 특수한 사회·역사적 발생사 및 이로부터 전개되어 나오는 전망과 난관들에 대한 존재론적 설명을 향해 방법론적으로 나아갈 수 있는 길이 차단된다(64). 실존주의적 존재론에 대한 이러한 비판을 거쳐 루카치는 오늘날 세계에 대한 사유를 다시 존재로 되돌리는 시도는 오직 "마르크스의 진정한 방법, 진정한 존재론을 소생"(112)시키는 길 위에서만 성공할 수 있다고 주장한다.

그런데 그 당시 마르크스주의 진영 내에서 '존재론'은 그 용어 자체부터 문제적인 것이었다. 이는 최근의 이론적 지형과는 크게 다른 점인데, "차이의 존재론"(G. 들뢰즈), "사건의 존재론"(A. 바디우), "역능의 존재론"(A. 네그리), "관(貫)개체성의 존재론"(E. 발리바르) 등등의 이름으로 다기한 '존재론'이 제안되어 있는 것이 현재의 마르크스주의 내지 포스트마르크스주의의 이론적 풍경이라면, 1960년대에 '존재론'이라는 말은 마르크스주의 진영 내에서는 대체로 경멸적인 뜻으로 사용되었다. 루카치 자신도 이를 잘 알고 있었으며, 그의 기획이 그러한 세론(世論)을 거스르는 것임을 분명하게 의식하고 있었다. 1968년 국제 철학대회 강연을 위해 작성한 원고에서 그는 "우리는 철학사에서 마르크스주의가 존재론으로 파악된 적이 거의 없었다는 것을 잘 알고 있습니다. 이 강연이 과제로 삼고 있는 것은 이에 반(反)하는 것입니다."[50]라고 말하고 있다. 우리가 이 글에서 소개하는 『프롤레고메나』의 첫 문장도 이와 연관된 것인데, "세계에 대한 철학적 사유의 토대를 존재에 두려는 시도가 많은 저항에 부딪친다 하더라도 아무도—적어도 이 글의 필자는—놀라지 않을 것이다"(7)라는 그 문장은 비단 인식론의 헤게모니하에 있는 서구의 철학적 흐름들만을 염두에 두고 한 말은 아닐 것이다.

이러한 담론적 환경 속에 있었던 당시 좌파급진주의 내지 마르크스주의 철학자 중에서 에른스트 블로흐는 루카치가 '존재론'이라는 문제틀을 제출한 것을 맨 먼저, 거의 유일하게 환영한 인물이었다. 우리가 이 글 맨 앞에서 루카치의 옛 친구로 소개한 블로흐는 마르크스주의자라는 틀로 묶기에는 너무 독창적인 사유를 전개한 좌파급진주의 철학자인데,[51] 루카치에 앞서 이미 1961년에 "아직-아닌-존재의 존재론(Ontologie des Noch-Nicht-Seins)"이라는 이름으로 고유의 존재론을 제시한 바 있었다(『철학의 근본문제들 I. '아직-아닌-존재의 존재론'을 위하여 Philosophische Grundfragen I. Zur Ontologie des Noch-Nicht-Seins』). 하지만 보통의 마르크스주의자들은 '존재론'이라고 하면 하이데거의 "기초존재론"을 연상하는 것이 그 당시의 일반적인 이론적 풍토였다. 그들에게 '존재론'은 비변증법적인 정태적 철학, '생성된 것(Gewordensein)'에 대한 학설이지 '생성(Werden)'과는 안티테제적 관계에 있는 철학으로 여겨졌으며, 소련과 옛 동독의 이른바 '정통 마르크스주의'의 일각에서는 마르크스 사상의 존재론적 해석은 "수정주의적 시도"라고 몰아붙이기까지 했다. 이들과는 전혀 다른 이론적 기반을 가졌던 알튀세르(L. Althusser) 같은 서구의 마르크스주의자도 '존재론'에 대해서 부정적인 입장이기는 마찬가지였다. 그런데 그가 '존재론'이라는 말로 지칭한 것은, '존재론'을 "수정주의적 시도"라고 비판하는 '정통 마르크스주의자'들이 '존재론'과 대립 설정하는 바로 그 '변증법적 유물론'에 대한 그들 자신의 이해였다. '정통 마르크스주의자'들이 '변증법적 유물론'을 이해하는 방식이야말로 소련에서 관철된 마르크스주의 철학의 존재론적 버전이며, 여기에서 유물론은 "물질의 존재론"으로 탈바꿈되고 있다는 것이다. 스탈린은 마르크스주의 철학을 "유물론적 존재론 또는 유물론적 형이상학"[52]의 방향으로 나가도록 만들었으며, 그럼으로써 마르크스주의 철학은 "스탈린적 존재론"[53]으로 구축되었다는, 1976년 그라나다 대학 강연에서 그가 한 말에서 우리는 그가 후기에 이르기까지 '존재론'이라는 말을 부정적으로 사용하고 있음을 확인할 수 있다.

  사실 루카치 자신도 윤리학 기획에 착수하기 이전에는 '존재론'이라는 말을 주로 부정적인 맥락에서 사용했다. 1958년에 출판된 『오해된 리얼리즘에 반대하여』에서만 해도 '존재론'이라는 말은 소위 "전위주의" 문학을 비판하는 문맥에서 주로 사용되며, 실상 그 내용에서 『존재론』을 예비하는, 『존재론』으로 넘어가는 이행기 작품인 『미적인 것의 고유성』에서도 '존재론'이라는 새로운 문제틀이 곧바로 부상할 조짐을 찾기란 어렵다. 거기에서는 여전히 마르크스주의를 '변증법적 유물론'과 '역사적 유물론'이라는 두 축을 통해 이해하고 있다. 그런데 그 책에서는 '변증법적 유물론'과 '역사적 유물론'을 도식적으로 양분하는 "마르크스주의의 속류화 경향들"(11:15)이 비판되고 양자의 "영속적이고 생생한 상호작용"(11:16)이 강조되고 있는데, 아마도 그 책을 쓰는 과정에서 '변증법적 유물론'과 '역사적 유물론'의 이원적 틀 자체의 문제성이 점점 더 강력하게 인식된 듯하며, 제2인터내셔널의 결정론적 진화주의와 스탈린주의를 거치면서 만신창이가 된 마르크스주의 이론을 갱신하기 위해서는 새로운 개념적 장치들이 필요하다는 것을 절감하게 된 듯하다. 그러한 문제의식이 '존재론'이라는 대안적인 마르크스주의적 문제틀로 구체화된 데에는 니콜라이 하르트만의 영향이 주효했다.

1971년에 있었던 한 대담에서 에른스트 블로흐는 루카치의『존재론』을 통해 "존재론이라는 말이 개선되고 하나의 문제로 되는 것은 아주 마음에 드는 일"이지만, "진정한 자유주의적 속물이었던 니콜라이 하르트만에 대한 [루카치의-인용자] 이러한 애호가 갑자기 어디에서 나온 것인지는 (…) 수수께끼 같은 일"이라고 말한다.[54] 그런데 루카치의 하르트만 독서는 이미 1950년대 초반부터 시작된 일이었다. 옛 동독에서 1956년까지—그러니까 헝가리 민중봉기 이전까지—루카치 책의 출판을 담당했던 볼프강 하리히(W. Harich)의 권고에 따라 루카치는 하르트만의『윤리학』,『존재론의 정초를 위하여』,『가능성과 현실성』,『실재 세계의 구조』,『자연 철학』,『목적론적 사고』등을 읽으면서 점차 '존재론'이라는 문제틀에 다가갔으며, 마침내『존재론』에 와서 자신의 사유를 '변증법적 유물론'과 '역사적 유물론'이라고 하는 마르크스주의의 전통적 이론체계가 아닌, "유물론적·역사적인 존재론"이라는 문제틀을 통해 전개하기에 이르렀다. 그 과정에서 하르트만은 일종의 "촉매제 역할"[55]을 했는데, 루카치도 그의 영향을 인정하고 있다. 1967년 한스 하인츠 홀츠(H. H. Holz)와의 대담에서 그는 존재론을 구성하는 핵심 개념 가운데 하나인 "복합체" 개념 및 이와 연관된 관점들(이에 관해서는 뒤에서 다룰 것이다)이 하르트만에서 나온 것임을 분명히 밝히고 있다.[56] 『존재론』에 미친 하르트만의 영향은 이것만이 아니다. 실재의 인식도구와 현상 그 자체와의 관계에서 후자의 우선성 인정, 세계를 복합적인 충들(Schichten)로 보는 관점, 목적론적 사고에 대한 비판 등도 하르트만이 끼친 주요한 영향에 속하는 것인데,[57] 하지만 하르트만에게는 핵심으로 들어오지 않았던 역사(역사성)가 루카치의 존재론에서는 "존재론적인 근본사실" "존재의 근본사실"로 파악된다는 점에서 양자 사이에는 큰 간극이 있다. 루카치는 "역사"를 "모든 존재의 근본원리"로 보는 것이야말로 "마르크스 이론의 핵심 문제"라고 한다(34). 바로 여기에 헤겔의 선도적 내지 예비적 역할이 있는데, 서구 철학사에서 "역사적 존재론"(11)을 처음 제시한 철학자가 그이기 때문이다.

　루카치가 보기에 헤겔은 "세계파악의 새로운 문제들, 무엇보다도 대상성 형식들의 역사적 과정성과 복합체성의 본질적 의의를 명확한 방식으로 표현했던, 마르크스 이전의 유일한 철학자"(107)였다. 종교적 존재론과는 대조적으로 '아래'에서 출발해 '위'에 이르는 하나의 필연적인 발전사를 설계하면서 역사적인 존재와 그 산물을 강조한 점,[58] 그리고—『경제학-철학 수고』의 마르크스의 말을 빌리자면—"노동의 본질을 포착하고 있으며 대상적인 인간, 현실적이기 때문에 참된 인간을 인간 자신의 노동의 결과로서 파악하고 있"[59]는 점 등이 마르크스가 헤겔을 자신의 선행자로 여길 수 있었던 헤겔 철학의 특징이다(108). "방법론상 인식론에 근거를 두고 있는"(24) 칸트의 체계와는 달리 헤겔 철학에서는 존재의 "궁극적으로 역사적이고 과정적인 성격의 계기가 방법론상으로 지배"(24)한다. 하지만 그의 역사적 존재론은 모든 존재연관을 "체계적 · 논리주의적으로"(24) 해석함으로써 "엄격하게 논리화된, 그리고 논리화하는 가운데 왜곡된 존재론"(31)이 되고 말았다는 것이 루카치의 판단이다.

그는 이러한 헤겔의 존재론에서 "논리 · 연역적 요소들, 발전사적으로 목적론적인 요소들을 전부 다 제거"함으로써 그것을 "유물론적으로 '바로 세운 것'"이 바로 "마르크스의 존재론"이라고 주장한다.[60] "마르크스의 결정적인 철학적 업적은 헤겔의 논리 · 존재론적 관념론을 극복하는 가운데 이론적으로 그리고 실천적으로 유물론적 · 역사적인 존재론의 윤곽을 그린 데 있다"[61]고 보는 루카치에게 마르크스는 자본주의의 이론가, 정치경제학의 비판자로 그치는 것이 아니라, 그 이전에, 아니 그 차원을 넘어 무엇보다도 "존재와 생성의 이론가"[62]이다. 마르크스의 자본주의 이론, 정치경제학 비판에서 작동하는 방법의 토대를 이루는 것이 바로 유물론적이고 역사적인 존재론이라고 보기 때문이다.

마르크스의 사상을 이렇게 파악하는 이상 마르크스 사상의 발전과정에서 연속성이 주장될 수밖에 없다. 루카치에 따르면, "모든 존재의 근본원리"로서의 "역사", "유적 성질(Gattungsmäßigkeit)의 중심적 위치", 그러한 토대 위에서 이루어진, "인간 유(人間 類, Menschengattung)의 사회 · 역사적 존재와 생성에 대한 (…) 존재론적 주장", "유적 성질의 발전"을 "인류발전의 과정을 판단하는 존재론적으로 결정적인 시금석"으로 보는 관점 등등은, 비록 용어와 서술방식은 시기와 국면, 주어진 과제 따위에 따라 달라지긴 하지만 변함없이 한 가닥 붉은 실처럼 마르크스 이론 전체를 꿰뚫는 연속성의 요체다(40). 마르크스 사상의 핵심을 이렇게 보기 때문에 루카치는 초기 마르크스와 후기 마르크스를 단절시키는 모든 논의에 대해 비판적이다.

> "철학적인" 청년 마르크스를 "경제학적"으로 된 후기의 성숙한 마르크스
> 와 대립시키는 것은 완전히 잘못된 것이자 관료주의적 · 전술적이고 몰
> (沒)이념적인 실천주의의 이해에 부합하는 것일 따름이다. 문제설정과
> 방법론의 연속성은 마르크스의 경우 결코 중단된 적이 없다. 모든 사회
> 적 현상, 모든 사회적 발전에 대한 올바른 경제학적 정초의 방법론적 가
> 능성은 청년 마르크스의 이러한 존재론적 성취를 빼놓고는 생각할 수 없
> 다. 다만 뒤에 가서 그는 이러한 정초작업의 성과를 대중적으로 확산하
> 는 것을 자신의 주된 과업으로 여겼을 뿐이다(108).

이 대목은—"관료주의적 · 전술적이고 몰(沒)이념적인 실천주
의"라는 규정을 보건대—초기 마르크스의 소외론에 대해 부정적
이었던 '정통 마르크스주의자'들을 겨냥한 발언으로 보는 것이 타
당하겠지만, "1845년의 '절단의 시기'"[63]를 설정함으로써 청년기
마르크스와 성숙기 마르크스 사이에 넘어설 수 없는 장벽을 세운
알튀세르 류의 이론적 작업도 염두에 둔 발언일 수 있다(루카치가
알튀세르를 직접 거명한 적은 없지만, 그가 '구조주의적 마르크스주의'를
알고 있었던 건 분명하다). 초기 마르크스와 후기 마르크스 사이를
구분해야 한다는 주장은 이들만 한 것이 아니었다. 루카치가 『존
재론』을 집필 중이던 1960년대에 마르크스의 『경제학-철학 수
고』를 둘러싼 논쟁이 벌어졌는데, 초기의 철학 저서를 선호하는
사람들(이들은 『수고』의 소외 이론을 마르크스 사회이론의 가장 중요한
부분이라 생각했다)과 후기의 마르크스, 특히 『자본』의 마르크스만
이 유일한 마르크스라 말하는 사람들 모두 초기와 후기의 마르크
스를 구분할 것을 주장했다.[64] 루카치의 입장은 이 양쪽 모두와 달

랐다. 그는 마르크스의 사상적 발전과정에서 여러 단계와 차이를 가로지르는 근본적인 연속성을 강조했으며, 그 정수를 존재론, 더 정확히 말하면 유물론적 · 역사적인 존재론의 윤곽을 그린 것으로 파악했다. 그리고 루카치 자신이 추구하는 그 존재론은 "역사에 기반을 둔 본래의 철학"[65]으로서 마르크스가 "오직 하나의 과학 곧 역사의 과학만을 알고 있을 뿐"[66]이라고 말했을 때의 그것과 상통하는 것이라고 주장한다.

　루카치의 용어법에서 존재론은 무엇보다도 인식론과의 대비 속에서 규정되는 말이다. 앞에서 보았듯이 그가 말하는 인식론, 그가 서구의 근 · 현대 철학을 지배해온 것으로 파악하는 그 인식론은 철학적 사유를 전적으로 인식행위, 인식작용, 인식과정에 고정시킴으로써 객관적 현실에 대한 철학적 접근을 왜곡시키는 철학적 경향을 일컫는 말이라면, 객관적 현실을 철학적 사유의 중심에 두는 것, 세계에 대한 철학적 사유의 토대를 존재에 두는 것이 그가 말하는 존재론의 기본특성이다(그렇다고 해서 루카치의 존재론의 성격을—그의 제자들처럼—"인식론-적대성"으로 이해해서는 안 된다. 그는 인식론 일반에 대해 적대적인 것이 아니라 서구 근현대철학을 지배해온 인식론, 즉 존재론으로부터 독립한, 나아가 존재론과 대립 설정된 인식론에 대해 비판적이다. 루카치에게서 인식론은 존재론을 근거로 성립할 수 있는 것이다. 그의 '악명 높은' "변증법적 반영론"이 바로 그러한 인식론이다). 그 "존재론의 대상"은 "현실적으로 존재하는 것"이고, 그 "존재론의 과제는 존재하는 것을 그것의 존재에 근거해서 탐구하는 것이며, 그리하여 존재하는 것 내부에서 서로 다른 단계들과 결합들을 발견하는 것"[67]이다.

　그런데 루카치가 『존재론』과 『프롤레고메나』에서 시도하고 있는 것은 존재 일반에 관한 "일반존재론"이 아니다. 그의 초점은 사회적 존재의 존재론('사회존재론')에 있다. "무엇보다 사회적 존재의 본질과 특징을 규정"하고자 하는 것이며(8), 그리하여 인간의 "실재적 실천(노동에서 윤리까지 이르는)의 실재적 활동여지를 밝히"는 것을 궁극적 목표로 한다(13:331). 그런데 사회적 존재에 대한 존재론적 규명을 위해서는 존재 일반과의 관계, 일반존재론과의 관계 속에서 출발할 수밖에 없다. "오직 하나의 과학"으로서 "역사의 과학"에 대한 마르크스의 확언을 출발점으로 삼고 있는 루카치에게 존재 전체, 따라서 자연적 존재(무기적 존재와 유기적 존재)와 사회적 존재는 "하나의 역사과정(ein Geschichtsprozeß)"으로 파악된다. 인간의 본질을 존재와의 관계 속에서 규명하는 루카치의 '사회존재론'은 하나의 역사과정인 자연적 존재와 사회적 존재의 "궁극적인 존재적 통일성"(26)과 그 통일성 내에서 과정적으로 확립되는 차이들을 설명하는 데에서부터 본격적으로 시작된다.

4. 존재론의 기본원리

1) '역사성'과 '복합체성'

사회적 존재의 특성들을 존재 일반의 맥락 속에서 "세 가지 큰 [大] 존재양식(무기적 자연, 유기적 자연, 사회)"(8)의 발생사적 연관관계를 통해 부조(浮彫)시켜나가는 이런 방식이 일종의 '통시적' 접근방식이라면, 사회적 존재에 대한 존재론적 고찰의 또 다른― '공시적'이라 할 수 있을―출발점을 그는 "인간의 일상생활의 가장 단순한 사실들"(9)에서 찾는다. 그 예로 루카치는 '있는[존재하는] 토끼만 사냥할 수 있다.', '있는 딸기만 딸 수 있다' 따위의

'상투적인 말'을 상기시키는데, 이런 말들에서 드러나는 일상생활의 직접성에는 존재에 대한 모든 사고가 주관주의적으로 해체되지 않으려면 결코 망각해서는 안 되는 궁극적 기초가 포함되어 있다는 것이 그의 생각이다(9). 이 글 앞에서 누군가가 교차로에서 길을 건너는 상황을 예로 들어 말했듯이, "일상생활은—바로 그 직접성 때문에—존재와 지속적으로 관련을 맺지 않고는 의식적으로 수행될 수가 없다"(34). 하지만 바로 그 일상생활의 직접성은—특히 사물화(Verdinglichung)[68]와 이데올로기 등의 작용으로—진정한 존재적 본질을 은폐하거나 왜곡하는 것이기도 한데, 그렇기 때문에 사회적 존재의 존재론적 고찰은 일상생활의 직접성에서 출발하되 이와 동시에 그 직접성을 넘어서는 공정(工程)을, 달리 말하면, "실천적인 일상경험과 현실의 과학적 정복 사이의 올바른 협력"(12)을 요구한다. 이렇게 존재론적 고찰은, 점점 더 고차화·복잡화·자립화되어가는 사고활동 및 그 수단들을 존재에서 출발하는 비판에 종속시키는 한편 일상생활에 대해서도 비판적인 방법을 부단히 작동시켜야 하는데, 이러한 비판적·존재론적인 탐구의 올바른 길을 갈 수 있게 하는 방편이 "마르크스의 비판적 존재론"(36)이라는 것이 루카치의 생각이다. 이때 그가 마르크스에서 적출하는 것은 무엇보다도 두 가지 보편적인 존재론적 원리이다. 시기에 따라, 국면과 정세에 따라 관심영역과 서술방식에서 차이를 보이면서 구체화되어가는 마르크스의 이론적 활동 전체에 작동하는 고유한 방법을 정초하는 존재론적 원리, 곧 "마르크스적 방법의 정초원리"(107)로 루카치가 주목하는 그것은 바로 '역사성'('과정성')과 '복합체성'('총체성')[69]이다.

루카치에 따르면 마르크스에게는 "존재의 역사성"이 "모든 존재의 근본특성", "모든 존재의 본질"로서, 전체 문제의 올바른 이해를 위한 "존재론적 출발점"(86)을 이룬다. 여기서 "역사성"이란 모든 존재, 곧 우주를 가득 채우고 있는 별들에서부터 우리가 살아가고 있는 지구라는 행성, 그것을 구성하는 무기물들과 그것이 산출한 모든 생명체에까지 이르는 존재 일체는 본질적으로 "불가역적(不可逆的)인(곧 역사적인) 과정"(94)임을 뜻하는 말이다. 불가역적인, 따라서 역전(逆轉) 불가능한 역사적 과정이 모든 존재의 본질을 형성한다는 "마르크스의 보편적인 역사이론"(301)은, 우주의 모든 존재와 관련된 것이기 때문에 사회뿐만 아니라 자연에도 유효한 보편적인 사상이다. 그런데 이 보편적 사상을, 마르크스는 추상적으로 보편적인 철학적 학설, 즉 모든 존재에, 따라서 자연과 사회 양자에 똑같이 유효한 몇 가지 보편적인 원리들을 확립했다는 식으로 곡해해서는 안 된다. 흔히 '디아마트(Diamat)'로 정식화되는 스탈린주의적 이론체계는 마르크스 사상의 보편성을 그렇게 이해하고 왜곡시킨 대표적인 사례이다. 변증법의 원리를 '자연화' 내지 '존재론화'(앞에서 소개한 알튀세르적 의미에서)함으로써 결국 마르크스의 학설을 추상적인 교리 체계로 둔갑시킨 스탈린주의는, 마르크스와 엥겔스, 레닌에게 존재했던 이론적 긴장을 일면적으로 해소하는 방식을 통해 '정통성'의 근거를 확보할 수 있었다. 예컨대 엥겔스는 『반(反)-뒤링』(Anti-Dühring)에서 '변증법'을 "자연, 인간 사회 그리고 사고의 일반적인 운동법칙이자 발전법칙들에 관한 과학"(MEW, 20:132)으로 규정한 바 있다. 이로부터 레닌은 '변증법적 유물론'을 마르크스주의의 세계관으로 규정하였으며 마침내 스탈린은 모든 존재에 고유한 보편적인 운동의 원리들로서의 변증법에 철학적 유물론을 결합시킨 것이 '변증법적 유물론'이고, 변증법적 유물론의 그 보편적인 기본원리들(예컨대 '대립물의 투쟁과 통일의 법칙', '부정의 부정 법칙', '양의 질로의 전환 법칙' 등등[70])이 역사와 사회에 '적용'됨으로써 '역사적 유물론'이 생겨난다는 입장을 취하기에 이른다. 이와 관련해 루카치는 『소련 공산당 당사(黨史)』 4장에 나오는 해당 문구를 인용하고 있는데, 그것은 다음과 같다.

> 역사적 유물론은 변증법적 유물론의 기본원칙들을 사회생활에 대한 연구로 **연장**한 것이며, **변증법적 유물론의 기본원칙들을** 사회의 생활현상들, 사회연구, 사회의 역사에 내한 연구에 **적용**한 것이다.[71]

루카치에 따르면 마르크스는 '변증법적 방법'이라는 말을 쓰긴 했지만 '변증법적 유물론'이라는 표현을 사용한 적은 없다. 또, 그 누구보다도 마르크스를 정확하게 이해했고 마르크스 학설의 대중화에 크게 기여한, 그렇지만 마르크스주의의 대중화 과정에서 마르크스의 학설을 단순화시킴으로써 마르크스주의의 통속화, 나아가서는 스탈린주의적 왜곡을 낳는 단서를 제공한 엥겔스도[72] 비록 '역사적 유물론'이라는 말을 쓰긴 했지만 그것은 특수한 영역으로서의 '역사'에 마르크스의 학설을 '적용'한 것을 의미하는 것이 아니라 언제나 마르크스 학설 전체와 관계된 것이었다. 역사(성)를 "모든 존재의 보편적 운동원리"(277)로 생각하는 마르크스의 경우, '적용'이라는 표현 자체가 이미 그 자신의 근본원리와 모순된다. '변증법적 유물론+역사적 유물론'이라는 스탈린주의적 이론체계에서 역사성 계기는 "법전화(法典化)"(309)된 '변증법적 유물론'의 보편적인 초역사적 일반원리들이 '적용'되는 '특수영역'이 되고 마는데, 스탈린주의는 이렇게 "법전화"된 원리들로써—레닌이 "마르크스주의의 가장 내적인 본질이자 살아 있는 영혼"[73]이라 한—"구체적 상황의 구체적 분석"을 대체·생략하고 그

원리들을 그때그때의 전술적 필요에 기계적·무매개적으로 적용함으로써 마르크스주의를 "주의주의적·실천주의적인 교조주의" (13:689)로 왜곡시켰다는 것이 루카치의 판단이다.[74]

이와는 또 다른 편향을 보여주는 것이 루카치 자신이 20년대 초반에 『역사와 계급의식』(1923)에서 시도한 마르크스 이해이다. 『프롤레고메나』에서 루카치는 사회적 존재의 성질에 대한, 사회적 존재의 발생과 과정, 작용과 전망에 대한 마르크스의 우선적 관심을 절대화하고, 그럼으로써 그 관심을 사회의 발전에만 국한된 것으로 만들었던 것이 『역사와 계급의식』의 근본 오류 중 하나였다고 자기비판하고 있다(276). 『역사와 계급의식』 신판을 내면서 1967년에 쓴 「서문」에서도 이를 분명히 하고 있는데, 여기서 루카치는 『역사와 계급의식』이 마르크스주의의 역사 안에서 나타나는 한 경향, 즉 "마르크스주의를 오로지 사회이론으로서만, 사회철학으로서만 파악하면서 마르크스주의에 포함되어 있는 자연에 대한 입장을 무시하거나 배척"함으로써 "마르크스주의 존재론의 기초들에 반(反)하는 (…) 경향"을 대변한다고 적고 있다(2:18). 여기에서 '자연'은 그 존재론적인 객관성을 상실하고 "사회적 범주"(2:19)로만 파악되는데, 그 결과 "사회와 자연의 신진대사의 매개자인 노동"이 경제에서 누락되고 "노동과 노동하는 인간의 발전 사이에 존재하는 상호작용"(2:19)도 사라지게 되는 한편, 『역사와 계급의식』의 핵심 개념인 '실천'마저도 협소해졌고, 이에 따라 자본주의의 모순과 프롤레타리아트의 혁명화에 대한 서술이 "과도한 주관주의"(2:20)적 색채를 띠게 되었다는 것이 루카치가 『역사와 계급의식』에 대해 근 반세기 이후에 내린 자체 평가이다.

이렇게 보면 루카치의 존재론 기획은 진정한 마르크스주의를 스탈린주의적 왜곡에서 구해내기 위한 시도일 뿐만 아니라, 자신이 처음 수립했던 마르크스주의 철학을 근본적으로 수정하는 오랜 이론적 도정 끝에 도달한 종착점이기도 하다. 거기에서 우리는 60년대에 들어와 서구의 젊은 좌파들(이른바 '신좌파')이 『역사와 계급의식』을 재발견, 적극적으로 전유하기 시작한 상황에 대해 바로 그 책의 저자가 직접 발하는 경고의 목소리를 들을 수 있다.

『프롤레고메나』에서 루카치는 보편적인 역사성 사상과 결합된, 이와 상호공속적인 또 하나의 보편적 원리로 '복합체성'을 부각시킨다. 몇 번의 결정적인 전환을 거치는 루카치의 사상적 발전과정에서 일관되게—물론 그 구체적 내실은 변화를 겪으면서—보존되는 대표적 개념이 '총체성'인데, 『존재론』과 『프롤레고메나』에서는 그것과 동의어로 '복합체(성)'라는 개념이 같이 사용되고 있다. 헤겔-마르크스에 연원을 두고 있는 총체성 개념과 N. 하르트만에게 영향을 받은 복합체(성) 개념의 혼용은, 총체성을 이른바 본질 환원론적인 '표현적 총체성' 개념으로만 파악하거나 '동일성 원리'와 상통하는 것으로 이해하는 일각의 편협한 사고를 교정하는 역할을 한다.

하지만 총체성 개념에 대한 그러한 이해 방식은 지금까지도 완강하게 존재하는데, '변증법'과 함께 '총체성' 범주를 무력화시키는 바디우(A. Badiou)의 작업에서도 이를 확인할 수 있다. 『바그너는 위험한가』에서 바디우가 비판하고 있는 '총체화'나 '총체성' 개념은 전형적으로 '표현적 총체성'으로서, 그에게 '총체성'은 '표현적 총체성'에 다름 아니다.[75] '총체성'이라는 용어와 관련해 덧붙이자면, 발리바르(É. Balibar)는 마르크스가 「포이어바흐에 관한 테제」에서 '총체성'이라는 단어의 사용을 피하기 위해 '앙상블(das Ensemble)'이라는 외국어를 찾았다고 하는데,[76] 그렇게 '총체성'과 '앙상블'의 사이를 벌여놓으면 '총체성'은 결국 '유기체적 총체성'

이나 '표현적 총체성'으로만 읽히게 된다. 이와 달리 『프롤레고메나』에서 루카치는 '총체성'의 여러 수준, 여러 형식을 설정하는 가운데[77] '앙상블'을 "절합(節合)된, 내적으로 분화된 총체성(eine gegliederte, innerlich differenzierte Totalität)"(51)의 다른 말로 본다.

루카치에게 '총체성' 개념은 시기에 따라, 또 동일 시기의 텍스트라 하더라도 문맥에 따라 여러 가지 방식으로 사용되기 때문에 '루카치의 총체성 개념'을 구체적으로 설명하려면 별도의 책 한 권이 필요할 것이다. 하지만 거칠게 구분해서 보자면 초기 루카치, 특히 『소설의 이론』에서 **주요하게** 사용되는—따라서 이 책에서도 반드시 이렇게**만** 사용되고 있는 것은 아닌데—총체성 개념은 독일 관념론, 특히 헤겔 미학에 영향을 받은 이른바 '표현적 총체성' 개념에 가깝다. 하지만 『역사와 계급의식』의 총체성 개념만 하더라도, 비록 '표현적 총체성'으로 파악될 수 있는 여지가 있긴 하지만, 주요하게는 "부정적이고 방법론적인 위상"[78]을 지니고 이데올로기 비판의 "방법론적인 기준"[79]으로 작동하고 있다. 1930년대 이후 문학론에서는 일종의 마르크스적 총체성 개념이 중심에 놓여 있는데, 그렇기 때문에 이른바 '표현주의-리얼리즘 논쟁'에서 에른스트 블로흐가 가했던 비판에 대해 루카치는 청년 루카치 즉 "『소설의 이론』의 이름으로 마르크스주의자 루카치를 논박했던 약간 그로테스크한 상황이 생겨나게 되"[80]었다고 지적한 바 있다. 여기에서 우리가 고찰하는 텍스트인 『프롤레고메나』에서는 총체성 개념보다 복합체(성) 개념이 더 많이 사용되는데, '총체성=복합체성'을 가장 간명하게 정식화하자면—"동일성과 비동일성의 동일성"이라는 헤겔의 규정을 따라 루카치가 사용하는 표현인—'통일성과 차이의 통일성' 또는 '통일성과 상위성의 통일성'으로서의 총체성이라고 할 수 있을 것이다.[81]

이러한 '복합체성'은 실제로는 '역사성'과 분리될 수 없는 개념인데, 하지만 논리적 추상을 통해 구분해 보자면, 위에서 우리가 살펴본 '역사성'이 모든 존재의 본질을 형성하는 "불가역적인(곧 역사적인) 과정"을 가리키는 개념이라면, '복합체성'은 그 과정 자체의 '구조', '과정형식'에 초점을 맞춘 개념이라 할 수 있을 것이다. 루카치가 마르크스에서 읽어내는 '복합체성' 사상은, 언제나 과정은 상이한 효과를 지닌 '요소'들이 종합된 것으로서 복합체라는 것, 따라서 모든 존재의 존재적 구조는 복합체라는 것, 그리고 복합체(물론 과정적·역동적인)는 언제나 그 '요소'들에 대해 존재론적 우선성을 지닌다는 것, 따라서 우선적으로 실존하는 것은 복합체라는 것, 그리고, 마지막으로, 복합체는 언제나 "복합체들로 구성된 복합체"[82]라는 것, 따라서 복합체를 구성하는 모든 '요소'는 그 자체가 또 하나의 복합체라는 것을 함의한다.

이미 다른 글에서 밝혔듯이 이러한 '복합체(성)' 사상은 사회를 "복합체들로 구성된 복합체"로 파악하는 것을 가능하게 만듦으로써 사회적 발전의 불균등성('불균등 발전')을 이론적으로 강조할 수 있게 한다. 이를 근거로 루카치는 '경제결정론' 및 이에 의거한 직선적이고 획일적인 역사관, 그리고 "속류 진보신앙" 따위와 결부되어 있는 "무조건적, 절대적 필연성" 구상을 논박하면서 "연기적(緣起的) 필연성" 개념을 제출하고 '목적론적 역사철학'으로 왜곡된 마르크스주의를 바로잡으려 시도한다.[83]

이상과 같은 '역사성' 및 '복합체성' 사상에 따르면 결국 모든 존재는 "복합체들의 불가역적 과정"(240) 또는 '불가역적인 과정적 복합체'로 존재한다고 할 수 있다. 이에 내속된 두 가지 원리, 즉 '요소들에 대한 복합체의 존재론적 우선성' 원리와 '불가역적 과정성 원리'는 모든 존재의 토대이며, 따라서 존재에 대한 올바른 인식의 토대로 설정된다. 루카치는 이 두 가지 원리가 모든 존재에 대한 인식의 토대로 관철될 때 비로소 "상이한 존재영역들이 궁극적으로 통일적인 성질을 지닌 존재이자 이와 동시에 서로 질적으로 다른 상이한 존재수준들로 분화된 존재"(106)로서 파악될 수 있다고 한다. 그러지 않고 상이한 존재영역들, 상이한 존재수준들이 직접적으로 파악될 경우, 얽히고설킨 그 모든 상호관계에도 불구하고 그것들은 질적으로 다른 존재로서 나란히 실존하는 것으로 파악될 뿐이지 그 통일성도, 그 통일성 속에서 구축되는 상이성도 올바로 파악될 수 없다는 것이다. 이런 관점에서 볼 때 무기적 자연과 유기적 자연 그리고 사회적 존재는 보다 포괄적인 복합체(이런 말이 가능하다면, '우주적 총체성'을 구성하는 한 '요소'로서의 '지구적 총체성') 속에서, 그리고 또한 하나의 역사과정으로서 궁극적으로 통일되어 있는 가운데, 존재발생적인 발전과정을 거치면서 순차적으로 생겨나 각기 다른 방식으로 종합됨으로써 각각 상대적으로 고유한 복합체를 형성했다고 말할 수 있다.[84]

2) 세 존재양식의 '공존'과 '자연적 한계들의 후퇴'

존재발생사적으로 무기적 존재에서 유기적 존재가, 그리고 유기적 존재에서 사회적 존재가 생겨났는데, 이때 새로운 존재형식은 한층 더 단순한 존재형식에서 한층 더 복잡한 존재형식으로 이행함으로써 발생한다. 이러한 '이행'들(물론 장구하고도 복잡한 과정으로서의)에서 루카치는 두 가지를 강조하는데, "우연성"의 작동과 "질적 도약"이 그것이다. 이러한 이행들은 특정한 우연들의 작용 없이는 불가능하다고 강조함으로써 루카치는 "이러한 역사적 발전과정, 이러한 이행들 속에서도 목적론적인 '힘들'이란 어불

성설"(214)이라는 것을 분명히 한다. 루카치에게 '우연성'은 그 짝
개념인 '필연성'과 마찬가지로 "불가피한 객관적 존재형식"(78)
이다. 가령 스피노자(B. Spinoza)의 경우, 우연성은 인간 사고의 두
가지 대립적 규정 중 하나로 필연성과 함께 인정되지만 필연성과
"동일하게 근원적인(gleichursprünglich)" 것이 아니라 필연성으로 환
원될 수 있는 것의 현상방식으로 설정되고 있다면, 루카치의 마르
크스주의 존재론에서 필연성과 우연성은 단순히 사고 규정이 아
니라 객관적인 존재형식으로서 동일하게 근원적인 것, 서로 불가
분한 관계에 있으면서 어느 한쪽으로 환원될 수 없는 것으로 파악
된다.[85]

　　다른 한편, 이러한 이행들은 "질적 도약"으로서 이루어지는데,
"질적 도약"에는 두 가지 요소 곧 "연속성과 연속성의 단절"이 함
유되어 있다는 것이 루카치의 생각이다. 여기서 "연속성은 더 높
은 단계에서도 일정한 근본구조들을 보존하는 것으로 나타나
며, 연속성의 단절은 전혀 새로운 범주들의 발생으로 볼 수 있다"
(43). 따라서 자연적 존재로부터 '질적 도약'을 통해 생성된 사회
적 존재를 자연적 존재로 환원해서 설명하는 것은 불가능하지만,
사회적 존재에는 그 본래적 출발점인 자연적 존재의 본질적인 존
재규정들이—본디 모습 그대로 고정된 것으로서가 아니라 점차
사회화되는 가운데—보존되어 있다.

　　이러한 인식은 『정치경제학 비판 요강』(Grundrisse der Kritik der
Politischen Ökonomie)에서 마르크스가 "인간의 해부에는 원숭이 해
부를 위한 **한** 열쇠가 있다(In der Anatomie des Menschen ist **ein** Schlüssel
zur Anatomie des Affen)"[86](강조는 인용자)라고 한 것과 통한다. 흔히
이 구절은 마르크스의 목적론적 역사관을 보여주는 대목으로 인
용되곤 하는데, 최근에 번역된 『공통체』에서 네그리(A. Negri)와

하트(M. Hardt)도 바로 이 구절을 인용하면서 마르크스의 경제사 해석에 함유된 "목적론적, 진화론적 측면"을 분명하게 보여주는 "조야한 논리"라고 비판하고 있다.[87] 하지만 루카치는 바로 이 구절에서 지금까지 어느 누구도 눈여겨보지 않았던 부정관사("ein")에 주목한다. 마르크스는 "열쇠"가 아니라 "한 열쇠"라고 적고 있는데, "한 열쇠"라는 말은 자연적 존재인 원숭이와 사회적 존재인 인간 사이의 존재적 통일성(연속성)에 대한 일방적 강조도(만약 그랬다면 '한 열쇠'라고 하지 않고 그냥 '열쇠'라고 했을 것이다), 차이(연속성의 단절)에 대한 일방적 강조도(만약 그랬다면 '한 열쇠'라는 말도 쓸 수 없을 것이다) 아닌, 두 존재형식 사이의 역사적 통일성과 차이를 동시에 고려한, "참으로 비판적인 신중한 태도"(36)의 표현으로 볼 수 있다는 것이다. 루카치가 보기에 "인간의 해부에는 원숭이 해부를 위한 한 열쇠가 있다"라는 마르크스의 언명은, 목적론적이거나 진화론적인 역사관과는 전혀 거리가 먼, "역사의 과정은 인과적이지 목적론적이지 않으며, 또 다층적이지 결코 일면적이거나 단선적이지 않고, 언제나 그때그때 활동적인 복합체들의 실재적인 상호작용 및 상호관계에 의해 작동되는 하나의 발전경향"(36)이라는 인식을 담고 있다.

그러한 역사적 관점에서 볼 때, 유기적 자연에서 '질적 도약'을 통해 발생한 사회적 존재인 인간은 질적으로 새로운 존재이면서 동시에 생물학적 존재양식에 근거를 두고 있으며, 생물학적 존재방식은 무기적 자연과의 "공존"을 전제로 한다. 그렇기 때문에 인간은 무기적 영역과의 연결도 끊을 수 없는데, 삼대(三大) 존재양식의 이러한 "공존"은 "모든 사회적 존재의 불변의 기초"(9)로서 인간의 "실천과 사고의 출발점"(9)을 이룬다는 것이 루카치의 주장이다. 이 세 가지 존재방식이 "공존"한다는 것은 동시적으로, 서로 얽히고설킨 채 존재한다는 것이며, 이에 따라 이 세 가지 존재 방식은 인간의 존재, 인간의 실천과 사고에도 많은 경우 동시에 영향력을 행사한다. 이렇게 인간은 자연과 사회에 동시적으로 속해 있는데, 그렇다고 이 말이 인간 존재의 이원론적 성질을 말하는 것은 아니다. 즉 정신(영혼)과 육체를 이분법적으로 파악하는 사고들에서 드러나듯이 인간은 한편으로는 인간적, 사회적 존재이고 다른 한편으로는 자연의 일원인 것이 아니라, 언제나 사회적 존재이자 또한, 동시에, 자연적 존재다.

그런데 이 동시적 존재는 고정된 것이 아니라 "과정"으로서 존재하는데, 이를 명확하게 표현하고 있는 것이 마르크스가 『자본』에서 말하고 있는 "자연적 한계들의 후퇴"[88]라는 것이 루카치의 생각이다. 마르크스는 인간의 인간화 과정에는 "자연적 한계들의 후퇴"가 필연적으로 따르게 된다고 했는데, 여기서 중요한 것은 그가 자연적 한계들의 "후퇴"를 말했지 그것이 사라진다거나 그것의 완전한 극복을 말하지는 않았다는 점이다. 인간은 자연적 한계들을 뒤로 밀쳐낼 수 있을 뿐이지 그것을 완전히 제거하거나 극복하는 일은 있을 수 없다. 어떤 사회 · 역사적 단계에서든 사회적 존재로서의 인간은 또한 자연적 존재로서의 생명체인 것이다. 다른 한편, 인간 존재의 기능들 중 자연적으로 정초된 기능들은 인간의 생물학적 계기로서 결코 사라지는 것이 아니라 인류의 발전이 진행되는 과정에서 점차 "사회화"될 뿐인데, 루카치는 영양섭취와 섹슈얼리티를 그 예로 들고 있다(13). 물론 이러한 "사회화"는 무한한 과정으로서 이루어지는 것이지 자연적 근거(생물학적 존재규정들)를 완전히 극복하는 것이 될 수는 없다. 따라서 "자연적 한계들의 후퇴"로 표현되는 인간의 인간화, 인간의 사회화 과정은 자연을—폐기하고 보존하고 고양한다는 헤겔적 의미에서—

'지양'해가는 끝없는 과정이라 할 수 있는데, 루카치에 따르면 그 과정의 맨 앞에 있는 것이 '노동'이다.

5. '노동'을 중심으로 본 존재론의 요소들

1) 사회적 실천, 그리고 그 '모델'로서의 노동

루카치에 따르면 유기적 자연에서 사회적 존재로의 이행과정에서 발생하는—물론 장구한 기간에 걸쳐 서서히 이루어지는—"질적 도약"의 존재적 기반은 환경에 대한 유기체의 수동적 적응이 능동적 적응으로 바뀐 것이다. 환경에 대한 적응의 능동적 방식이 여기서 도약하는 지점인데, 자신의 환경에 대한 인간의 능동적 적응, 환경에 대한 인간의 능동적 관계를 일컫는 말이 곧 '실천'이다. 이 실천이 사회적 존재라는 "새로운 존재형식의 기초를 이루는 근본범주"(39)이자 "인간이 인간으로서 존재하기 위한 존재기반이고 인간 존재의 모든 계기의 기반"(39)이라는 것이 루카치의 생각이다. 그렇기 때문에 사회적 존재의 "모든 현실적이고 중요한 특징은 이러한 실천의 전제조건, 본질, 결과 등등의 진정한 존재적 성질을 존재론적으로 탐구함으로써만 파악될 수 있다"(37)고 한다.

하지만 옛 유물론, 다시 말해 마르크스 이전의 기계적 유물론은, 마르크스가 「포이어바흐에 관한 테제」에서 말했듯이 실천을 무시하거나 경시하고[89] 결국에는 자연적 존재를 일반화함으로써 사회적 존재와 존재 일반 사이에 아무런 차이도 확정하지 못한다. 이러한 현상은 비단 옛 유물론에만 나타나는 것이 아니라 마르크스 이후 마르크스주의 역사에서도 찾아볼 수 있는데, 사회현상을 자연과정들의 모델에 따라 해석하여 실제로는 '경향'으로서 관철되는 경제의 객관적 법칙성을 일종의 자연과학적 법칙들로 경화(硬化)시킨 것이 그 대표적인 예이다.[90]

이와 달리 루카치의 사회존재론에서 실천은 "존재론상의 중심적 위치"(37)를 차지한다. 실천은 불가역적인 역사과정에서 점점 더 복잡하게 매개되고 풍부하게 되는데, 시간적으로도 구조적으로도 그 최초의 것인 "제1의 실천"(39)으로서, 실천의 모든 형식이 생겨나는 일종의 원천이자 "근원형식(Urform)"이 바로 노동이다. 루카치에게 노동은 인간 탄생의 비밀이며 자연적 존재에서 사회적 존재로의 이행을 매개하는 것이자 "모든 인간적 사회화를 정초하는 토대"(16)이다. 나아가 루카치는 "사회적 존재의 일차적 기반"(156)인 이 노동에서는 인간(사회)과 자연의 상호관계가 원래적·직접적인 방식으로 실현되며, 사회적 존재의 새로움의 본질을 형성하는 규정이 내포되어 있다고 주장한다. 그래서 그는 노동을 단순히 경제적 실천의 기본현상으로만 보는 것이 아니라 "실천 일반의 구조와 동역학(動力學)의 가장 일반적인 모델"[91]로 설정하고, 사회적 존재의 구체적 성질에 대한 고찰을 여기에서부터 시작한다.[92] 아래에서는 "사회적 실천의 모델"로서의 노동에서 루카치가 어떤 계기 내지 규정을 파악하고 부각시키는지를 볼 것인데, 그에 앞서 노동 분석에서부터 출발하는 사회존재론과 관련해 있을 수도 있는 몇 가지 선입견부터 짚고 넘어가도록 하자.

먼저, 루카치의 사회존재론이 노동 분석에서 출발한다고 해서, 예컨대 이진경이 비판하고 있는 것과 같은 류의 "노동의 인간학"으로 오인되어서는 안 된다는 점을 분명히 해둘 필요가 있다. 이

진경에 따르면 "노동의 인간학"은 "노동이 모든 가치의 기원이고 원천이라는 명제, 인간의 본질은 노동이라는 명제, 그리고 역사는 노동의 본질을 실현하는 과정이라는 명제로 구성"[93]되는데, 다른 점은 차치하더라도 앞의 두 명제는 환원론적인 것이고 마지막 명제는 목적론적인 것이라는 점만 보더라도 그가 비판하는 "노동의 인간학"이 루카치의 사회존재론과는 거리가 멀다는 것을 알 수 있다. '노동의 인간학'이나 '노동의 존재론'으로 불러도 크게 문제될 게 없어 보일 정도로 노동이 루카치의 사회존재론에서 핵심적인 범주이긴 하지만, 그가 노동에서 보는 것은 이진경이 "노동의 인간학"이라는 문제틀로 조명하는 노동과는 다르다. 또, 루카치가 말하는 노동은 하버마스(J. Habermas)가 규정하는 식의 "도구적 행위"에 머무르지 않는데, 루카치는 하버마스와는 달리 노동을 의사소통과 통일적인 현상으로 파악하며, 그 통일성 내에서 노동을 의사소통의 근거로 규정한다. 또 하나 유의해야 할 것은, 노동은 사회적 실천의 '모델'일 뿐이지 모든 사회적 실천의 내실이 노동으로 환원될 수 있는 것은 아니라는 점이다. 사회적 실천은 노동에서부터 시작하여 인간의 인간화, 인간의 사회화가 진척되는 과정에서 점점 더 풍부하게 매개되고 복잡화된다. 따라서 "노동으로부터 사회의 총체성에 이르는 단계적 상승"[94]을 추적하는 일은 노동 분석에서 출발하되 그것으로 환원될 수 없는 별도의 구체적인 고찰을 필요로 한다. 그럼에도 그가 노동을 사회적 실천의 모델로 설정할 수 있는 것은, 모델과 이후 훨씬 더 복잡하게 된 그 변형들 사이의 관계를 '통일성과 차이의 통일성'[95]의 관계로 파악하기 때문이다.

2) 목적론적 정립, 그리고 존재와 의식의 관계

루카치에 따르면 환경에 대한 인간의 능동적 적응인 노동과 모든 전(前)인간적 적응을 가르는 "본래적이고 일차적인 구분선"은 "의식적인 목적론적 정립"이다(28). 노동 속에서, 노동으로부터 그 계기로서 목적론적 정립이 발생하며, 모든 사회적 실천은 그것을 "객관적으로 결정적인 계기"(292)로 포함한다. 따라서 노동은 "목적론적 정립 일반의 기초이자 모델케이스"(165)이기도 하다. 루카치는 이 의식적인 '목적론적 정립'을 "노동의 일차적 개념" (20)으로 규정하면서 『자본』의 다음과 같은 구절이 이를 가장 분명하게 표현하고 있다고 한다.

> 하지만 아무리 서툰 건축가라도 가장 우수한 꿀벌과 처음부터 뚜렷하게 구분되는 점은, 건축가는 밀랍으로 벌집을 짓기 전에 그것을 자신의 머릿속에서 짓는다는 사실이다. 노동과정의 시초에 이미 노동자의 표상 속에 존재했던, 따라서 이미 관념적으로 존재했던 결과가 노동과정의 마지막에 나온다. 그는 자연물의 형태변화를 야기할 뿐만 아니라 동시에 자연물 안에서 그가 알고 있는 자신의 목적을 현실화하는데, 그 목적은 법칙으로서 그의 행동 방식을 규정하며 또 그는 자신의 의지를 그 목적에 종속시키지 않으면 안 된다.[96]

결국 노동의 "일차적 개념"은 노동에서는 의식활동, 관념적 계기가 물질적 현실화, 노동의 실천적 수행에 존재론적으로 선행한다는 것을 함의한다. 만약 노동에 대한 개념적 규정이 이것으로 그치고 만다면, 다시 말해 마르크스의 노동 개념이 이것으로만 구성된다면, 이진경이 이 대목을 두고 "노동의 본질을 합목적적 활동이라고 하는 (…) [마르크스의-인용자] 노동의 정의는 정확하게 헤겔적인 것이고 관념론적인 것"[97]이라고 한 비판은 타당하다고 할 수 있다. 하지만 루카치가 신중하게도 "일차적 개념"이라 적고 있듯이, 위에서 인용한 마르크스의 발언은 노동의 규정들 가운데 하나이며 아래에서 살펴볼 다른 규정들과의 상호관계 속에서 이해되어야 한다.[98] 어쨌든 위 인용문에서 마르크스가 물질적 존재에 비해 의식의 의의를 결코 과소평가하지 않았다는 것은 분명하게 드러나는 사실이다. 이와 관련해 루카치는 다음과 같이 말하고 있다.

> 유기적 자연의 존재와 사회적 존재를 유물론적으로 구획할 때, 의식에 그와 같이 결정적인 역할이 할당되는 것은 아마도 특이하게 보일 것입니다. 하지만 이때 잊어서는 안 될 것이 있습니다. 즉, 사회적 존재에서 나타나는 문제복합체—그 최고의 유형은 자유와 필연의 유형인데—는 의식이 능동적인 역할을 할 때에만—바로 존재론적으로—진정한 의미를 지닐 수 있다는 것이 그것입니다. 의식이 존재의 유력한 힘이 되지 못한 곳에서는 이러한 대립[자유와 필연의 대립-인용자]이 결코 나타날 수 없습니다.[99]

모든 사회적 실천이 의식적인 목적론적 정립을 "객관적으로 결정적인 계기"로 포함하고 있느니만큼 의식(사고, 인식 등등)은 당연하게도 "실천의 근본적 계기"(314)이며 "사회적 존재의 발전과정에 필수불가결한 계기"(300)이다. 의식에 대한 이러한 존재론적 파악은 의식과 존재의 관계에 대해 새로운 인식을 제공한다. 루카치에 따르면 종교적 초월성이 존재론적으로 지배했던 시대에 뒤이어 "세계에 대한 사고를 존재론적으로 독자적인 것으로, 더 이상 다른 것에서 연역될 수 없는 세계원리로 파악했던 근대적 혁명"(292)이 일어났다. 그렇게 생겨난—고대와 중세의 관념론과는 달리 초월성을 제거한—철학적 관념론에서 "정신적인 것은 본래 창조되지 않은 것, 발생되지 않은 것으로서 실존"하며 스스로 "물질적 존재를 산출한다"(300). 이러한 관념론적 세계관과 대립한 또 다른 세계관이 유물론인데, 여기에서는 "정신적인 것이—기껏해야—물질적 존재의 단순 생산물로 환원되며, 왕왕 존재적으로 물질적인 것의 운동에 따른 일종의 부수현상으로 단순화된다"(300). 마르크스는 오랜 시간 서로 투쟁한 이 두 가지 세계관과는 다른, "인식 자체에 대한 완전히 새로운 입장"(292)을 보여주었다는 것이 루카치의 생각이다. 사고는 철학적 관념론에서처럼 연역 불가능한 것이 아니라 "독특한 생명체인 인간의 발생사로부터, 인간의 본질적으로 새로운 유적 성질의 독특한 토대이자 결과인 사회의 발생사로부터"(300) 발생하여 인간의 "실존조건들 속에서 그리고 이에 능동적으로 반응하는 실천방식들 속에서 점차 하나의—물론 궁극적으로는 상대적인—자립성으로 발전해나갔"(292)다고 보는 "발생론적 · 역사적인"(300) 관점을 제시했다는 것이다. 그렇다고 유물론에서처럼 의식을 물질적인 것의 운동에 따른 부수현상에 불과한 것으로 보는 것은 아닌데, 그도 그럴 것이 의식은 사회적 존재의 존재론적 토대인 실천이 발생하고 발전되는 과정들의 필수적인 구성부분이자 계기로서, 존재의 사회적 처리에서 능동적으로 작용하는 "존재의 유력한 힘"으로서 파악되기 때문이다.

의식에 대한 이러한 존재론적 관점에서 보면 "사고가 우선적인가 존재가 우선적인가 하는, 순수 인식론적인 모든 양자택일은 잘못된 문제설정"(303)이라는 것이 루카치의 생각이다. 왜냐하면 사고가 작동한다는 것은 이미 특수한 고유성을 띤 사회적 존재를 전제로 하는 것이며, 사회적 존재는 의식을 필수불가결한 계기로 포함하는 존재이기 때문이다. 이에 따라 루카치는 "인간들의 의식이 그들의 존재를 규정하는 것이 아니라 반대로 인간들의 사회적 존재가 그들의 의식을 규정한다"[100]는, 『정치경제학 비판을 위하여』 (Zur Kritik der Politischen Ökonomie) 「서문」에 나오는 마르크스의 유명한 언명을, 사고는 "사회적 존재 속에서 이루어지는 인간활동이 발생하고 발전되는 저 과정들의 구성부분으로서, 그러한 테두리 내에서 존재에 의해 규정"(303)된다는 것을 뜻하는 말로 읽는다. 그리고 이에 덧붙여 사회적 존재에 의한 의식의 규정은 사회적 과정으로서 나타나는 것이지 자연적 과정에서처럼 "직접적이고 단순한 인과적 방식"(303)으로 나타날 수 없다고 한다. 사회적 존재에 의한 의식의 규정 역시 인과적 연관의 과정이긴 하지만 그것은 단순한 직접적 인과관계로 작동하는 것이 아니라 "다만 선택적 결정의 필연성을 강제할 수 있을 뿐"이며, 해당 인간이 그릇된 결정을 내릴지 옳은 결정을 내릴지까지도 결정하는 것은 아니라는 것이다(303). 사회적 존재에 의한 의식의 규정은 "언제나 선택적 결정의 한정일 '뿐'이며, 선택적 결정 가능성들의 구체적인 여지이자 하나의 작용방식"(303)이라는 것이 루카치의 주장이다. "자연적 인과성들과는 달리, 모든 의식과정이 사회적 존재의 그때그때의 (경향적인) 상황에 의해 규정되어 있는 상태 일체는 인간들에 의해 수행되는 목적론적 정립들과 관련된 새로운 선택적 결정들의 발생과 실효화를 위한 구체적인 여지를 의미한다"(304).[101] 루카치에 따르면 마르크스주의의 통속화·속류화는 '여지(Spielraum, 활동여지)'라고 하는 바로 이 결정적인 문제를 사라지게 만든 것으로서, 경제적 과정들의 객관성을 일종의 '제2의 자연'으로 만듦으로써 경제적 합법칙성을 흡사 무기적 자연의 물질적 합법칙성처럼 왜곡한 것이다(304). 이럴 경우 모든 '정신적인 것'은 여기에서 작용하는 물질적 힘들의 기계적 산물 외에 그 어떤 것일 수 없게 되는데(305), 루카치의 존재론적 관점에서 봤을 때 이는 마르크스의 사상과는 전혀 거리가 먼 생각일 수밖에 없다.

나아가 루카치는 "보다 구체적인 인식론적 문제, 곧 현실적 존재를 적합하게 파악하는 사고의 능력 문제"는 "사이비 문제"(303)라고 한다. 다시 말해서 "인간의 사고가 존재를 정확하게 재생산할 수 있는지를 묻는 것은 불필요한 일"(304)이라는 것인데, 요즘 유행하는 말로 번역하자면, '재현 (불)가능성'을 묻는 것은 불필요한 일임을 주장하는 것이라 할 수 있다. 루카치의 이러한 주장은, 지금까지의 인류 역사가 인류의 몰락이 아니라 인류의 영향력이 외연적 · 내포적으로 엄청나게 확장되는 결과를 낳았다는 "이미 입증된 사실"을 근거로 하고 있다(304). 위에서 인용한 마르크스의 말에서 볼 수 있듯이 실천의 주체는 자신의 목적을 "현실화"하려 한다. 이때 그는 그 현실화의 실재 상황을 가능한 한 자신의 표상과는 무관한 그 객관적 성질에서 조망할 수 있을 때에만 그 상황을 지배할 수 있다. 실천이 제대로 작동하기 위해서는 "실천의 근본적 계기"(304)인 사고에 의한 객관적 현실에 대한 적합한 인식이 전제되어야 한다는 것이다. 따라서 인류의 영향력이 확장되어 왔다는 "이미 입증된 사실" 자체가 "인간들에 의해 이루어진 현실 처리의 전체 노선이 현실을 최소한 포괄적으로나마 정확하게 (비교적 정확하게) 사유 속에서 재생산하는 데에 의거했다"(304)는 것을 보여준다는 것이 루카치의 주장이다.

여기서 루카치는 "최소한 포괄적으로나마 정확하게(비교적 정확하게)"라는 신중한 표현을 쓰고 있는데, "모든 대상성은 무한한 수의 규정들을 내포하며, 존재과정들 속에서 그 규정들 사이에 벌어지는 상호작용들의 양상은 당연히 이러한 상황의 결과들도 표현한다"(304)고 보기 때문이다. 이 점만으로도 "모든 인식은 언제나 대상에 대한 다소간 포괄적인 접근에 지나지 않는다"(304)고 말할 수 있게 되는데, 이에 덧붙여 "이러한 접근의 정신적·물질적 수단 또한 그때그때의 사회성이 지닌 객관적 가능성들에 의해 규정되어 있다"는 점까지 고려하면, "주관적으로나 객관적으로나 모든 인식에는 다만 접근(따라서 상대적인 것)만이 있을 수 있다"(304)는 주장은 당연한 귀결이라 할 수 있다.

　인식의 접근성·상대성에 대한 이러한 주장은 세상의 모든 이론은 '불완전'한 것일 수밖에 없다는 주장과 통한다. 한편으로는 인식 주체의 사회·역사적 규정성이, 다른 한편으로는 "결코 완전히 인식할 수는 없는 그때그때의 존재규정들의 총체성"(16)이 모든 이론으로 하여금 오직 "부분적인 진리성"(16)만을 지니는 '불완전'한 것일 수밖에 없게 만든다. 역사에서 볼 수 있듯이 그렇게 불완전한 이론들 중 어떤 것은 오랫동안 거침없이 작동하는데, 그런 일을 사회적으로 가능하고 필연적이게 만드는 것도, 그러한 이론들의 극복을 사회적으로 가능하고 필연적이게 만드는 것도 바로 그 무한한 존재 규정들의 총체성이라는 것이 루카치의 주장이다(16). 이렇게 보면 "모든 한갓된 이론에 대한 존재의 우선성을 무조건 인정하는 것"(318)이야말로 가능한 한 올바른 인식을 낳을 수 있는, 이론을 대하는 올바른 태도라 할 수 있겠다.

3) 목적론과 인과성, 그리고 자유와 필연의 변증법

　앞서 말했다시피 의식적인 '목적론직 정립'은 "사회적 실천의 근원형식"인 노동을 일차적으로 규정하는 개념이다. 따라서 노동이 발생하기 이전 자연에는 그러한 목적론적 정립이 존재하지 않는다. 자연에는 단지 인과적인 연관관계, 인과적인 과정만이 있을 뿐 어떠한 종류의 목적론적인 것도 없다. 따라서 철학사에서 목적론과 인과성이 현실 일반, 존재 일반의 두 가지 보편적인 결정형식으로 파악되곤 한 것은 잘못된 일이다. 자연은 인과적인 행태만 알 뿐이다. 이에 반해 사회적 존재의 노동은 목적론과 인과성을 상호 결합시킨다는 것이 루카치의 주장이다(이를 노동에 대한 두 번째 규정 또는 '이차적 개념'이라 할 수 있다). 여기에서 인과성과 목적론은 이중적으로 결합되어 있는데, 한편으로 목적론적 정립은 아무런 전제조건 없이 실행되는 것이 아니라 목적론적 정립과는 무관하게 존재하고 있는 인과적 과정, 이미 앞서 주어져 있는 인과계열을 작동시키는 것이며, 다른 한편 이렇게 목적론적 근원을 지닌 인간행위가 낳은 결과들의 총합은 다시 순수하게 인과적인 성격을 띤다. "모든 사회적 사건은 개별적인 목적론적 정립에서 발생하지만 그 자체는 순수하게 인과적인 성격을 띤다."[102] 목적론적 정립들은 사회적 존재의 모든 과정에—자연의 진행에 영향을 끼치고자 하는 그런 과정들에도 당연히—특수한 성격을 부여하지만, 그렇다고 해서 실재 과정들의 인과적 성질을 제거할 수는 없다. 물론 원래의 인과과정들에서 아주 광범위한 변양(變樣)들이 발생할 때가 자주 있다. 그러나 이러한 변양들도 그 인과성을 결코 폐기할 수 없다. 여기서 루카치는 바퀴를 예로 드는데, 바퀴 그 자체는 자연에서는 결코 발견될 수 없는 것이며, 따라서 전적으로 목적론적인 정립의 산물인 것처럼 보인다. 하지만 그렇게 계획되어 현실화되는 바퀴의 운동은 그럼에도 불구하고 그 존재기반에 있어서는 목적론적으로 영향만 받았을 뿐인 자연적인 인과적 과정들과 범주적으로 결코 구별되지 않는, 순수하게 인과적인 과정에 다름 아니다(284).

결국 모든 존재의 과정, 그것이 자연적 존재이든 사회적 존재이든 모든 존재의 과정은 인과적인 과정이라는 것인데, 루카치는 이를 "존재의 모든 과정에서 인과성의 일반적 지배"(285)라고 정식화한다. 이러한 정식화는 역사란 '주체(기원으로서의)도 목적도 없는 과정'이라는 알튀세르의 유명한 테제를 연상시킨다. 그 테제가 겨냥했던 목적론적 역사철학이 상정하는 "보편적인 목적론적 과정"이 있다면 그것은 "시작 전에 이미 정확하게 규정된 목표를 모든 단계와 계기에서 실현할 수 있는, 다시 말해서 모든 단계와 계기에서 목표정립적 주체에 의해 사실상 그 목표 쪽으로 유도되는 그런 진행의 과정"(284)일 것이다. 하지만 루카치가 "인과성의 일반적 지배"하에 있다고 보는 역사과정은 그런 목표도, 그런 목표정립의 주체도 없는 인과적 과정이다. 앞에서 인용했던 말을 반복하자면, 루카치에게 역사과정이란 "인과적이지 목적론적이지 않으며, 또 다층적이지 결코 일면적이거나 단선적이지 않고, 언제나 그때그때 활동적인 복합체들의 실재적인 상호작용 및 상호관계에 의해 작동되는 하나의 발전경향"(36)이다.

그런데 '선행하는 인과적 과정을 작동시키는 목적론적 행위, 그 목적론적 행위의 결과들이 산출하는 인과적 과정'이라는 루카치의 이해는 사회의 전체 과정이 "자기 고유의 법칙성들을 지니고 있는 인과적 과정"[103]임을 의미하는 것이면서 이와 동시에 "기계적·자연발생적으로 작용"[104]하는 필연성 일체를 부인하는 말이기도 하다. 그도 그럴 것이 '사회적 필연성'은 각 개인의 목적론적 정립들에서 생겨나기 때문이다. 여기에서 각 개인의 목적론적 정립은―앞에서 사고를 통한 인식의 접근성·상대성과 관련해서 말했듯이―그 조건들을 남김없이 다 조망하고 검토한 위에 이루어질 수는 없다. 유한한 생명체일 뿐만 아니라 사회 · 역사적 규정 속에 있는 개별 인간이 무한한 현실적 연관을 다 검토하는 것은 불가능한 일이다. 뿐만 아니라 각 개인의 행위의 결과는 다른 개인들의 행위의 결과들과 겹쳐진다. 그렇기 때문에 각 개인의 행위의 최종적인 결과는 개인의 의도를 넘어선다. 인간의 합목적적 활동은 객체에 대한 절대적 지배에는 결코 도달할 수 없는 것이다.

"인간은 자기 자신들의 역사를 만들지만 (…) 직접적으로 앞에 놓여 있고 주어진, 전승된 상황하에서 그렇게 한다"(MEW, 8:115)는 마르크스의 말도 이러한 메커니즘과 관련이 있다는 것이 루카치의 생각이다. 인과적 과정으로서 '주어진 상황'에 의해 인간의 행위가 '결정'되어 있다면 '인간은 자기 자신들의 역사를 만든다'는 말이 성립할 수 없을 것이다. 루카치는 그렇게 '주어진 상황'에 인간은 '선택적'으로 반응한다고 본다. 즉, 사회적 과정에는 선택적 정립의 가능성이 주어져 있으며, 인간의 합목적적 활동은 선택적 결정들을 통해 이루어진다는 것이다. 물론 사회의 전체 과정이 인과적 과정인 이상 그 선택 가능성의 범위는 항상 '규정'되어 있지만, 이 말이 일체의 선택이 불가능하게 기계적으로 '결정'되어 있다는 뜻은 아니다. 이러한 사태를 표현하는 말이 앞에서 언급한 "구체적인 여지"인데, 이 "여지" 내에서 이루어지는 선택적 결정에 인간의 '자유'가 존립한다는 것이 루카치의 생각이다. 따라서 관념이 아닌 현실에서는 일체의 '규정'을 벗어난 **절대적** 자유도 있을 수 없지만, 이와 반대로 **절대적** 필연의 지배 또한 있을 수 없다. 이를 루카치는 "사회적 존재에 모순적으로 불가분하게 내재해 있는 자유와 필연의 통일성"[105]이라고 표현한다. 이는 이미 노동에서 "목적론적인 선택적 결정과, 제거 불가능한 인과적 · 필연적 전제 및 결과의 불가분한 모순적인 통일성"[106]으로 작동했던 것으로서, 모든 개인적 인간 층위에서 부단히 재생산된다는 것이 루카치의 생각이다. 이렇게 보면 루카치의 제자들이 『존재론』 전체에는 필연성의 구상이 지배하고 있는 존재론과 인간의 자기해방에 강조점이 놓인 존재론 간의 모순이 도사리고 있다고 파악한 것은, "자유와 필연의 통일성"에 대한 루카치의 생각을 받아들이지 않은 탓에 나온 평가라 할 수 있다.

6. 마치는 말: 루카치의 마르크스주의

루카치는 마르크스의 이론작업에 작동하는 방법의 존재론적 기초 내지 원리에 주목하고 마르크스 사상의 정수(精髓)는 바로 거기에 있다고 확신했다. 그런 눈으로 '마르크스 다시 읽기'에 나섬으로써 그는 마르크스가 그 모든 이론적 성취에 앞서 무엇보다도 "존재와 생성의 이론가"로 우뚝했음을 밝히고, 그런 관점에서 마르크스의 사상을 계승·발전시키고자 했다. '생성(Werden)'과 '존재(Sein)', 요즘 유행하는 말로 바꾸자면 '되기'와 '임[있음]'이 별개가 아니라 '임[있음]'은 '되기'로서만 '임[있음]'이며 '되기'는 곧 '임[있음]'이라는 통찰이 초기 마르크스부터 후기 마르크스까지 일관되게 관류하고 있다고 보았기 때문에 루카치는 마르크스 사상의 근본적 연속성을 강력하게 주장할 수 있었으며, 또 그 어떤 마르크스주의자보다도 더욱더 포괄적으로 마르크스를 옹호할 수 있었다. 그런 관점에서 루카치는 "사회에서 경제발전이 지니는 인과적 우선성, 모든 이데올로기에 대해 경제적 발전이 점하는 존재상(上)의 우위, 자본주의 사회의 발전이 맞이하는 출구 없는 위기의 필연성, 자본주의 사회를 교체하는 구성체로서의 사회주의와 공산주의의 무조건적 필연성 등등"(301)에 관한, 마르크스의 저작들에서 간헐적으로 눈에 띄는, 따라서 마르크스가 그러한 류의 발언도 했다는 것을 완전히 부정할 수 없는 증거가 되는 언급들을, 특정 국면에서 대중적 효과를 노려 특수한 표현방식을 취할 수밖에 없었던 탓에 나온 것으로, 마르크스적 방법의 객관적 총체성의 차원에서 보면 "삽화적 불일치"(302)에 불과한 것으로, 따라서 루카치 자신이 생각하는 진정한 마르크스주의에는 "낯선 첨가물"(302)로 평가한다. 그러나 마르크스 이후 마르크스주의는 바로 그 "낯선 첨가물"을 마르크스 해석의 중심에 놓음으로써 마르크스 사상을 왜곡시켜온 역사였다. 그러한 왜곡의 시발점은 엥겔스가 마련했으며 제2인터내셔널의 이론가들을 거쳐 마침내 스탈린에 오면 마르크스주의는 "마르크스의 전체 사상을 그 실체에 이르기까지 도착(倒錯)시킨 이론적 견해들의 총합"[107]으로서의 스탈린주의로 탈바꿈하기에 이른다. 마르크스주의의 역사에 대한 이러한 인식, 마르크스주의의 운명에 대한 위기의식은 루카치로 하여금 지금까지의 마르크스주의는 마르크스주의가 아니었다고 천명하고 다시 마르크스로 되돌아가 마르크스주의를 부활("마르크스주의의 르네상스")시킬 길을 찾도록 만들었다.

일찍이 레닌이 1차 세계대전이 발발하면서 사민주의가 내파(內破)된 역사적 상황 속에서 후기 엥겔스-제2인터내셔널의 마르크스주의에 맞서 헤겔 변증법의 독해를 통해 마르크스주의를 재정초하는 길에 나섰다면,[108] 루카치는 자본주의와 사회주의 두 체제가 공히 위기에 봉착한 역사적 상황 속에서, 스탈린주의로 만신창이가 된 마르크스주의를 보편적인 조작과 소외를 극복할 수 있는 이론적 힘과 파토스를 지닌 진정한 마르크스주의로 재구축하고자 시도했다. 그리하여 그는 "유물론적·역사적인 존재론"으로 마르크스주의를 재정초하는 길을 열었는데, 이 길은—루카치 자신의 사상적 발전과정에 초점을 맞추어 보자면—일찍이 20년대 초에 마르크스 사상의 철학적 차원을 마르크스주의 역사에서 거의 처음 본격적으로 개시(開示)한 『역사와 계급의식』의 기본 관점을 극복하는 길이기도 했다. 따라서 루카치의 마르크스주의 존재론은, 그가 『역사와 계급의식』 이후 근 40여 년에 걸쳐 공산주의자로서 감당해낸 이론적·실천적 역정(歷程) 끝에 도달한, 그 자신의 마지막 귀착점이었다. 루카치는 자신이 새로운 "시작의 시작"으로 끝낼 수밖에 없었던 그 귀착점이, 많은 사람들의 공동 작업을 통해 구체화되고 확장됨으로써, 인류가 공산주의로 나아가는 길을 다지고 넓히는 데 유용하게 쓰일 수 있기를 바랐다.

　루카치는 공산주의자였다. 그는 '역사적 공산주의'의 빛나는 순간뿐만 아니라 그것이 동반했던 오욕(汚辱)의 시간도 견디면서 끝까지 공산주의자임을 자랑으로 여겼다. 그에게 공산주의란 "소외시키고 소외된 사회적 세계"인 "인류의 전사(前史)"(210)를 마감하고 "자기목적으로 간주되는 인간적 힘의 발전"이 이루어지는 "자유의 나라(Reich der Freiheit)"[109]의 다른 이름이었다. 그가 온 삶을 바쳐 궁구(窮究)한 문학과 예술, 정치와 이데올로기, 역사와 철학에 관한 모든 사유는 "자유의 나라"에서 자유로이 연대한 인간을 위한, 자유로운 인간들의 자유로운 사회를 위한 수단이었다. '전체주의'로 오독되는 '총체성'의 사상가 루카치의 일관되게 추구한 것은 놀랍게도 "진정한 인간성의 자유"[110]이며, 그가 생애 마지막에 시도한, 그렇지만 결국 단장(斷章)으로만 남게 된 윤리학은 "자유의 윤리학(Freiheitsethik)"[111]이라는 이름이 부여될 수 있는 것이었다. 그 '자유'의 이념은, 1930년대 초·중반, 마르크스주의자 루카치가 가장 도식적이었을 때조차도 인간의 "개체적 총체성", "인간의 자립성 및 자기 활동성"을 인간의 근원적 욕구로, 예술형식 일반의 인간학적 토대로 설정하는 식으로 그의 이론의 중심에 놓여 있었으며, 마르크스주의자가 되기 이전에 이미 "영혼의 내적 요구들"로 그의 사유의 중핵을 이루고 있었다.[112] 그 "자유의 나라"로서의 공산주의는 루카치에게는 "도달해야 할 상태로 고안된 완성의 유토피아적 · 사상적인 선취"[113]가 아닐뿐더러 한갓된 '가설'이나 '규제적 이념'도 아니었다. 그것은 인류가 자본주의의 사회주의적 변혁을 거쳐 사회주의가 올바로 실현되면서 도달하게 될 사회상태의 속성을 가리키는 말이자, "더 이상 소외에 지배받지 않는 삶"에 대한, 결코 근절된 적이 없었던 "인류의 동경"(208)으로서 역사 속에서 관류해왔던 것이며, 인류의 역사에서 오랜 시간 지속적인 영향력을 지닌 위대한 인격, 위대한 예술, 위대한 철학에서 그 표현을 찾아왔던 것이다. 요컨대 지금까지 없었던 것이 새로 시작되는 것이 아니라, "지금까지의 발전이 인간화의 중요한 업적들로서 산출하고 재생산했으며 모순에 찬 가운데 더 높이 발전시켰던 진정한 인간적 힘들"[114]이 실질적으로 전개되기 시작하는 것이 루카치가 생각하는 공산주의다.

자본주의 사회에서 그것은 자본주의적인 비인간화, 자본주의의 모순에 맞서 싸우면서 그것들을 극복해나가는 여러 형태의 운동 속에서 작동하는 힘으로 존재하는데, 그 힘을 심화 · 확대함으로써 전체 사회의 성격을 규정하는 힘으로 전환시키는 혁명적 과정을 거쳐, 그리고 그 과정에서 '자유의 나라'의 주체로서 인격이 발달된 인간들을 통해 공산주의는 본격적으로 이룩될 수 있다. 이런 의미에서 그에게 공산주의는 "오래된 미래"이면서 바로 지금 · 여기에서부터 시작되어야 하는 '자유의 나라'('하느님 나라' 또는 '정토 세상'이라 불러도 좋을)가 인류 전체의 삶을 형성하기 시작하는 사회라 할 수 있다. 루카치 사상의 위대함은, "우리가 상상할 수 있는 거의 모든 주제와 거의 모든 장르"[115]를 다루면서 이러한 지향과 전망을 놀랍도록 일관되고 철저하게 관철시키고, 그 모든 곳에서 공산주의로 이어지는 사회적 · 인간적 힘들을 파악한 데에서 비롯한다.

삶의 전(全)영역에서 "개별특수성[추상적 개별성](Partikularität)의 절대적 지배"(253)가 관철되는 자본주의 발전단계에서, 그리하여 "각자도생(各自圖生)의 마음만을 챙기도록 만드는 현실"[116] 속에서, 루카치의 이러한 사상은 '낯설게' 보일지도 모른다. "철학의 미학화"가 대세가 된 지 이미 오래인 지적 환경에서 개념이 개념을 물고 이어지는 '추상적'이고 '지루한' 서술 또한 그가 마지막에 남긴 철학적 사유를 더 '낯설게' 만들 공산이 크다. 그중에서도 특히 『존재론』과 『프롤레고메나』는 마르크스주의가 서구의 지식세계에서 각주로 밀려나고 각양각색의 '포스트-주의'가 개화하던 시점에 출간된 데다가 그 직후 동구사회주의 블록의 붕괴까지 덧붙여지면서 루카치 자신이 기대했던 만큼의 반향을 얻을 수가 없었다. 지식세계를 지배하는 언어인 영어로 아직 완역본이 나오지 않았다는 사실은 그의 마지막 사유가 '대중성'을 얻지 못했다는 사실을 보여주는 증표이자, '대중성'을 얻지 못하게 된 이유 중 하나이기도 할 것이다.[117] 하지만 포스트마르크스주의자들과는 달리 마르크스의 텍스트 자체에 근거하여 마르크스 사상의 능력을 최고치로 제고(提高)하고자 한 루카치의 "유물론적 · 역사적인 존재론" 기획이, "마르크스 사상에 대한 가장 야심차고 가장 중요한 조탁(彫琢)"[118]이라는 것을 부인하긴 힘들 것이다. 그럼에도 불구하고 『존재론』과 『프롤레고메나』에 대한 연구와 전유 작업이 크게 활발하진 못했는데, 이 책들을 두고 토마스 메쳐(Th. Metscher)가 아직 "읽히지 않은, 알려지지 않은 20세기의 걸작"[119]이라고 평가한 것이 여전히 유효한 상태로 보인다. 국내에서는 그 정도가 더 심한데, 필자가 2000년에 『게오르크 루카치―과거와 미래를 잇는 다리』에서 루카치의 존재론 일부를 소개했지만 그 이후에도 그의 존재론에 관한 관심이 전무(全無)하기는 마찬가지였다. 이런 상황에서 최근에 『존재론』과 『프롤레고메나』를 우리말로 옮긴 책들이 출간된 것은 무척 고무적인 일이다.[120] 이제 국내의 독자들도 루카치가 남긴 마지막 사유를 직접 접할 수 있게 되었는데, 필자의 이 글이 독자들로 하여금 루카치의 사유에 조금이라도 더 쉽게 다가갈 수 있게 하는 작업이 되기를, 그리고 능력 있는 연구자들의 더욱 풍부하고 섬세한 작업이 이어지는 계기가 되기를 바라는 마음이 크다.

VI

루카치의 마르크스주의 미학의
방법론적 기초

루카치의 마르크스주의 미학의 방법론적 기초

'마르크스주의 미학의 아포리아'를 중심으로

1. 들어가는 말: 루카치의 미학과 마르크스의 호메로스 해석

마르크스주의를 구성하고 있는(더 정확히 말하면, 구성했던) '마르크스주의 미학'은 과거의 유물이 된 지 오래다. 이론의 층위에서 보더라도 '미학'을 마르크스주의에 위배되는 관념론적 기획으로 보는 마르크스주의 내부의 견해뿐만 아니라[1] 아래에서 우리가 살펴볼 여러 논자들의 비판에 이르기까지, '마르크스주의 미학의 불가능성'을 말하는 글들은 이미 여럿 있었고 나름의 설득력을 얻기도 했다. 물론 그러한 견해와 비판들이 지녔던 설득력이 단지 이론 내적인 차원에서만 얻어진 것은 아니었다. 역사적으로 존재했던 마르크스주의 미학, 더 정확히 말하면 동구 사회주의권에서 구축되었던 '마르크스·레닌주의 미학'의 실제 양상과 기능이 그러한 비판에 더 큰 힘을 실어주었던 것도 사실이다. 몇 가지 교리와 규범으로 도식화된 이론체계를 갖추고, 공론의 영역에서 논의와 논쟁의 대상이 되기보다는 '국가이데올로기'의 한 구성 요소로서 작동했던 '마르크스·레닌주의 미학'은, 동구 사회주의 블록의 붕괴와 더불어 아무런 흔적도 남기지 못한 채 사라져버렸다. 이처럼 명백히 역사적 용어가 되고 만 '마르크스 · 레닌주의 미학'과 더불어, 마르크스주의를 통해, 마르크스주의적으로 미적 · 예술적 문제들을 파악하고자 했던 여러 시도도 도매금으로, 그 자체를 세분화하여 파악 · 평가하려는 노력이 수반되지 못한 채 망각되고, 그리하여 마르크스주의 미학이라는 문제설정 자체마저도 실종되어버린 게 지금의 상황이다.

역사적으로 볼 때 독자적인 마르크스주의 미학의 가능성을 본격적으로 역설한 초기 발언은 미하엘 리프쉬츠의 글에서 발견된다. 1933년 출간된 『칼 마르크스의 예술철학』에서 그는 "마르크스의 미학적 견해들은 (…) 그의 혁명적 세계관의 구성성분"이며, "마르크스주의의 전반적인 생성 · 발전 과정과 밀접한 연관 속에서" 연구되어야 한다고 주장했다.[2] 그 후 소련을 위시한 동구 사회주의권에서 이른바 '마르크스 · 레닌주의 미학'이라는 이름으로 마르크스주의 미학을 '발전'시키려는 수많은 시도가 있었다. 물론 이러한 시도들이 마르크스의 저작에서 직접 미학적 체계를 발견할 수 있다고 본 것만은 아니었다. 동구 사회주의권에서 이루어진 '마르크스 · 레닌주의 미학'의 구성 시도 중 다수는, 단편적으로 산재해 있는 마르크스의 예술 관련 발언들 "상호 간의 논리적 연관관계를 우리 자신이 재구성해야 한다"[3]는 식의 과제 설정에서 출발했다. 문학 · 예술과 관련해 마르크스가 한 발언들의 근저에는 "미학적 관념의 통일적 체계"[4]가 잠재해 있으며, 따라서 이를 재발견하고 재구성함으로써 마르크스주의 미학은 성립할 수 있다는 식이었다.

루카치 또한 리프쉬츠와 마찬가지로, 바로 그 리프쉬츠와 같이 연구했던 1930년대 초에 독자적인 마르크스주의 미학의 가능성을 확신하게 되었다. 플레하노프(G. Plekhanov)와 메링(F. Mehring)을 포함한 제2인터내셔널의 이론가들이 마르크스주의 세계관의 통일적 성격을 충분히 깊이 있게 인식하지 못함으로써 문학·예술적 현상들에 대해서는 마르크스주의적이지 않은 방식으로 접근했다고 본 루카치는, 유물론적 변증법(곧 '변증법적 유물론'과 '역사적 유물론')의 토대 위에 체계적인 미학을 구축하는 것을 자신의 이론적 과제로 설정한다. 1930년대 전반기에 집중적으로 이루어진 그의 미학 관련 연구들은 "형식상 산만하며 그때그때 이루어진 마르크스와 엥겔스의 문학·예술에 대한 언급들이 긴밀하게 연관되어 있으며 구체화될 수 있고 또 구체화되어야 하는 하나의 체계를 이룬다"[*5]는 점을 입증하고자 한 노력의 산물들이다. 물론 이때에도 루카치는 마르크스와 엥겔스의 문학예술 관련 발언들을 다 모으고 주제별로 묶는다고 해서 체계적인 미학이 되는 것은 아니라는 점을 분명하게 인식하고 있었다. 그는 마르크스와 엥겔스의 통찰들을 구체적이고 방대한 문학적 자료들에 견주어보고 이로부터 타당하다고 추정되는 결과들을 도출하는 방식이 자신에게 유용하다고 생각했다. 이에 따라 문학사·문학이론·문학비평·소설장르론·미학 등등에 걸친 엄청난 규모의 연구가 이루어지며, 이러한 연구의 성과들을 근거로 하여 마침내 1950년대 중반에 역사적·체계적인 마르크스주의 미학의 집필에 착수한다.

원래 3부로 구상했던 미학 중 제1부가 1963년 『미적인 것의 고유성』이라는 제목으로 출판되는데, 여기에서 루카치는 자신이 수행하는 미학적 탐구는 마르크스주의, 특히 "마르크스에 의해 발견

---

* 앞으로 『게오르크 루카치 저작집』(Georg Lukács Werke)에서 인용할 경우에는 본문 괄호 안에 권수와 면수를 병기한다.

된"(11:18) "유물론적 변증법의 방법"(11:17)을 "미학적 문제에 가능한 올바르게 적용"(11:16)하려는 이론적 시도라고 말하고 있다. 루카치가 여기에서 말하는 '방법'은 어떤 길을 어떻게 가야 할지를 밝혀주는 '길잡이'(연구의 길잡이)일 뿐이지, 그 자체로 길을 가는 행위를 대신하는 그런 것이 아니다. 따라서 방법을 "적용"한다는 말을, 미리 확정되어 있는 어떤 일반적 원리들을 개별 영역에서 '확증'받는다는 식으로, 개별적 영역의 연구는 단지 일반적 원리의 '적용 사례' 확인에 불과한 결과를 낳는다는 식으로 이해해서는 안 된다. 변증법을 몇 가지 원리로 구성된 일종의 자연법칙으로 만듦으로써, "구체적 상황의 구체적 분석"(레닌)을 법칙 적용의 사례 연구로 대신한 스탈린주의와 달리, 루카치는 인식의 목표란 객관적 현실을 그 참된 모습에서, "그 참된 객관성에서"(11:18) 파악하는 것이며, '방법'은 이러한 목표를 위한 방편임을 분명히 한다. 따라서 그는 '마르크스주의에 충실하다'는 것은 그 원리, 방법에 대한 충실함으로 그치는 것이 아니라, 그 원리, 방법 자체가 요구하는 '현실에 대한 충실함'을 동반하는 것이라고 본다. 그는 "현실에 충실함과 동시에 마르크스주의에 충실"(11:18)할 것을 요구하고 있는 것이다. 『미적인 것의 고유성』「서문」에서 루카치가 "마르크스주의 미학은 존재함과 동시에 존재하지 않는다"(11:17)고 말한 것도 이에 따라 이해될 수 있다. 즉 마르크스주의 미학은 "이념상으로 현존하는 것"일 뿐이며 "독자적 연구를 통해 확보되고 창출되어야"(11:17) 함을 강조하는 말인데, 1930년대 이래 그가 문학과 미학 영역에 개입하여 전개한 이론적 노력들, 그리고 그러한 노력들을 체계적으로 집대성하고자 시도한 후기 미학은 바로 그 "독자적 연구"에 해당하는 것이다.

그런데 루카치의 후기 미학은 그의 장구한 사유 과정에서 또 하나의 이행 과정을 이룬다. 미학 제1부의 집필을 마친 후 그는 "유물론적 · 역사적인 존재론"의 새로운 구도 속에서 마르크스주의 자체를 재구축하는 작업에 들어간다. '마르크스주의의 위기'를 직시한 루카치는 "다시, 마르크스로!" 돌아가는 데에서 위기의 출로를 찾고자 했다. 마르크스 사후 존재했던 온갖 마르크스주의를 다 잊어버리고 다시 마르크스로 돌아감으로써 **진정한** 마르크스주의"를 재구축하는 것만이 "위기"에 봉착한 "양대 체제"(곧 자본주의 체제와 사회주의 체제)의 "유일한 출구"일 수 있다는 것이 그의 믿음이었다.[6] 그리하여 그는 서구의 수많은 마르크스주의자가 마르크스주의의 갱신을 위해 걸었던 길들과는 구분되는 또 하나의 길을 탐색하게 되는데, 마르크스의 이론과 사상을 '존재론'으로 재구축하는 길이 그것이었다. 하지만 그에게는 존재론의 새로운 지평에서 미학을 '완성'할 여력이 없었다. 존재론에만 매진하기에도 그에게 남아 있는 '지상의 시간'은 턱없이 부족했다. 그렇지만 존재론 시기에 쓴 글들에서도 미학과 관련된 발언을 발견하기란 어렵지 않은데, 특히 마르크스가 「정치경제학 비판 서론」(또는 「'정치경제학비판 요강' 서론」)[7](아래에서는 「서론」으로 표기)에서 고대 그리스 예술의 발생 및 가치와 관련해 펼치고 있는 사유에 대한 해석이 그런 경우에 속한다.

사실 「서론」의 이 대목은 루카치가 일생에 걸쳐 거듭 해석을 시도했던 몇 가지 주제 가운데 하나라고 할 수 있다. 우리는 일찍이 1922년에 발표된 「문학의 발생과 가치」[8]에서 이미 「서론」에 근거한 마르크스주의적 문학 연구의 방법을 모색하는 루카치를 볼 수 있다(이때 루카치가 읽은 것은 1903년 독일 사민당의 주관지 『신시대』에 실렸던 텍스트로 추정된다). 여기에서 루카치는 "마르크스주의의 의미에서 적합하고도 방법상의 완진한 역사적 문학고찰"(187)의 필요성을 역설하면서, 마르크스주의적 문학 연구의 대상과 방법을 「서론」의 이 대목에 근거해 제시하고 있다. 이러한 해석 시도는 1930년대 이래 본격적으로 개진된 그의 문학론에는 물론 후기 미학과 『사회적 존재의 존재론을 위하여』(아래에서는 『존재론』으로 표기)에서도 조금씩 그 내용을 달리하는 가운데 계속 이어지는데, 이렇게 보면 「서론」의 이 대목은 루카치가 마르크스주의 문학이론이나 미학을 구상할 때 언제나 그 중심에서 일종의 '연구지침'이 되었던 것이라고 말해도 무방할 성싶다. 아니나 다를까 죽음이 채 1년도 남지 않았던 때인 1970년 8월 28일, 옛 서독의 프랑크푸르트 시가 수여하는 괴테상 시상식에서 대독(代讀)된 루카치의 수상 소감문은, "그리하여 마르크스의 호메로스 해석은 내게 괴테를 위한 이정표가 되었습니다"[9]라는 말로 끝난다.

이 글에서 나는 루카치가 일생에 걸쳐 거듭 해석을 시도한 대목, 곧 마르크스가 「서론」 마지막 부분에서 그리스 예술을 예로 들어 펼치고 있는 물음들과 이에 대한 대답의 방향을, '마르크스주의 존재론'의 주창자 루카치에 기대어 구체화해보고자 한다. 그럼으로써 이 글을, 예술 현상에 대한 마르크스주의적 고찰 방식의 일단을 살펴보고, 또 루카치의 이론적 시도가 과연 얼마만큼 설득력을 지닌 것인지도 같이 점검해보는 자리로 삼고자 한다. 덧붙여 말하자면, 기존에 이 대목을 옮긴 글이 다수 있으나 썩 만족스러운 번역은 찾아보기 힘들다는 생각에서 해당 대목 전체를 다시 옮겨보았다. 번역에 관한 비판적 조언도 기대해본다.

2. '마르크스주의 미학의 아포리아'에 대하여

「서론」끝 부분에서 마르크스는, "생산"과 연관된 항목의 서술과 관련하여 "언급되어야 하고 잊어서는 안 될 사항들"(MEW, 13:639) 여덟 가지를 짤막짤막하게 메모한 뒤, 그 가운데 여섯 번째 사항과 관련된 문제를 상대적으로 상세하게 서술하는 것으로 글을 마친다. 앞에서 서술된 방법으로는 이해하기 어려운 것으로 보일 수도 있는 사태를 그리스 예술의 예를 통해 설명하고 있는 이 대목은, 마르크스주의 미학(혹은 '마르크스 · 레닌주의 미학')에서든 아니면 '미학'이라는 기초체계에 반대하여 등장한 '유물론적 문예이론'에서든 어쩔 수 없이 대결해야 할, 그리하여 나름의 설명을 제시해야 할 그런 지점으로 여겨져왔다. 뿐만 아니라 마르크스주의 미학의 가능성을 반증하는 비판적 고찰들도 이 대목을 주요 논거로 삼는 경우가 왕왕 있었는데, 그러다 보니 이 대목을 둘러싸고 이루어진 지금까지의 논의들은 말 그대로 부지기수(不知其數)이다. 우리 문학계에서도 일찍이 백낙청, 유종호, 김윤식 등이 이 대목에 관한 나름의 견해를, 각자의 입장에서 피력한 바 있다.[10]

사실, 「서론」의 이 대목은 서술 과정에서 중단된 것일 뿐만 아니라 서술의 방식 자체도 단상에 가까운 모습을 보여준다. 또, 당시의 일반적인 상식을 전제로 논의를 전개하는 방식이나 수많은 의문사(그것이 수사적인 것이건 아니건)를 나열하고 있는 것도 마르크스의 다른 글에서는 찾아보기 힘든 모습이다. 텍스트의 내용이 제기하는 문제의 중요성뿐만 아니라 이러한 서술방식 자체도 복잡 다단한 해석들을 낳은 이유 가운데 하나가 아닐까 싶은데, 여기에서는 문제의 지점들을 명확히 하기 위해 먼지 몇 가지 비판적인 해석부터 소개하고자 한다.

문예학의 영역에서는 아마도 서방권 최초의 전문적인 마르크스 연구자(Marxologe)에 속할 페터 데메츠는 1959년에 출판한 책 『마르크스 · 엥겔스와 문학가들』[11]에서 「서론」의 해당 대목을 고찰하고 있는 제3장 3절에 "회의와 교조(1857-1859)"라는 제목을 붙이고 있다. 그의 해석에 따르면 『독일 이데올로기』(1845/46)에서 "경제결정론"을 정식화했던 마르크스가, 그것을 문학 및 예술사의 구체적인 문제에 적용할 때 생기는 "모순"을 "보기 드문 솔직함으로" 인정하고 있는, 따라서 마르크스의 "회의"가 표명되고 있는 글이 바로 「서론」이다(95). 하지만 2년 뒤 작성된 「서문」[12]에서 다시 "모든 회의는 달래지고 경제 결정주의의 이론이 모순 없는 교리로 경화(硬化)"(100)되었다는 것이 데메츠의 판단이다. 이렇게 보면 마르크스의 사상적, 이론적 발전과정에서 「서론」은 '마르크스주의자' 마르크스에 반(反)하는 내용을 지닌 글인 셈이다.

데메츠는 특히 「서론」의 마지막 단락, 즉 그리스 서사시가 우리에게 행사하는 매력과 관련한 이론적 "어려움"에 대한 토로와 그에 대한 마르크스 나름의 해결 시도는 "문학애호가 마르크스"와 "마르크스주의 이론가" 마르크스의 극명한 대립을 보여준다고 한다. 한편에는 "경제적 인과성"을 고수하면서 그리스 예술을 "초기 그리스 생산관계의 필연적이고 반복될 수 없는 생산물"로 설명하는 마르크스가 있는가 하면, 다른 한편에는, 이와 동시에, "자신의 취향과 독일적 전통의 가치판단을 정당화하기 위해" "경제학 이론과 (…) 예술들 및 예술시기들의 주기적 성장이라는 전통적 은유를 혼합"하는 마르크스가 있다는 것이다. 그런데 "경제학 이론과 전통적 가치판단은 여전히 계속해서 명백한 모순 속에 있"는바, "두 가지 상이한 이념조류"를 "통합"하려는 마르크스의 시도는 실패했다는 것이 데메츠의 판단이다(99). 이처럼 「서론」 자체가 "[마르크스의-인용자] 이론은 풍부한 구체물들을 파악하기에는 턱없이 부족하다는 것을 입증"(100)해주고 있음에도 불구하고 마르크스는 다시 단호한 "교조"의 길로 갔다는 것이 그가 그리고 있는 마르크스의 행로이다.

우리는 데메츠의 이러한 해석과 평가를 다음과 같이 요약할 수 있겠다. 첫째, 이미 「서론」 전에 나타났다가 「서문」에서 결정적으로 정식화되는 '토대-상부구조'론 및 '이데올로기적인 형태로서의 예술'관은[13] 마르크스의 "경제결정론"의 소산이며, 둘째, 이러한 "경제결정론"은 「서론」에서 표명되고 있는 예술에 관한 "전통적인 가치판단"과 "모순"된다. 셋째, 「서론」 내부에서도 이 "두 가지 상이한 이념조류" 사이에 충돌이 일어나는바, 「서론」은 마르크스의 실패가 명백히 드러나는 지점이다.

패 오래전에 나온, 그리고 국내에서는 이미 유종호 교수가 소개한 바 있는 데메츠의 해석을 이렇게 길게 소개한 것은, 그 이후에도 숱한 연구자들이 이와 유사한 방식의 논증을 계속 되풀이하고 있기 때문이다. 데메츠의 글에서 단순 명료하게 지적된 마르크스의 모순은, 독일의 철학자 뤼디거 부브너의 글에서 "마르크스주의 미학의 아포리아"라는 명제로 새롭게 조명된다. 해석학과 이데올로기 비판 그리고 유물론적 미학(마르크스주의 미학)이라는 세 가지 당대 미학의 한계를 비판하면서 그 대안적 방향을 칸트 미학의 "미감적 경험(die ästhetische Erfahrung)"에서 찾고 있는 한 논문[14]에서 부브너는 이른바 "마르크스주의 미학의 아포리아"를 확정하며, 루카치 또한 이와 연관해 비판하고 있다.[15]

부브너에 따르면 「서론」에서 마르크스는 그리스 서사시가 지닌 매력과 관련한 "어려움"을 해결하기 위해 두 가지 관점을 동원하고 있는데, 두 가지 모두 궁극적으로는 관념론적 견해에서 발원하는 것으로서, "유물론적 역사 설명의 도식"(22)과는 일치할 수 없는 것이다. 먼저 부브너가 말하는 두 가지 관점이 무엇인지부터 살펴보도록 하자.

부브너는 마르크스의 「서론」에서 "예술은 생산관계와 직접적으로 결합되지 않으며, 그리스 예술의 경우에는 그 '지반'으로서의 신화 위에 놓여 있다"(21)고 한다. 예술의 경우 생산관계와 직접 결합되지 않으며 그 양자 사이에는 일종의 "매개형상"이 있다는 것이다.[16] 마르크스의 이러한 관점은 "예술적 형상화의 물질적 전제들은 다른 생산이 가공하는 소재와는 다른 성질을 지녀야" 하는바, 예술의 재료에는 이미 정신이 불어넣어져 있다고 보는 헤겔 등의 관념론적 사상을 받아들인 것으로서, 이를 통해 마르크스는 "이데올로기 개념의 단순구조"를 떠날 수 있었다는 것이 부브너가 파악하는 「서론」의 첫 번째 관점이다(21).

부브너가 파악하는 마르크스의 두 번째 관점은 과거의 작품들이 계속해서 영향을 미치는 현상과 관련된 것이다. 그리스 예술이 역사적 거리를 넘어서 "예술적 즐거움"을 제공하며 "도달할 수 없는 모범"으로 통하는 것을 마르크스는 "전혀 유물론이지 않은, 헤겔주의적인 이미지를 빌려서"(21) 설명하고 있다는 것이 부브너의 판단이다. 여기에서 그가 문제시하는 것은 "인류의 역사적 유년기" 운운하는 비유적 설명에서 드러나는(드러나고 있다고 부브너가 생각하는) 마르크스의 '규범적 진리관'이다.

사회적 조건들에 예술이 의존한다는 사실에 대한 확고한 인식은 (…) 예술적 영향과 모순되지 않는다. 왜냐하면 여기에서 규범적 진리가 다시 효력을 발휘하기 때문이다. 유기적으로 구조화되고 의미 충만하게 진전되는 발전과정의 연관관계 속에서, "인류의 역사적 유년기"라고 비유적으로 돌려 말해지는 그 정확한 장소를 지니고 있으며, 그렇기 때문에 개별적인 역사적 시대들의 상대성을 넘어서 의미를 간직하는 그 규범적 진리 말이다(22).

이러한 '규범적 진리관'으로 인해 그리스 예술은 "유물론적 역사 설명의 도식에서 볼 수 있는, 모든 상부구조적 현상의 **완전한 사회경제적 의존관계**"(22)(강조는 인용자)로부터 벗어나게 된다는 것이 부브너의 생각이다. 결국 마르크스는 전혀 유물론적이지 못한 진리관을 토대로 예술작품의 지속적 영향력을 설명하고 있다는 것이다.

부브너가 보기에 이상의 두 가지 관점은 유물론적 전제들과 일치할 수 없다. 하지만 유물론적 전제들 위에서는 예술이 달리 파악될 수 없기 때문에 그 두 가지 관점은 필요하다. 유물론적인 마르크스주의 미학이 '미학'으로 성립하려면 추가적인 관점이 필요한 반면, 그 추가적 관점은 유물론적인 전제들과 일치할 수 없는 이 양상, 바로 이것이 이미 마르크스에서부터 나타나는 "마르크스주의 미학의 아포리아"라는 것이 그의 평가이다.

> 이것이 모든 마르크스주의 미학의 아포리아다. 즉, **예술이 종교, 철학, 법 등등과 나란히 상부구조적 현상들로 편입되거나** (…) **아니면 예술의 이론이 자신의 대상에 대한, 이데올로기의 다른 현상형태들과는 질적으로 구분되어야 하는 특수한 개념을 발전시키거나 하는 것이다**(23).

여기에서 부브너가 마르크스의 첫 번째 관점이라 지칭한 것은 데메츠의 해석과 상통하는 지반 위에 있다. 즉 그가 「서론」에서 예술과 생산관계는 직접 결합되는 것이 아니라 그 사이에 "매개 형상"이 설정되어 있다고 말하면서 강조하고자 하는 것은, 예술이 「서문」에서 정식화된 토대-상부구조론에 따른 이데올로기적인 형태로 파악되지 않는다는 점이다. 그런데 그가 이해하고 있는 마르크스의 이데올로기 개념은 데메츠의 경우와 마찬가지로 일종의 "경제결정론"에 따른 개념이다. "이에 따르면[이데올로기 개념에 따르면-인용자] 상부구조의 한 현상으로서의 예술은 사회적 조건들의 물질적 토대로 **직접** 재연관될 수밖에 없다"(21)(강조는 인용자)는 그의 발언은 이를 분명하게 보여주고 있다. 이러한 이데올로기 개념 위에서 개진된 부브너의 「서론」해석에서 그 초점은, '이데올로기적인 형태로서의 예술'이라는 정식과 마르크스의 「서론」은 모순된다는 것으로서, 이는 데메츠의 평가와 통하는 지점이다.[17]

「서론」에서 '규범적 진리관'이 표명되고 있으며, 이는 "유물론적 역사 설명의 도식"과 충돌한다는 견해는 부브너만 피력하고 있는 것이 아니다. 역사성과 규범성의 충돌이라고 정식화할 수 있는 이 문제는, 약간 다른 맥락에서이긴 하지만 독일의 문예학자 페터 뷔르거도 거론하고 있다. 뷔르거는 「서론」에서 마르크스가 "규범이자 도달할 수 없는 모범"이라고 한 표현은 인류의 예술발전의 정점이 고전적인 그리스 예술에 있다는 헤겔의 예술관을 물려받은 것이라는 통상적 해석들을 그대로 받아들인다.[18] 하지만 마르크스가 제기하고 있는 "어려움"에서 그가 더 중요한 핵심적 문제로 보는 것은 다음과 같은 점이다.

> 더 중요한 것은 다른 것이다. 마르크스의 물음은 예술과 문학을, 그것들을 조건짓는 사회의 콘텍스트에서 설명할 것을 요구하는 유물론적 상부

구조이론과, 초시대적인 예술 개념에서 출발하고 있는 예술관의 만남에서 생겨난 것임이 분명하다(9).

이 문제에서도 마르크스는 헤겔의 모범을 따르고 있다는 것이 뷔르거의 생각이다. 즉 "예술을 역사화하긴 하지만, 그가 초역사적인 가치를 부여하는 예술 개념을 역사화하지는 않는"(9)다는 것이다. 비록 이 글에서 뷔르거의 의도가 마르크스의 「서론」 자체에 관해 논하는 데 있는 것이 아니라 마르크스조차 "자기 시대의 사회에서 지배적인 예술 관념에서 벗어날 수 없다"(10)는 사실 확인을 통해서, 자신의 이른바 "제도예술" 이론의 유효성을 설명하고자 하는 것이긴 하지만, 어쨌든 뷔르거도 「서론」에는 역사성(예술형식의 역사화)과 규범성(예술개념의 초시대성)이 충돌하고 있다고 보기는 마찬가지이다.

데메츠와 부브너, 그리고 뷔르거 등의 해석과 평가를 통해서 우리는 예술작품의 발생과 가치 문제에 대한 마르크스주의적 접근방법을 시사하는 것으로 알려진 「서론」 해당 대목의 해석에는 토대와 상부구조의 연관 문제, '이데올로기적인 형태로서의 예술' 문제, 역사성과 규범성의 문제, 그리고 진리의 문제 따위가 개재되어 있음을 확인할 수 있다. 아래에서는 데메츠와 부브너 등의 해석을 살펴보던 중에 잠깐씩 인용한 「서론」의 관련 대목 전체를 번역·소개하면서, 이 대목을 그들과는 다르게 읽을 수 있다는 것을 루카치의 도움을 받아 논증해보고자 한다.

3. '불균등 발전'과 '토대-상부구조 연관'에 대하여

우리가 고찰하고자 하는 대목은 다음과 같이 시작한다.

예술의 경우에, 잘 알려진 바와 같이, 그것의 특정한 융성기들은 사회의
전반적 발전과 결코 관계가 없으며, 따라서 흡사 사회 조직의 뼈대와 같
은 물질적 기초의 발전과도 결코 관계가 없다. 예컨대 현대인들과 비교
되는 그리스인들 또는 셰익스피어.[19] 가령 서사시 같은 어떤 예술형식들
의 경우에는 심지어 다음과 같은 점까지도, 즉 이러한 예술형식들은 예
술생산이 그 자체로서 등장하자마자 획기적이고 고전적인 모습으로는
결코 생산될 수 없다는 점, 따라서 예술 자체의 영역 내부에 있어서 어떤
종류의 중요한 형상물들은 예술 발전의 미발전 단계에서만 가능하다는
점까지도 인정된다. 만일 이러한 것이 예술 그 자체의 영역 내부의 상이
한 예술종들의 관계에 타당하다면, 그것이 예술의 전(全)영역과 사회의
전반적 발전의 관계에 대해서도 타당하다는 것은 그다지 놀라운 일이 아
니다. 어려움은 단지 이 모순들의 일반적 파악에 있다. 이러한 모순들은
세분화해서 설명되자마자 이미 해명되어 있는 것이다(MEW, 13:640/1).

여기에서 먼저 분명히 해둘 것은, 마르크스가 "불균등 발전"
(640)이라고 표현한 사태의 한 가지 사례로서 옛 그리스의 서사
시를 거론하고 있다는 점이다. 이는 논점의 혼동을 막기 위한 것
인데, 이 대목과 관련해 마르크스의 '고전주의적' 예술 취향 또
는 이와 연관된 헤겔 미학의 영향 따위를 지적하는 데 초점을 둔
평설─앞서 소개한 데메츠나 뷔르거의 견해도 이에 속하는데─
을 적지 않게 볼 수 있기 때문이다. 물론 마르크스 개인의 예술적
취향이 고전주의적일 수 있으며, 또 그의 예술관에 헤겔을 위시

한 독일 이상주의 미학이 큰 영향을 미쳤을 수도 있다. 이 글 전체의 논의에서 전제되는 사태나 마르크스가 사용하는 용어를 보건대 실제로 그랬던 것으로 보이기도 한다. 하지만 설사 마르크스 자신의 예술적 취향이 고전주의적인 것이었다 하더라도 그는 헤겔이 그랬듯이 고대 그리스 시대를 인류 역사에서 일회적인 '예술의 시대'로 간주하거나 '예술의 본질'이 그리스 예술에서만 구현된 것으로 보지는 않았다. 위 인용문에서도 이 점을 확인할 수 있는데, 마르크스는 복수(複數)의 "융성기들"을 말하고 있으며, 그리스 예술뿐만 아니라 셰익스피어도 그 예로서 거론하고 있다. 여하튼 여기에서 문제는 마르크스의 예술적 취향 내지 예술관이 아니라 "불균등 발전"이다. 위 인용문은 그 몇 줄 앞에 있는 문구, 즉 "6) **물질적 생산의 발전의, 예컨대 예술적 생산과의 불균등 관계**"(640)와 연관된 것으로서, 마르크스는 물질적 생산의 발전과 예술적 생산, 이 양자 간의 관계를 "불균등 발전"의 한 가지 예로서 들고 있다.

그런데 마르크스는 "불균등 발전" 자체를 구체적으로 논증하거나 이론적으로 설명하는 것이 아니라 당시 서유럽 사회에서 일반적으로 받아들여지는 사례를 통해 확증한다. 즉, "예술의 전(全)영역"과 특정한 예술형식 간의, 혹은 '예술복합체' 내부에서 예술형식들 내지 예술장르들 간의 불균등 발전을 예시(例示)하면서, 한 복합체 내부의 구성계기들 사이에서조차 "불균등 관계"를 인정할 수 있다면, 서로 이질적인 복합체들 간의, 예컨대 예술복합체와 경제복합체 간의 불균등한 관계를 인정하는 것은 그다지 놀라울 게 없다는 식이다.[20] "잘 알려진 바와 같이", "인정된다" 등으로 옮긴 표현에서도 엿볼 수 있다시피, 마르크스는 불균등 발전 자체를 확고한 사실로 받아들이고 있다.

위 인용문에서 또 다른 점도 확인할 수 있는데, 마르크스는 여전히 혹은 이미, 이른바 '토대-상부구조'론을 견지하고 있다는 점이 그것이다. 위에서 마르크스는 "물질적 기초"를 "사회 조직의 뼈대"에 비유하고 있다. 이 글보다 2년 뒤에 쓴 「서문」에서 마르크스가 일종의 건축적 심상을 통해 "사회의 경제적 구조"를 "토대"에 비유하고 있다면, 여기에서는 유기체에 빗대 "뼈대"라 부르고 있는 것이다. 토대와 상부구조의 비유를 통해 말하고자 하는 바가 어쨌든 내포되어 있는 셈이다. 따라서 「서론」에서 마르크스는 이미 『독일 이데올로기』에서 정식화된, 그리고 다시 「서문」에서 '토대-상부구조 도식'으로 정식화될 "경제결정론"의 난점을 의식하고 있다는 데메츠의 평설이나, 이 대목은 「서문」에서 표명된 "이데올로기로서의 예술"이라는 정식을 "냉철하게" 문제 삼을 수 있게 한다는 플룸페의 평설은, 이 짧은 글 내부에서 마르크스가 자가당착에 빠진 것으로 보지 않는다면 설득력이 없는 말들이다. 그렇기 때문에 차라리 마르크스의 자기모순을 지적하는 것이 보다 '합리적인' 접근법이 될 터인데, 앞에서 살펴본 데메츠나 부브너의 경우가 그런 지적을 하고 있는 셈이다.

그런데 이들에게 공통적으로 드러나는 것은 토대-상부구조 연관을 오로지 인과적 관계로만, 그것도 직접적인 '결정'의 관계로만 본다는 점이며, 이에 따라 토대-상부구조 비유는 "경제결정론"의 정식화에 다름 아닌 것으로 간주된다는 점이다. 토대와 상부구조의 연관관계를 이렇게 이해하기 때문에 그들의 눈에 「서문」에서 예술을 이데올로기의 한 형태로 설정하는 마르크스는 곧 "경제결정론" 내지 '경제 환원론'의 관점에서 예술을 취급하는 것으로 비치며, 따라서 '자기모순에 빠지지 않은' 마르크스주의는 도대체 예술 현상을 설명할 능력이 없는 것으로 평가되는 것이다. 이들의 이해지평에서는 토대-상부구조 비유를 "경제결정론"과 다르게 파악할 여지가 없다. 따라서 토대-상부구조 비유가 "경제결정론"의 도식과는 다르게 파악될 수 있다면 이들이 개진하는 논의의 전제는 무너지게 될 것인데, 루카치가 『존재론』에서 제공하는 해석은 비(非)경제결정론적 파악의 한 모델이 될 수 있다. 루카치는 위에서 인용한 마르크스의 발언을 단서로 삼아 일종의 '불균등 발전론'을 전개하며, 그 와중에 토대-상부구조 관계에 대해 결정론적 파악과는 다른 이해방식을 제시한다.

루카치는 마르크스의 위 발언에서 일차적인 문제는 **"사회적 존재의 범주들이 경제적으로 조건지어진 가운데 점점 더 사회적으로 됨에 따라 이루어지는 인간적 능력들의 발전에 있어서의 불균등성"** (13:640, 강조는 루카치) 문제라고 파악한다. 이 문구는 마르크스에 대한 해석으로서뿐 아니라 루카치의 존재론적 사유를 구성하는 몇 가지 중요한 이론적 계기를 내포하고 있다는 이유 때문에라도 조금 자세하게 살펴볼 필요가 있다.

『사회적 존재의 존재론을 위한 프롤레고메나』에서 루카치는 존재의 일반적 문제들, 즉 "세 가지 큰[大] 존재양식(무기적 자연, 유기적 자연, 사회)의 연관성과 상이성"(13:8)을 설명하는 데에서부터 논의를 시작한다. 존재 전체는 "엄격하게 인과적으로 결정되어 있는 존재발생론적인 발전 과정, 곧 역사"[21]를 거쳐 가는바, 무기적 존재에서 유기적 존재가, 유기적 존재에서 사회적 존재가 발생한다. 그런데—루카치에 따르면—새로운 존재형식은 보다 단순한 존재형식에서 보다 복잡한 존재형식으로 "도약"함으로써 생성되며, 따라서 후자는 "질적으로 새로운 것"이다.[22] 그렇기 때문에 나중의 존재형식(사회적 존재)이 그 이전의 존재형식(자연적 존재)에서 '도출'될 수는 없는 것이지만, 그렇다고 해서 전자가 후자에서 완전히 벗어날 수 있는 것은 아니라고 한다. 사회적 존재는 자연적 존재에 그 기반을 두고 있으며 그것을 항구적으로 '지양(Aufhebung)'하는 과정으로서만 존재할 뿐이라는 것이다. 따라서 통시적·공시적 차원에서 존재의 구조는 세 가지 근본적인 형식, 세 가지 근본적인 층을 지닌다고 할 수 있으며, 이 세 가지 존재의 공존이야말로 "모든 사회적 존재의 불변의 기초"(13:9)를 이룬다.

루카치는 사회적 존재인 인간과 자연적 존재를 가르는 핵심적 계기를 노동에서 찾는다. 노동을 통해, 노동 속에서 인간은 사회적 존재, 유적 존재가 되며, 주변세계와의 생물학적 관계에 사로잡혀 있는 상태를 넘어서 역사 과정에 **능동적으로** 진입할 수 있었다는 것이다. 루카치의 논의에서 노동이 점하는 의의는 여기에 그치지 않는다. 그는 인과성과 목적론을 상호 결합시키는 노동의 작동 메커니즘이 모든 층위의 인간 행위에서 재생산된다고 보고, 노동을 "사회적 존재의 근원현상이자 모델"(14:10) 또는 "실천의 근원형식"(14:28)으로 설정하기도 한다.

루카치가 파악하는 노동의 핵심은 '목적론적 정립'이다. 이는 마르크스가 "인간의 합목적적 활동"[23]이라고 말한 것을 달리 표현한 것으로서, 노동에 내포된 "구상적 성격, 선취의 계기, 다시 말해서 의식에서 이미 선취된 결과"[24]를 강조하는 말이다. 여기에서 '유물론자' 루카치가 강조하고 있는 것은 다름 아닌 의식의 힘이다. 결국 **의식의 힘을 통해** 인간들은 역사 과정에 능동적으로 참여하여 스스로의 역사를 만들 수 있게 되었다는 것이다. 그러나 다른 한편, 목적론적 정립은 전혀 맥락 없이, 자의적으로 실행될 수 있는 것이 아니라, 이미 주어져 있는 인과계열들만을 작동시킨다. "노동은 그때그때 인과계열들을 작동시키는 목적론적 정립들로 구성되어 있다."[25] 달리 말하면, 목적론적 정립은 이미 주어져 있는 "폐지할 수 없는 인과적·필연적인 전제"[26] 위에서만 실행될 수 있는 것이다. 그런데 이렇게 이미 주어진 조건들을 받아들일 때 인간은 **선택적으로** 반응한다. 인간의 의식 자체만 하더라도 이미 "선택적 성격을 지닌 반응 형태", 다시 말해서 "개인에게 주어진 것으로서 현존하는 사회적 환경에 대한 개인의" "선택적 성격을 지닌 반응 형태"(13:670)라고 할 수 있다면, 인간의 합목적적 활동이 선택적 결정들을 통해 이루어지는 것은 당연하다 하겠다. 루카치에게 선택적 결정은 "사회적 존재의 존재론적 본질"(13:662)이다. 그런데 이러한 선택적 결정은 아무런 제약도 받지 않는 무중력 상태에서 이루어지는 것이 아니다. 이미 의식에서만 하더라도 그 선택들의 여지(Spielraum)는 "객관적으로, 경제적·사회적으로 그 한계가 그어져 있"(13:670)느니만큼, 목적론적 정립에 내속된 선택적 결정에서 그 선택 가능성의 여지는 항상 이미 주어져 있는 상황에 의해—일체의 선택이 불가능하게 기계적으로 '결정'되어 있는 것이 아니라—'규정'되어 있다.

데메츠, 부브너 등이 '경제결정론적 도식'으로 읽고 있는 「서문」의 토대-상부구조 연관도 이에 따라 달리 볼 수 있는데, 먼저 마르크스가 「서문」에서 "인간들은 그들 생활의 사회적 생산에서 필연적이고 자기 의지와는 무관한 일정한 관계들 속에 끼여들게 된다"(MEW, 13:8)고 한 대목은 위에서 말한, 목적론적 정립에 선행하여 언제나 이미 주어져 있는 전제와 관련된 말로 볼 수 있다. 그리고 바로 이어서 나오는 대목은, 이처럼 주어져 있는 상황으로서의 생산관계들을 토대로 하여 구성되는 사회적 총체성("복합체들로 구성된 복합체")의 발생론적·내적인 연관관계에 관한 시사로 읽을 수 있다.

이 생산관계들은 그들의 물질적 생산력들의 일정한 발전단계에 상응한다. 이 생산관계들 전체가 사회의 경제적 구조, 곧 현실적 토대를 이루며, 그 위에 법률적, 정치적 상부구조가 세워지고 일정한 사회적 의식형태들이 그 토대에 상응한다. 물질적 생활의 생산양식이 사회적, 정치적, 정신적 생활과정 전반을 조건 짓는다(MEW, 13:8/9).

사회 전체를 토대와 상부구조라는 건축적 심상으로 파악하고 있는 이 유명한 구절은, 마르크스주의 이론사에서 가장 많이 논란된 대목 중 하나일 것이다. 마르크스 자신의 비유적 표현 자체만 하더라도 다의적인 해석을 허용할 뿐만 아니라, 마르크스의 저작 전체와의 연관 속에서 이 대목을 해석하려 할 때 여러 입장이 도출될 수 있는 것도 사실이다.[27] '토대'와 '상부구조'라는 비유 자체가 내적이고 복합적 · 과정적인 연관을 단순한 외적 관계로 오인하게 만들 소지를 갖고 있을 뿐만 아니라, 가령 「서문」에서 쓰이는 '상부구조'라는 용어만 하더라도 한 가지로 읽기 어렵게 되어 있다. 위에서는 "법률적, 정치적" 영역과 관련해 쓰이고 있지만 몇 줄 아래로 내려가면 "일정한 사회적 의식형태들"까지 포함하는 것이 분명해 보이는 "거대한 전체 상부구조"[28]라는 표현이 나오며, 또 이렇게 넓은 의미에서의 상부구조는 "법률적, 정치적 상부구조"와 "일정한 사회적 의식형태들"의 2층 구조로 형성되어 있다고 볼 수도 있지만, "사회적" 생활과정, "정치적" 생활과정, "정신적" 생활과정의 3층 구조로 구성되는 것이라고도 볼 수 있다. 이 글에서는 상부구조 자체를 어떻게 볼 것인지, 그 구성과 그것이 토대와 맺는 관계를 어떻게 볼 것인지 하는 문제로 깊게 들어가지 않는다. 이와 관련해서는 마르크스가 "예의 3층 구조"를 통해 "'상부구조'라 해서 결코 획일화된 하나의 구조물이 **아니**라는 쪽에 초점"[29]을 두고 있다는 백낙청의 지적을 상기시키는 것으로 그치고,

다시, '불균등 발전'의 문제와 연관된 한에서 토대-상부구조 문제에 대한 루카치 논의의 한 대목을 간략히 살펴보도록 하겠다.

앞에서 말했듯이 루카치는 인간을 사회적 존재로, 노동을 통한 질적 도약을 통해 자연적 존재와 구별되는 사회적 존재로 규정하지만, 그렇다고 해서 인간이 자연적 존재가 아닌 것은 아니라고 본다. 양자는 분리될 수 없으며, 사회적 존재인 인간은 **동시에** 자연의 일부로서 존재한다는 것이다. 인간은 자연적 존재로서 부단히 자기를 재생산해야 하는, 결코 지울 수 없는 "자연적 한계들"을 지니고 있다. 루카치에 따르면 경제란 자연적 양상을 띤 이러한 기본적 필요[욕구]가 사회적 형식 속에서 조절되는 영역이다. 물론 인간 외적인 자연과 인간 유(人間 類, Menschengattung)의 발전 사이에는 개별적인 인간 존재의 생물학적인 재생산을 매개하는, 점점 더 복잡해지는 사회적 범주들의 체계가 들어온다. 그렇다고 해서 "자연적 한계들"이 사라지는 것은 아니다. 앞에서 인용한 불균등 발전에 대한 루카치의 정식화에서 그가 인간이 '점점 더 사회적으로 된다'고 말한 것은 "자연적 한계들의 후퇴"를 의미하는 것이지 "자연적 한계들" 자체가 없어진다는 뜻은 아니다. 이처럼 지울 수 없는 "자연적 한계들"에서 비롯되는 것, 다시 말해 인간 생명의 재생산이 사회에서 "경제 영역의 존재론적 우선성"(13:675)으로 작동한다는 것이 루카치의 생각이다. 사회적 존재 내부에서 경제복합체는 경제외적 관계들('상부구조'라고 말할 수 있는)에 대해 "존재론적 우선성"(13:673)을 지닌다는 것이다.

여기에서 "경제영역의 존재론적 우선성"을 말한다고 해서 그것이 어떤 "위계적 관계"(13:677)를 내포하는 것은 아니다. "경제영역의 존재론적 우선성"은 '경제의 결정성'과는 다른 말이다. 루카치에 따르면 "경제영역의 존재론적 우선성"이란, "상부구조의 사회적 실존이 그 존재상 부단히 경제적 재생산 과정의 사회적 실존을 전제로 하고 있다는 사실, 이 모든 것이 경제 없이는 존재론적으로 생각할 수 없다는 명백한 사실"(13:678)을 의미할 뿐이지, 경제가 상부구조의 모든 형태와 내용을 일방적으로 결정짓는다는 것과는 거리가 멀다.

루카치에 따르면 경제복합체는 단순히 '원인'으로서가 아니라 사회적 삶을 "우선적으로 가동하는 중심"(13:596)으로서 경제 외적 복합체들과 관계한다. 여기에서 경제복합체는 일종의 "장악적 계기(das übergreifende Moment)"(14:204)인 셈인데, 복합체로서의 계기들 간의 상호작용만 존재하고 "장악적 계기"가 없다면 그것은 구조도 운동도 없는, 궁극적으로 정태적인 상태로 귀결된다는 것이 루카치의 생각이다. 사회는 "장악적 계기"인 경제복합체를 통해 내적으로 구조화된 운동하는 과정으로서의 사회적 총체성으로 형성되고 존립한다. 경제복합체와 더불어 이러한 사회 전체, 사회적 총체성을 형성하고 또 가동하는 부분복합체들은 단순하게 상호 작용하는 것이 아니라 그 자체가 하나의 부분복합체인 경제가 "장악적 계기"로서 작동하는 사회적 총체성("복합체들로 구성된 복합체")에 의해 매개되는 가운데 상호 작용한다.

이러한 관점에서 루카치는 "전통적 마르크스주의"(13:674)[30]에서 「서문」의 토대-상부구조 관계를 이해하는 방식을 비판한다. 먼저 그는 플레하노프 등의 파악에서 드러나는 "사회적 존재와 사회적 의식의 그릇된 이원론"(13:674)을 지적한다. 루카치에 따르면 이것은 의식 없는 존재와 순수하게 인식하는 의식이라는 인식론적 가상의 도식을 사회적 존재에 적용한 것으로서, 이로부터 존재론적 상황에 대한 이중의 왜곡이 생겨난다. 한편으로는 사회적 존재 자체가, 특히 경제 현실이 순수하게 자연적인 어떤 것(결국 의식 없는 존재)으로 나타나며, 다른 한편으로는 "경제적 필연성의 기계적 · 숙명론적인 과장"(13:675)이 생겨난다. 루카치에 따르면 마르크스의 이론은 개별적인 목적론적 행위들의 경제적 결과들이 어떤 고유한 객관적 경향으로서의 법칙성을 갖는다는 것을 말하고 있는 것이지,[31] 사회적 존재와 의식 간의 형이상학적 대조와는 무관할 뿐만 아니라 숙명론적 의미에서의 경제적 필연성과도 거리가 멀다.

한편, 토대-상부구조론과 관련하여 루카치는 엥겔스도 비판한다. 비록 엥겔스가 토대와 상부구조의 관계를 마치 원인과 결과의 관계(곧 '규정' 관계가 아니라 '결정' 관계)인 양 파악하는 '속류 유물론'에 맞서 싸운 것은 사실이지만, 마르크스의 방법에서 벗어나는 것을 원칙적으로 반박하는 데에 항상 성공한 것은 아니었다는 것이다. 루카치에 따르면 엥겔스는 토대-상부구조 연관을 "내용(경제)과 형식(상부구조)간의 상보적인 대립"(13:676)으로 설정한다. 하지만 형식과 내용은 언제 어디에서나 통일적으로 존재하는 것으로서, 복합체들 간의 관계에 있어서 어떤 것을 내용으로 삼고 다른 것을 형식으로 설정하는 것은 있을 수 없다는 것이 루카치의 생각이다.

이제 우리는 루카치가 '불균등 발전'을 정식화한 문구, 즉 "사회적 존재의 범주들이 경제적으로 조건 지어진 가운데 점점 더 사회적으로 됨에 따라 이루어지는 인간적 능력들의 발전에 있어서의 불균등성"이라는 문구의 전반부를 루카치의 해석에 따라 이해할 수 있게 된 셈이다. 여기에서 "점점 더 사회적으로 됨"이란 곧 "자연적 한계들의 후퇴"를 의미하며, 그것은 끝이 있을 수 없는 항구적 과정이다. 이러한 과정을 통해—'자연적' 능력이 아니라—사회적 존재로서의 인간의 "인간석 능력들의 발선"[32]이 이루어시는데,

루카치는 마르크스가 말한 "불균등 관계"란 바로 이 "인간적 능력들의 발전에 있어서의 불균등성"의 문제라고 보는 것이다.

루카치는 이러한 불균등 발전을 "사회적 존재의 성질에서 발원하는 필연적인 현상 방식"(13:655)으로 파악한다. 그도 그럴 것이 "불균등 발전에서는 각 복합체의 구성성분들의, 그리고 복합체 상호간 관계의 존재론적 이질성이 표현"(13:654)되기 때문이다. 루카치에 따르면, 이미 "실천의 근원형식"으로서의 노동에서만 하더라도 그 목적론적 정립에서 목적과 수단 사이에 필연적으로 존재론적 이질성이 존재한다(13:655). 이처럼 동일한 목적론적 정립 내에서도 존재론적 이질성이 필연적이라면, 가령 경제와 법처럼 상이한 목적론적 정립 체계 사이에는 존재론적 이질성이 더욱 첨예화될 것이다(13:656ff.). 경제와 예술 사이에서도 사정은 마찬가지다.

경제와 법, 예술 등등 사이의 존재론적 이질성에서 비롯되는 발전의 불균등성을 강조하는 것은 먼저 "역사과정의 부당한 논리주의적 합리화와 단일화"에 반대하는 것을 의미한다. 하지만 그것은 또한 "일체의 합법칙성을—경험주의적으로 혹은 비합리주의적으로—거부하는" 모든 입장과도 대립하는 것인데(13:659), 그도 그럴 것이 불균등 발전 자체만 하더라도 "비록 그것이 이질적 구성요소들이 복잡하게 종합된 것임에도 불구하고—존재론적 의미에서—하나의 합법칙적 발전"(13:659)이다.

루카치에 따르면 사회의 전반적 발전과 조응하지 않는 어떤 개별 복합체의 발전, 또는 개별 복합체들 상호 간의 발전에 있어서의 비조응적 관계들—마르크스가 「서론」에서 "모순들"이라고 표현한 것이 이것인데—은 예외 없이 존재론적으로 필연적인 사태들에 의거한다. 따라서 이러한 사태들이 적절하게 연구되고 발견된다면 그러한 관계들의 필연성, 법칙성이 드러날 것이라고 한다. "어려움은 단지 이 모순들의 일반적 파악에 있다. 이러한 모순들은 세분화해서 설명되자마자 이미 해명되어 있는 것"이라는 마르크스의 말은 바로 그러한 분석을 위한 "결정적인 방법론적 시사" (13:660)라는 것이 루카치의 해석이다. 이렇게 보면 "언급되어야 하고 잊어서는 안 될 사항들"로 "불균등 관계"를 강조하고 있는 마르크스의 발언은, 역사적 유물론의 경제결정론적 이해를 경계하는 것일 뿐만 아니라, 이미 선험적 도식처럼 완성되어 있는 '원리들'을 현실의 제반 현상에서 단순 확증하는 식의 연구 태도와도 양립할 수 없는, "구체적 상황의 구체적 분석"(레닌)이라는 유물론적 탐구 정신을 역설하는 것으로 읽을 수 있다.

그런데 다시 위 인용문을 읽다 보면, 마르크스가 사용하는 "불균등 발전"이라는 표현이 돌연 의아해 보인다. 마르크스는 예술의 "특정한 융성기들"이 "사회의 전반적 발전과 (…) 따라서 (…) 물질적 기초의 발전과도 결코 관계가 없다"고 말하며, 그 예증(例證)을 위해 예술복합체 내부의 특정한 예술형식의 개화(開花)와 "예술 전(全)영역"의 "발전" 여부의 무관성을 말하고 있다. 여기서 우리의 의문은 예술의 "특정한 융성기들"이라는 표현이나, 특정 예술형식의 "획기적이고 고전적인 모습"이라는 표현이 과연 '발전' 개념과 등치될 수 있는 표현인가 하는 것이다. 전자의 표현에는 여하한 차원에서든 모종의 가치 평가가 내포되어 있지 않은가. 그렇다면 가치 평가된 사태(예술의 "특정한 융성기들")와 가치 평가와는 무관한 사태("사회의 전반적 발전")를 동일 차원에서 비교하는 듯한 "불균등 발전"이라는 표현이 과연 적절할 수 있을까. 이 문맥에서 "불균등 발전"이라는 표현이 아무런 문제도 없는 것이 되려면, '발전' 개념 자체에도 가치 평가가 내포된 것으로 보면 된다.

통상적으로 '발전'은 낡은 것에서 새로운 것으로, 단순한 것에서 복잡한 것, 더 풍부한 것으로 나아가는 운동으로 여겨진다. '발전'을 이런 식으로 이해한다면, 지금까지의 인류의 역사는 특정영역과 집단 등등의 소멸까지 동반하는 가운데 전체적으로 보면더욱더 복잡하고 풍부해진, 그런 의미에서 발전의 역사였다고 할수 있다. 그리고 위 인용문에 나오는 "예술 발전"이라는 말도, "예술의 전(全)영역"이 미분화된 상태에서 분화된 상태로 나아가고("예술생산이 그 자체로서 등장"하는 것으로 표현된 사태), 자체 내에서 한층 더 복잡해지는 과정, 다양화되는 과정을 지칭하는 것으로 이해할 수 있다. 그러기에 예술은 "미발전 단계"에서 발전 단계로, 그리고 이 단계는 또 더 나아간 발전 단계로 '발전'한다고 볼수 있으며, 마르크스도 그렇게 이해하고 있는 듯하다. 하지만 이런 '발전' 개념에 가치 평가가 내포된다면, 그것은 단순히 다양화·복잡화되는 것만이 아니라 '더 나은 것, 더 좋은 것으로 나아간다'는 의미까지 띠게 될 것이다. 마찬가지로, 발전의 과정으로서의 인류의 역사도 필연적으로 더 나은 상태, 더 좋은 상태로 나아가는 과정으로 설정될 것이다.

이런 사태를 지칭하는 것으로 '진보' 개념이 있다. '진보'는—다시 '상식적인' 견지에서 보건대—단순한 것에서 복잡한 것으로 나아가는 과정 자체만 지칭하는 것이 아니다. '진보' 개념에는 보다좋은 방향, 보다 나은 방향으로 나아간다는 가치 평가적 의미가내포되어 있으며, 그렇기 때문에 사회 대부분의 영역에서 '진보'는 단순한 '사실'이 아니라 이데올로기 투쟁을 통해 정당화되어야 하고 사회적 실천을 통해 쟁취되어야 하는 것이 된다. 헤겔의역사철학에서처럼 인류의 역사 전체가 합목적적인 과정으로 설정될 때에만 '발전'과 '진보'는 동일시될 수 있을 터인데, 마르크스주의 역사관이 과연 그런가. 물론 헤겔의 목적론적 역사관의 영향을 완전히 배제할 수야 없겠지만, 마르크스의 '마르크스다움'은 바로 이 목적론적 사유와 단절한 데에 있지 않은가. '마르크스다운 마르크스'는 인류의 역사를 합목적적 과정이 아니라 합법칙적 과정으로 파악했다. 여기서 '합법칙적'이라고 했을 때의 그 '법칙'은 '경향'으로서 존재하는 것이며, 그것의 적극적[긍정적](positiv) 파악은 항상 사후적(事後的)으로만 가능한, 따라서 역사의 지평이 확대됨에 따라 부단히 재파악될 수 있는 그런 것이다. 그리고 우리가 일단 "불균등 발전"이라는 표현을 인정하고 고찰한 「서설」의 이 대목도 목적론적인 사유와는 거리가 멀뿐더러 더 나아가 경제 결정론에 배어 있는 목적론적 사유에 대한 경계로까지 읽힌다.

그렇다면 우리의 의아함은 괜한 것인가. 여기에서 마르크스가 "언급되어야 하고 잊어서는 안 될 사항들"(639)이라고 한 것들 가운데 여섯 번째 사항—바로 위 인용문과 연관된—을 다시 볼 필요가 있다. 앞서 인용한 "6) **물질적 생산의 발전의, 예컨대 예술적 생산과의 불균등 관계**"에 바로 이어서 마르크스는 "무릇 진보 개념은 통상적인 추상으로 파악되어서는 안 된다. 현대 예술 등등. 이 불비례는[33] 실천적·사회적인 관계들 자체 내부에서만큼 중요한 것도 파악하기 어려운 것도 아니다"(640)라고 말하고 있다. 문맥상으로 보건대 마르크스는 '발전' 개념과 '진보' 개념을 거의 동일시해서 사용하고 있다. 사회 총체성 내의 부분 복합체들 각각의 발전 간에는 "불균등 관계", "불비례"가 존재한다는 것, 따라서 "진보 개념"은 구체적으로 파악되어야지 "통상적인 추상으로 파악"해서는 안 된다는 것이며, 그러한 "불균등 관계" 가운데 비교적 파악하기 쉬운 예로 물질적 생산의 발전과 예술적 생산의 관계를 들고 있는 것이다.

여기에서 우리가 "불균등 발전"에 관한 논의를 통해 마르크스가 강조하고자 한 바를 십분 이해하면서도 되묻고자 하는 것은, "불균등 발전"이 그의 예증에 적합한 표현인가 하는 것이다.[34] 이 물음을 통해 '발전' 내지 '진보' 개념의 구체적인 파악(마르크스가 강조하는 바는 이것인데)뿐만 아니라 그 두 개념 간의 관계도 새로이 성찰해볼 수 있지 않을까 한다. 요컨대 마르크스는 아직(적어도 이 글에서는) '발전' 개념과 '진보' 개념의 동일성과 비동일성을 확정짓지 못한 것은 아닐까, 이로 인해 우리에게 의아함을 유발한, 마르크스 자신의 예증에는 어울리지 않는 "불균등 발전"이라는 표현을 사용한 것은 아닐까 하는 것이다.

루카치에 따르면 "발전은 (더 높은 단계로의 발전도)—윤리적, 문화적, 미학적 등등의 의미에서의—가치 평가와는 무관하다" (13:614). 우리가 '진보'를 가치 평가적 요소가 내포된 개념으로 이해하고 사용한다면, 루카치가 말하는 발전은, 다윈의 '진화' 개념이 진보 개념과 동일시될 수 없는 것[35]과 마찬가지로 진보와 등치될 수 없다. 가령 '경제 성장'처럼 순전히 수량적 측정이 가능한 영역에서는 일상적으로 발전과 진보라는 말을 혼용해서 사용할 수도 있겠지만, 가치 평가가 개입되는 영역에서는 그러한 혼용이 사고의 혼란을 초래한다. 후자의 영역에서는 '진보적 발전'이라는 말도 성립 가능하지만, '반동적 발전'이라는 말 역시 성립 가능하다. 이러한 입장에서 보면 예술의 "특정한 융성기들"과 "물질적 기초의 발전", 혹은 어떤 예술형식들의 "획기적이고 고전적인 모습"과 "예술발전의 미발전 단계"를 논의의 짝으로 설정하고 이를 "불균등 발전"의 예로서 제시한 것은, 엄밀하게 보면 논리적으로 다소 문제가 있어 보인다. 짝을 이루고 있는 두 항 가운데 전자의 항은 분명히 미학적 맥락에서의 가치 평가, 가치 판단이 내포되어 있는 규정이라면,[36] 후자의 경우는 가치 평가와는 무관한 규정으로 보이기 때문이다. 그리고 이러한 입장에서 흔히 '역사의 진보' 또는 '사회의 진보'라고 하는 문제를 고찰하자면, 여기에서 진보는 가치 평가와 무관한 발전 개념과 등치될 수 있는 것이 아니라, 역사의 발전 과정 속에서 특정한 인간집단(계층, 계급, 민족 등등)의 가치 판단에 따라 이루어지는 선택적 행위를 통해 쟁취되고 이룩되는 것, 특정한 가치 기준에 의해 평가될 수 있는 것이 된다. 이때 역사 또는 사회의 진보를 말한다고 해서 무엇이 진보인지를 판별하는 기준이 반드시—가령 헤겔의 경우처럼—목적론적인 사고틀에 의해 설정되란 법은 없다. 예컨대 진보는 '선택적 행위'를 통해 이룩되는 것이라고 했을 때 그 '선택의 여지' 자체에서 진보의 기준을 확보할 수도 있을 것이다. 즉 인류의 선택적 결정의 여지가 넓어지는 것, 그리고 인류를 구성하는 개개인이 그 넓어진 여지를 전유하는 정도가 커지는 것, 바로 여기에서 진보의 기준을 찾을 수도 있지 않을까 하는 것인데, 이는 우리에게 아주 익숙한 개념 곧 '자유'와 통한다. 결국 인류의 집단적·개인적 '자유'의 확대에 기여하는 인간의 물질적·정신적 실천을 '진보적'이라고 부를 수 있으며, 그 성취 정도에 따라 '진보'를 말할 수 있지 않을까 하는 것이다. 그런데 루카치의 존재론적 사유에서 '자유'는 '공생'과 함께한다. '자유'의 주체로서의 인간은 사회적 존재이면서 동시에 자연적 존재이다. 사회적 존재로서의 인간의 자유는 함께 사는 인간들과의 공존을, 자연적 존재로서의 인간의 자유는 자연과의 공생을 근거로 해서만 성립할 수 있다. 루카치가 『존재론』에서 "자유의 나라"로 표상하는 공산주의의 이념은, 바로 이러한 의미에서 '자유·공생주의'로 번역될 수 있다.

4. '예술작품의 발생'과 '지속되는 "예술적 즐거움"'에 대하여

(…) 어려움은 단지 이 모순들의 일반적 파악에 있다. 이러한 모순들은 세분화해서 설명되자마자 이미 해명되어 있는 것이다.

그리스 예술과 현재의 관계, 그리고 나서 셰익스피어와 현재의 관계를 예로 들어보자. 잘 알려진 바와 같이 그리스 신화는 그리스 예술의 무기고였을 뿐만 아니라 그 토양이었다. 그리스적 환상의, 따라서 그리스 [신화][37]의 근저에 깔려 있는 자연 및 사회적 관계에 관한 견해가 자동방적기와 철도와 기관차 및 전신과 함께 있을 수 있겠는가? 로버트 상사에 맞서서 불카누스가, 피뢰침에 맞서서 주피터가, 종합 유동 신용회사에 맞서서 헤르메스가 어떻게 살아남을 수 있겠는가? 모든 신화는 상상 속에서, 그리고 상상에 의해서 자연적 힘들을 극복하고 지배하며 형상화한다. 따라서 자연적 힘들에 대한 현실적인 지배와 더불어 신화는 사라지는 것이다. 파마 여신은 프린팅하우스 광장 옆에서 어떻게 되겠는가? 그리스 예술은 그리스 신화를 전제로 한다. 즉, 이미 무의식적으로 예술적인 방식으로 민족적 환상에 의해 가공된 자연과 사회적 형태들 자체를 전제로 한다. 이것이 그리스 예술의 재료이다. 임의의 모든 신화, 즉 자연(여기에서 자연이라는 말 속에는 모든 대상적인 것, 따라서 사회도 포함되는데)에 대한 무의식적으로 예술적인 임의의 가공 모두가 그런 것은 아니다. 이집트 신화는 결코 그리스 예술의 토양이거나 모태일 수 없었다. 그러나 어쨌든 그것도 **하나의** 신화다. 요컨대 자연에 대한 모든 신화적 관계, 자연에 대한 신화화하는 모든 관계를 배제하는, 따라서 예술가에게 신화와는 무관한 환상을 요구하는 그런 사회발전은 어디에도 없었다.

다른 측면에서: 화약 및 탄환과 함께 아킬레우스가 있을 수 있을까? 또는 인쇄기, 더욱이 윤전기가 있다면 『일리아스』가 도대체 가능하겠는가? 시

가(詩歌)와 영웅담과 뮤즈는 인쇄 로울러의 출현과 함께 필연적으로 중단되고, 그리하여 서사시의 필요조건들은 사라지고 마는 것이 아닐까?

그러나 어려움은, 그리스 예술과 서사시가 특정한 사회적 발전형태들에 결부되어 있음을 이해하는 데 있는 것이 아니다. 어려운 점은, 그것들이 아직도 우리에게 예술적 즐거움을 제공하며 어떤 면에서는 규범이자 도달할 수 없는 모범으로 통하고 있다는 사실이다(MEW, 13:641).

위 인용문의 문맥을 볼 때, 이 대목은 "일반적 파악"으로는 "모순들"처럼 보일 수도 있는 사태를, 구체적으로 "세분화"해서 해명하는 한 가지 "예"로서 제시된 듯하다. 마르크스는 원래 "그리스 예술과 현재의 관계"를 살펴본 뒤 "셰익스피어와 현재의 관계"도 살펴볼 생각이었으나, 후자에 관한 예시는 이루어지지 못했다. 이 점에서 보더라도 이 글은 미완의 단상이라고 할 수 있겠는데, 어쨌든 마르크스 나름으로는 위의 서술을 통해 "그리스 예술과 서사시가 특정한 사회적 발전형태들에 결부되어 있음"이 예증된 것으로 간주하는 듯하다.

이 대목을 구체적인 논증이라 할 수는 없을 것이다. 마르크스 스스로도 "예로 들어보자"고 했듯이, 그것은 일종의 예시를 통해 구체적인 논증을 대신하는 것이며, 그 예시도 그리스 신화와 서사시의 발생에 부합하는 사회·역사적 사태를 거론하는 것이 아니라, 그것과 양립할 수 없는 "현재"의 물질적 발전양상을 거론하는 **부정적** 방식으로 이루어지고 있다. 그럼에도 불구하고 우리는 위 구절에서 마르크스주의를 둘러싸고 존재하는 몇 가지 통념과 단절케 하는 마르크스의 접근 방식을 엿볼 수 있다.

우선, 예술작품이 상부구조(더 정확히 말하자면, 상부구조의 한 층위로서의 이데올로기)에 속하기 때문에 예술작품의 발생은 경제적 토대로부터 **직접** 도출될 수 있다고 여기는 '속류 마르크스주의적' 관점과의 단절이 그것이다. 예술을 상부구조적 현상으로 보는 관점과, 그 발생을 경제적 토대로부터 직접 도출하는 관점은 얼마든지 다를 수 있다. 이는 앞서 말한 문제, 즉 토대-상부구조 비유를 어떻게 파악할 것인가 하는 문제와 관련된 것이면서 이데올로기 개념의 문제[38]와도 연관된 것인데, 마르크스주의 이론의 역사에서 우리는 충분히 다를 수 있는 이 두 관점을 동일시하는 이해를 드물지 않게 접할 수 있다. 또, 마르크스주의 미학을 비판하는 논자들이 마르크스주의를 '속류 마르크스주의'와 동일시하는 방식으로 마르크스주의의 이론적 수준을 유치하게 격하시켜 논박하는 사례도 드물지 않게 볼 수 있다.

위 대목에서 마르크스는 그리스 예술, 그중에서도 특히 그리스 서사시의 발생과 관련하여 이중적인 접근법을 보여준다. 즉 그리스 신화(인용문 두 번째 단락)와 그리스 서사시(인용문 세 번째 단락)의 발생 조건과 관련하여 그 물질적 발전 상태를—앞서 말했다시피 '부정적'인 방식으로—거론함과 **동시에** 그리스 예술 및 서사시의 "무기고"이자 "토양"인 그리스 신화, 그 "재료"인 그리스 신화도 같이 거론하고 있다. 이에 따라 루카치는 마르크스가 예술작품의 발생 문제를 다루는 이 대목에서 단순히 경제적 토대에서 출발하는 것이 아니라 "이데올로기적 경향들을 포함하는 전체 사회에서 출발"하고 있으며, "예술을 사회적 관계들의 총체성과 연관"(13:660)시키고 있다고 파악한다.

뿐만 아니라 여기에서 마르크스는 특정한 예술적 현상의 발생에는 어떤 '선택'이 행해진다는 것도 보여주고 있다는 것이 루카치의 생각이다. "어떤 예술작품, 예술가, 예술장르의 의도가 모든 사회적 관계의 외연적 총체성으로 향하는 것은 불가능하며,

여기에서 객관적이고 필연적으로 모종의 선택이 행해진다는 것"(13:660)을 마르크스는 시사하고 있다는 것이다. 그리스 서사시의 발생에 있어서, 사회적 총체성의 제(諸)계기 중에서 결정적으로 중요한 것으로 '선택'된 것은 그리스 신화였다. 조금 억지스레 보이는 말이긴 하지만, 마르크스에 따르면 이집트 신화 또한 신화이긴 하지만 그리스 예술의 재료가 될 수 없었다. 신화라고 해서 모두 그리스 예술의 토양이 될 수 있는 것이 아니라 오직 그리스 신화만이 그리스 예술의 재료이자 무기고가 될 수 있었다는 것이다. 이를 달리 말하면 그리스 예술은 그리스 신화를 '선택'하고 이집트 신화를 '선택'에서 배제했다고 할 수 있다. 여기서 '선택'이라고 해서 그것이 꼭 의식적으로만 이루어지는 것으로 봐서는 안 된다. 의식적으로도 무의식적으로도 이루어질 수 있으며, 의식적·무의식적으로 이루어질 수도 있는 것이 '선택'이다. 그리고 이미 앞에서 말했다시피 루카치에게 이러한 '선택'은 예술에만 해당하는 것이 아니라 "사회적 존재의 존재론적 본질"이다.

　　앞의 논의를 다시 정리하자면, 어떤 예술작품의 **발생**은, 사회적 총체성(경제가 "장악적 계기"로서 작동하는)에 의해 규정받음과 동시에, 포괄적 의미에서의 예술적 주체의 능동적이고 구체적인 '선택'(물론, 무제약적인 것이 아니라 구체적으로 주어진 가능성의 여지 내에서의)을 통해 이루어지는 것으로 볼 수 있으며, 따라서 특정한 예술작품의 발생을 경제적 토대로부터 직접 도출하는 것은 마르크스의 접근법과는 다르다는 것을 확인할 수 있다. 예술작품의 발생의 문제에서 중요한 것은 토대와 상부구조의 단순한 인과관계를 밝히는 것이 아니며 또 그럴 수도 없다. 토대와 상부구조의 관계 자체도 단순한 인과관계가 아니거니와, 여기에서는 그와 같은 단순한 인과관계가 존재하지 않기 때문이다.

앞에서 우리는 마르크스가 그리스 서사시 등의 발생과 양립할 수 없는 물질적 발전양상을 거론하는 '부정적'인 서술 방식을 통해 그것이 "특정한 사회적 발전형태들에 결부되어 있음"을 예증한다고 했다. 그런데, 이런 서술 방식을 오히려 적극적으로 읽으면, 예술적 현상의 발생 문제에서 마르크스에게 보다 중요했던 것은 어떤 특정한 물질적 발전상태가 어떤 특정한 예술의 발생에 유리한지 불리한지를 밝히는 것이라고 이해할 수도 있다. 마르크스주의적 발생 개념에서 결정적으로 중요한 것은 "토대와 상부구조(여기에서는 예술) 간의 단순한 인과연관"이 아니라 토대의 규정성이 어떤 예술의 발생에 유리한지 불리한지 여부의 문제라는 루카치의 해석(13:661)이 그러한 이해를 보여준다. 그리고 이런 식의 접근법은 필연적으로 다시, "구체적 상황의 구체적 분석"이라는 유물론적 탐구 정신을 환기시킨다. 하지만 마르크스 자신에게 가장 심각한 문제는 이상의 문제들, 즉 "불균등 발전"이라고 표현한 현상이나 그리스 예술의 발생을 둘러싼 문제가 아니다. "어려운 점은, 그것들이 아직도 우리에게 예술적 즐거움을 제공하며 어떤 면에서는 규범이자 도달할 수 없는 모범으로 통하고 있다는 사실이다."

마르크스 스스로도 가장 심각한 문제로 받아들이고 있는 이상, 기존의 미학적 · 문학이론적 논의들이 주로 이 문제에 초점을 맞추고 전개된 것은 당연하다 하겠다. 앞서 소개한 백낙청, 유종호, 김윤식 등의 글에서나 그들이 소개 · 검토하고 있는 외국 이론가들의 논의에서 우리는 이 문제에 관한 여러 가지 접근 방식을 볼 수 있는데, 우리는 여기에서도 이미 소개된 논의들은 재론하지 않는다. 그리고 여기에서 확인하고 이해하고자 하는 것은 문제에 접근하는 마르크스의 접근 방식일 뿐이며, 이러한 접근 방식에 따라

열리는 문제영역들 자체에 관한 구체적 고찰은 모두 차후의 과제
로 돌린다는 점을 분명히 하면서 「서론」의 마지막 단락을 읽어보
도록 하겠다.

그러나 어려움은, 그리스 예술과 서사시가 특정한 사회적 발전형태들에
결부되어 있음을 이해하는 데 있는 것이 아니다. 어려운 점은, 그것들이
아직도 우리에게 예술적 즐거움을 제공하며 어떤 면에서는 규범이자 도
달할 수 없는 모범으로 통하고 있다는 사실이다.
어른은 다시 어린아이가 될 수 없다. 그렇게 된다면 그는 유치하게 되는
것이다. 그러나 어린아이의 소박성(Naivetät)은 어른을 즐겁게 하지 않
는가? 그리고 어른 자신은 다시 한 번 보다 높은 단계에서 어린아이의
진실성(Wahrheit)을 재생산하기 위하여 노력해야 하는 것이 아닐까? 어
느 시대에서든 그 시대 고유의 성격은 어린아이의 본성 속에서 그 본연
의 모습(Naturwahrheit)으로 소생하는 것이 아닐까? 인류가 가장 아름
답게 꽃을 피웠던 인류의 역사적 유년기가, 두 번 다시 돌아오지 않는 단
계로서 영원한 매력을 발휘하지 말란 법이 어디에 있는가? 버릇없이 자
란 아이들도 있고 자갑스런 아이들도 있다. 고대의 많은 민족은 이 범주
에 속한다. 그리스인들은 정상적인 아이들이었다. 그들의 예술이 우리
에게 지니는 매력은, 그 예술이 성장할 때 기반이 되었던 미발전한 사회
단계와 모순되지 않는다. 그러한 매력은 오히려 이 미발전한 사회단계의
결과이며, 미숙한 사회적 조건들, 즉 그 예술이 그 아래에서 발생하였고
또 오로지 그 아래에서만 발생할 수 있었던 그 미숙한 사회적 조건들이
두 번 다시는 돌아올 수 없다는 사실과 오히려 불가분하게 관련되어 있
다(MEW, 13:641/2).

우선, 마르크스가 그리스 예술과 서사시가 "어떤 면에서는 규

범"이라고 했을 때, 어떤 영구불변하는 '실체'로서의 초시대적 가치를 갖는 '규범'을 말하고 있는 것은 아니라는 점을 확인하고 넘어가자. 마르크스는 그것들이 **"우리에게"** "규범이자 도달할 수 없는 모범으로 **통하고 있다**"(강조는 인용자)는 사실을 문제 삼고 있는 것이다. 물론 여기에서 "우리"는 그리스 세계를 자신들의 역사적 과거로 받아들이는 마르크스 당대의 유럽인을 지칭한다. 마르크스는 당시 유럽인 일반의, 혹은 유럽 예술 전반의 통상적인 미적 취향에서 볼 때 그리스 예술은 '규범으로 통하고 있음'을 전제로 문제를 제기하고 있는 셈이다. 여기에서 마르크스가 인류의 예술발전의 정점은 그리스 예술에 있다고 보는 헤겔의 예술관을 그대로 물려받고 있다는 지적이나, 마르크스조차 "자기 시대의 사회에서 지배적인 예술관념에서 벗어날 수 없"었다는 페터 뷔르거의 비판은 문제의 핵심에서 벗어난 것으로 보인다. 사실 마르크스가 사용하고 있는 용어들, 예컨대 "소박성"이나 우리가 "본연의 모습"이라고 옮긴 "Naturwahrheit" 따위를 보더라도 마르크스의 예술관이 독일 이상주의 미학의 영향권 내에 있음을 부인하긴 힘들다. 하지만, 거듭 말하건대, 이 점이 여기에서 중요한 것은 아니다. 마르크스는 자기 당대의 지배적인 예술관을 문제 삼는 데 관심이 있는 것이 아니라, 그러한 예술관의 실존 및 이에 따른 모종의 수용태도가 어떻게, 왜 가능한지를 묻고 이를 설명하는 접근법을 시사하고 있는 것이다. 다시 말해서, 이미 과거가 된 사회적 발전단계("미발전한 사회단계")에서 발생한 어떤 예술작품이, 이미 변해버린 세계(역사적으로 발전한 사회단계) 속에 사는 우리에게도 매력을 지니고 있다면, 그런 일은 어떻게 설명될 수 있는지를 보여주고 있는 것이다.

이 대목에서도 마르크스는 이중적인 접근법을 구사한다. 그리스 세계를 "인류가 가장 아름답게 꽃을 피웠던 인류의 역사적 유년기"로, 그리스인들을 "정상적인 아이들"로 보고 있는 데에서 그것을 엿볼 수 있는데, 한편으로는 "정상적인"이라는 관형어를 통해, 다른 한편으로는 "역사적 유년기" 내지는 "아이들"이라는 비유적 표현을 통해, 그리스 예술이 "우리에게 지니는 매력"은 역사적으로 발생한 어떤 가치에 대한, 역사적 과정의 한 단계로서의 현재에서 취하는 평가에 따른 것이자 동시에 역사적 과거라는 사실에 근거한 것임을 말하고 있다.

분리될 수 없는 사태이지만 논의의 편의를 위해 분리시켜 먼저 후자의 측면부터 보자면, 그리스 예술이 우리에게 매력을, 그것도 "영원한 매력"을 발휘하는 것은, 그것이 발생할 수 있었던 사회적 조건들이 "두 번 다시는 돌아올 수 없다는 사실"과 불가분하게 결합되어 있다. 여기에서 "그리스 서사시와 예술이 특정한 사회적 발전형태에 결부되어 있음"을 말한 대목을 상기할 필요가 있다. 즉 특정한 예술형식들은 특정한 사회적 발전형태들에 결부되어 있으며, 따라서 그 사회적 단계가 이미 과거가 되어 돌이킬 수 없게 되면 그와 결부된 특정 예술형식의 개화(開花) 역시 더 이상은 기대하기 어렵게 되는 것이다. 예술형식들의 역사성에 관한 고찰이 내포되어 있는 이런 관점에서 볼 때, 특히 그리스 서사시는 "두 번 다시 돌아오지 않는 단계"의 산물, 따라서 역사적으로 **일회적인** 산물이기에 오히려 **"영원한** 매력"(강조는 인용자)을 지닌다는 것이다.

여기에서 "영원한"이라는 표현 자체에 얽매일 까닭은 없어 보인다. 아마도 이런 수사적 표현이 빌미가 되어 마르크스의 논의는 초시대적이고 영구불변하는 "규범적 진리"에 의존하고 있다는 부브너의 지적이나 "초시대적인 예술개념"에서 출발한다는 뷔르거의 지적이 힘을 얻었던 것 같은데, 이는 문맥과 문제의 핵심을 제대로 이해하지 못한 소치로 보인다. 그리고 "영원한"이라는 표현 자체도, 물론 단서가 많이 붙어야 하겠지만 전적으로 그릇된 표현만은 아니다. 인류의 역사적 실천의 산물 가운데 역사적으로 일회적인 어떤 현상이 인류의 삶 속에 **보존**된다면, 그것은 더 이상 반복될 수 없는 유일무이한 것으로 존재하는 것이며, 따라서 그 나름으로 "영원한 매력"을 지닌 것으로 여겨질 수 있다. 여기에서 말하는 '보존'은 단순히 과거의 것이 현재에도 남아 있다는 의미가 아니라 인류의 과거에 대한, 그때그때의 현 인류의 '선택적'인 수용 · 재생산을 통해 그 과거가 그때그때의 현재에 작용한다는 것을 뜻한다. 따라서 현재에 작용하는 과거로서 '보존'되는 것은 과거 전체가 아니라 그 부분들이며, 또 항상 같은 부분이 늘 같은 식으로 '보존'되는 것이 아니라 역사적 현재의 목적에 따라 다르게 '보존'된다. "과거의 재수용은 언제나 현재적 실천으로의, 다시 말해 미래로의 지향을 가지고 행해진다" (13:683). 그렇다고 과거의 특정한 실천이 현재의 입장에서 무제약적으로, **자의적**으로 변용될 수 있다는 것은 아니며(이럴 경우 '보존'이나 '재수용'이라는 말은 의미가 없게 될 터이다), 또 **모든** 과거가 현재의 목적에 따라 재수용될 수 있는 것도 아니다. 이 문제는 여기에서 고찰할 두 번째 측면의 문제, 즉 "우리"(마르크스 당대의 유럽인)에게 그와 같이 "영원한 매력"을 지니는 과거의 예술이 왜 하필이면 그리스 예술과 서사시인가, 왜 하필이면 셰익스피어인가(앞에서 말했다시피, 원래 마르크스는 "셰익스피어와 현재의 관계"도 살펴볼 생각이었다) 하는 문제와 관련된다. 이를 문학비평 용어로 표현하자면, 마르크스의 발언에서 우리가 어떤 예술작품, 역사적으로 발생한 어떤 미적 가치에 대한, 마찬가지로 역사적인 수용의 문제를 보았다면, 이 수용의 문제는 단지 수용 자체의 문제로 끝나는 것이 아니라 '작품 자체'의 문제, 발생된 가치 자체의 문제로 눈을 돌리게 한다는 것이다. 이것이 바로 마르크스의 발언에서 시사되는 또 다른 측면의 문제이다.

마르크스는 그리스인들을 일컬어 "정상적인 아이들"이었다고 한다. 인류의 과거 가운데에는 "버릇없이 자란 아이들"과 같은 과거도 있으며 "자깝스런 아이들"과 같은 과거도 있다. 물론 그런 과거도 역사의 특정 시점에서 일시적으로 "매력"을 발휘할 수 있겠지만, 인류의 거대한 역사적 발전과정에서 수백 년의 간격을 두고도 부단히 재생되면서 현재에 작용하는 과거, 마르크스가 "영원한 매력을 발휘"한다는 표현까지 사용한 그런 과거가 있다면, 그것은 그 과거 자체가 **"정상적인** 아이들"(강조는 인용자)과 같은 과거이기에 그럴 수 있다는 것이다. 물론 여기에서 "정상적인"이라고 했을 때의 그 '정상성'은 역사적 과정의 한 단계로서의 현재에서 되돌아본 역사적 과거의 '정상성'이다. 즉 어떤 특정한 과거가 그 자체로 초시대적이고 영구불변하는 '정상성'을 띠는 것은 아니라는 말이다. 하지만 동시에 고려해야 할 것은, 역사적인 성년기, 즉 역사적인 이후(以後)의 시점에서 "정상적인 아이들"로 구성할 수 있는 역사적인 이전(以前)에는 그러한 '정상성'의 잠재력이 내포되어 있다는 점이다. 역사적 발전과정에서 발생한 작품의 가치가 어떤 영구불변의 초월적인 '실체'가 아니라 현재의 실천에 의해 재생됨으로서만 지속되는 그런 것이지만, "그러한 실천이 '작품 자체'의 성격과 무관하지도 않은 것"[39]이다.

이 대목과 관련해 백낙청은 마르크스의 명상이 역사적으로 발생된 가치이면서 지속되는 "예술적 즐거움"을 주는 가치란 어떤 차원의 가치인지를 묻게 한다고 하면서 '작품 자체'의 진리, 예술

의 진리 문제에 대한 나름의 성찰로 나아간 바 있는데,[40] 루카치
또한 이와 유사하게 가치와 실체(성)의 문제로 논의를 진전시켜나
간다. 그는 「서론」이 진리와 관련된 고민을 촉발하긴 하지만 그 자
체에 진리라는 문제설정을 담고 있지는 않다고 보는 백낙청[41]과는
달리, 「서론」 자체에 문제에 대한 대답의 방향까지 내포되어 있다
고 본다. 「서론」에서 마르크스는 "변화와 변화 속의 지속을 부단
히 재생산"하는 "역사과정"에서 관철되는 "미적 존재의 연속성 문
제"를 제기하고 있으며, 또 이러한 문제제기에 대해—"인류의 역
사적 유년기"라는 표현에서도 엿볼 수 있듯이—"인간 유의 발전
에 관류하는 연속성에 근거"하는 대답의 방향을 암시하고 있다는
것이다(13:682). 이때 그가 말하는 "연속성"이란 "복합체의 내적인
운동 형식"으로서, "추상적·정태적인 지속"과는 거리가 멀다. 그
것은 "생성 내부에서의 구체적인 지속", 곧 "현실의 실재적 복합체
들 속에서 연속적으로 스스로를 보전하고 스스로를 갱신하며 전
개해나가는 것"을 의미한다(13:613/4). 이로부터 '실체(성)' 개념
도 재규정되는바, 그것은 더 이상 '생성'과 배타적으로 대립하는
것이 아니라 "변화 속의 지속"(13:613)으로, 즉 "생성 과정에 대해
자기보존의 정적·고정적 관계로서 경직되고 배타적으로 대립해
있는 것이 아니라, 오히려 과정 중에 있으며 과정 속에서 변하고,
스스로를 갱신하며 과정에 참여하지만 그 본질상 자신을 보전"
(13:681)하는 것으로 파악된다. 이처럼 루카치에게 「서론」의 단상
은 사상사에서 나타나는 가치론의 잘못된 이율배반, 곧 "역사적
상대주의"와 "논리적으로 체계화하는 독단론"의 이율배반을 극복
하는 "존재론적인 제3의 길"(13:681)을 펼치는 데 실마리가 된다.

　이 글은 이러한 사실 확인에 그친다. 이에 관해 본격적으로 고
찰하자면 가치와 가치 자체의 실체성에 대한 루카치의 논의가 얼

마나 적실한 것인지, 어떤 점에서 새로운지를 구체적으로 파악하고 평가해야 할 뿐만 아니라, 또 그것이 "미적 존재의 연속성 문제"와 관련해서는 어떻게 구체화될 수 있는지도 살펴봐야 하는 방대한 작업이 된다. 이는 필연적으로 루카치의 본격 미학, 곧—그 자체『존재론』으로 넘어가는 이행기의 산물이지만 이미 존재론적 사유가 작동하고 있는—『미적인 것의 고유성』,『미학의 범주로서의 특수성에 대하여』 등에 대한 포괄적이고 구체적인 파악을 요구하는바, 부득이 차후의 일감으로 남겨둘 수밖에 없다.

5. 마치는 말: 마르크스주의 미학의 현 상태

마르크스주의자들을 향해 루카치는 히말라야 산맥 꼭대기에서 뛰노는 토끼가 스스로를 평지에 있는 코끼리보다 더 크다고 생각해서는 안 된다고 경고한 적이 있다. 그리고 30여 년이 흐른 후, 그의 제자 아그네스 헬러는 마르크스주의가 세계관들 가운데 히말라야 산맥과 같았던 시기는 진작 지났으며, "그것은 다른 산맥들 옆에 있는 하나의 산맥에 불과하다"고 말했다.[42] 또 그로부터 수십 년이 지난 지금, 마르크스주의가 과연 '하나의 산맥'으로 존재하는지조차 의심스러울 지경이 되었다.

지난 세기 말 동구 사회주의권의 붕괴는, 그렇지 않아도 이미 서구의 지식세계에서는 각주(脚註)로 밀려나 있었던 마르크스주의의 전지구적 퇴조에 박차를 가했다. 물론, 인간의 판단력을 마비시킬 뿐만 아니라 불구로 만들기까지 했던 냉전체제의 붕괴가 '진정한' 마르크스주의 내지 좌파의 전열을 가다듬고 대중적 영향력을 제고할 수 있는 계기로 전환될 수 있다고 주장한 사람들도 없진 않았다. 하지만 그 '냉전체제의 붕괴'라는 것이 민중의 집단적 지혜와 노력에 의해 추동되는 해방투쟁의 과정으로서 이룩된 것이라기보다는 대립을 이루던 한 축이 말 그대로 '자체 붕괴'하면서 이루어진 성격이 더 강했기 때문에 당장은 '승리'를 거둔 다른 한 축의 힘이 압도적으로 현상하는 것은 어쩌면 당연한 귀결이었다. '현실사회주의'의 '사회주의적 성격'의 '가상성'에 대한 지적이 진작부터 있었을 정도로 자본주의 바깥의 한 체제로서의 사회주의를 말하기가 어려웠던 차에 동구 사회주의권의 무기력한 붕괴는 그 자체가 자본주의 세계체제의 지구화 과정의 소산이면서 이와 동시에 자본주의의 전일적 지구화가 구현될 수 있는 결정적 조건이 창출되었음을 의미하는 것이기도 했다. 그 이후 우리는 제동장치 없는 자본주의의 일방적 폭주가 지구인들의 삶과 문화에 어떤 결과를 초래할 수 있는지를 목격할 수 있었다. 그 과정에서 "역사의 종언"과 함께 "대안은 없다(TINA)"라는 슬로건이 유행하기도 했지만, 현실의 삶은 '더 이상 대안이 없어서는 안 된다'는 것을 일깨워주었다.

그리하여 이른바 '급진좌파' 이론가들 사이에서 "공산주의라는 유령"(마르크스)이 다시 기지개를 켰다. 최근에는 결코 '급진좌파'라고 할 수 없는, 현재 '프랑크푸르트 학파'를 이끌고 있는 악셀 호네트(A. Honneth)가 "사회주의 이념"의 재구성을 제안하고 나섰다.[43] 이론의 영역에서만 그런 것이 아니다. 자본주의 세계체제의 핵심부인 미국과 영국에서, 심지어 그곳 제도권 정치의 한가운데에서 사회주의를 '공공연하게' 주장하는 목소리가 나오기 시작했다.

그러는 사이 한국의 마르크스주의는 어떠한 자기갱신의 모습을 보여주었던가? 사회변혁의 욕구는 말할 것도 없고 불의에 대한 분노조차 '순치'하고 '조작'하는 자본주의 체제의 놀라운 흡입력에 이 땅의 마르크스주의도 같이 휘둘리고 포섭되지는 않았는가? 이런 의문이 튀어나올 만큼 한국에서 마르크스주의의 퇴조는 명확해 보이며, 그중 특히 마르크스주의 미학은 완전히 망각된 지경이라고 해도 과언이 아니다. 그런데 '마르크스·레닌주의 미학'이라는 공식적 이데올로기(우리에게는 '공식적'이었던 적이 한 번도 없는)의 까닭 있는 사멸 과정에서 마르크스주의 미학을 모색한 이론적 시도들의 흔적마저 너무 쉽게 지워버린 것은 아닐까. 물론 이렇게 된 데에는 또 그 나름으로 진지한 비판적 고찰의 대상이 될 만한 여러 가지 이유가 있겠지만, 마르크스주의적인 미학적 시도들을 이어가면서 갱신하는 노력들을 찾아보기 힘든 것은 분명한 것 같다. 아니, '갱신'을 의도한 시도는 적지 않았을지도 모르겠다. 그러나 이어가는 것, 쌓인 것이 없기 때문에 정확하게 갱신해야 할 지점조차 파악되지 않은 상태에서, 결국 바깥에서 불어오는 바람에 따라 이론의 바뀜만 되풀이되는 형국이 아닌가 싶다. 루카치가 걸었던 "마르크스로 가는 길"의 진지함뿐만 아니라 그 '보수적' 태도마저 귀한 덕목으로 보이는 시간이다.

주

머리말

1 선집 발간은 제1권『영혼과 형식』, 제2권『소설의 이론』, 제3권『역사와 계급의식』, 제4권『이성의 파괴』, 제5권『미적인 것의 고유성』, 제6권『사회적 존재의 존재론을 위하여』로 계획되어 있는데, 그중 3권까지 이미 출판되었다. 문고본으로 책을 내기 때문에 '대작'을 대상으로하는 3권부터는 책 전체가 아니라 핵심적인 부분을 뽑아서 낼 것으로 예상되는데, 이미 출판된 선집 제3권은『역사와 계급의식』전체가 아니라 그 책에서 가장 중요한 논문인「사물화와 프롤레타리아계급의의식」만으로 구성되어 있다.

2 이와 관련해서는 2017년 3월에 뤼디거 다네만이 가졌던 인터뷰 기사를 참조할 것. https://jungle.world/artikel/2017/09/ein-verstaerktes-interesse

3 1980년대 후반 '자유주의자'로 정치에 발을 들인 오르반은 1998년 선거에서 피데스(Fidesz)당이 승리하면서 4년간 총리를 역임했다. 이때 이미 그는 더 이상 자유주의와는 거리가 먼 우파 민족주의자로 자리매김했다. 2010년 피데스당을 통해 재집권에 성공한 그는, 2014년에 이어 2018년 선거에서도 승리하여 2022년까지 헝가리를 이끌게 되었다.

4 인용한 곳은, https://www.transform-network.net/de/blog/article/return-the-lukacs-statue-and-reopen-the-lukacs-archives-in-budapest/

5 베를린을 떠나 하이델베르크로 가기 전에 머물렀던 이탈리아의 피렌체에서 이르머 셰이들레르(Irma Seidler)의 자살 소식을 접한 후의 시점에 해당하는 짧은 기간 동안(1911년 가을부터 1912년 봄까지) 루카치는 동유럽의 특수한 비정통적 유대주의인 하시디즘(Chassidismus)에 몰두한 바 있다. 『나와 너』, 『인간의 길』등을 통해 우리에게도 잘 알려져 있는 오스트리아 출신의 종교 철학자 마르틴 부버(Martin Buber)의 작품을 통해 갖게 된 그 신비주의적 메시아주의와의 접촉은, 그의 생애 처음이자 마지막으로 있었던 유대 사상과의 만남이라 할 수 있다. 이에 관해서는 István Hermann, *Georg Lukács. Sein Leben und Wirken*, Wien · Köln · Graz: Verlag Hermann Böhlaus Nachf., 1986, p.46 참조.

6   G. 루카치, 「삶으로서의 사유」,『게오르크 루카치―맑스로 가는 길』, 김경식 · 오길영 편역, 솔, 1994, 283면. 이 책에서 인용할 때 표현만 일부 바꾼 것은 따로 밝히지 않는다. 지금은 절판이 된 이 책의 새로운 번역본이『삶으로서의 사유』라는 제목으로 조만간 산지니 출판사에서 출간될 것이라는 점을 밝혀둔다.

7   '공산주의'를 실현하고자 했던 사회주의 국가들, 즉 소련을 위시한 동구 사회주의 국가들에서 '생산관계' 내지 '소유관계' 자체도 전혀 '사회주의화'되지 않았다는 주장들도 진작부터 있었다. 그 국가들은 '공산주의'는커녕 '사회주의'도 아닌, 실상 자본주의의 또 다른 버전으로서, '사적 자본주의', '시장자본주의'와는 형태만 달리한 "국가자본주의"였다는 주장도 그중 하나인데, 하지만 루카치는 이러한 주장에는 동의하지 않았다. 그에게 '현실사회주의'는 사회주의적 성격이 현저히 결여된 '관료주의적 국가사회주의'였다.

8   G. 루카치, 「삶으로서의 사유―게오르크 루카치와의 대담」,『게오르크 루카치―맑스로 가는 길』, 144면.

9   Georg Lukács, *Prolegomena zur Ontologie des gesellschaftlichen Seins*, in: *Georg Lukács Werke, Bd. 13, Prolegomena. Zur Ontologie des gesellschaftlichen Seins*, Darmstadt · Neuwied: Luchterhand, 1984, p.210.

10   앞의 책, p.72.

11   이와 관련해서는 졸저(拙著),『게오르크 루카치―과거와 미래를 잇는 다리』, 한울, 2000, 212면 이하 참조.

12   『미적인 것의 고유성』 중 예술의 수용과정을 고찰하는 대목에서 루카치는 수용행위의 핵심을 형성하는 카타르시스의 기본원칙으로 릴케의 이 시구를 인용한다. *Georg Lukács Werke, Bd. 11, Die Eigenart des Ästhetischen, 1. Halbband*, Neuwied am Rhein: Luchterhand, 1963, p.818.

13   "사랑의 사회"는 루카치가 1919년 4월에 발표한 한 글에서 나오는 표현이다. "말하자면 경제의 변화, 사회 자체의 변화만으로는 이 새로운 사회를 창출할 수 없다. 인간들이 그럴 태세를 갖추고 있지 않다면, 계급 없는 사회가 동시에 사랑의 사회가 되지 않는다면, 그 새로운 사회란 한갓 가능성으로 머물러 있을 것이다." Georg Lukács, "Die moralische Grundlage des Kommunismus", eds. J. Kammler and F. Benseler, *Georg Lukács. Taktik und Ethik. Politische Aufsätze I. 1918-1920*, Darmstadt · Neuwied: Luchterhand, 1975, p.87.

14 대담마다 표현은 약간씩 다르지만 그 뜻은 같았던 이런 유의 발언은, 루카치가 이탈리아의 저명한 독문학자 체자레 카제스(Cesare Cases)에게 보낸 1965년 1월 16일자 편지에 처음 등장한다. 이어서 그는 여러 대담에서 이 말을 되풀이하는데, 가령 『새로운 포럼』(Neues Forum) 1969년 5월호에서는 "그러나 가장 나쁜 사회주의조차 가장 좋은 자본주의보다 항상 더 낫습니다. 언뜻 들으면 역설처럼 들리겠지만 말입니다"라고 말했으며, 그의 사후(死後)에 발간된 『신좌파평론』(New Left Review) 1971년 7/8월호에 수록된 대담에서는 "나는 가장 나쁜 형태의 사회주의조차도 가장 좋은 형태의 자본주의보다 사람들이 살기에 더 좋다고 늘 생각해왔습니다"라고 말하고 있다.

15 루카치의 "정치적 유언"이라 불리는 『사회주의와 민주화』(Sozialismus und Demokratisierung) 제2부의 제목이다.

16 마샬 버먼, 「게오르그 루카치의 거대한 뻔뻔스러움」, 『맑스주의의 향연』, 문명식 옮김, 이후, 2001 참조. 인용한 곳은 251면과 281면. 번역과 관련해 덧붙이자면, 옮긴이가 "거대한 뻔뻔스러움"으로 옮긴 단어는 "Cosmic Chutzpah"이다. 텍스트를 아무리 읽어봐도 "Chutzpah"를 "뻔뻔스러움"이라는, 우리말에서는 순전히 부정적인 뉘앙스를 지닌 단어로 옮겨야 하는 이유를 찾을 수 없었다.

I. 루카치의 삶과 사상에 대한 단장들

1 루카치의 우리말 인명표기는 책마다 다르고 인터넷에 올라 있는 글들에서도 뒤죽박죽이다. 현재 크게 네 가지가 통용되고 있다. 게오르그 루카치, 게오르크 루카치, 죄르지 루카치, 루카치 죄르지. 그의 독일식 이름 "Georg Lukács"를 우리말로 적으면, "게오르그 루카치"보다는 "게오르크 루카치"가 맞다. 이것은 현지발음에 따른 것이 아니라(그럴 경우 '게오륵 룩카아치'라고 적어야할지도 모른다), 독일어 철자 'b' 'd' 'g'가 단어 끝에 오면 '프' '트' '크'로 적는다는, 독일어의 우리말 표기법에 따른 것이다. "Sigmund Freud"는 "지그문드 프로이드"보다 "지그문트 프로이트"로 적는 경우가 훨씬 많은데, 루카치는 "게오르그 루카치"로 적는 사람이 아직 더 많으니 이상한 일이다. 최근 등장한 "죄르지 루카치"는 헝가리식 이름 "Lukács György"를 우리말로 적은 것이다. 헝가리어에 보다 충실하려면 "루카치 죄르지"로 적는 게 맞다. "죄르지 루카치"는 헝가리 인명을 인도유럽어족에 속하는 영어식으로 바꾼 것

을 우리말로 옮긴 것이다. 그런데 헝가리어는 인도유럽어족이 아니라 알타이어족에 속한다. 이 어족에 속하는 언어들은 이름을 말할 때 우리말이나 중국어처럼 성을 앞에 놓는다. 우리가 "마오쩌둥"을 "쩌둥마오"라고 적지 않는다면, 루카치도 "루카치 죄르지"로 적는 게 합당할 것이다. 하지만 루카치는 동양인이 아닌데다 서양의 학술영역에서는 영어가 거의 '공통어'처럼 통용되고 있는 마당이니 "죄르지 루카치"라고 적을 수도 있겠다 싶다. 나도 이 책에 등장하는 헝가리인 이름을 모두 영어식 어순으로 적었음을 밝혀둔다.

2 2000년 이전까지 한국에서의 루카치 수용사와 관련해서는 졸저 (拙著), 『게오르크 루카치—과거와 미래를 잇는 다리』, 한울, 2000, 33-67면 참조.

3 마샬 버먼, 「게오르크 루카치의 거대한 뻔뻔스러움」, 『맑스주의의 향연』, 문명식 옮김, 이후, 2001, 281면.

4 루카치는 상을 받고 고무되기는커녕 오히려 "절망 상태"에 빠졌다. 문학사나 미학과 같은 사안을 제대로 판단할 능력이 없다고 생각했던 협회가 자신의 책에 상을 주었기 때문에 자기 책에 뭔가 문제가 있다고 생각했던 것이다. 그래서 잘못된 부분을 찾으려 했지만 찾을 수 없던 차에 당시 절친한 친구였던 레오 포페르(Leo Popper)가 그 책의 장점을 이야기해줌으로써 마음의 안정을 찾았다 한다. G. 루카치, 「삶으로서의 사유—게오르크 루카치와의 대담」, 『게오르크 루카치—맑스로 가는 길』, 김경식·오길영 편역, 솔, 1994, 60-61면 참조.

5 Georg von Lukács, *Die Seele und die Formen. Essays*, Berlin: Egon Fleischel & Co., 1911.

6 이 글은 독일의 학술지인 『미학과 일반예술학지(誌)』(*Zeitschrift für Ästhetik und allgemeine Kunstwissenschaft*) 제11권 3~4호(1916년)에 처음 발표되었다가 1920년에 책으로 출판된다. Georg Lukács, *Die Theorie des Romans. Ein geschichtsphilosophischer Versuch über die Formen der großen Epik*, Berlin: Paul Cassirer, 1920.

7 히틀러의 집권 이후 두 달간 루카치가 베를린에 남아 있었던 것은 지식인 조직을 비합법조직으로 전환하라는 당의 지시 때문이었다. 그러한 당의 지시는 히틀러 체제의 성격을 파악하지 못한 탓에 나온 잘못된 것이었고 곧 철회되었다.

8 루카치의 활동 양상을 특징짓는 말로 자주 거론되는 "빨치산 투쟁"이란, 지휘관이나 그 지휘관의 명령을 일방적으로 따라야만 하는 단순

한 병사가 아니라 '빨치산'으로서 공산주의를 위한 '투쟁'에 동참하는 것을 일컫는 말이다. '빨치산' 비유는 「당문학」(1945)에서 정식화되어 있는데, 당과 당문학가(Parteidichter)의 관계에 관해 논하면서 루카치는 다음과 같이 적고 있다. "당문학가는 결코 지도자나 단순한 병사가 아니라 언제나 한 명의 빨치산이다. 즉, 그가 진정한 당문학가라면 당의 위대한 역사적 사명, 당이 규정하는 위대한 전략적 노선과 깊은 통일성이 있다. 하지만 자기 자신을 드러낼 때는 이러한 통일성 내에서 자기 고유의 수단들로 스스로 책임지는 가운데 그래야 한다." G. Lukács, "Parteidichtung", *Georg Lukács. Schriften zur Ideologie und Politik*, ausgewähllt und eingeleitet von Peter Ludz, Darmstadt · Neuwied: Luchterhand, 1967, p.400. '빨치산으로서의 문학가'는 '철학자', 즉 루카치 자신에게도 해당될 수 있는 규정이다. 모스크바 망명 시절 루카치는 소련이 비록 스탈린주의가 획일적으로 관철되는 '관료주의적 국가사회주의'이긴 하지만 어쨌든 유일 사회주의 국가이니만큼 자본주의의 침탈로부터 그 사회주의 국가를 지키는 것이 중요하며, 특히 히틀러 · 파시즘이 발호했을 때는 이를 패퇴시키는 것이 공산주의자의 최우선 과제라는 입장을 견지했다. 그 때문에 자신의 "학문적 이념들을 위해서 일종의 빨치산 투쟁을 수행할 수밖에 없었다"고 하는데, 예컨대 다음과 같은 식으로, 즉 지배적인 경향에서 벗어나는 견해는 그때그때의 역사적 여지가 허용하는 만큼만 공개적으로 글 속에서 표현하고, 그것을 초과하는 것에 대해서는 침묵하며, 군데군데 스탈린의 발언들을 인용하는 등등의 방식으로 마르크스주의 이데올로그로서의 활동을 전개했다고 한다. 이상은, 게오르크 루카치, 「「맑스로 가는 나의 길」에 대한 보론(1957)」, 『게오르크 루카치—맑스로 가는 길』, 327면 참조.

9   조만영, 「근대와 물신을 넘어서—게오르크 루카치의 미학 · 문학 사상」, 『문예미학』 3호, 1997, 178면.

10   1937년 완성된 『청년 헤겔』(*Der junge Hegel*)로 루카치는 1943년 모스크바 대학에서 철학박사 학위를 취득한다.

11   『청년 헤겔』과 『이성의 파괴』는 정반대의 측면에서 쓰인 루카치 자신의 "암호화된 자전적 텍스트"로도 읽을 수 있다. 『청년 헤겔』이 마르크스주의자가 되기까지의 전진 과정을 긍정적 색채로 그린 글이라면, 『이성의 파괴』는 전(前) 마르크스주의 시기에 루카치 자신이 빠져 있었던 철학적 · 사상적 조류들에 대한 엄정한—엄정함의 정도가 지나쳐 가혹하기까지 한—자기비판서로서, 그것들을 "비합리주의"라는 부

정적 색채로 덧칠하고 있다. 인용한 곳은, W. Jung, "Von der Utopie zur Ontologie. Das Leben und Wirken", *Diskursüberschneidungen Georg Lukács und andere*, ed. W. Jung, Bern: Peter Lang, 1993, p.21.

12 '1944년 12월 귀국'은 현재 〈국제 게오르크 루카치 협회〉 의장인 뤼디거 다네만(R. Dannemann)의 주장에 따른 것이다. 헝가리의 대표적 루카치 연구자이자 〈게오르크 루카치 문서보관소〉의 책임자였던 라슬로 시클러이(László Sziklai)는 루카치가 "1945년 8월"에 귀국했다고 한다. 한편, 루카치 자신은 "1944년"에 귀국했다고 적고 있다. 게오르크 루카치, 「「맑스로 가는 나의 길」에 대한 보론(1957)」, 330면 참조.

13 청년기에 루카치는 두 차례에 걸쳐 미학 집필에 착수했으나 모두 중단되고 만다. 주로 하이델베르크에 머물면서 집필한 이 초기 미학은 루카치 사후에 『하이델베르크 예술철학』과 『하이델베르크 미학』으로 나뉘어 소개되었다. 이 양자의 구분은 집필 년도의 차이에 따른 것으로서, 1차 세계대전 이전에 쓰인 원고는 *Frühe Schriften zur Ästhetik I. Heidelberger Philosophie der Kunst(1912-1914)*라는 제목으로, 전쟁 발발 이후에 쓰인 또 다른 원고는 *Frühe Schriften zur Ästhetik II. Heidelberger Ästhetik(1916-1918)*이라는 제목으로 1974년, 루카치 저작집 제16권과 제17권으로 출간되었다.

14 헝가리에서는 『민주화의 오늘과 내일』(*Demokratisierung heute und morgen*)이라는 제목으로 1985년에, 옛 서독에서는 『사회주의와 민주화』(*Sozialismus und Demokratisierung*)라는 제목으로 1987년에 출간되었다.

15 이 글들은 1994년에 공간되었다. *Georg Lukács. Versuche zu einer Ethik*, ed. G. I. Mezei, Budapest: Akadémiai Kiadó, 1994.

16 *Georg Lukács. Gelebtes Denken. Eine Autobiographie im Dialog*, Frankfurt am Main: Suhrkamp, 1981.

17 E. Fischer, "Der Lehrer und die Schüler", *Festschrift zum achtzigsten Geburtstag von Georg Lukács*, ed. F. Bensler, Neuwied · Berlin: Luchterhand, 1965, p.27.

18 『가능성의 중심. 가라타니 고진 인터뷰』, 인디고 연구소(InK) 기획, 궁리, 2015, 22-24면 참조.

19 여기서 "아우라"와 "흔적"은 벤야민에서 따온 말이다. "흔적과 아우라. 흔적은, 그것[흔적]을 뒤에 남긴 것이 아무리 멀리 떨어져 있다 하더

라도 가까이 있는 것(Nähe)의 나타남[현상]이다. 아우라는, 그것[아우라]을 불러일으키는 것이 아무리 가까이 있다 하더라도 멀리 떨어져 있는 것(Ferne)의 나타남[현상]이다. 흔적에서는 우리가 사상(事象)을 손에 넣는다. 아우라에서는 사상이 우리를 장악한다." 발터 벤야민, 『아케이드 프로젝트 2』, 조형준 옮김, 새물결, 2005, 1025-1026면(표현 일부 수정).

20   『영혼과 형식』에 수록된 글들뿐만 아니라 1913년에 출판된 『미적 문화』(Esztétikai kultúra. Tanulmányok)에 수록된 글들, 그리고 1918년에 출판된 『벌라주 벨러와 그를 싫어하는 사람들』(Balázs Béla és akiknek nem kell)에 수록된 글들 일부가 이 시기에 쓰였다. 이 시기는 「마음의 가난에 관하여」("Von der Armut am Geiste")로 종료된다.

21   G. 루카치, 「삶으로서의 사유―게오르크 루카치와의 대담」, 46면(표현 일부 수정).

22   G. 루카치, 「삶으로서의 사유」, 266면.

23   앞의 글, 272면.

24   *Georg Lukács Werke, Bd. 2, Frühschriften II. Geschichte und Klassenbewußtsein*, Neuwied: Luchterhand, 1968, p.10.

25   Maria Popper-Lukács, "Erinnerung an das Elternhaus", *Jahrbuch der Internatioalen Georg-Lukács-Gesellschaft 1998/99*, eds. F. Benseler and W. Jung, Paderborn, 1999, p.203.

26   G. 루카치, 「삶으로서의 사유―게오르크 루카치와의 대담」, 47면 참조.

27   집안, 특히 부친이 루카치에게 걸었던 기대는 그가 루카치에게 보낸 1909년 8월 23일자 편지에서 잘 드러난다. "너 스스로도 내가 너의 발전과 그 길의 선택에서 네게 재량권을 준다고 말하고 있다. 나는 너를 무한정 신뢰하며 너를 무한히 사랑하기 때문에 의식적으로 그렇게 하는 거다. 나는 네가 위대하고, 인정받고, 유명하게 되는 것을 보기 위해 모든 것을 희생할 것이다. 사람들이 내게 '게오르크 루카치의 아버님이시군요'라고 말할 때 그것을 나의 최고의 행복으로 느낄 것이다." 인용한 곳은, *Georg Lukács. Sein Leben in Bildern, Selbstzeugnissen und Dokumenten*, eds. Éva Karádi and Éva Fekete, Stuttgart: Metzler, 1981, p.33.

28   G. Lukács, *Die Seele und die Formen. Essays*, Neuwied · Berlin:

Luchterhand, 1971, p.51.

29 앞의 책, p.46.

30 G. Lukács, "Tage Buch 1910~1911", *Georg Lukács Werke, Bd. 18, Autobiographische Texte und Gespräche*, eds. F. Benseler and W. Jung, Bielefild: Aisthesis, 2005, p.23.

31 *Georg Lukács: Briefwechsel 1902~1917*, eds. Éva Karádi and Éva Fekete, Stuttgart: Metzler, 1982, p.226.

32 G. 루카치, 「삶으로서의 사유」, 273면(표현 일부 수정). 참고로, 「마음의 가난에 관하여」의 우리말 번역은 졸역(拙譯), 『소설의 이론』(문예출판사, 2007)에 「부록2」로 수록되어 있다.

33 인용한 곳은 Agnes Heller, "Von der Armut am Geiste. Ein Dialog des jungen Lukács", ed. Jutta Matzner, *Lehrstück Lukács*, Frankfurt am Main: Suhrkamp, 1974, p.112.

34 G. Lukács, "Ästhetische Kultur"(1910), *Lukács 1996. Jahrbuch der Internatioalen Georg-Lukács-Gesellschaft*, eds. F. Benseler and W. Jung, Bern: Peter Lang, 1997, p.26.

35 "Aus den Tagebuchnotizen von Béla Balázs", *Valóság*, 1973/2. 재인용한 곳은 *Georg Lucács. Sein Leben in Bildern, Selbstzeugnissen und Dokumenten*, p.63.

36 D. 하르트, 「루카치와 블로흐의 초기저작에서의 근대 비판」, 『문예미학 4: 루카치의 현재성』(문예미학회 지음, 1998년 9월), 4면.

37 "베버 서클"에 대한 간략한 소개로는 2013년 4월 11자 〈한겨레〉에 수록된 「김덕영의 사상의 고향을 찾아서 15: 세계 지적중심지 하이델베르크」 참조. http://www.hani.co.kr/arti/culture/culture_general/582238.html

38 Georg Lukács an Karl Jaspers, Brief vom 23.6.1916. 인용한 곳은 Matthias Bormuth, "〈Nervosität, Ressentiment, Hass〉. Karl Jaspers begutachtet Georg Lukács", eds. Ulich von Bülow and Stephan Schlak, *Kommissar Lukács. Zeitschrift für Ideengeschichte*, Heft VIII-4. Winter 2014, p.46.

39 여기서 "독재"는 "프롤레타리아계급의 독재"의 줄임말로서, 헝가리 평의회 공화국 시기를 말한다.

40 이혼 후에 만난 그라벵코가 헝가리 공산당 지도자였던 벨러 쿤(Béla Kun)을 보고 발자크의 『고리오 영감』에 나오는 보트랭을 닮았다고 했는데, 루카치는 그녀의 이러한 직관을 아주 높게 평가했다.

41 G. 루카치, 「삶으로서의 사유」, 279면(표현 일부 수정).

42 자서전 작업을 위한 대담에서 루카치는 '1918년'이라고 말하고 있다. G. 루카치, 「삶으로서의 사유—게오르크 루카치와의 대담」, 123면 참조.

43 G. 루카치, 「삶으로서의 사유」, 280면(표현 일부 수정).

44 G. 루카치, 「삶으로서의 사유—게오르크 루카치와의 대담」, 125면 참조.

45 G. 루카치, 「삶으로서의 사유」, 280면(표현 일부 수정).

46 앞의 글, 282면(표현 일부 수정).

47 283면(표현 일부 수정).

48 같은 곳.

49 같은 글, 281-282면. "그녀가 없었더라면 공산주의로의 길을 전혀 걷지 않았을지도 모름"(281면)이라고 되어 있는 것을 "그녀가 없었더라면 공산주의로의 길을 결코 걷지 않았을 것이라는 것은 아님"으로 바로잡는다.

50 A. Heller, "Der Schulgründer", *Objektive Möglichkeit. Beiträge zu Georg Lukács' "Zur Ontologie des gesellschaftlichen Seins"*, eds. R. Dannemann and W. Jung, Opladen: Westdeutscher Verlag, 1995, p.117.

51 『미적인 것의 고유성』의 헌사.

52 오스트리아 정부는 루카치를 두 차례(1919년과 1928년) 체포했으며, 결국 1929년에 추방 결정을 내렸다. 그런데 그 사이 루카치의 목숨을 더 위태롭게 만든 쪽은 벨러 쿤이 이끄는 헝가리 공산당 지도부였다. 헝가리 평의회 공화국이 붕괴되고 나서도 루카치는 당의 지시에 따라 오토 코르빈(Otto Korvin)과 함께 헝가리에 남아 비합법 사업을 조직하는 활동을 해야 했다. 이 두 사람은 헝가리에서 '유명인사'였기 때문에 발각될 위험이 컸지만 벨러 쿤은 이를 무시했다. 결국 오토 코르빈은 체포되어 처형당했다. 다행히 루카치는 1919년 9월에 오스트리아로 탈출해 목숨을 구했다. 루카치는 1929년에도 부다페스트에 잠

입, 세 달간 비합법사업을 수행해야만 했다. 당시 헝가리 백색 정부는 민간인 200여 명 이상을 살해한 죄를 그에게 뒤집어씌운 뒤 사형을 집행하기 위해 그를 넘겨줄 것을 오스트리아 정부에 요구하고 있던 상태였다.

53 루카치는 "소련에서 스탈린이 트로츠키, 부하린 등등을 이론적, 정치적, 조직적으로 제압하는 것이 성공한 이후에 발전된 마르크스주의를 '공식적 마르크스주의'라는 개념으로 파악한다"고 한다. G. Lukács, "Nach Hegel nichts Neues", *Neues Forvm*, Heft 195/1, Anfang März 1970, p.202.

54 스탈린의 대숙청 시기에 살아남았던 것에 대해서 루카치는 세 가지 "행운" 덕분이었다고 한다. 제2차 모스크바 재판에서 희생된 부하린과 라데크(K. Radek)를 일찍이 1930년에 만날 기회가 있었는데 만나지 않았던 것, 「블룸 테제」에 대한 자기비판 이후 헝가리 공산주의 운동에서 뒤로 밀려나 있었던 것, 그리고 당시 살고 있던 집이 아주 보잘것없었던 것이 그가 꼽고 있는 세 가지 "행운"이다. G. 루카치, 「삶으로서의 사유」, 292-293면 참조.

55 1941년 6월 29일 체포되어 내무인민위원부(NKVD)의 모스크바 본부인 루뱐카(Lubjanka)의 감옥에서 심문을 받았다. 루카치의 부인과 요하네스 베혀(J. Becher), 에른스트 피셔, 요제프 레버이(J. Revai) 등의 청원으로 당시 코민테른 집행위원회 총서기였던 불가리아 공산당 지도자 디미트로프(G. Dimitroff)가 개입하여 같은 해 8월 26일에 석방되었다. 루카치와 디미트로프의 인연은 오스트리아 빈에서 망명할 때 맺어졌는데, 그곳에서 디미트포르가 외국 기자들을 만날 때 루카치가 영어 번역을 해준 적이 있었다. 그 뒤로 두 사람이 만난 적은 없었지만 디미트로프는 루카치에 대해 좋은 인상을 가지고 있었다. 루카치가 크게 고생하지 않고 빨리 풀려난 것은, 디미트로프의 개입도 있었지만, 대숙청의 파고가 가라앉은 뒤라서 가능했던 일이었다. 이와 관련해서는 Wladislaw Hedeler, "'Gestehen Sie Ihre Spionagetätigkeit'. Georg Lukács in der Lubjanka", *Deutsche Zeitschrift für Philosophie*, Berlin 48 (2000) 3, pp.521-528 참조.

56 "Briefwechsel zur Ontologie zwischen Georg Lukács und Frank Benseler", *Objektive Möglichkeit. Beiträge zu Georg Lukács' "Zur Ontologie des gesellschaftlichen Seins"*, eds. R. Dannemann and W. Jung, Opladen: Westdeutscher Verlag, 1995, pp.92-94 참조.

57 당시 헝가리는 해군 제독이었던 미클로쉬 호르티(Miklós Horthy)가 섭정(攝政)으로, 이슈투반 베틀렌(István Bethlen)이 수상으로 통치하는 체제였다.

58 G. 루카치, 「삶으로서의 사유—게오르크 루카치와의 대담」, 205면.

59 「블룸 테제」에 대한 보다 자세한 설명은 졸저, 『게오르크 루카치—과거와 미래를 잇는 다리』, 81면 이하 참조

60 Georg Lukács Werke, Bd. 2, Frühschriften II. Geschichte und Klassenbewußtsein, p.32.

61 G. 루카치, 「삶으로서의 사유—게오르크 루카치와의 대담」, 143면.

62 소련 망명시절 루카치를 마치 큰 영향력을 지닌 '거물급 인사'였던 것으로 보는 경향이 있는데, 이는 나중에 국제적으로 저명한 인물이 된 루카치를 과거에 투사해서 보는 탓에 생긴 오해이다. 루카치는 정치적 영향력이 적은 문학의 영역에서, 그것도 헝가리 망명객으로서, 게다가 비주류 노선에서 활동한 이데올로그였다.

63 G. 루카치, 「삶으로서의 사유—게오르크 루카치와의 대담」, 143면.

64 Nicolas Tertulian, "Lukács heute", Jahrbuch der Internatioalen Georg-Lukács-Gesellschaft 1998/99, p.165.

65 같은 글, pp.165-166.

66 이슈트반 외르시, 「마지막 남긴 말의 권리」, 『게오르크 루카치—맑스로 가는 길』, 19면.

67 이와 관련해서는 이 책에 실린 「루카치의 전(前) 마르크스주의적 사상의 측면들—『소설의 이론』을 중심으로」 참조.

68 György Márkus, "Nachwort", Georg Lukács Werke, Bd. 17, Frühe Schriften zur Ästhetik II. Heidelberger Ästhetik(1916-1918), Darmstadt · Neuwied: Luchterhand, 1974, p.255.

69 이 문단은 Agnes Heller, "Der Schulgründer", Objektive Möglichkeit, p.119 참조.

70 "Chvotismus und Dialektik"라는 제목을 단 이 글은 1996년 부다페스트의 아론(Áron) 출판사에서 처음 공개되었고, 2000년 베르소(Verso) 출판사가 "A defence of 'history and class consciousness': tailism and the dialectic"이라는 제목으로 영역본을 출판했다. 이 글에서 루카치는 가

령 "귀속적 계급의식"을 더 강조하며, 엥겔스의 자연변증법에 대한 비판도―좀 더 모호한 방식으로이긴 하지만―유지하고, "혁명적 메시아주의"의 입장도 견지하고 있다.

71 이 과정에 대해서는 『게오르크 루카치―과거와 미래를 잇는 다리』, 75면 이하 참조. 참고로, 이 책은 "Chvotismus und Dialektik"을 접하지 못한 상태에서 쓴 것이다.

72 "Aus der Resolution der Parteizelle des Instituts der Roten Professur für Philosophie und Naturwissenschaft in Moskau", *Nikolai Bucharin/Abram Deborin. Kontroversen über dialektischen und mechanistischen Materialismus*, Frankfurt am Main: Suhrkamp, 1974, pp.315-329. 인용한 곳은 p.318.

73 이상은 *Georg Lukács Werke, Bd. 2, Frühschriften II. Geschichte und Klassenbewußtsein*, p.40.

74 "Briefwechsel zur Ontologie zwischen Georg Lukács und Frank Benseler", p.93.

75 이와 관련해서는 이 책에 실린 「루카치의 마르크스주의 존재론의 발생사와 근본요소―『사회적 존재의 존재론을 위한 프롤레고메나』를 중심으로」 참조.

76 *Georg Lukács: Briefwechsel 1902~1917*, p.372.

77 J. Bendl, "Zwischen Heirat und Habilitation", *Lukács 1997. Jahrbuch der Internatioalen Georg-Lukács-Gesellschaft*, eds. F. Benseler and W. Jung, Bern: Peter Lang, 1998, p.44에서 재인용.

78 G. 루카치, 「삶으로서의 사유」, 276면(표현 일부 수정).

79 아래는 주로 아그네스 헬러의 증언을 참조했다. Simin Tormey, "Gespräch mit Ágnes Heller", *Sinn und Form*, 52, März/April 2000; Agnes Heller, "Der Schulgründer".

II. 루카치 공부하기의 어려움

1 기자들이 지젝을 소개하면서 같은 동유럽 출신 철학자라는 이유 때문에 루카치를―단지 이름만!―들먹이곤 하기 때문인데, 상황이 이렇다 보니 얼마 전 한 일간지에 루카치의 일생을 소개하는 장문의 글이 실

렸던 것은 이례적인 일로 보인다. 그 글은 루카치의 자전적인 글들을 모아 옮긴—절판된 지 오래된—『게오르크 루카치—맑스로 가는 길』(김경식·오길영 편역, 솔출판사, 1994. 이하 『맑스로 가는 길』로 표기)을 자료로 삼아 루카치의 생애를 요약하면서 글 쓰는 이의 소회를 버무린 일종의 독후감인데(이권우, 「자서전 읽기(7). 게오르크 루카치의 자서전 '맑스로 가는 길'」, 〈경향신문〉, 2008년 10월 11일), 글쓴이가 다루는 책이 나도 공역자로 한몫 거든 책이라 더욱 반갑게 읽었다. 하지만 단 한 권의 책을 다룬 그 글에서마저도—여기서 내가 주로 다루는—'사실'과 관련된 잘못이 눈에 띄었다. 루카치가 "혁명의 동지이기도 했던 아내에게 자서전을 쓰라고 권했지만, 작업을 하지 못하고 유명을 달리했다"는 대목이 그것인데, 글쓴이가 기대고 있는 『맑스로 가는 길』을 보면 루카치가 그의 아내에게 자서전을 쓰라고 권한 것이 아니라 루카치에 앞서 유명을 달리했던 그의 아내가 생전에 루카치에게 자서전을 쓰라고 권했던 것으로 적혀 있다(『맑스로 가는 길』, 25면).

2   악셀 호네트, 『물화. 인정이론적 탐구』, 강병호 옮김, 나남, 2006.

3   루카치를 거론하고 있는 슬라보예 지젝의 책 중 최근에 번역된 것으로는 『전체주의가 어쨌다구?』(한보희 옮김, 새물결, 2008), 『지젝이 만난 레닌』(정영목 옮김, 교양인, 2008) 등이 있다.

4   프랑코 모레티의 『근대의 서사시』(조형준 옮김, 새물결, 2001), 『세상의 이치—유럽 문화 속의 교양소설』(성은애 옮김, 문학동네, 2005) 등 참조.

5   구승회, 「진짜 루카치는 누구인가?-게오르크 루카치 비판」(http://homini.tripod.com/17.htm). 이 글은 http://homini.tripod.com/archive.htm(〈구승회의 아나키즘 문서자료실〉)에 올라 있는 자료들 가운데 하나로서, 글쓴이에 따르면 1993년 한국현상학회에서 발표한 글이라 한다. [보충] 2009년에 '루카치'로 검색하면 맨 앞에 나왔지만 지금은 그렇지 않다.

6   [보충] 글쓴이가 "잘못된 명령" 운운한 것과 관련해서는 굳이 다른 사료를 찾지 않고 루카치의 자서전만 보더라도 확인할 수 있는 일이다. 루카치가 밝힌 사정은 이렇다. 헝가리 평의회 공화국을 붕괴시키기 위해 체코슬로바키아와 루마니아 군이 공격해 왔고, 루카치는 정치위원으로 참전했다. 루카치가 파견된 티서퓌레드 지역에서 벌어진 루마니아 군과의 교전에서 헝가리 적군(赤軍) 병사들은 도망치기에 급급

했다. 군율을 바로잡지 않고서는 루마니아 군에 맞서 싸울 수 없다고 판단한 루카치는 비상 군법회의를 소집해 탈영병 8명을 총살시켰다. 이런 방법을 통해서 부대의 규율이 어느 정도 회복되었다. 이상은 『맑스로 가는 길』, 115면 참조. 우리가 이 책의 머리말에서 소개했다시피, 최근 헝가리에서 득세하고 있는 극우 민족주의 세력이 헝가리 역사에서 루카치를 '삭제'하기 위해 캠페인을 벌이면서 내세우는 루카치의 '죄목' 중 하나도 이 일인데(8명이 아니라 300명 이상의 양민을 학살했다고 한다), 전쟁터에서 전쟁을 지휘하는 지휘관으로서 수행한 이러한 조치를 두고, '무고한 인명을 살해하도록 잘못된 명령을 내렸다'고 할 수 있을지 의문이다.

7 물론 마르크스와 사회주의 운동에 대한 루카치의 관심은 그 이전부터 있어왔다. 루카치 자신의 회고에 따르면 고등학교(김나지움)를 마칠 즈음부터 마르크스를 읽기 시작했다고 한다. 초기 루카치의 마르크스(주의) 수용의 성격에 관해서는 『맑스로 가는 길』, 319면 이하 참조.

8 그런데 마르크스주의에 정통하기로 유명한 윤소영도 구승회와 비슷한 말을 하고 있어 어리둥절하게 만든다. 역사적 마르크스주의의 온갖 갈래를 총괄적으로 다루는 한 강의록(『역사적 마르크스주의—이념과 운동』, 공감, 2004)에서 그는, 루카치가 지멜(G. Simmel)의 세미나에서 만난 "블로흐를 통해 마르크스주의와도 해후"(157면)했다고 한다. "루카치도 아주 자존심이 강한 사람이지만, 블로흐에게는 늘 한 수를 접어주는 까닭이 여기에 있지요"(같은 곳)라는 말까지 친절하게 덧붙이고 있는데, 내가 읽은 루카치의 자서전이나 그를 다룬 전기들 어디에서도 확인할 수 없었던 사실 주장이다. 또 이 책에는 루카치가 후기에 이르러 윤리학의 문제를 제기하지만 "『윤리학』의 서론에 해당하는 『미학』밖에 완성하지 못"(159면)했다는 말도 나오는데, 이 또한 나로서는 받아들이기 어려운 말이다. 원래 3부로 구상했던 『미학』을 1부만으로 끝내고 『윤리학』 집필에 착수했으나, 결국 그 서론에 해당하는—『미학』이 아니라—『사회적 존재의 존재론을 위하여』밖에 완성하지 못했다는 것이 사료를 통해 내가 확인할 수 있는 사실 관계다.

9 『맑스로 가는 길』, 66면. [보충] 글쓴이가 출처를 밝히지 않아서 정확히 알 수는 없지만 그가 참조한 곳은 이 대목이 아니라 루카치의 자서전 초안에 나오는 다른 대목일 공산이 크다. "나의 체험: 고전적인 양식(오늘날 만연한 아류적인 강단 철학적 양식이 아니라)의 철학이 블로흐의 인간 됨됨이를 통해 가능한 것으로 입증되고..."(274면)가 그것인데, '고전적인 양식'으로 옮긴 독일어 원문은 "im klassischen

... Stil"(*Georg Lukács. Gelebtes Denken. Eine Autobiographie im Dialog*, Fankfurt am Main: Suhrkamp, 1981, p.251)이다. 글쓴이(또는 글쓴이가 참조한 글의 필자)가 독일어 'klassisch'를 'Klassik(고전[주의])'이 아니라 'Klasse(계급)'의 형용사로 오독한 것이 아닐까 싶다.

10   정남영, 「루카치의 문학이론의 성취와 한계」, 『SESK』, 제1호, 2001, 152면.

11   사실 「블룸 테제」의 집필 연도를 잘못 적은 것 자체는 누구에게나 있을 수 있는 단순한 실수에 해당하는 일일 수 있으며, 또 그의 논문을 이해하는 데 중요하게 문제가 되는 것도 아니다. 글쓴이가 자신의 홈페이지에 이 논문을 다시 올리면서 단지 연도만을 수정한 것도 이 문제 자체는 전혀 중요한 것이 아니라고 여겼기 때문일 것이다(http://www.noolbyun.net에 올라 있는 「2001년 SESK 기고문—루카치의 문학이론의 성취와 한계」 참조). 이렇게 수정한 논문을 올리는 김에 무엇을 고쳤는지도 밝혀주었으면 더 좋았겠지만, 어쨌든 이런 식으로나마 자기가 쓴 글에 대해 '애프터 서비스'하는 장으로 개인 홈페이지를 활용하는 것은 아주 바람직한 일로 보인다. 숱하게 있는 학회 홈페이지들도 학회지에 실린 논문들을 둘러싼 논의의 장이 되고 이런 식으로 사후에 발견된 잘못을 수정하여 밝히는 장으로 활용된다면, 공부하는 사람들에게 좀 더 실질적인 자극을 주는 장, 활기가 살아 있는 장이 될 수 있지 않을까 싶다. [보충] 「블룸 테제」가 1929년 1월에 집필되었다고 주장하는 연구자도 있긴 하지만 1928년 말에 집필, 1929년 1월에 공개되었다는 의견이 다수이다.

12   151면, 각주3.

13   155-157면.

14   156면.

15   *Georg Lukács Werke, Bd. 2*, Darmstadt · Neuwied: Luchterhand, 1977, pp.19-20 참조. 국역본으로는 『역사와 계급의식』, 박정호 · 조만영 옮김, 거름, 1986, 18-19면 참조.

16   졸저(拙著), 『게오르크 루카치—과거와 미래를 잇는 다리』, 한울, 2000, 81면 이하 참조.

17   같은 책, 204면 이하 참조.

18   정남영, 앞의 글, 156면.

19 '전가(轉嫁)되다'는 말은 일반적으로 '허물이나 책임 따위가 다른 대상에게 떠넘겨지거나 돌려지다'는 뜻으로 사용된다. 그런데 여기서 사용되고 있는 'zugerechnet'에는 그런 부정적 뉘앙스가 전혀 내포되어 있지 않다. 뿐만 아니라 여기서 이 단어는 어떤 상황이나 대상에 '돌려질' 뿐만 아니라 거기에 '내속되어' 있다는 뜻까지 포함하고 있으므로 '귀속되는'으로 옮기는 게 차라리 낫다는 생각이다. 『역사와 계급의식』에서 루카치는 사람들이 특정한 생활상황 속에서 갖게 되는 경험적 · 심리적 · 실제적 의식과 구별되는 귀속의식(das zugerechnete Bewußtsein)으로서의 계급의식을 설정하고 있다. 사람들이 그 속에서 살아가는 생활상황은 서로 분명하게 구별되는 몇 가지 근본유형들로 나뉘는데, 이 근본유형들의 본질적 성격은 생산과정에서 사람들이 점하는 위치의 유형에 의해 규정된다는 것, 그리고 이런 식으로 생산과정에서의 특정한 유형적 상황에 **귀속되는**, 합리적으로 적합한 반응이 바로 계급의식이라는 것이 『역사와 계급의식』에서 루카치가 하고 있는 말이다(Georg Lukács Werke, Bd. 2, pp.223-224 참조. 국역본으로는 『역사와 계급의식』, 113면 참조).

20 물론 그렇다고 해서 20여 년 전에 번역된 국역본이 전혀 문제가 없다는 말은 아니다. 그 당시 누구보다도 뛰어난 솜씨로 번역을 했던 두 역자가 다시 힘을 모아 『역사와 계급의식』 국역본의 개정판을 내주기를 기대한다. 루카치의 저작 가운데 『역사와 계급의식』은 출판사들이 관심을 가지고 있는 몇 안 되는 책 중 하나이니, 역자들의 뜻만 있다면 출판하기에 다른 어려움은 없을 것으로 여겨진다. [보충] 2015년에 개정판이 다른 출판사에서 나왔다. 『역사와 계급의식』(죄르지 루카치 지음, 조만영 · 박정호 옮김, 지식을만드는지식, 2015년). 하지만 저자의 이름을 '게오르크 루카치'에서 '죄르지 루카치'로 바꾼 정도만큼 본문도 대폭적 수정이 이루어진 것 같지는 않다.

21 여기서는 앞서 논문을 다룰 때와 마찬가지로 공부의 기초 및 여건 형성과 관련된 논의를 전개하기 위한 사례의 하나로서 번역서를 검토할 뿐이라는 점을 분명히 해둔다. 2000년대에 들어와 이루어진 루카치 관련 번역서를 **본격적으로** 검토하는 자리라면, 『루카치 미학』(전 4권, 반성완 · 임홍배 · 이주영 옮김, 미술문화, 2000-2002)이나 다시 번역된 『소설의 이론』(문예출판사, 2007)도 마땅히 다루어야 할 것이다. 『소설의 이론』은 내가 한 번역인지라 다른 분들의 치밀한 평가를 바랄 뿐 내가 뭐라고 말할 처지가 못 되지만, 두 명의 루카치 전공자와 한 명의 독문학자가 힘을 합쳐 "10여 년 만에 완성"(「루카치의 『미학』 국내 최초 완역」, 〈대학신문〉, 2002년 5월 5일)했다는 『루카치 미학』

에 대한 검토는, '1930년대의 루카치' 주변을 맴돌았던 국내의 루카치 연구를 한 차원 더 심화·확대하기 위해서라도 반드시 필요한 일이다. 내가 하든 다른 연구자가 하든 이 작업이 조만간 충실히 이루어질 수 있기를 희망하며, 여기서는 루카치가 중심으로 추구했던 **마르크스주의 미학**을 자칫 회화화(戱畫化)시킬 수도 있을 오역 한 군데만 지적하고 넘어가고자 한다. 『루카치 미학』 제1권(이주영 옮김, 미술문화, 2000)에 실려 있는 「서론」에서 루카치는 1930년대 초부터 자신이 내세웠던 테제, 즉 마르크스주의는 하나의 고유한 미학을 지니고 있다는 테제를 설명하면서, 마치 마르크스주의의 고전적 사상가들의 발언을 체계적으로 재구성하면 마르크스주의 미학이 완성될 수 있는 양 여기는 통념을 논박한다. 이러한 통념에 대해 그는 "Davon kann keine Rede sein!"(*Georg Lukács Werke, Bd. 11*, Neuwied·Berlin : Luchterhand, 1963, p.17. 국역본의 저본은 이 책이 아니라 이 책의 축약본이지만 번역된 문장은 똑같다)이라고 적고 있는데, 단호한 부정의 뜻을 지닌—"그것은 말도 안 된다!" 또는 "그것은 전혀 맞지 않는 소리다!" 정도로 옮길 수 있는—이 문장이 국역본에서는 확실한 긍정으로, 즉 "이 점에는 의문의 여지가 없다"(『루카치 미학』 제1권, 15면)라고 옮겨짐으로써 루카치가 추구한 마르크스주의 미학이 실로 왜소하고 우스꽝스러운 꼴이 되고 만다. 오랜 시간 동안 세 명의 연구자가 합심하여 만들어낸 묵직한 성과물을 이 문장 하나로 우습게 만들 생각은 없지만, 루카치가 일생토록 추구한 마르크스주의 미학의 골간을 우습게 만들 수도 있는 오독/오역의 대표적인 사례인 듯싶어 짚어보았다. 위에서 말한 바대로 이 책에 대한 본격적인 검토(번역에 관한 검토까지 포함하는)는 이 책의 무게에 걸맞은 별도의 글을 통해 이루어져야 할 것이다. 루카치 텍스트의 번역과 관련하여 한 마디 더 덧붙이자면, 『루카치 미학』이 흔히 '학진'이라 불리는 〈학술진흥재단〉의 지원에 힘입어 출간되었듯이, 루카치의 필생의 대작이자 최후의 저작인 『사회적 존재의 존재론을 위하여』(『프롤레고메나』를 포함하여) 또한 '학진'의 지원을 받아 지금 번역 중에 있다. 루카치의 '마르크스주의적' 저작 중 『역사와 계급의식』을 제외하면 그 어느 것도 '학진'이라는 '이데올로기적 국가장치'의 지원 없이는 출판되기 힘든 현재의 상황 자체도 여러 측면에서 생각해볼 만하다. [보충] '한국학술진흥재단'은 2009년에 '한국연구재단'으로 이름이 바뀌었다. 그리고 『사회적 존재의 존재론을 위하여』는 『사회적 존재의 존재론』(권순홍·이종철·정대성 옮김, 아카넷, 2016-2018)이라는 제목으로 네 권으로 출판되었으며, 『사회적 존재의 존재론을 위한 프롤레고메나』(김경식·안소현 옮김, 나남, 2017)는 두 권으로 완역되었다.

22 이와 관련해서는, 표정훈, 「번역이 중요하다 말하지 말라: 출판 현장 속의 번역」, 『번역비평』 창간호, 2007년 가을, 232면 이하 참조.

23 George Lichtheim, *Georg Lukács*, New York: The Viking Press, 1970.

24 게오르그 리히트하임, 『루카치: 사상과 생애』, 김대웅 옮김, 한마당, 1984.

25 『루카치』, 109면. 영어본에는 "rubbish"(p.77)로 되어 있다.

26 같은 책, 164면. 영어본에는 "Lukács' *Summa*"(p.124)로 되어 있다.

27 같은 책, 176-177면 참조. 영어본은 pp.134-135 참조.

28 *Georg Lukács Werke, Bd. 12*, Neuwied·Berlin: Luchterhand, 1963, pp.330-401. 이 부분의 일부는 앞서 거론한 『루카치 미학』 중 제3권 (임홍배 옮김, 미술문화, 2002) 85-158면에 실려 있다. [보충] 내가 이 글을 발표한 후에 루카치가 음악과 관련해 피력한 생각을 다룬 국내 논문이 나왔다. 원준식, 「루카치 미메시스론에서 음악의 문제」, 『미학·예술학 연구』 29집, 2009년, 63-90면.

29 2001년에 출간된 『루카치』 책날개에 소개된 〈시공 로고스 총서〉 30 권의 목록을 보면, 니체, 소쉬르, 프로이트, 데리다, 바르트, 엥겔스 등 전혀 다른 사유세계를 개척한 12명의 사상가를 한 사람이 도맡아서 번역하는 것으로 적혀 있다.

30 『루카치』, 111면.

31 루카치는 그의 생애 마지막 10년을 존재론 집필에 바쳤다. 그 와중에 쓴 문학 관련 글은 두 편의 솔제니친론을 제외하면 짧은 평문 몇 편 과 전집 가운데 1960년대에 발간된 몇 권의 책머리에 붙인 서문에 불 과하다. 후기 브레히트를 그 무게에 걸맞게 다루지 못한 것을 짐으로 느꼈으며, 60년대에 들어와 평가를 달리하게 된 카프카에 관해서도 본격적인 평문을 쓰지 못한 루카치였지만, 솔제니친에 한해서만큼은 두 번에 걸쳐서, 그것도 장문의 실제비평을 남겼다. 이런 정황은 루카치가 솔제니친의 등장을 얼마나 대단한 '사건'으로 여겼는지 짐작게 한다. 루카치가 솔제니친에 관해 쓴 두 편의 글은 *Georg Lukács: Solschenizyn* (Neuwied·Berlin: Luchterhand, 1970) 참조. 이 가운데 솔 제니친의 노벨레에 관한 평문은 졸역(拙譯), 「솔제니쩐—'이반 제니소 비치의 하루'」(『민족문학사연구』, 제17호, 2000) 참조.

32 *Georg Lukács Werke, Bd. 5*, Neuwied·Berlin: Luchterhand, 1964, p.5.

33　George Lichtheim, *Georg Lukács*, p.79.

34　『루카치』, 108-109면.

Ⅲ. 루카치의 전(前) 마르크스주의적 사상의 측면들

1　앞의 글은『맑스주의 문학예술논쟁』(맑스 · 엥겔스 · 라쌀레 외 지음, 조만영 엮음, 돌베개, 1989)에 「지킹엔 논쟁과 유물론 미학의 성립」이 라는 제목으로 수록되어 있으며, 뒤의 글은『게오르크 루카치—맑스 로 가는 길』(G. 루카치 외 지음, 김경식 · 오길영 엮음, 솔, 1994)에 실 려 있다.

2　*Georg Lukács Werke, Bd. 11, Die Eigenart des Ästhetischen. 1. Halbband*, Neuwied · Berlin: Luchterhand, 1963, p.16.

3　G. 루카치, 「맑스로 가는 나의 길」, 『게오르크 루카치—맑스로 가는 길』, 323면. 강조는 루카치.

4　이와 관련해서는 이 책에 실린 「루카치의 마르크스주의 존재론의 발 생사와 근본요소—『사회적 존재의 존재론을 위한 프롤레고메나』를 중심으로」 참조.

5　루카치는 공식적이거나 명시적인 '자기비판' 외에도 자신이 걸었던 사 유의 궤적을 비판적으로 점검하는 글을, 사상가들 중에는 유례를 찾기 어려울 정도로 많이 썼다. 위에서 소개한 「마르크스로 가는 나의 길」 과 그 후속편인 「'마르크스로 가는 나의 길'에 대한 보론」(1957)뿐만 아니라 앞으로 우리가 살펴볼『소설의 이론』 신판 「서문」(1962), 그 리고『역사와 계급의식』이 수록된『게오르크 루카치 저작집』 제2권 「서문」(1967)과 「스탈린을 넘어서」("Über Stalin hinaus")(1969) 따위 가 그런 유에 속하는 글이다. 이런 글들에서 자기변명, 자기합리화에 능한 루카치를 읽어내는 사람들도 있지만, 부단히 운동하는 과정적 현실 속에서 자신을 객관화하는 작업을 게을리 하지 않았던 루카치를 볼 수도 있을 것이다.

6　"Briefwechsel zur Ontologie zwischen Georg Lukács und Frank Benseler", *Objektive Möglichkeit. Beiträge zu Georg Lukács' "Zur Ontologie des gesellschaftlichen Seins"*, eds. R. Dannemann and W. Jung, Opladen: Westdeutscher Verlag, 1995, pp.92-94.

7　게오르크 루카치, 『소설의 이론』, 김경식 옮김, 문예출판사, 2007, 19면.

8　G. 루카치, 「삶으로서의 사유—게오르크 루카치와의 대담」, 『게오르크 루카치—맑스로 가는 길』, 85면.

9　미셸 푸코, 「저자란 무엇인가」, 『미셸 푸코의 문학비평』, 김현 엮음, 문학과지성사, 1989. 인용한 곳은 257면과 256면. 김현이 "'초담론적인 (transdiscursive)' 입장"이라 옮긴 것을 "'관(貫)담론적' 위치"로 바꾸었음을 밝혀둔다.

10　프랑코 모레티, 「긴 작별인사」, 『공포의 변증법』, 조형준 옮김, 새물결, 2014, 244면.

11　G. 루카치, 「삶으로서의 사유」, 『게오르크 루카치—맑스로 가는 길』, 277면.

12　Georg Lukács, "Ethische Fragmente aus dem Jahren 1914~1917", p.121, p.123. Ernst Keller, *Der junge Lukács. Antibürger und wesentliches Leben*, Frankfurt am Main: Sendler, 1984, p.212에서 재인용.

13　*Georg Lukács: Briefwechsel 1902~1917*, eds. Éva Karádi and Éva Fekete, Stuttgart: Metzler, 1982, p.352. 1915년 4월 14일 독일의 극작가 파울 에른스트(P. Ernst)에게 보낸 편지에서 루카치는 국가를 위시한 사회적 구성물들의 온갖 권력에 형이상학적 신성(神聖)을 부여한 것이 헤겔 이래 독일 사상이 저지른 정신적 죄악이라고 비판하고 있다(BW, 349). 역시 파울 에른스트에게 보낸 5월 4일자 편지에서 루카치는 이런 "구성물들에 대한 의무"를 "낡은 윤리"(또는 "제1의 윤리")라고 부르면서 새로운 윤리, "제2의 윤리(영혼의 정언명령)"를 이와 대립 설정하고 있다(BW, 352). 이 두 가지 윤리의 대립 설정은 루카치가 도스토옙스키에 관한 책에서 주요하게 다루려고 한 주제 중 하나였다.

14　Mary Gluck, *Georg Lukács and His Generation 1900~1918*, Cambridge/M. A.: Harvard University Press, 1985, p.180. 임철규, 「루카치와 황금시대」, 『왜 유토피아인가』, 민음사, 1994, 169면에서 재인용.

15　Georg Lukács, "Solovjeff, Wladimir: *Die Rechtfertigung des Guten*. Ausgewählte Werke, Bd. II", *Archiv für Sozialwissenschaft und Sozialpolitik*, Bd. 42, 1916/1917, pp.978-979. 루카치는 『소설의 이론』을 집필하고 발표했던 시기인 1915년과 1916년 두 번에 걸쳐 러시아의 신비주의 철학자 블라디미르 솔로비예프의 선집에 관한 서평을 쓴 바 있다. 이중 특히 주목할 것은 『사회과학과 사회정치학 문고』 제42권에 실린

서평인데, 여기에서 루카치는 러시아 문학이 자신에게 지니는 의미, 즉 반(反)유럽적·반시민적·탈근대적 의미를 분명하게 밝히고 있다. 관련 대목을 다소 길지만 그대로 인용한다. "솔로비예프는, 그의 동시대인인 러시아의 세계사적 작가들과 마찬가지로 '유럽적' 개인주의(그리고 이로부터 생겨나는 혼란과 절망과 신의 부재)를 벗어나 그것을 내면 깊숙한 곳에서부터 극복하고자 하며, 그렇게 정복한 자리를 새로운 인간 및 새로운 세상으로 대체하고자 한다. 당연하게도 그 작가들에게는, 그들이 진짜 작가로 머물러 있었던 한, 새로운 인간이, 그리고 낡은 것에 대한 그의 대립이 거의 전적으로 중요했다. 이 점에서, 오직 이 점에서만 그들은 진실로 환시자(幻視者)이자 포고자(布告者)일 수 있었다. 그들이 새로운 세상에 대해 말할 수 있었던 것은, 예전의 유토피아들과 내용상으로만 구분될 뿐 본질적으로는 차이가 없는 순전한 유토피아였다. 하지만 그들은 새로운 인간을—나는 여기에서 도스토옙스키의 미슈킨 공작과 알로샤 카라마조프, 그리고 톨스토이의 플라톤 카라타예프와 같은 인물들을 생각하고 있는데—보았으며, 그를 현실로서 다른 현실 맞은편에 세울 수 있었다. 그[새로운 인간]의 현존재의 바로 이 구체적이고 생생한 실재성이야말로 이 작가들에게 그들이 갖는 참으로 세계사적인 의의를 보장해준다. 여기에는 '유럽적' 발전이—비록 동경하고 추구하기는 했지만—자기 스스로 형성할 수 없었던 뭔가가 실제로 있다. 일련의 절망적인 문제들에 답을 가져올 수 있는 그 무언가가 말이다"(pp.978-979).

16 Ernst Keller, 앞의 책, p.213.

17 청년 루카치와 도스토옙스키의 관계에 관해서는 『소설의 이론』의 옮긴이 후기인 「『소설의 이론』을 읽기 위하여」, 263-273면 참조.

18 "일요 서클(Sonntagskreis)"에 관해서는 반성완, 「부다페스트의 지식인들—루카치, 하우저, 만하임」, 『변증법적 미학에 이르는 길—루카치와 하우저의 대화』, 반성완 엮음, 문학과비평, 1990, 149-170면 참조. "일요 서클"은 나중에 제1세대 영화이론가로 유명세를 얻게 되는 벨러 벌라주가 제안하고 루카치가 주도해서 만든 헝가리 지식인들의 모임으로, 루카치도 참여했던 막스 베버의 "일요 서클"을 모델로 했다. 루카치가 병역 때문에 부다페스트에 있었던 1915년 12월 23일 첫 회합을 가진 이 모임은 매주 일요일 벌라주의 집에서 철학, 예술, 윤리학 등에 관해 토론했는데(현실 정치에 관한 토론은 없었다), "12시간 중 10시간은 루카치가 이야기했다"고 할 정도로 루카치의 영향력이 컸다. 1918년 12월 루카치가 헝가리 공산당에 입당하면서 이 모임을

떠나기 전까지 벨러 벌라주, 벨러 포거러시, 프레데릭 언틸, 엠머 리토크, 라요시 퓔렙, 언너 레스너이, 그리고 우리에게도 잘 알려진 칼 만하임과 아르놀트 하우저 등이 모임에 정규적으로 참석했다. 『거대한 전환』의 저자로 널리 알려진 칼 폴라니는 정규 멤버는 아니었지만 가끔씩 모임에 참석했다. 모임을 주도했던 루카치가 떠난 후에도 "일요 서클"은, 벌라주가 오스트리아 빈에서 베를린으로 이주하게 되는 1926년까지 유지되었다.

19 편지에서 확인되는 이러한 일정은 『소설의 이론』이 1914년 여름에 처음 구상되어 그해 겨울부터 그다음 해 초에 걸쳐 쓰였다는, 신판 「서문」에서 루카치 자신이 회고적으로 밝히고 있는 일정과는 다소 차이가 있다. 이는 「서문」을 작성할 당시 루카치의 착각일 수도 있지만, 작업이 어느 정도 진척된 후 파울 에른스트에게 알렸을 가능성도 배제할 수 없다. 1910년경부터 루카치가 도스토옙스키의 세계에 몰두하기 시작했기 때문에, 그를 다루는 책을 집필하려는 계획은 진작부터 있었으리라 추측해 볼 수 있다. 위에서 인용한 편지에서 루카치가 "이제야 마침내(jetzt endlich)"라는 표현을 쓰고 있는 것도 이러한 추측을 개연성 있게 만든다.

20 이 구상과 메모들은 니리(J. C. Nyiri)에 의해 정리되어 1985년에 출판되었다. Georg Lukács, *Dostojewski. Notizen und Entwürfe*, ed. J. C. Nyiri, Budapest: Akadémiai Kiadó, 1985.

21 하이델베르크의 "베버 서클"에서 알게 된 실존주의 철학자이자 정신과 의사였던 야스퍼스(K. Jaspers)의 소견서 덕분에 루카치는 전선에 배치되지 않고 부다페스트에서 1915년 가을부터 1916년 여름까지 우편검열관으로 복무하는 것으로 병역을 마쳤다.

22 여기서 베버가 말하는 '라스크의 견해'란 루카치는 "천생 에세이스트"라서 "체계적인(전문적인) 연구에 머물러 있지 않을 것"이기 때문에 "교수자격을 취득해서는 안 된다"는, 루카치의 친구이기도 했던 에밀 라스크(E. Lask)가 전쟁 전에 베버에게 털어놨던 생각을 말한다(BW, 372).

23 이때의 '이데올로그'라는 말은, 다시 말해 내가 이 책에서 루카치는 '학자'일 뿐만 아니라 '공산주의 이데올로'라고 했을 때 그 '이데올로그'라는 말은, 외부—정확히 말하면, 공산당—에서 주어진 노선과 정책을 '선전'하는 사람이라는 뜻이 아니라, 주어진 현실 속에서 인류가 공산주의로 나아갈 수 있는 길을 이론적으로 모색하며, 그 길을 다지

고 확장할 "주체적 요소"(레닌)의 강화를 위해 정신적 활동을 하는 사람이라는 뜻에서 쓰는 말이다.

24 데소이르는 "(교정지) 29면에서 시작"(BW, 364)하기를 요청하고 있는데, 루카치가 베버에게 보낸 1915년 12월 30일자 편지의 내용으로 보건대 29면은 1부 3장이 시작되는 부분으로 짐작된다.

25 Georg Lukács, *Die Theorie des Romans. Ein geschichtsphilosophischer Versuch über die Formen der großen Epik*, Bielefeid: Aisthesis, 2009, p.17. 2007년에 출판한 『소설의 이론』의 옮긴이 후기 「『소설의 이론』을 읽기 위하여」에서는 회셴(Andreas Hoeschen)의 책 *Das 'Dostojewsky' Projekt. Lukács' neukantianisches Frühwerk in seinem ideengeschichtlichen Kontext*(Tübingen: Niemeyer, 1999) 223면에 실린 것을 재인용했는데, 회셴의 책에서는 "재(再)세례자(Wiedertäufer)"가 아니라 "재발견자(Wiederfinder)"로 적혀 있다.

26 1962년에 12월에 작성한 『미적인 것의 고유성』 「서문」 중 청년기를 회고하는 대목에서 루카치는 이 점을 다시 한 번 분명히 하고 있는데, 이미 『소설의 이론』만 하더라도 그의 관심은 "역사철학적 문제들로 더 많이 쏠려 있고, 미학적인 문제들은 이에 대한 징후나 신호에 불과했다"고 한다. 그 후 윤리와 역사와 경제가 그의 주된 관심사가 되었으며, 마침내 그는 마르크스주의자가 되었다고 적고 있다(11:31).

27 *Georg Lukács Werke, Bd.16, Frühe Schriften zur Ästhetik I. Heidelberger Philosophie der Kunst(1912~1914)*, Neuwied: Luchterhand, 1974, pp.230-231.

28 여기서 내가 "초험적"이라 옮긴 독일어는 "transzendental"(이하 '트란스첸덴탈'로 표기)이다. 지금 학계에서 이 단어가 매우 혼란스럽게 옮겨지고 있기 때문에, 이 단어의 번역과 관련하여 한마디 덧붙이도록 하겠다. 이 용어가 매우 중요한 역할을 하는 칸트 학계에서조차 이 용어의 번역 문제는 아직 '합의'가 되지 않았다. 칸트의 주요 저작 대부분을 우리말로 옮긴 백종현의 번역서를 참조하고 인용하면서도, 그가 '트란스첸덴탈'의 번역어로 선택한 '초월적'에 한해서는 '초험적' '초월론적' '선험적' '선험론적' 등으로 고쳐 적는 사람들이 적지 않다. 이에 따라 "transzendent"(이하 '트란스첸덴트'로 표기)의 번역도 '초험적' '초재적' '초월적' 등으로 엇갈리고 있는 형국이다. 최근에 〈한국칸트학회〉 소속 연구자 중 일부가 집단작업으로 펴내기 시작한 한길사 판 칸트전집 번역본에서는 백종현의 번역어에 대한 비판을 통해 '트

란스첸덴탈'을 '선험적'으로 다시 고쳐 옮기고 "a priori"(이하 '아 프리
오리'로 표기)는 원어 발음에 따라 '아 프리오리'로 옮기기로 했다 한
다. 하지만 이 번역어가 같은 전집 내에서도 '통일'적으로 관철되지는
못한 모양인데, 전집 중 일부를 번역한 김상봉은 '아 프리오리'를 '선
험적'으로 옮기고 '트란스첸덴탈'은 '선험적'이 아니라 '선험론적'으
로 옮기고 있다(한길사판 칸트전집 발간을 둘러싼 논란과 '트란스첸
덴탈'의 번역을 둘러싼 논쟁은 김상봉의 「백종현과 전대호의 비판에
대한 대답」에 잘 정리되어 있으니 참조하길 바란다. http://www.hani.
co.kr/arti/culture/book/850905.html). 칸트에 대한 학식이 일천한 '일
반인'의 입장에서 봤을 때, '트란스첸덴탈'의 번역은 이 단어와 연관된
'아 프리오리'를 어떻게 옮기는지에 따라 달라진 것 같다. 지난 세기
에 나온 번역서들을 보면 '아 프리오리'를 '선천적(先天的)'으로 옮긴
경우가 많았지만, 지금은 '선험적(先驗的)'으로 옮기는 것이 '대세'이
다. 이 용어를 주요하게 사용한 칸트의 경우, '아 프리오리'를 '선천적'
또는 '본유적', '생래적', '태어나면서부터[의]' 등으로 이해되는 '안게
보렌(angeboren; connatus; innatus)'과 구별해서 사용하고 있다. 그에
게 '아 프리오리'는 일차적으로 '경험보다 앞서[의]'를 뜻하며, 따라
서 '선천적'보다는 '선험적'이 뜻에 더 적합한 번역어이다. 그런데 '아
프리오리'를 '선천적'으로 옮겼을 때는 '트란스첸덴탈'을 '선험적'으
로, '트란스첸덴트'를 '초월적'으로 옮기는 것이 일반적인 양상이었
는데, '아 프리오리'를 '선험적'으로 옮기자 '트란스첸덴탈'과 '트란
스첸덴트'를 어떻게 옮길지 하는 문제가 새로 생겼다. 백종현은 여러
편의 글을 통해 전자('트란스첸덴탈')를 '초월적'으로, 후자('트란스
첸덴트')를 '초재적'이나 '초험적'으로 옮길 것을 제안하고 있지만, 현
대 프랑스철학의 번역서들을 보면 전자를 '초월론적'으로, 후자를 '초
월적'으로 옮긴 경우가 다수이다. 여기서 현대 프랑스철학을 가장 활
발히 소개한 사람 중 하나인 이정우는 예외인데, 초기작인 『담론의 질
서』(미셸 푸코 지음, 이정우 해설, 새길, 1993)에서는 '트란스첸덴탈'
을 '초험적'으로 옮겼다가 최근에 와서는―아무런 설명 없이―'선험
적'으로 옮기고 있다. 따라서 그의 사유에서 중요한 위상을 차지하는
"transzendental objectif"도 초기에는 "객관적 초험"으로, 요즘은 "객관
적 선험"으로 옮겨 적고 있다. 이렇게 과거에 통용되던 번역어(즉, '선
험적')를 선택한 이정우의 경우도 이해하기 힘들지만, 다수의 프랑스
현대철학 연구자들이 '트란스첸덴탈'을 '초월론적'으로 옮기는 것 역
시 동의하기 힘들다. '초월론적'이라는 번역어는, 짐작건대(그들이 왜
그렇게 옮기는지 명시적으로 밝힌 글을 본 적이 없기 때문에 '짐작'할
수밖에 없다) 현재 일본에서 '트란스첸덴탈'의 표준번역이 '초월론적'

으로 정착된 것과 무관하지 않을 듯하다(일본의 칸트 수용사에서 '초월론적'이라는 번역어가 정착된 과정에 관해서는 백종현 편저, 『동아시아의 칸트철학』, 아카넷, 2014, 190면 이하 참조). 그런데 "나는 대상들이 아니라, 대상들 [일반]에 대한 우리의 인식 방식―이 인식방식이 선험적으로 가능한 한에서―을 취급하는 모든 인식을 트란스첸덴탈이라고 부른다"(I. Kant, *Kritik der reinen Vernunft*, Hamburg: Felix Meiner Verlag, 1956, p.55)고 한 칸트의 말에 따르면 '초월론적'보다는 차라리 '선험론적'으로 옮기는 것이 더 그럴듯해 보인다. 실제로 '트란스첸덴탈'을 '선험론적'이라 옮긴 경우도 없진 않은데, 발터 벤야민의 『독일 낭만주의의 예술비평 개념』(심철민 옮김, 도서출판b, 2013)에서 그렇게 옮겨지고 있으며, 앞서 말했듯이 김상봉 또한 그렇게 옮긴다. 그런데 '선험적론적'이라 옮기면 '트란스첸덴탈'이라는 단어 자체에 내포된 '[경험을] 넘어서는'의 뜻이 누락되지 않을까. 그리고 '초월적'으로 옮기면 [경험을] 넘어서는'이라는 뜻만 새겨질 뿐이고 그 용어에 담긴 경험과의―비직접적인―연관성은 누락된다. 백종현도 밝히고 있듯이 칸트 철학에서 '트란스첸덴탈'은 "경험 내지 경험적 인식의 내용을 넘어서면서, 이것을 제약하고 정초한다는 고유의 의미"(백종현, 191면)를 갖기 때문이다. 더 큰 문제는, '초월적'이라는 번역어가 야기하는 불필요한 혼란이다. 비단 종교나 신학만이 아니라 일상에서도 우리는 '초월' '초월자'라는 말을 자주 사용하는데, 그때의 '초월'은 '트란스첸덴탈'과는 전혀 관계가 없고 오히려 '트란스첸덴트'와 가깝다. 그렇다면, '트란스첸덴트'의 번역어를, 광범위하게 사용되고 있으며 그 뜻을 오해할 소지도 별로 없는 '초월적' 대신 굳이 '초험적' 내지 '초재적'으로 옮겨야 할 필요가 있을까. 우리가 신(또는 그와 유사한 초자연적 존재, 또는 초감성적 대상)을 '초월자'라는 익숙한 용어 대신 굳이 '초험자', '초재자'로 명명해야 할 불가피한 까닭이 있을까. 백종현은 전문적인 철학적 용어와 일상어 사이에 균열이 생기는 불가피한 경우도 있다고 하는데, 이 경우는 전혀 '불가피'하지 않다는 게 내 생각이다. '트란스첸덴트'를 '초월적'이라고 옮긴다고 해서 어떤 문제가 생기는가. 철학을 핑계로 '트란스첸덴트'를 생경한 언어로 옮기기보다는, 차라리 일상에서는 전혀 사용되지 않는 '트란스첸덴탈'을 '비일상적' 언어로 옮기는 게 훨씬 나은 길일 것이다. 지금까지 제출된 '트란스첸덴탈'의 여러 번역어 중 내가 상대적으로 가장 낫다고 생각하는 건 '초험적'이다. 우리가 '아 프리오리'를 '선험적'으로 옮기는 이유는, 그것이 '논리적으로 경험에 선행하며 경험과는 독립적으로 타당하면서 경험을 조건짓는다'는 뜻 때문이다. 원어의 뜻을 정확하게 표현하자면 '선(先)-정험적(定驗的)'이라는 말을 만들어야 하겠지만, 이를 줄여 '선험적'이라 하는 것이며, 대다수 연구자가 이 번역어를 따르고 있다. 이에 비추어 본다면, '트란스첸덴탈'은 '초-경험적'이라 할 수 있을 테니, 이를 줄여 '초험적'이라 못할 까닭이 없어 보인다. 글자 자체에서는 '경험을 넘어서는'이라는 뜻만 표현되고 있지만, '초월적'과는 달리—'험(驗)'이라는 말이 들어감으로써—어떤 식으로든 경험과 관련되어 있다는 것을 드러내고 있는 번역어이니, '초월적'보다는 훨씬 유익한 번역어로 보인다. 그리고 일상에서는 사용되지 않는 말이니, 언어생활에서 불필요한 혼란도 야기하지 않는다. 사정이 이런데도 백종현이나 그의 번역을 따르는 사람들이 '트란스첸덴트'의 번역어를 '초험적' 내지 '초재적'으로, '트란스첸덴탈'의 번역어를 '초월적'으로 '확정'하려 고집하는 까닭을 잘 모르겠다. 칸트에서 이런 용어들이 정확하게 어떤 뜻으로 사용되고 있는지에 대해서는 분명한 입장을 내세울 처지가 못되지만, 루카치의『소설의 이론』에서 이런 용어들의 쓰임새를 보면, '선험적인' 것이 경험의 가능조건이라면, '초험적인(트란스첸덴탈)' 것은 '선험적인' 것의 전제, 즉 '선험적인 것'의 가능조건으로 볼 수 있을 성싶다. 따라서 '초험적인' 것은 그 자체로는 비경험적 인식 요소이지만 경험적인 것과도 관계하는데, 왜냐하면 경험적인 것은 '초험적인' 것에 의해서, 그것도 '선험적인' 것의 매개를 통해서 가능하게 되기 때문이다. 이렇게 보면 '초험적인' 것은 경험의 가능조건 자체의 가능조건이라 할 수 있다. 이에 비해 '초월적인(트란스첸덴트)' 것은 언제나 경험의 한계 너머에 존재하는 것, 경험의 한계를 넘어섬에 의해서만 비로소 도달될 수 있는 것이며, 따라서 '초월성'은 초감성적인 존재를 특징짓는 존재론적이고 형이상학적인 속성이다. 그렇지만『소설의 이론』에서 '트란스첸덴트'가 꼭 이런 식으로만 쓰이는 것 같지는 않은데, 어떤 대목에서는 '트란스첸덴탈'과 거의 같은 뜻으로 사용되기도 한다.

29 『소설의 이론』을 번역하면서 "역사적 순간"을 "사회적 순간"으로 옮기는 실수를 범했기에 바로 잡는다.

30 G. Lukács, *Die Seele und die Formen*, Neuwied · Berlin: Luchterhand, 1971, p.69.

31 1908년부터 1911년까지를 루카치는 "에세이 시기"라고 불렀다.『영혼과 형식』과『미적 문화』는 이 시기에 쓴 에세이들을 모은 책이다. 그리고 1918년에 출판된『벌라주 벨러와 그를 싫어하는 사람들』에도 이 시기에 쓴 벌라주 관련 글들이 수록되어 있다.

32 R. P. Janz, "Zur Historität und Aktualität der *Theorie des Romans* von

Georg Lukács", *Jahrbuch der deutschen Schillergesellschaft*, 22, 1978, p.696.

33 가라타니 본인도 "근대문학의 종언은 근대소설의 종언"이라고 말하고 있다. 가라타니 고진, 『근대문학의 종언』, 조영일 옮김, 도서출판b, 2006, 56면.

34 백낙청, 「모더니즘 논의에 덧붙여」, 『민족문학과 세계문학 II』, 創作과 批評社, 1985, 452면에서 재인용.

35 게오르그 루카치, 『小說의 理論』, 반성완 옮김, 심설당, 1985, 29면. 『소설의 이론』 새 번역판을 내면서 나는 원문에 더 가깝게 다음과 같이 옮겼다. "별이 총총한 하늘이 갈 수 있고 또 가야만 하는 길들의 지도인 시대, 별빛이 그 길들을 훤히 밝혀주는 시대는 복되도다"(27). 덜 '유려한' 번역이긴 하지만, 이렇게 옮기는 것이 '정확한' 독서에 도움이 된다고 생각했다.

36 가령 다음과 같은 구절을 보라. "그리스인들이 그 속에서 형이상학적으로 살고 있는 원은 우리 것보다 더 작다. 그렇기 때문에 우리는 결코 그 원 속에 우리 자신을 생생히 옮겨 넣을 수가 없다"(33).

37 에른스트 벨러, 『아이러니와 모더니티 담론』, 이강훈·신주철 옮김, 東文選, 2005, 77-80면 참조.

38 루카치가 "칸트에서 헤겔로 넘어가는 과도기"라고 했을 때 그 칸트는 신칸트주의적으로 해석된 칸트였다. 그런데 그 당시 신칸트주의 내에서도 주관적 관념론에서 객관적 관념론으로의 전화, 즉 "칸트의 헤겔화"(Niklas Hebing, *Unversönlichkeit*, Disburg: Universitätsverlag Rhein-Ruhr, 2009, p.135)가 진행되고 있었다.

39 "소설 유형론"은 딜타이의 "철학 유형론"이나 베버의 "이념형" 같은 정신과학적 방법의 영향만 받은 것이 아니다. 그것은 헤겔이 제시한, 소설적 갈등을 해결하는 세 가지 유형("희극적", "비극적", "화해적")에도 영향을 받은 것으로 볼 수 있다(이와 관련해서는 Niklas Hebing, "Die Historisierung der epischen Form—Zu einer philosophischen Gattungsgeschichte des Prosaischen bei Hegel und Lukács", eds. Christoph J. Bauer et al., *Georg Lukács. Werk und Wirkung*, Universitätsverlag Rhein-Ruhr Duisburg, 2008, pp.35-52 참조). 『소설의 이론』에서 쓰이는 "삶"과 "체험" 등의 개념이 딜타이와 지멜의 색채를 띠고 있긴 하지만, 이미 이 당시 루카치는 딜타이뿐만 아니라 지멜의 근본적 입장에 대해서도 의견을 달리하고 있었다. "모든 심리학적 파악은 이미 초험적 장

소들의 특정한 상태를 전제로 하며, 오로지 그 장소들의 범위 내에서만 작동하기 때문"에 "정신의 초험적 지형도의 변화"와 관련해 "감정이입 심리학이든 단순한 이해심리학이든" 여하한 "심리학을 찾아내는 일은 영원히 불가능할 것"(31)이라는 입장은 딜타이와 선을 긋는 것이며, "주관적 문화"와 "객관적 문화"가 분리되고 전자에 대한 후자의 지배가 진척되는 근대문화에 대해 비판적이지만 불가피한 것으로 받아들였던 지멜의 체념적 태도와『소설의 이론』의 종말론적인 유토피아적 비전은 전혀 성질이 다른 것이다.

40 이 '역사'의 도입을 루카치 자신은『소설의 이론』전체나 주로 제1부를 염두에 두고 말하고 있는 데 반하여, 미국의 저명한 마르크스주의자 프레드릭 제임슨(F. Jameson)은 제2부의 3장과 4장에서 '형이상학적 세계관'에서 '역사적 세계관'으로 시각이 변화되는 조짐을 읽어내고, 이를 공산주의자로의 전향과 연결 짓고 있다(프레드릭 제임슨,『변증법적 문학이론의 전개』, 여홍삼 · 김영희 옮김, 창작과비평사, 1984, 188-189면 참조). 한편「서문」에서 루카치가 헤겔의 영향과는 무관하게『소설의 이론』이 거둔 이론적 성취로 내세우는 지점이 있는데, 베르그송(H. Bergson)의 "지속(durée)" 개념을 빌려 소설에서 시간이 갖는 기능을 밝힌 지점이 그것이다. 이 대목은 루카치가 독창적으로 열어놓은, 소설론의 새 영역에 해당한다.

41 A. Hoeschen, 앞의 책, p.233.

42 D. 하르트,「루카치와 블로흐 초기저작에서의 근대 비판」,『문예미학 4. 루카치의 현재성』, 1998년 9월, 21-22면, 그리고 조르주 소렐,『폭력에 대한 성찰』, 이용재 옮김, 나남, 2007 참조.

43 G. Lukács, "Ästhetische Kultur", *Lukács 1996. Jahrbuch der Internatioalen Georg-Lukács-Gesellschaft*, eds. F. Benseler and W. Jung, Bern: Peter Lang, 1997, pp.18-19.

44 G. 루카치,「도스토옙스키의 영혼현실」,『소설의 이론』, 192면. 이 글은『벌라주 벨러와 그를 싫어하는 사람들』에 수록된「치명적인 청춘」의 일부를 옮긴 것이다.『벌라주 벨러와 그를 싫어하는 사람들』은 1909년부터 1913년 사이에 루카치가 벌라주의 작품들에 관해 쓴 서평들을 모은 책이다. 하지만「치명적인 청춘」은 1918년에 출간된 이 책에서 처음 발표된 글이다.

45 피히테는 세계사를 다섯 단계로, 즉 인류가 무구(無垢)했던 첫 번째 시대에 뒤이어 죄가 싹트는 두 번째 시대, 그리고 "죄업이 완성된 상

태"인 세 번째 시대(피히테는 앙시앵 레짐 시대를 이 단계로 봤다), 그리고 이를 뒤이어 이성의 지배의 최초의 추상적 가능성이 존재하는 시대(피히테 자신의 시대), 마지막으로 이성의 지배가 실현되는 시대로 구분했다. István Hermann, *Georg Lukács. Sein Leben und Wirken*, Wien · Köln · Graz · Böhlau: Hermann Böhlaus Nachf., 1986, p.91 참조.

46 헤겔의 경우 '현재'는 역사과정의 종결이자 이념의 완전한 실현으로서 도달한 목표라면, 피히테의 경우 '현재'는 아직 역사과정의 중간단계로 설정되며, 그 속에서 자신의 대립물을 산출함으로써 "이념의 완성, 유토피아적으로 고찰된 미래로 가는 하나의 필연적인 **통과점**"(2:617)으로서 역사적 의미를 지닌다. 이상은 루카치가 1925년에 발표한 「라쌀의 서한집 신판」("Die neue Ausgabe von Lassalles Briefen"), *Georg Lukács Werke. Bd.2*, p.617 참조.

47 이른바 '양-질 전환의 법칙'에 관한 루카치의 생각은 『사회적 존재의 존재론을 위한 프롤레고메나』에서는 달라져서 이를 소위 변증법적 유물론의 3대 법칙 중 하나로 설정하는 데 반대하게 되지만, 아직 『이성의 파괴』에서는 "양에서 질로의 전환"을 인정하고 있다.

48 G. 루카치, 「삶으로서의 사유」, 278면. 『소설의 이론』이 구현하고 있는 '절충주의'는 이 점에만 국한된 것이 아니다. 좌파적 윤리와 우파적 인식론의 융합도 그렇고, 생철학의 용어와 신칸트주의적으로 해석된 칸트의 용어로 구사되는 헤겔적 역사철학의 종말론적 변형도 '절충주의'의 면모를 여실히 보여준다. 이를 좋게 해석하자면, 청년 루카치는 서로 다른 수많은 이론적 원천으로부터 사유의 자양분을 얻고 있지만 그것들을 자기 방식으로 흡수하여 독창적으로 종합해냈다고 할 수 있다.

49 "헤겔적 역사변증법의 키르케고르화"라는 말을, 나의 이러한 이해와는 달리 키르케고르가 개인적인 삶의 형성(Lebensgestaltung)과 관련해 구상한 세 단계(미적 단계, 윤리적 단계, 종교적 단계)를 루카치가 키르케고르의 의도와는 달리 세계사 과정에 적용했음을 뜻하는 것으로 이해하는 연구자도 있다. 에른스트 켈러(E. Keller)가 대표적인데, 그에 따르면 키르케고르의 세 단계론을 역사철학으로 격상시킨 『소설의 이론』에서 고대와 중세는 미적 단계, 소설의 시대인 근대는 윤리적 단계, 그리고 도래할 새로운 시대는 종교적 단계에 해당한다. 하지만 켈러는 키르케고르의 세 단계는 이상(理想)으로 설정된 종교적 단계로의 연속적 발전 속에 있는 단계들로서 각각 정당성을 가질 뿐만 아니라 더 높은 단계로 "상승(Steigerung)"하는 관계 속에 있는 것이

기 때문에 "몰락(Fall)"과 "재상승(Wiederaufstieg)"의 형상을 띤 『소설의 이론』의 역사상과는 맞지 않는다고 보고, 루카치의 역사구상은 루카치 자신의 이해와는 달리 키르케고르가 아니라 오히려 플로티노스(Plotinos)의 세계구상과 부합한다고 한다. 이상은 Ernst Keller, 앞의 책, pp.171-172. 내 생각에는 켈러 자신이 루카치의 말을 오독한 것이다.

50 A. Hoeschen, *Das 'Dostojewsky' Projekt*, p.236.

51 "역사철학"과 "역사이론"의 구분과 관련해서는 앨릭스 캘리니코스, 『이론과 서사-역사철학에 대한 성찰』, 박형신 · 박선권 옮김, 일신사, 2000, 178면 이하 참조.

52 이와 관련해서는 Hans Sanders, *Institution Literatur und Roman. Zur Rekonstruktion der Literatursoziologie*, Frankfurt am Main: Suhrkamp, 1981, p.54 참조.

53 번역서에서 "위대성"으로 옮긴 "größe"를 "큼"으로 바꾸며, "전체성"으로 옮긴 "Ganzheit"는 "온전함"으로 고쳐 옮긴다.

54 프레드릭 제임슨 · 백낙청 특별대담 「맑시즘, 포스트모더니즘, 민족문화운동」, 『창작과비평』 제18권 2호(1990 봄) 283면 참조.

55 '영혼의 실체성(die Substantialität der Seele)'에 대한 루카치의 입장은 『소설의 이론』을 집필하던 중에 파울 에른스트와 주고받은 편지에서 분명하게 표현되고 있다. 1915년 4월 14일자 편지에서 루카치는 다음과 같이 적고 있다. "구성물들의 권력은 한층 더 증대하는 가운데 현실적 존재자로 존재하는 것처럼 보입니다. 하지만—이것이 내게는 전쟁체험인데—우리는 그것을 인정해서는 안 됩니다. 우리는 유일하게 본체적인 것(das einzig Essentielle)은 오직 우리, 우리의 영혼뿐이라는 (…) 것을 계속 강조해야 합니다"(BW, 349). 이 편지에 대한 4월 28일자 답장에서 에른스트가 "나의 자기(Selbst)의 한 부분은 그것[국가] 속에, 그것[국가]과 함께 있다"고 하면서 '독일제국'은 "확대된 자아(Ich)"(BW, 350)이며, "(…) 나는 국가를 무언가 신성한 것으로 느낍니다"(BW, 351)라고 하자, 이에 대해 루카치는 5월 4일자 편지에서 "국가는 자기의 한 부분이라고 당신이 말한다면 그것은 옳은 말이지만, 그것이 영혼의 한 부분이라고 말한다면 그것은 잘못된 말입니다. (…) 형이상학적 실재성(eine metaphysische Realität)은 오직 영혼만이 점유합니다. 이것은 유아론이 아닙니다. 문제는 영혼에서 영혼으로 이르는 길을 찾는 것, 바로 거기에 있습니다"(BW, 352)라고 답한다.

이러한 입장에서, 앞서 말한 바 있듯이 "구성물들에 대한 의무"로서의 "제1의 윤리"와는 다른, "영혼의 정언명령"으로서의 "제2의 윤리"에 대한 모색이 이루어졌다. 그런데 여기서 '영혼의 실체성' 관념이 관념론적·형이상학적인 사고를 속에서 형성된 것이고, '실체'도 서구의 전통적 철학의 틀 내에서 그 자체는 불변의 초역사성을 띠는 것으로 설정되어 있다면, '역사적 유물론자' 루카치의 사고 속에서 '실체' 개념은 새롭게 규정된다. 한마디로 그것은 '불변'이 아니라 '지속'이라는 말로 규정될 수 있는데, "역사적 상대주의"와 "논리적으로 체계화하는 독단론"의 이율배반을 극복하는 "존재론적인 제3의 길"(13:681)에서 '실체'는 영원불변하는 초역사적인 것으로서 '생성'과 배타적으로 대립하는 것이 아니라, "변화 속에 있는 지속"(13:613)으로, "과정 중에 있으면서 과정 속에서 변하고, 스스로를 갱신하며 과정에 참여하지만 그 본질에 있어서 자신을 보전"(13:681)하는 것으로 파악된다. 나는 이 새로운 '실체' 개념에 따라 "진정한 개체적 총체성과 생생한 자립성에 대한 [인간의] 관심과 욕구"를 역사적·유물론적인 사고를 내에서 "인간의 근원적 욕구"로 파악할 수 있다는 것을 다른 글에서 주장한 바 있다. 이와 관련해서는 졸고(拙稿) 「루카치 장편소설론의 역사성과 현재성」, 『다시 소설이론을 읽는다—세계의 소설론과 미학의 쟁점들』, 황정아 엮음, 창비 2015, 23-24면 참조.

56 이와 관련해서는 플로티노스, 『영혼-정신-하나』 조규홍 옮김, 나남, 2008, 129면 이하의 「옮긴이 해제」 참조. "초험적 장소"라는 말 자체는 칸트의 『순수이성비판』 중 「초험적 분석학」의 부록으로 실려 있는 「반성개념들의 모호성에 대한 주해」에서 처음 나온다. 하지만 루카치가 사용하는 그 말의 함의는 칸트의 그것과는 다르다. 몇몇 연구자가 『소설의 이론』에서 사용되는 핵심적인 이론적 용어들이 에밀 라스크에서 나온 것임을 밝히고 있는데, "초험적 장소", "원상(原象)" 따위가 이들이 공통적으로 지적하고 있는 용어들이다. 그들 중 한 사람인 그라우어에 따르면 라스크가 의미의 통일성을 보증하는 것으로 사용한 "원상" 개념에 가까운 "초험적 장소"란 "초험적으로 보증된, 메타주관적 객관성의 가능성", "주관과 객관의 가정된 통일성", "인간과 세계의 분리, 나와 너의 분리를 통해서도 방해받지 않는, 질료와 형상의 일체성" 따위를 뜻하며 "고향" 개념으로 번역될 수 있는 말이라 한다(Michael Grauer, Die entzauberte Welt, Königstein-Ts.: Hain, 1985, pp.55-6). 하지만 "원상"의 경우 그라우어의 주장처럼 『소설의 이론』에서 "초험적 장소"의 다른 이름으로만 쓰이고 있는 게 아닐뿐더러 그 용어 자체는 라스크뿐만 아니라 셸링(F. W. J. Schelling), 더 거슬러 올

라가면, 청년 루카치가 심취했던 마이스터 에크하르트(M. Eckehart) 는 물론이고 플로티노스, 심지어 플라톤에서도 발견할 수 있는 말이 다. "초험적 장소"라는 말도 꼭 에밀 라스크 식으로만 읽을 필요는 없 을 듯하다. "초험적 장소"뿐만 아니라 이것과 영혼의 관계까지 고려한 다면 오히려 플로티노스의 "정신"과 같은 위상과 역할을 하는 것으로 볼 수 있으며, 스콜라철학을 참조한다면 신의 술어로서의 위상을 지 니는 '참[眞]', '좋음[善]' 등과 같은 '초월주(超越疇)'('transcendentia/ transcendentalia')에 해당하는 것으로 볼 수도 있다. 요컨대『소설의 이 론』의 담론을 단일한 이론적 영향관계 속에서 고찰하는 것은 적절치 않다. 여기서 우리는 청년 루카치가 서로 다른 수많은 이론적 원천으 로부터 사유의 자양분을 얻고 있지만 항상 자기 고유의 상황인식에 서 그것들에 접근했으며, 그것들을 자신의 방식으로 흡수하여 독창 적으로 종합해냈다는 메자로스(I. Mészáros)의 지적을 상기할 필요가 있다. 이스트반 메자로스, 「루카치의 변증법 개념」,『루카치의 미학사 상』, G. H. R. 파킨슨 편, 김대웅 옮김, 문예출판사, 1986, 66면 참조.

57 푸코와 관련된 인용은『담론의 질서』, 미셸 푸코 지음, 이정우 해설, 새길, 1993, 107면.

58 H. Sanders, 앞의 책, 59면.

59 György Lukács, *Müvészet és társadalom*, Budapest: Gondolat, 1968, p.7. 재인용한 곳은 *Georg Lukács. Sein Leben in Bildern, Selbstzeugnissen und Dokumenten*, eds. Éva Karádi and Éva Fekete, Stuttgart: Metzler, 1981, p.66.

60 Michael Löwy, "Der junge Lukács und Dostojewski", *Georg Lukács— Jenseits der Polemiken. Beiträge zur Rekonstruktion seiner Philosophie*, ed. R. Dannemann, Frankfurt am Main: Sendler, 1986, p.25.

61 이상은 M. Löwy, "Die revolutionäre Romantik von Bloch und Lukács", *Verdinglichung und Utophie. Ernst Bloch und Georg Lukács zum 100. Geburtstag. Beiträge des internationalen Kolloquiums in Paris, März 1985*, eds. A. Münster, M. Löwy and N. Tertulian, Frankfurt am Main: Sendler, 1987, p.17.

62 세기 전환기 독일에서 "문화(Kultur)" 개념은 "문명(Zivilisation)" 개념 과의 대립구도 속에서 고유한 의미를 가졌다. 문명이 "영국적, 프랑스 적 정신경향이 초래한 것으로 간주되는 기술적 · 물질적이고 산업적인 진보"를 대표하는 말이었다면, 문화는 "종교적, 정신적, 윤리적, 미적

가치전통, 전형적으로 '게르만적'이라고 보는 그런 가치전통의 세계"를 대표하는 말이었다(인용한 곳은 M. Löwy, "Der junge Lukács und Dostojewski". p.24).『소설의 이론』에서 루카치가 서유럽의 발전 과정을 논하면서 "문화와는 생소하고 한갓 문명적인 그 특성"(129)이라는 표현을 사용하고 있는 데에서 엿볼 수 있듯이 당시 루카치도 이러한 대립구도에서 자유롭지 못했다. 훗날『이성의 파괴』에서 루카치는 "문화"와 "문명"의 대립구도의 원류에 해당하는 페르디난트 퇴니스(F. Tönnies)의 "공동체(또는 공동사회, Gemeinschaft)"와 "사회(또는 이익사회, Gesellschaft)"의 대립설정을 비판하는 자리에서, 문화와 문명은 결코 대립 개념일 수 없음에도 불구하고 양자를 마치 대립적인 힘이나 실체를 지닌 듯이 설정하는 것은, 특정한 역사적 체제로서의 자본주의에서 문화가 지닌 구체적인 모순성을 사상(捨象)하고 비합리주의적으로 만드는 왜곡에 다름 아니라고 비판하다. 이러한 왜곡을 통해 낭만주의적 반자본주의의 있을 수도 있는 저항성이 자본주의 체제와 지배계급에는 아무런 해도 가하지 않는 "무구(無垢)한 문화비판"(9:516)으로 흘러갈 수도 있으며, 또 "사회주의에 대한 효과적인 무기"(9:516)로 사용될 수도 있다고 한다. 왜냐하면 사회주의 또한 물질적 생산력(기계화 등등)을 계속 발달시키기 때문에 문화와 문명의 갈등을 해결하기는커녕 오히려 연장시킬 뿐인 것으로 간주되기 때문이다.

63 M. Löwy, "Die revolutionäre Romantik von Bloch und Lukács", p.17.

64 A. Heller, "Das Verhältnis von Kultur und Ethik beim junge Lukács", eds. F. Benseler and W. Jung, *Lukács 2000. Jahrbuch der Internationalen Georg-Lukács-Gesellschaft*, Bielefeld: Aisthesis, 2000, p.147.

65 Nicolas Tertulian, "*Die Zerstörung der Vernunft*—Ein Rückblick nach 30 Jahren", *Verdinglichung und Utophie*. p.101.

66 루카치는 '초기' 아도르노와 2차 세계대전 이후의 아도르노를 구분하는데, 후자에 대해서는 "비순응주의로 위장한 순응주의"(18)라고 혹평한다. 후기 아도르노를 위시해 이 부류에 속하는 지식인들은 "심연과 무(無)와 무의미의 가장자리에 자리한, 모든 편의 시설을 다 갖추고 있는 멋들어진 호텔" 곧 "심연이라는 그랜드 호텔"에서 "기분 좋게 먹고 마시며 식사하거나 예술생산을 하는 사이사이 매일같이 심연을 바라보는 일"(18)을 업으로 삼고 있다는 게 루카치의 생각이다.

67 김예림,『1930년대 후반 근대인식의 틀과 미의식』, 소명출판, 2004,

311 주

22면.

68 같은 곳.

69 앞의 책, 40면.

70 같은 곳.

71 G. 루카치, 「삶으로서의 사유」, 270면.

72 이스트반 메자로스, 「루카치의 변증법 개념」, 64면.

73 이러한 과정에 대한 보다 구체적이고 포괄적인 설명은 졸저(拙著), 『게오르크 루카치—과거와 미래를 잇는 다리』, 한울, 2000, 76면 이하 참조.

Ⅳ. 루카치의 마르크스주의 문학론의 구성요소

1 마샬 버먼, 「게오르크 루카치의 거대한 뻔뻔스러움」, 『마르크스주의 의 향연』, 문명식 옮김, 이후, 2001, 251면.

2 죽음을 목전에 둔 순간에 가졌던 대담에서 루카치는 자신의 제자, 즉 자신을 통해 학문세계에 입문하고 사유를 구축한 사람은 아그네스 헬러(A. Heller)와 페렌츠 페헤르(F. Fehér)를 위시한 몇몇 사람에 불 과하다고 말하면서, 마르쿠시(G. Márkus)에 대해서는 다음과 같이 말 했다. "마르쿠시는 내 제자가 아닙니다. 그는 그의 생각을 대부분 완 성한 채 모스크바에서 돌아왔습니다. 내가 그에게 영향을 미치지 않 았다고 말하는 것은 아닙니다. 다만 그를 내 제자라고 부를 수는 없다 는 것입니다." G. 루카치, 「삶으로서의 사유—게오르크 루카치와의 대 담」, 『게오르크 루카치—마르크스로 가는 길』, 김경식 · 오길영 편역, 솔, 1994, 257면. 그러나 마르쿠시는 말년의 루카치와 함께한 소수의 인물 중 하나였으며, 일생 동안 루카치를 자신의 스승으로 여겼다.

3 이상은 György Márkus, "Die Seele und das Leben. Der junge Lukács und das Problem der 'Kultur'", *Die Seele und das Leben. Studien zum frühen Lukács*, eds. Agnes Heller et al., Frankfurt am Main: Suhrkamp, 1977, p.102. 강조는 원문에 따른 것임.

4 이와 관련해서는 이 책에 실린 「루카치의 전(前) 마르크스주의적 사 상의 측면들」 제5장 참조.

5   토마스 만, 「文化와 政治」(송동준 옮김), 『文學과 行動』, 백낙청 편, 태극출판사, 1984(중판), 385면.

6   토마스 만, 『숲속의 예술철학』, 원당희 옮김, 세계사, 1990, 32면.

7   게오르크 루카치, 『소설의 이론』, 김경식 옮김, 문예출판사, 2007, 16 면.

8   '추상적 개별자'는 후기 루카치의 텍스트에 빈번히 등장하는 "das Partikuläre" 또는 "das Partikulare"를 염두에 두고 쓴 말이다. 보편성과 의 매개가 결여된, 낱낱이 단자화된 직접적 개별자를 지칭하는 말로 서, 비단 개인뿐만 아니라 집단에도 적용될 수 있는 말이다. 『사회적 존재의 존재론을 위한 프롤레고메나』(게오르크 루카치 지음, 김경식 · 안소현 옮김, 나남, 2017)에서는 이 단어의 명사형인 'Partikularität' 을, '개별성'으로 옮긴 'Einzelheit'와 '특수성'으로 옮긴 'Besonderheit' 와 구분하기 위해 '개별특수성'으로 옮겼고, 이에 따라 'partikulär/ partikular'는 '개별특수적'으로 옮겼다는 것을 밝혀둔다.

9   Werner Jung, "Das Nietzsche-Bild von Georg Lukács. Zur Metakritik einer marxistischen Nietzsche-Deutung", Von der Utopie zur Ontologie. Lukács-Studien, Bielefeld: Aisthesis, 2001, p.46. 베르너 융은 바로 이 대 목을 초기 루카치와 니체가 갈라지는 결정적인 지점으로 본다. 근대 부르주아 사회와 국가, 부르주아 문화와 예술을 비판하고 극복하고 자 한 점에서는 양자가 공통점을 갖지만, 니체는 "위대한 영웅적 개 인"에서 극복의 방향을 찾았던 반면, 초기 루카치는 오로지 공동체적 으로만("공동체 이념") 부르주아 사회를 극복할 수 있다고 확신했다.

10 Georg Lukács, "Der große Oktober 1917 und die heutige Literatur", Ausgewählte Schriften, Bd.3: Russische Literatur, Russische Revolution, Hamburg: Rowolht, 1969, p.150. Sebastian Kleinschmidt, "Georg Lukács und die Wertabstifungen in der Kunst", Geschichtlichkeit und Aktualität. Beiträge zum Werk und Wirken von Georg Lukács, eds. M. Buhr and J. Lukács, Berlin: Akademie, 1987, p.251에서 재인용.

11 1919년 4월에 발표한 한 글에서 루카치는 다음과 같이 말하고 있 다. "말하자면 경제의 변화, 사회 자체의 변화만으로는 이 새로운 사회를 창출할 수 없다. 인간들이 그럴 태세를 갖추고 있지 않다 면, 계급 없는 사회가 동시에 사랑의 사회가 되지 않는다면, 그 새 로운 사회란 한갓 가능성으로 머물러 있을 것이다." Georg Lukács, "Die moralische Grundlage des Kommunismus", eds. J. Kammler and F.

Benseler, *Georg Lukács. Taktik und Ethik. Politische Aufsätze I. 1918-1920*, Darmstadt · Neuwied: Luchterhand, 1975, p.87.

12 1940년 1월 루카치가 소싯적의 벗이었던 벨러 벌라주(B. Balázs)에게 보낸 편지에 나오는 말이다. S. Kleinschmidt, 앞의 글, p.249에서 재인용.

13 루카치는 1962년에 쓴 『소설의 이론』 신판 「서문」에서 히틀러가 패하고 전후(戰後) 복구와 경제 성장이 진행되면서 독일 지식세계에서는 "비순응주의로 위장한 순응주의"(『소설의 이론』, 18면)가 대세가 되었다고 했는데, 지금 유행하고 있는 냉소주의는 냉소주의에 있을 수 있는 탈권위적 · 비판적 기능으로 작동하기보다는 "비순응주의로 위장한 순응주의"에 내재했던 '체념'과 이에 따른 '겸손'의 제스처가 공격적인 뻔뻔함으로 전변한 것으로 보인다.

14 이 문제와 관련해서는 이 책의 마지막 논문 「루카치의 마르크스주의 미학의 방법론적 기초―'마르크스주의 미학의 아포리아'를 중심으로」 제3장 참조.

15 *Georg Lukács Werke, Bd. 10, Probleme der Ästhetik*, Neuwied · Berlin: Luchterhand, 1969, p.137.

16 이에 관해서는 페터 뷔르거, 『아방가르드의 이론』, 최성만 옮김, 지식을만드는지식, 2013 참조.

17 루카치의 문학론에서 사물화가 예술 창조에 끼치는 부정적 작용이 어떻게 파악되고 있는지에 대한 구체적 설명은, 조만영, 「근대와 물신을 넘어서―게오르크 루카치의 미학 · 문학 사상」, 『문예미학 3: 마르크스와 현대』, 문예미학회 편, 1997, 175-177면 참조. 우리는 루카치의 리얼리즘 문학론을 '탈(脫)사물화'/'반(反)사물화' 문학론으로 읽을 수 있으며, 자연주의를 포함한 '모더니즘'에 대한 그의 비판적 평가도 사물화론에 근거한 것으로 해석할 수 있다. 하지만 루카치 자신은 1930~40년대 문학론에서―『역사와 계급의식』에서와는 달리―'사물화' 개념 자체를 논의의 중심에 두지 않는다. 이는 『역사와 계급의식』에 대해 루카치 스스로 거리를 취하는 과정에서 이루어진 일로 볼 수 있는데, 그의 마지막 작품 『사회적 존재의 존재론을 위한 프롤레고메나』에서는 '사물화' 개념 자체의 함의마저 변한 것을 확인할 수 있다. 여기에서 '사물화'는 자본주의적 생산양식에 특유한 현상으로 한정되지 않고 더 일반화된 개념으로 사용되는바, 본래 언제나 과정적이고 동적인 존재가 '사물'처럼 고체화된 것으로 현상하는 것을 지칭

하는 말로 쓰인다. 여기에서 문학과 예술은 이러한 의미의 '사물화'를 '탈사물화'하는 힘을 가진 것으로 새로이 파악될 수 있다.

18 Georg Lukács, "Der Roman", *Disput über den Roman. Beiträge zur Romantheorie aus der Sowjetunion 1919~1941*, eds. Michael Wegner et al., Berlin · Weimar: Aufbau, 1988, p.331.

19 "이데올로기적인 형태들"은 마르크스의 말이다. 루카치에게 이데올로기 개념은 "허위의식"과 같은 부정적 개념과 등치되는 것이 아니다. 루카치가 이해하는 이데올로기 일반 개념은 『정치경제학 비판을 위하여』(*Zur Kritik der politischen Ökonomie*)의 「서문」에서 마르크스가 "인간들이 그 안에서 이러한 갈등[사회적 존재의 지반들로부터 생겨나는 갈등-인용자]을 의식하게 되고 그것과 싸워내는 법률적, 정치적, 종교적, 예술적 또는 철학적인, 한마디로 이데올로기적인 형태들"(MEW, 13:9)이라고 했을 때의 그것이다. 이데올로기 일반에 대한 이 포괄적인 기능론적 규정은 "이데올로기들이 방법론과 사실의 차원에서 옳은지 그른지 하는 문제에는 전혀 명백한 답을 주지 않"지만 오히려 그럼으로써 더욱 폭넓게 적용될 수 있다(13:10). 따라서 특정 이데올로기가 긍정적인 것인지 부정적인 것인지 하는 문제는 사회역사적 맥락 속에서 그 이데올로기가 수행하는 기능과 역할을 구체적으로 분석한 후에야 답할 수 있는 문제가 된다. 또, 루카치는 마르크스가 이데올로기 규정에서 "법률적, 정치적, 종교적, 예술적 또는 철학적인"이라는 식으로 각각의 영역을 나열함으로써 모두가 이데올로기 형태라 하더라도 획일적으로 파악될 수 없음을 암시하고 있다고 본다. 한 시대의 그때그때의 이데올로기를 우선적으로 통일적인 어떤 것으로 설정하고 그로부터 특수하고 개별적인 이데올로기적 입장들이 논리적으로 분화·파생되어 나오는 것으로 파악하는 방식과는 정반대로, 어떤 한 시대의 이데올로기라 부를 수 있는 것은 "여러 영역에서 여러 계급에 의해 실천 속에서, 실천을 통해 완수되는 여러 이데올로기적 결정의 종합으로부터 (선험적으로가 아니라 사후적事後的으로) 생겨나는"(Georg Lukács, "Solschenizyns Romane", *Solschenizyn*, Neuwied · Berlin: Luchterhand, 1970, p.74) 것으로 봐야 한다는 것이다. 루카치의 이러한 입장은 이데올로기적 현상들을 고찰할 때에도 "구체적 상황의 구체적 분석"(레닌)이라는 유물론적인 탐구원칙이 무엇보다 우선해야 함을 강조하는 것이라 볼 수 있다.

20 Kurt Batt, "Erlebnis des Umbruchs und harmonische Gestalt. Der Dialog zwischen Anna Seghers und Georg Lukács", ed. Werner Mittenzwei,

Dialog und Kontroverse mit Georg Lukács, Leipzig: Reclam, 1975, p.224.

21 루카치는 "리얼리즘의 승리"를 작가의 세계관의 보다 깊은 층과 피상적인 층 사이의 모순 차원에서 파악하면서 그 심층적 세계관은 어떤 과학적 인식이나 의식적으로 정식화된 입장에서보다 플롯의 힘을 통해, 달리 말하면 서사의 과정을 통해, 서사의 성취로서 적합한 표현을 얻을 가능성이 더 높다고 주장한다. 루카치의 '리얼리즘의 승리론'에 대해서는 졸고(拙稿), 「'리얼리즘의 승리론'을 통해 본 루카치의 문학이론」(『실천문학』 65호, 2002년 봄) 참조.

22 루카치가 보기에 스탈린주의적인 '사회주의 리얼리즘'은 당이나 국가의 전술적 결정을 대중에게 효과적으로 전달·선전하기 위해 그 결정을 문학적으로 포장하는 '도해문학(die illustrierende Literatur)'적 성격을 지닌다. 따라서 순전히 원리상으로 보면 그것은 '다른 곳에서 획득된 인식'에 문학적 형상의 옷을 입히는 것과 다를 바 없다. "문학의 도해적 성격"(4:583)을 포함하여 스탈린주의적인 '사회주의 리얼리즘' 전반에 대한 루카치의 비판에 관해서는 졸저(拙著), 『게오르크 루카치─과거와 미래를 잇는 다리』, 한울, 2000, 146면 이하 참조.

23 '알레고리'는 '상징'과 더불어 논자에 따라, 이론적 전통에 따라 조금씩 달리 파악되는 대표적인 문예학 용어 중 하나이다. 알레고리와 상징에 대한 루카치의 이해는 근본적으로 괴테에 의거한 것으로, 알레고리에서는 현상과 형상 간에 매개 역할을 하는 것이 '개념'이며, 따라서 그 형상은 일의적이고 고정된 것인 개념이 수행한 것을 가시화하는 것일 뿐 그 출발점인 현상세계로의 귀환을 의미하는 것이 아닌 반면, 상징에서는 현상과 형상 간에 괴테가 말한 '이념'(루카치의 해석에 따르면 "전체성과 동시에 변증법적 운동성 및 유연성으로의 지향을 내포하는 총체성의 종합명제"(12:730))이 매개 역할을 하며, 따라서 그 이념은 형상으로 전화될 때 현상의 내용뿐만 아니라 그 관계들과 규정들의 풍부함도 같이 취한다(이상은 12:728-731 참조).

24 여기에서 루카치가 말하는 "직접성"은 가령 아나 제거스(Anna Seghers)가 "근본체험의 직접성"이라고 말했을 때의 그 "직접성"과는 함의가 다르다. 제거스는 루카치와의 서신교환에서 루카치가 '창작방법'을 강조하면서 세계의 예술적 수용에서 출발점이자 전제조건인 "근본체험의 직접성"을 소홀히 하는 것은 아닌가 하는 지적을 하는데, 제거스에게 보낸 답신(1938년 7월 29일자 편지)에서 루카치는 자신이 말하는 "직접성"은 "의식화와 대립되거나 의식화의 전(前)단계로 볼 수 있는 어떤 심리적 행동방식"을 의미하는 것이 아니라, "외

부세계에 대한 내용적 수용의 어떤 **수준**"을 뜻하는 것으로서, 그 수용
행위가 얼마나 의식적으로 이루어지는지 여부는 상관없다고 말한다
(4:355). 그는 자본주의 세계의 실상을 은폐하고 왜곡하는 표면적 현
상형태에 고착됨을 뜻하는 "직접성"을 극복할 것을 요구할 뿐이지, 그
실상이 직접적으로 지각되고 체험될 수 있음을 부정하지 않는다. 덧
붙이자면, 루카치는 "근본체험의 직접성"을 강조하는 제거스의 의견
에 전적으로 동의하며, 그것이 두 사람이 "공통으로 서 있는 출발점"
(4:355)이라고 한다. 하지만 "근본체험의 직접성은 작가의 삶의 과정
의 한 계기"로서, 작가의 "과거 전체와 관련을 가지며, 그것은 곧 이
과거의 압축이자 폭발적 표출"(4:356)일 뿐이라는 점을 강조함으로써
그는 체험을 신비화하거나 '물신화'할 위험성에 대해 경고하는 한편,
작가가 의식적·무의식적으로 살아가는 삶 전체와 작가가 행하는 "지
적·도덕적 도야(陶冶)" 자체가 근본체험의 내용을 결정할 것이라고
주장한다.

25 이 글에서 내가 다소 무리가 있더라도 일관되게 '현시'라고 적은 것
은 독일어 'Darstellung'을 염두에 두고 쓴 말이다. 루카치를 인용할 때
'darstellen'이나 그 명사형인 'Darstellung'이라는 단어가 나오면 모두
'현시하다' '현시'로 옮겼다는 것도 밝혀둔다. 이 단어는 이미 여러 사
람이 말했듯이 번역하기 실로 곤란한 단어이다. 예컨대 프레드릭 제
임슨은 『정치적 무의식』 「서문」에서 "Darstellung"은 영어로 "번역 불가
능한 명칭"(『정치적 무의식』, 이경덕·서강목 옮김, 민음사, 2015, 14
면)이라고 하면서 자신의 책에서 독일어 그대로 사용하고 있다. 이 단
어가 영어로만 번역 불가능한 것이 아닌 터라, 『문학적 절대』의 저자
들(필립 라쿠-라바르트·장-뤽 낭시)도 프랑스어로 쓴 그 책에서 제
임슨과 마찬가지로 독일어 'Darstellung'을 그대로 사용한다(『문학적
절대』, 홍사현 옮김, 그린비, 2015, 57면 옮긴이 각주 7 참조). 이 책
을 우리말로 번역한 홍사현은 옮긴이 후기에서 "이 책의 저자들 자신
이 '이 단어는 정말 애매하다'고 말하고 있는 Darstellung이라는 개념은
주체나 작품이나 대상 등의 존재적 표현이나 현시, 서술 방법, 설명이
나 묘사, 더 나아가 형상화, 연출 등 모든 종류의 형식화를 의미하는
다양한 맥락에서 사용되고 있다"(667면)고 설명한다. 이 단어가 아무
리 '애매'하다 하더라도 제임슨이나 라쿠-라바르트 등과 같이 독일어
를 그대로 사용할 수는 없으니, 우리말로 어떻게 옮기는 게 가장 적
절할지 생각해볼 일이다. 이 용어가 아주 중요한 위치를 차지하고 있
는 발터 벤야민의 『독일 비애극의 원천』을 맨 처음 번역한 조만영(새
물결, 2008)은 이 단어를 '제시'로 옮겼으며, 『정치적 무의식』을 옮긴

이 역시 '제시'로 옮기고 있다. 한편 『독일 비애극의 원천』을 다시 옮긴 최성만과 김유동(한길사, 2009)은 이 단어를 '재현'으로 옮겼으며, 『문학적 절대』의 옮긴이는—맥락에 따라 '현시' 등으로 옮기기도 했지만 기본적으로—'표현'으로 옮겼다. 여기에다가 마르크스의 저 유명한 'Forschungsmethode'/'Darstellungsmethode'에 나오는 'Darstellung'은 '서술'로 옮겨지는 것이 일반적이다. 이렇게 이 단어가 중요한 위치를 차지하고 있는 저작들의 번역서만 보더라도 'Darstellung'이라는 하나의 독일어 단어가 제시, 표현, 재현, 서술 등으로 제각각 옮겨지고 있는 것을 확인할 수 있다. 이 단어의 우리말 번역과 관련해서는 제임슨의 설명이 유익하다. 『정치적 무의식』의 제임슨에 따르면, "이 **제시**야말로 **재현**(representation)에 관한 오늘날의 문제들이 전혀 다른 성격의 **현시**(presentation)에 관한 문제들, 혹은 본질적으로 서사적이고 수사학적인, 언어 및 글쓰기의 시간상의 운동에 관한 문제들과 생산적으로 교차하게 되는 지점이다"(15면). 요컨대 'Darstellung'은 'representation'과 'presentation'이 중첩된 단어라는 것이다. 따라서 '표현'이나 '재현' '제시' '서술' 등으로는 이 복합적·중첩적 의미를 잘 '표현' 내지 '제시'할 수가 없다. 그래서 나는 '현시(顯示)'라는, 일상에서는 잘 쓰지 않는 단어를 'Darstellung'의 기본번역어로 사용하고자 한다. 물론 맥락에 따라서는 표현, 제시, 서술, 전시, 상연, 연출, 서술 등등으로 옮길 수 있고 또 그렇게 옮겨야 할 때도 있지만, 기본적으로는 '현시'로 옮기고자 하는 것이다. 알다시피 '현시(顯示)'는 '나타내 보임'이라는 뜻의 한자말이다. 여기서 '나타내다'가 '표현'/'재현' 쪽에 가깝다면 '보이다'는 '제시' 쪽에 가깝다. 따라서 '현시'는 이 두 측면, 즉 'representation'의 측면과 'presentation'의 측면이 복합적으로 중첩된 의미를 지닌 단어인 'Darstellung'에 가장 가까운 말이 아닐까 싶다.

26 이와 관련해서는 졸고, 「루카치 장편소설론의 역사성과 현재성」, 『다시 소설이론을 읽는다』, 황정아 엮음, 창비, 2015, 23-27면 참조.

27 "진정한 문학의 당파성(Parteilichkeit)은 '시대의 요구'를 충족시키는 가운데 이러한 복합체로, 사회적 현상들의 이러한 본질로 집중할 수 있으며, 단순한 시사적 문제에 해결방향들을 직접 제공해야 한다는 의무감을 느낄 필요가 없다는 바로 그 점에서 단순한 시사문학의 경향성들(Tendenzen)과 구분된다." Georg Lukács, "Solschenizyns Romane", p.32.

28 같은 곳.

29 같은 곳.

30 물론 문제의 제기와 문제의 해결을 반드시 양단할 필요는 없을 것이
    다. 문제제기 자체가 올바르다면—만약 작품이 그에 대한 해답을 제
    시할 경우—해답도 올바로 제시될 가능성이 크다. 하지만 작품이 제
    시하는 해답 내지 대안이 문제제기와 유기적으로 연결되지 않을 수도
    있다. 해답이나 대안은 특히 작가의 의식적 입장이나 인식이 직접적으
    로 표출될 가능성이 가장 큰 대목으로, 이를 통해 작품 내적 균열 내
    지 모순이 발생할 수도 있다. 1930년대 후반기에 루카치가 장편소설
    과 관련하여 부각시켰던 '리얼리즘의 승리' 명제도 이 문제와 관련해
    서 읽을 수 있다.

31 신영복, 「결국은 휴머니즘인가. 전환기적 전망으로서의 휴머니즘」,
    〈중앙일보〉, 1999년 1월 29일.

32 프레드릭 제임슨, 『정치적 무의식—사회적으로 상징적인 행위로서의
    서사』, 63면.

33 같은 책, 65면.

34 '전망(Perpektive)'은 그것이 아직 '실재'가 아니기 때문에 전망이지만,
    그렇다고 '유토피아'나 '꿈' 같은 것은 아니다. 그것은 객관적인 사회
    적 발전의 필연적 귀결로서의 미래적 상태. 현실 속에는 그것의 현
    실화로 향한 경향이 존재한다. 그것은 '객관적'으로 '필연적'이지만 결
    코 '숙명론적' 의미에서 그런 것은 아니다. 그것이 숙명론적이라면 결
    코 전망이 아니다. 이러한 전망 개념에 대한 루카치의 규정에 대해서
    는 졸저, 『게오르크 루카치—과거와 미래를 잇는 다리』, 153면 이하
    참조(단, 그곳에서 다루어진 루카치의 '전망' 규정은 문학작품에서 구
    현되는 전망 문제와 관련된 것이기 때문에 전망 일반에 대한 규정과
    는 다소 차이가 있다는 점에 유의할 필요가 있다). 덧붙이지만, 공산
    주의 전망('전망으로서의 공산주의')은 과거와 현재의 역사에서 도출
    가능한 최고의 기대지평으로서 현재의 인간 행위에 '규제적(regulativ)'
    으로 작용할 수 있지만 그렇다고 해서 전혀 '구성적(konstitutiv)'이지
    않은 것도 아니기 때문에, 또 현실화될 수 있고 현실화되어야 할 미래
    적 상태로 설정되는 것이기 때문에, 엄밀한 의미에서의 '규제적 이념'
    과는 다르다(따라서, 공산주의를 '유토피아'와 연관시키는 에른스트
    블로흐(E. Bloch)나 '규제적 이념'으로 파악하는 가라타니 고진의 공
    산주의관과 루카치의 공산주의관 사이에는 차이가 있다). '전망으로
    서의 공산주의'는 현재의 상황과 운동을 분석하고 판단하며 평가할
    때 일종의 '내재적 척도'로서 작용하며 운동이 나아갈 방향을 잡아주
    는 역할을 한다. 그것은 "['당위적 상태'나 '이상'이 아니라] 현재의 상

태를 지양하는 현실적[진정한] 운동"(K. 마르크스)으로서 구현되는바,
그러한 '운동으로서의 공산주의'는 현재 존재하고 있는 상황 및 역관
계와 매개되지 않은 잘못된 급진주의[근본주의]나 현재의 상황을 추
수하는 잘못된 점진주의(또는 단계론) 양쪽 모두와 달리, 공산주의로
향한 주·객관적인 힘을 강화해가는 방향에서 현재의 모순을 극복해
가는 운동이다. 루카치의 텍스트에서 우리는 '공산주의'라는 말이 이
렇게 다의적으로, 즉 현실에 내재하는 경향의 필연적 귀결로서의 '미
래 사회의 상태' 또는 그 사회의 '속성'("자유의 나라"), '이념'이나 '관
점'이라고 바꿔 말할 수도 있을 '전망', 진정한 '운동' 등등 여러 차원
에서 사용되고 있는 것을 볼 수 있다. 루카치의 공산주의 개념에 대한
더 구체적인 고찰은 차후의 과제로 남겨둔다.

35 Werner Jung, *Georg Lukács*, Stuttgart: Metzler, 1989, p.143.

36 '휴머니즘' 비판은 니체 이래 서구 현대사상사에서는 오히려 '주류'
    가 된 모양새다. 이와 관련해서는 니체, 하이데거, 푸코, 데리다, 들뢰
    즈, 리오타르 등으로 이어지는 서구 '반휴머니즘' 사상의 계보를 전투
    적으로 공격하는 머레이 북친의 논쟁적인 저작 『휴머니즘의 옹호―반
    인간주의, 신비주의, 원시주의를 넘어서』(구승회 옮김, 민음사, 2002),
    272-322면 참조. 한편, 들뢰즈 사상의 영향 아래 씌어진 『제국』(안토
    니오 네그리·마이클 하트 지음, 윤수종 옮김, 이학사, 2001)의 저자
    들은 푸코 사상을 "〈인간〉의 죽음 이후의 인본주의[휴머니즘]", "반인
    본주의적인(혹은 탈인간적인) 인본주의[휴머니즘]"(137면)로 평가한
    다. 이런 시각에서 보면 니체, 푸코, 들뢰즈 등의 '반휴머니즘'은 전래
    의 휴머니즘보다 오히려 더 근본적으로 '휴머니즘'적인 것으로 재해석
    될 수도 있다.

37 이에 관한 소략한 설명으로는 『게오르크 루카치―과거와 미래를 잇
    는 다리』, 191-202면 참조.

38 게오르크 루카치, 「인간의 사유와 행위의 존재론적 기초」, 『게오르크
    루카치―과거와 미래를 잇는 다리』, 255면.

39 루카치가 제시한 마르크스주의 존재론에서 '실천'과 '노동'이 어떻게
    파악되고 있는지, "자연적 한계들의 후퇴"라는 마르크스의 말이 어떻
    게 해석되고 있는지 등에 대해서는 이 책에 실린 「루카치의 마르크스
    주의 존재론의 발생사와 근본요소」 4장과 5장 참조.

40 "침묵하는"은 "stumm"을 옮긴 것이다. 한데 엄밀한 의미에서 '침묵
    (Schweigen)'은 '무언(無言, Stummheit)'과 구별된다. "침묵은 말을 할

수 있는 여건에서 말을 의지적으로 하지 않는 것이라면, 무언은 (…) 말과 언어로써 표현될 수 없는 사정과 연관"(『독일 비애극의 원천』, 336면, 옮긴이 미주 23)되거나 말과 언어가 부재하는 상황과 관계가 있다. 따라서 '침묵하는'보다는 '말없는'이나 '무언의'로 옮기는 것이 보다 정확한 번역이겠지만, 여기에서는 널리 퍼져 있는 번역을 따른다.

41 '인간 유', 인간의 '유적 성질'이라는 루카치의 개념은 본문에서 거론한 마르크스의 『경제학-철학 수고』, 그리고 특히 「포이어바흐에 관한 테제」 중 "인간의 본질은 그 현실에 있어 사회적 관계들의 앙상블"이라는 유명한 규정이 나오는 제6번 테제에 의거해서 이해할 수 있다면, "즉자적인 유적 성질"과 "대자적인 유적 성질"은 『철학의 빈곤』에서 마르크스가 사용한 "대자적 계급"이라는 표현을 연상시킨다. 거기에서 마르크스는 노동자 대중을 "자본에 대해서 (…) 하나의 계급"인 단계와 투쟁 속에서 스스로를 "대자적 계급으로 구성"한 단계로 양분해서 파악하고 있다. 인용한 곳은 『칼 맑스 · 프리드리히 엥겔스 저작 선집 제1권』(김세균 감수, 최인호 외 옮김, 박종철출판사, 1997(7쇄))에 수록된 『철학의 빈곤』, 295면.

42 G. 루카치, 「삶으로서의 사유」, 『게오르크 루카치—마르크스로 가는 길』, 김경식 · 오길영 편역, 솔, 1994, 297면(표현 일부 수정).

43 알랭 바디우, 『사도 바울—'제국'에 맞서는 보편주의 윤리를 찾아서』, 현성환 옮김, 새물결, 2008, 25면. 자본주의에서 이루어지는 "추상적 동질화"를 루카치는 이미 『역사와 계급의식』에서 '사물화=합리화' 명제를 통해 규명한 바 있다.

44 이러한 측면을 바디우(A. Badiou)도 지적하고 있다. 그에 따르면 자본의 지구적 확장 과정은 유기적으로 뒤얽힌 두 과정이 동시에 작동하는 것인데, 한편에는 "계산될 수 있는 것, 무엇보다도 계산의 계산인 자본의 자유로운 순환"으로서 "추상적 동질화"의 과정이, 다른 한편에는 "폐쇄적 정체성들로의 파편화 과정"이 존재한다. 현재 만연한 "문화주의적이고 상대주의적인 이데올로기"는 이러한 "파편화 과정에 동반"되는 것이다. 앞의 책, 25면.

45 루카치의 용어체계에서 '규정'은 '정의[결정]'와 대비되는 말이다. 외연적 · 내포적으로 무한한 대상에 비하면 필연적으로 부분적일 수밖에 없는 사유의 산물을 최종적인 것인 양 고정시키는 것이 '정의의 방법(Methode der Definitionen)'이라면, 사고에 의한 파악은 항상 불완전

하며, 따라서 언제나 잠정적이고 보완을 필요로 하는 것임을 자인하는 것이 '규정의 방법(Methode der Bestimmungen)'이다(11:30). 이러한 '규정의 방법'은 어떠한 이론적 성과이든 그것은 항상 과정적이고 부분적이며 역사에 열려 있는 것임을 함의한다.

46 Oskar Negt, "Marxismus als Legitimationswissenschaft. Zur Genese der stalinistischen Philosophie", *Nikolai Bucharin/Abram Deborin. Kontroversen über dialektischen und mechanistischen Materialismus*, Einleitung v. Oskar Negt, Frankfurt am Main: Suhrkamp, 1974, pp.7-48. 이 글의 요지에 대해서는 『게오르크 루카치—과거와 미래를 잇는 다리』 96면 참조.

47 이에 관해서는 이 책에 실린 「루카치의 삶과 사상에 대한 단장들」 중 "루카치의 주요작품" 참조.

48 게오르크 루카치, 「인간의 사유와 행위의 존재론적 기초」, 271면.

49 미적 반영의 인간중심적·인간연관적인 특성을 표현하기 위해 루카치는 'antropomorphisieren'의 현재분사형인 'antropomorphisierend'를 사용한다. 이 단어와 연관된 'Antropomorphismus'가 신학이나 철학 텍스트에서 '신인동형동성론(神人同形同性論)'으로 옮겨지는 것을 볼 수 있는데, 신이란 인간이 자기 자신의 '실체' 내지 '본질'을 환영적으로 투사하여 경배의 대상으로 만든 것이기 때문에 결국 인간과 '동형동성'이라는 뜻을 그 단어가 담고 있다고 생각했기 때문에 그런 번역이 이루어졌을 것으로 짐작된다. 루카치는 이 단어를 미적 반영과 관련하여 사용하는데, 예술작품은—신이 그렇듯이—인간의 형성물(Gebilde)이라는 것, 그리고 예술작품에는 인간의 '실체'(우리가 앞서 인간의 '근원적 욕구'라 한 것이 그것인데)가 투영되어 있다는 것, 나아가 예술작품에는 인간의 주체성이 관철되고 그것의 모든 구성요소는 인간과 유의미한 관계 속에 있다는 것 등을 나타내는 데 이 단어가 적합하다고 생각했기 때문이 아닐까 싶다. 이런 식으로 이 단어가 미적 반영의 '인간중심적·인간연관적인' 특성을 표현한다고 보았기 때문에 나는 '신인동형동성론적'이라거나 '인간형태적'이라는 기존의 번역어 대신 '인간연관적' '인간연관화하는' 등으로 옮겼다는 것을 밝혀 둔다. '인간중심적'이라고 옮길 수도 있겠으나, 루카치의 미학 텍스트에는 정확하게 '인간중심적'이라고 옮길 수 있는 'antropozentrisch'라는 단어가 따로 사용되고 있기 때문에 이 단어와 다른 번역어가 필요했다.

50 Nicolas Tertulian, "Die Lukácssche Ästhetik. Ihre Kritiker, ihre Gegner",

Zur späten Ästhetik von Georg Lukács. Beiträge des Symposiums vom 25. bis 27. März 1987 in Bremen, ed. G. Pasternack, Frankfurt am Main: Vervuert, 1990, p.29.

51 Nicolas Tertulian, "Mimesis und Selbstbewußtsein", *Philosopie und Poesie. Ottp Pöggeler zum 60. Geburtstag*, ed. A. Gethmann-Siefert, Stuttgart-Bad Cannstatt: Frommann-Holzboog, 1988, p.403.

52 게오르크 루카치, 「인간의 사유와 행위의 존재론적 기초」, 270면("자유의 왕국"으로 옮긴 것을 "자유의 나라"로 바꿈).

53 1960년대에 들어와 루카치는 당시의 세계사적 상황을 총괄하는 표현으로 "조작의 시대"라는 말을 빈번히 사용한다. 이와 관련해서는 이 책에 실린 「루카치의 마르크스주의 존재론의 발생사와 근본요소」 제 3장 참조.

54 *Gespräch mit Georg Lukács*, ed. Theo Pinkus, Reinbek bei Hamburg: Rowohlt, 1967, pp.48-49.

55 백낙청, 「문학적인 것과 인간적인 것」, 『민족문학과 세계문학I』, 창작과비평사, 1978, 103면.

56 이와 마찬가지로 루카치가 문학비평에서 '인식'을 말할 때도 문제는 언제나 작품에서 구현된 인식, 창작과정에서 작가가 이룩한 인식이지 작품 이전에 작가가 지니고 있는 인식이 아니다. 루카치에게는 문학 바깥에서 가져온 과학적 인식, 고도로 의식적인 이론적 인식이 아니라, 의식적으로든 직접적·직관적으로든 문학의 창작과정에서 이루어지는, 창작에서 구현된 인식이 문제일 뿐이다. 루카치는 예술적 인식의 이러한 성격을 분명히 하기 위해 "추상적·과학적인 사회적 분석의 의미에서의" 인식이 아니라 "형상화하는 예술가로서"의 앎, "창조적인 리얼리스트의 의미에서"(4:321)의 인식이라고 명토 박고 있다.

57 옛 동독의 연구자 구드룬 클라트(Gudrun Klatt)에 따르면 「독일 당대문학에서의 리얼리즘」("Der Realismus in der deutschen Gegenwartsliteratur", 『문학비평가』, 1934년 6월)에서 처음으로 미학적 구상과 역사철학적 근본입장, 그리고 반파시즘 투쟁의 정치 전략이 집중된 지점으로서 '리얼리즘'이라는 평가범주가 확립되었다. 이에 관해서는 G. Klatt, *Vom Umgang mit der Moderne*, Berlin: Akademie, 1984. pp.51-61 참조.

58 Gerhard Pasternack, *Georg Lukács. Späte Ästhetik und Literaturtheorie*,

Frankfurt am Main: Anton Hein, 1986(2. Auflage), 1986, p.69.

59   Thomas Metscher, "Mimesis und künstlerische Wahrheit", ed. G. Pasternack, *Zur späten Ästetik von Georg Lukács*, p.127.

60   주 58의 책, p.66.

Ⅴ. 루카치의 마르크스주의 존재론의 발생사와 근본요소

1   *Ernst Bloch Briefe 1903~1975 erster Band*, eds. K. Bloch et al., Frankfurt am Main: Suhrkamp, 1985, pp.207-208.

2   헝가리어판은 1980년에 나왔고 이를 독일어로 옮긴 책은 1981년에 출판되었다. *Georg Lukács. Gelebtes Denken. Eine Autobiographie im Dialog*, Frankfurt am Main: Suhrkamp, 1981. 『게오르크 루카치―마르크스로 가는 길』(김경식 · 오길영 편역, 솔, 1994)은 이 책의 번역을 포함하고 있다.

3   Georg Lukács, *Prolegomena zur Ontologie des gesellschaftlichen Seins*, in: *Georg Lukács Werke, Bd. 13, Prolegomena. Zur Ontologie des gesellschaftlichen Seins*, Darmstadt · Neuwied: Luchterhand, 1984. 국역본 『사회적 존재의 존재론을 위한 프롤레고메나』(김경식 · 안소현 옮김, 나남, 2017)에는 독일어 원본의 면수가 병기되어 있으니 참조하기 바란다.

4   이 글들은 1994년에 공간되었다. *Georg Lukács. Versuche zu einer Ethik*, ed. G. I. Mezei, Budapest: Akadémiai Kiadó, 1994.

5   Agnes Heller, "Der Schulgründer", *Objektive Möglichkeit. Beiträge zu Georg Lukács' "Zur Ontologie des gesellschaftlichen Seins"*, eds. R. Dannemann and W. Jung, Opladen: Westdeutscher Verlag, 1995, p.125.

6   István Eörsi, "Gelebtes Sterben", *Revolutionäres Denken: Georg Lukács. Eine Einführung in Leben und Werk*, ed. F. Benseler, Darmstadt · Neuwied: Luchterhand, 1984. p.59.

7   A. Heller, "Der Schulgründer", p.125.

8   1965년 4월 26일 에른스트 피셔(E. Fischer)에게 보낸 편지 중에서. Werner Jung, *Georg Lukács*, Stuttgart: Metzler, 1989, p.141에서 재인용.

9   같은 책, p.143.

10 『미적인 것의 고유성』은 『게오르크 루카치 저작집』 제11권과 제12권 두 권으로 1963년에 출판되었다. 참고로 말하자면, 『루카치 미학』(이주영·임홍배·반성완 옮김, 미술문화, 2000~2002)은 이 책에서 미메시스와 관련된 부분을 발췌해서 단행본으로 따로 낸 책을 우리말로 옮긴 것이다.

11 István Hermann, *Georg Lukács. Sein Leben und Wirken*, Wien · Köln · Graz · Böhlau: Hermann Böhlaus Nachf., 1986, p.201.

12 Werner Jung, 앞의 책, p.141에서 재인용.

13 1915년 3월 파울 에른스트(P. Ernst)에게 보낸 편지에서 루카치는 도스토옙스키론을 처음 언급하는데, 거기에는 다음과 같은 구절이 있다. "이제야 마침내 나의 새 책, 도스토옙스키를 다루는 책에 착수합니다.(미학은 일시적으로 중단상태에 있습니다.) 한데 그것은 도스토옙스키보다 훨씬 더 많은 것을 포함하게 될 것입니다. 나의—형이상학적 윤리학과 역사철학 따위의 많은 부분을 말입니다." *Georg Lukács: Briefwechsel 1902~1917*, eds. Éva Karádi and Éva Fekete, Stuttgart: Metzler, 1982, p.345. 『소설의 이론』과 도스토옙스키론의 관계에 관해서는 졸고(拙稿), 「『소설의 이론』을 읽기 위하여」(게오르크 루카치, 『소설의 이론』, 김경식 옮김, 문예출판사, 2007) 중 261-272면 참조.

14 아그네스 헬러는 미학이 제1부로 중단된 것은 루카치가 "소위 '변증법적' 유물론과 '역사적' 유물론의 이분화를 아무런 성찰 없이 받아들인" 탓에 제2부의 집필이 불가능해졌기 때문이라고 한다. A. Heller, "Die Philosopie des alten Lukács", *Georg Lukács—Jenseits der Polemiken. Beiträge zur Rekonstruktion seiner Philosophie*, ed. R. Dannemann, Frankfurt am Main: Sendler, 1986, p.139. 이와 관련해서는 졸저(拙著), 『게오르크 루카치—과거와 미래를 잇는 다리』, 한울, 2000, 186-187면 참조.

15 첫 문장은 다음과 같다. "별이 총총한 하늘이 갈 수 있고 또 가야만 하는 길들의 지도인 시대, 별빛이 그 길들을 훤히 밝혀주는 시대는 복되도다." 『소설의 이론』, 27면.

16 G. Lukács, *Die Seele und die Formen*, Neuwied · Berlin: Luchterhand, 1971, p.69.

17 Erich Hahn, "Das Ideologieproblem in der 'Ontologie des gesellschaftlichen

Seins'", *Georg Lukács. Kritik der unreinen Vernunft*, eds. Ch. J. Bauer, B. Caspers and W. Jung, Disburg: Universitätsverlag Rhein-Ruhr OHG, 2010, p.151.

18 W. Jung, 앞의 책, p.141에서 재인용.

19 1960년 12월 루카치가 여동생에게 보낸 편지에 나오는 표현인데, 앞의 책, 같은 곳에서 재인용.

20 『미적인 것의 고유성』을 고인이 된 아내에게 바치면서 적은 헌사의 한 대목.

21 G. 루카치, 「삶으로시의 사유」, 『게오르크 루카치―마르크스로 가는 길』, 283면(표현 일부 수정).

22 이르머 셰이들레르와 관련해서는 이 책에 실린 「루카치의 삶과 사상에 대한 단장들」 중 '루카치와 여인' 참조.

23 A. Heller, "Der Schulgründer", p.117.

24 F. Benseler, "Nachwort", *Georg Lukács Werke, Bd.14, Zur Ontologie des gesellschaftlichen Seins, 2. Halbband*, Darmstadt · Neuwied: Luchterhand, 1986, p.732.

25 G. 루카치, 「삶으로서의 사유―게오르크 루카치와의 대담」, 『게오르크 루카치―마르크스로 가는 길』, 249면(표현 일부 수정).

26 이상의 인용은 Vittoria Franco, "Ontologie, Ethik und Erneuerung des Marxismus bei Georg Lukács", *Verdinglichung und Utophie. Ernst Bloch und Georg Lukács zum 100. Geburtstag. Beiträge des internationalen Kolloquiums in Paris, März 1985*, eds. A. Münster, M. Löwy and N. Tertulian, Frankfurt am Main: Sendler, 1987, p.116.

27 같은 글, p.117.

28 F. Benseler, "Nachwort", p.736에서 재인용.

29 루카치의 "정치적 유언"이라 불리는 이 글이 공개된 것은 한참 뒤였다. 헝가리에서는 『민주화의 오늘과 내일』(*Demokratisierung heute und morgen*)이라는 제목으로 1985년에, 옛 서독에서는 『사회주의와 민주화』(*Sozialismus und Demokratisierung*)라는 제목으로 1987년에 출간되었다.

30 이상의 내용은 F. Fehér, A. Heller, G. Márkus, M. Vajda, "Einführung

zu den 'Aufzeichnungen für Genossen Lukács zur Ontologie'", *Georg Lukács—Jenseits der Polemiken*, pp.209-231 참조.

31 Nicolas Tertulian, "Gedanken zur Ontologie des gesellschaftlichen Seins, angefangen bei den Prolegomena", *Objektive Möglichkeit*, p.149.

32 『프롤레고메나』에서 그들은 루카치의 입장이 전혀 바뀌지 않았음을 확인하게 되며 결국 루카치와는 다른 이론적 길을 가게 된다. "마르크스주의의 르네상스"를 위해 루카치와 함께 이른바 "부다페스트 학파"를 만들었던 그들은 루카치 사후 몇 년 뒤 마르크스주의 자체에서도 벗어나게 된다. "부다페스트 학파"의 일원이었던 버이더(M. Vajda)가 1976년에 "자본주의는 극복될 수 없으며 사회주의는 망상이며 마르크스주의도 마찬가지"라고 천명함으로써 "부다페스트 학파"는 완전한 종말을 맞이했다. 마르크스주의가 존재하지 않는다면 "마르크스주의의 르네상스"도 있을 수 없는 법, 따라서 "부다페스트 학파"가 존립해야 할 이유가 없어진 것이다. 인용한 곳은 Simin Tormey, "Gespräch mit Ágnes Heller", *Sinn und Form*, 52, März/April 2000, p.236.

33 앞서 소개한 「"루카치 동지를 위한 '존재론'에 관한 메모" 입문」에는 "1970년 초"(212)라고 적혀 있는데, 우리가 이 글 모두(冒頭)에서 인용한 블로흐에게 보낸 편지나 앞뒤 정황을 고려할 때 이것은 실수나 오식으로 보인다.

34 F. Benseler, "Nachwort", pp.737-738에서 재인용.

35 W. Jung, 앞의 책, p.5에서 재인용.

36 G. Lukács, "Zur Debatte zwischen China und der Sowjetunion. Theoretisch-philosophische Bemerkungen", *Georg Lukács. Schriften zur Ideologie und Politik*, Ausgewählt und eingeleitet von Peter Ludz, Darmstadt · Neuwied: Luchterhand, 1973, p.705.

37 쥬어캄프 출판사에서 나온 『삶으로서의 사유』 편자 서문 「마지막 남긴 말의 권리」에서 이슈트반 외르시는 바르샤바 조약군이 프라하로 진격한 지 얼마 지나지 않았던 1968년 가을에 루카치가 '1917년에 시작했던 실험 전체가 실패한 것 같다. 전체가 다른 때에 다른 곳에서 시작되어야 한다'고 하는 말을 들었다고 한다. 하지만 루카치는 이 말을 두 번 다시 되풀이하지 않았으며 기록한 적도 없다. 이슈트반 외르시, 「마지막 남긴 말의 권리」, 『게오르크 루카치―맑스로 가는 길』, 23면.

38 G. 루카치, 「삶으로서의 사유」, 296면(표현 일부 수정).

39 이에 관한 간략한 소개로는 『게오르크 루카치—과거와 미래를 잇는 다리』, 212-219면 참조.

40 Bernie Taft, "Testament of Georg Lukács", *Australian Left Review*, September 1971, pp.46-47. 이 글은 오스트레일리아 공산당(CPA)의 일원이었던 버니 태프트가 바르샤바 조약군의 체코 침공 6주 후인 1968년 10월 3일 부다페스트에서 루카치과 가졌던 대담을 정리한 글이다.

41 G. Lukács, "Zur Debatte zwischen China und der Sowjetunion … ", p.705.

42 *Gespräch mit Georg Lukács*, ed. Theo Pinkus, Reinbek bei Hamburg: Rowohlt, 1967, p.42. 이 책은 전체 3부로 구성되어 있는데 이 가운데 제1부는 『게오르크 루카치—과거와 미래를 잇는 다리』에 「존재론과 미학, 미학과 존재론」이라는 제목으로 번역되어 있다.

43 Georg Lukács, "Erst Demokratie, dann Wirtschaftsreform", *Neues Forvm*, Heft 195/2, Mitte März 1970, pp.227-228.

44 Fredric R. Jameson, "Spätkapitalismus als Problematik des real existierenden Marxismus", *Das Argument*, 194, 1992, p.522.

45 G. 루카치, 「인간의 사유와 행위의 존재론적 기초」, 『게오르크 루카치—과거와 미래를 잇는 다리』, 249면.

46 루카치의 논의에서 "신실증주의"는 20세기로 넘어오는 세기 전환기에 부상한 "새로운 성질의 실증주의"로서, 좁게는 『논리학-철학 논고』의 초기 비트겐슈타인(L. Wittgenstein)과 카르납(R. Carnap)이 대표하는 "논리실증주의"를 가리키는 말로 사용된다. 하지만 넓은 맥락에서 보자면 아베나리우스(R. Abenarius)와 마흐(E. Mach)의 "경험비판론", 제임스(W. James)의 "실용주의", 푸앵카레(Jules-Henri Poincaré)의 "규약주의" 등등도 이와 연관된 철학적 경향이라 할 수 있다(13:341).

47 루카치가 20세기 말까지 살았더라면 아마도 "포스트 모더니즘"의 철학적 조류들—지금은 거의 쇠퇴해버린—에서 신실증주의가 더욱더 극단화된 것을 읽었을 것이다.

48 이와 관련해 루카치가 자주 거론하는 예가 있다. 누군가가 교차로에서 길을 건너갈 때 설사 그 사람이 일체의 현실을 부인하는 아주 완강한 신실증주의자라 하더라도, 달려오는 실재의 자동차가 자신을 실제

로 칠 수 있다고 확신하지, 자신의 표상이 자동차의 표상에 의해, 혹은 자기 실존의 어떤 수학적 공식이 자동차의 수학적 함수에 의해 치이게 된다고는 생각지 않을 것이라는—루카치 스스로 인정하고 있듯이—"아주 지독하게 단순한 예"가 그것이다. 이를 통해 루카치가 말하고자 하는 것은, "생활에서는 항상 여러 가지 존재형식들이 교통(交通)하며, 존재형식들의 이러한 연관관계가 우선적인 것"이라는 사실이다. 이렇게 일상생활에서는 존재론적인 문제들이 강력하게 제기된다. 이상은 G. 루카치, 「존재론과 미학, 미학과 존재론」, 『게오르크 루카치—과거와 미래를 잇는 다리』, 273면 참조. 『프롤레고메나』 11면에도 같은 예가 나온다.

49 참고로 말하자면, 신영복이 '존재론'이라는 말로 표상하는 것이 이런 것이다. 그는 "21세기와 새로운 천년의 과제는 존재론을 관계론으로 바꾸는 작업"(신영복, 「존재론으로부터 관계론으로」(경주엑스포국제학술대회 기조강연 1998.11.5))이라고 주장한다. 이때 그가 생각하는 "존재론적 구성 원리"는 "개별적 존재를 세계의 기본 단위로 인식하고 그 개별적 존재에 실체성(實體性)을 부여하는 것"(신영복, 『강의. 나의 동양고전 독법』, 돌베개, 2004, 23면)이다. "유럽 근대사의 구성 원리는 근본에 있어서 [이러한-인용자] '존재론'임에 비하여 동양의 사회 구성 원리는 '관계론'"(23면)이라고 그는 단언하는데, 그의 말대로 "개별적 존재란 현실적으로 존재하지 않는 관념적 존재"(「존재론으로부터 관계론으로」)라고 하더라도 그처럼 존재 개념 자체를 기각할 것이 아니라 존재를 관계로서 존재하는 것('관계로서의 존재')으로 보는 '관계론으로서의 존재론'을 구상할 수도 있을 것이다. 루카치의 존재론처럼 말이다. 어쨌든 '존재론'과 '관계론'을 대립적인 방법과 사고로 놓는 그의 용어법 자체는 우리나라에서 그동안 '존재론'이라는 말이 주로 어떤 식으로 통용되어왔는지를 방증한다 하겠다.

50 「인간의 사유와 행위의 존재론적 기초」, 249면. 앞에서 소개한 『민주화의 오늘과 내일』의 집필에 집중하기 위해 그는 오스트리아의 빈에서 열린 제14차 국제 철학대회에 참석하지 않았다.

51 루카치 또한 블로흐를 마르크스주의자로 보지 않았다. 앞서 소개한 버니 태프트와의 대담에서 루카치는 다음과 같이 말하고 있다. "마르쿠제(H. Marcuse)와 블로흐는 유토피언이다. 나는 마르크스주의자다." 말이 나온 김에 덧붙이자면, 초기 트로츠키주의자의 대표적 인물인 아이작 도이처(Isaac Deutscher)에 대해서는 다음과 같이 말한다. "아이작 도이처는 매우 지적인 사람이지만 몹시 편파적으로 트로

츠키를 지지한다. 그는 레닌과 트로츠키 사이의 관계들을 왜곡한다." Bernie Taft, "Testament of Georg Lukács", p.46.

52 루이 알튀세르, 『철학에 대하여』, 서관모 · 백승욱 옮김, 동문선, 1997. 2002(2쇄), 205면.

53 앞의 책, 209면.

54 F. Benseler, "Nachwort", p.744에서 재인용.

55 N. Tertulian, "Ontologie des gesellschaftlichen Seins", *Kritisches Wörterbuch des Marxismus*, Bd. 5, Berlin: Argument, 1986, p.950.

56 G. 루카치, 「존재론과 미학, 미학과 존재론」, 278-279면.

57 N. Tertulian, "Ontologie des gesellschaftlichen Seins", pp.952-953; W. Jung, *Georg Lukács*, pp.11-12 참조.

58 G. 루카치, 「인간의 사유와 행위의 존재론적 기초」, 250면.

59 칼 마르크스, 『경제학-철학 수고』, 강유원 옮김, 이론과실천, 2006, 192면.

60 G. 루카치, 「인간의 사유와 행위의 존재론적 기초」, 250면.

61 같은 곳.

62 앞의 글, 266면.

63 윤종희, 「『마르크스를 위하여』」, 윤종희 · 박상현 외, 『알튀세르의 철학적 유산』, 공감, 2008, 46면.

64 베를린의 마르크스 · 레닌주의 연구소는 심지어 『경제학-철학 수고』를 『칼 마르크스-프리드리히 엥겔스-저작집』(MEW)의 본권에서 제외시켜 부록권에 포함시킬 정도였다. 마르셀로 무스토, 「마르크스 소외 개념에 대한 재논의」, 『마르크스주의 연구』, 2011년 제8권 제2호, 96면 참조.

65 G. 루카치, 「삶으로서의 사유—게오르크 루카치와의 대담」, 259면.

66 마르크스는 『독일 이데올로기』(1845년)에서 다음과 같이 말한 바 있다. "우리는 오직 하나의 과학 즉 역사의 과학만을 알고 있을 뿐이다. 역사는 두 측면에서 고찰될 수 있기 때문에 자연의 역사와 인간의 역사로 나누어질 수 있다. 이 두 측면은 인간이 존재하는 한 분리될 수 없으며, 자연의 역사와 인간의 역사는 서로를 제약한다"(MEW, 3:18).

67 G. 루카치, 「존재론과 미학, 미학과 존재론」, 278면(표현 일부 수정).

68 '사물화'는 루카치가 일찍이 『역사와 계급의식』(1923)에서 마르크스의 '상품물신숭배'에 관한 논의와 막스 베버의 '합리화'론을 독창적으로 결합하여 발전시킨 개념이다. 그 이후, 특히 1930년대에 들어와 본격적으로 개진되는 그의 마르크스주의 문학론에서는 이 개념이 명시적으로 부각되지는 않지만, 자연주의-모더니즘 비판에서 여전히 암암리에 작동하며, 그의 '리얼리즘 문학론'을 '탈(脫)사물화 문학론'으로 읽을 수 있게 한다. 이 개념은 루카치 자신보다도 아도르노(Th. Adorno)를 위시한 프랑크푸르트학파에서 더 중심적인 역할을 하게 되는데, 루카치에게는 자본주의적 '현상'이었던 '사물화'가 이들에게는 거의 '실체화'되면서 이들의 비관주의적 제스처와 조응하게 된다. 그런데 『프롤레고메나』에서 '사물화'는 자본주의적 사회체제에 특유한 현상으로 한정되지 않고 더 일반화된 개념으로 사용된다. 루카치가 『역사와 계급의식』에서 제시한 사물화 개념이 자본주의에서는 인간 노동의 산물인 상품들의 관계가 자립적인 것으로 현상하면서 인간들 사이의 관계를 은폐하고 지배한다는 기본 함의를 지닌 것이었다면, 『프롤레고메나』에서 쓰이는 사물화 개념은 본래 언제나 과정적이고 동적인 존재가 '사물'처럼 고체화된 것으로 현상하는 것을 지칭하는 말이다. 따라서 이러한 현상은 비단 자본주의에만 국한된 것이 아니게 된다. '존재론' 시기의 루카치 사유에서 '사물화'와 '소외' 등이 구체적으로 어떻게 파악되고 있는지에 대한 고찰은 차후의 과제로 남겨둔다.

69 '역사성'은 'Historizität' 또는 'Geschichtlichkeit'를 옮긴 말이며, '복합체성'은 'Komplexartigkeit' 또는 'Komplexhaftigkiet'를 옮긴 말이다. 참고로 말하자면 이 글에서 '복합체'는 'das Komplexe' 또는 'Komplex'를 옮긴 말이며, '복합성'은 'Komplexität'을 옮긴 말이다.

70 『프롤레고메나』에서 루카치는 '부정의 부정 법칙'과 '양의 질로의 전환 법칙'에 대해 비판적으로 고찰하고 있다. 전자에 대해서는 114면 이하 참조, 후자에 대해서는 140면 이하 참조.

71 *Geschichte der KPdSU*, Moskau, 1939, p.126. 『프롤레고메나』 276면에서 재인용(강조는 루카치).

72 『존재론』과 『프롤레고메나』에서 루카치는 마르크스와 엥겔스를 조심스레 구분한다. 엥겔스는 헤겔을 "유물론적으로 바로 세우기" 수준에 머무름으로써 마르크스의 헤겔 비판이 지닌 깊이에 도달하지 못했고

"마르크스가 이루었던 세계상(世界像)의 존재론적 변혁"(111)을 철저하게 전유하지 못했다는 것, 그리하여 헤겔의 '논리주의적 존재론'을 근본적으로 극복하지 못함으로써 마르크스주의 역사이론을 '유물론적' 보편주의 역사철학으로, 나아가 목적론적 역사철학으로 변질시킬 단서를 제공하고 말았다는 것이 엥겔스에 대해 루카치가 내리는 비판적 평가의 요지이다.

73 흥미롭게도 "구체적 상황의 구체적 분석"이라는 레닌의 말은 바로 루카치를 비판하는 글에서 나온 말이다. 1920년에 작성한 「공산주의」라는 제목의 글에서 레닌은, 헝가리의 공산주의자 "G. L."(게오르크 루카치)과 "B. K."(벨러 쿤)가 잡지 『공산주의』에 실은 글을 비판한다. 그 잡지가 "공산주의에서 나타나는 '좌파 급진주의'의 소아병"(153면)을 앓고 있다고 비판하면서 레닌은, 루카치가 『공산주의』 6호(1920년 3월 1일)에 발표한 「의회주의 문제에 관하여」("Zur Frage des Parlamentarismus")에 대해 다음과 같이 논평한다. "G. L.의 논설은 아주 급진적이고 아주 나쁜 논설이다. 거기에서 마르크스주의는 말로만 마르크스주의(ein Marxismus der bloßen Worte)다. (…) 매우 특정한 역사적 상황에 대한 구체적 분석이 빠져 있으며, 가장 본질적인 것이 (…) 고려되지 않은 채 있다"(153/4면). 이어서 헝가리 공산당의 지도자였던 벨러 쿤을 비판하는데, 그 과정에서 "그[벨러 쿤-인용자]는 마르크스주의의 가장 내적인 본질이자 살아있는 영혼, 즉 구체적 상황의 구체적 분석을 회피한다"(154면)고 지적한다. 인용한 곳은, W. I. Lenin, "Kommunismus"(1920), *Lenin Werke, Band 31*, Berlin/DDR: Dietz, 1978(7), pp.153-155. 인터넷 문서로는 http://theoriealspraxis. blogsport.de/andere/lenin-ueber-lukacs-und-bela-kun/ 참조.

74 루카치가 스탈린주의를 어떻게 파악하고 비판하고 있는지에 관한 보다 포괄적인 설명은 『게오르크 루카치—과거와 미래를 잇는 다리』, 130-177면 참조.

75 알랭 바디우, 『바그너는 위험한가—현대 철학과 바디우의 대결』, 김성호 옮김, 북인더갭, 2012. 35면 이하, 73면, 124면 이하 등등 참조. 이에 반해 황정아는 바디우와 유사한 방식으로 총체성 개념을 비판하고 있는 논의들을 비판적으로 재고(再考)하는 가운데 총체성 개념의 여전한 필요성을 적극적으로 논증하고 있다. 황정아, 「리얼리즘과 함께 사라진 것들—운동으로서의 '총체성'」, 『창작과비평』, 2014년 여름호, 17-32면 참조.

76 에티엔 발리바르, 『마르크스의 철학, 마르크스의 정치』, 윤소영 옮김,

문화과학사, 1995, 55면.

77 테리 이글턴(T. Eagleton) 또한 여러 총체성 개념이 있음을 지적하고
있다. 미국의 루카치 연구자와 가진 한 대담에서 이글턴은 '총체성'
이나 '변증법' 같은 용어가 어떤 확정된 의미를 가지고 있다고 전제
할 때 사람들은 그것에 반대한다거나 찬성한다는 식으로 말하게 된
다고 하면서, 실제는 이와 전혀 다르다고 한다. 실제로는 "많은 다른
총체성 개념이 있다"는 것이다. 다소 길지만 그의 말을 그대로 인용
한다. "루카치적인 개념뿐만 아니라 헤겔적인 것이 있고, 어떤 사르트
르적 총체성 개념이 있으며, 알튀세르적인 총체성 개념도 있다. 알튀
세르는 총체성에 반대하지 않는다. 그는 자신이 표현적인(expressive)
헤겔적 총체성 개념들이라고 보는 것에 반대한다. '총체성'이라는 말
은, 다시 한 번 말자하면, 정치적인 싸움터이다. 나는 최근 작품에서
계속 포스트모더니즘을 비판했는데, 그것의 차이 물신숭배(fetishism
of difference) 때문에 그랬다(포스트모더니즘에 대해 긍정적인 점들
도 말했다). 그리고 나는, 반(反)총체화하는 사유 형태들이 최근 수십
년간 발전해왔는데, 그것이 정확히 다음과 같은 역사적 시점, 즉 우리
가 하나의 총체적인 글로벌 시스템 속에서 살고 있다는 사실이 너무
나 명백한 역사적 시점에 그랬다는 것이 심히 아이러니하게 느껴진다
고 말했다. 경제, 문화, 교육 등 서로 다른 층위들 간의 상호관계들이
이보다 더 명백한 적은 없었다. 내가 관심을 갖는 것은, 왜 그런 시기
에 반총체화하는 사유형태들이 (…) 부상했는가 하는 문제이다. 그럼
에도 불구하고. 이것은 다시, 우리가 총체성으로 무엇을 의미하는지
에 달려 있다." Eva L. Corredor, *Lukács after Communism: interviews with
contemporary intellectuals*, Durham & London: Duke University Press,
1997, pp.136-137.

78 프레드릭 제임슨, 『정치적 무의식—사회적으로 상징적인 행위로서의
서사』, 이경덕 · 서강목 옮김, 민음사, 2015, 65면.

79 같은 책, 63면.

80 게오르크 루카치, 『소설의 이론』, 김경식 옮김, 문예출판사, 2007,
13-14면. 1938년에 발표한 「문제는 리얼리즘이다」("Es geht um den
Realismus")에서 루카치는 자신의 총체성 개념에는 "고전적 관념론 체
계들의 잔재"가 함유되어 있다고 비판하는 블로흐에 대해, "모든 사회
의 생산관계들은 하나의 전체를 형성한다"라는 마르크스의 주장을 빌
어 총체성 개념을 방어한다(4:316).

81 그런데 우리가 너무나 쉽게 헤겔의 총체성 개념을 '표현적 총체성'으로 간주하고 비판적으로 대하지만('총체성'이라는 용어 대신 굳이 '전체'라는 용어를 사용하는 알튀세르, "총체성과의 전쟁"을 선포한 리오타르, 우리가 위에서 거론한 알랭 바디우 등등 주로 프랑스의 현대 철학자들뿐만 아니라, 여러 총체성 개념이 있음을 말하는 테리 이글턴 또한 그러한데), 헤겔의 총체성 개념도 그렇게 단순하게 파악될 수 없다는 점 또한 지적하고 넘어갈 필요가 있다. 이와 관련해서는 총체성 개념이야말로 전체주의(Totalitarismus)와 반대되는 개념임을 역설하면서 헤겔의 총체성 개념의 현재성을 주장하고 있는 다음의 대담을 참조하라. Andreas Arndt und Domenico Losurdo, "Warum Heute Noch Hegel? Über den Charakter, die historische Rezeption und Wirkung, und die gegenwärtige Bedeutung der Hegelschen Philosophie." https://www.academia.edu/2311131/Warum Heute Noch Hegel-Interview mit Andreas Arndt und Domenico Losurdo

82 G. 루카치, 「존재론과 미학, 미학과 존재론」, 279면(번역 수정). '복합체(성)=총체(성)'이기 때문에『프롤레고메나』에서는 "총체성들로 구성된 총체성"(241)이라는 표현도 사용된다.

83 이상에 관한 구체적인 설명은『게오르크 루카치―과거와 미래를 잇는 다리』, 197-212면 참조. 한 가지 덧붙이자면, 그 책에서는 "Wenn-Dann-Notwendigkeit"를 "조건부적 필연성"으로 옮겼으나 여기에서는 "연기적(緣起的) 필연성"으로 달리 옮긴다. "조건부적 필연성"도 "연기적 필연성"과 마찬가지로 '필연성' 내지 '법칙성'이 그 외부적 조건에 기대고 있음을 분명히 드러내는 말이긴 하지만, '조건'을 나타내는 'Wenn'뿐만 'Dann'의 뜻까지 담을 수 있는 번역어로는 '연기적'이 더 적합하다고 생각했다. 마침 이진경도 "'연기적 인과성'(dependent causality)"(「외부에 의한 사유, 혹은 맑스의 유물론」,『미-래의 맑스주의』, 그린비, 2006, 45면)이라는 말을 사용하고 있으니, 학문적 소통을 위해서도 '연기적 필연성'이라고 옮기는 게 유리해 보인다.

84 루카치가 주장하는 '역사성' 및 '복합체성' 사상은 불교의 "연기적(緣起的) 세계관"을 연상시킨다. 법륜은「반야심경」을 설명하는 한 책에서 "연기의 핵심"을 "연관과 변화"라고 주장하면서 다음과 같이 적고 있다. "연기적 시각에서는 모든 존재를 '상호 의존적 연관구조'이며 '끊임없는 변화과정'으로 파악한다. 따라서 연기는 시간적 연기관으로서의 제행무상(諸行無常)과 공간적 연기관으로서의 제법무아(諸法無我)의 두 측면에서 바라본 세계관이라 할 수 있다"(법륜,『반야

심경 이야기』, 정토출판, 1991, 101면). 이를 루카치의 논설과 비교하면, "시간적 연기관"은 '역사성' 원리와, "공간적 연기관"은 '복합체성' 원리와 흡사하다. 하지만 보편적 원리 차원에서의 이러한 유사성에도 불구하고 두 논설 사이의 차이 또한 분명한데, 루카치가 제안하는 마르크스주의 존재론에서는 법륜이 말하는 연기관에 비해 세 가지 존재양식 사이의, 특히 두 자연적 존재양식과 사회적 존재양식 사이의 '질적 차이'가 더욱더 선명하게 부각된다.

85 이에 관해서는 Jindrich Zeleny, "Probleme der Materialistischen Dialektik beim späten Lukács", *Lukács-Aktuell*, ed. László Sziklai, Budapest: Akadémiai Kiadó, 1989. p.456 참조. 스피노자는 『에티카』의 정리(定理) 29에서 "사물들의 본성에서 어떤 것도 우연적인 것은 없다. 오히려 모든 것은 신적 본성의 필연성에 의해 어떤 식으로 실존하고 작용하도록 규정되어 있다"(B. 스피노자, 『에티카』, 강영계 옮김, 서광사, 1990, 46-47면, 번역 일부 수정)고 한다. 이 구절을 루카치는 스피노자가 "필연성을 절대화"함으로써 "우연의 객관적·존재적인 존재가능성 일반을 부인"하고 있다고 읽는다(150).

86 칼 맑스, 『정치경제학 비판 요강 I』, 김호균 옮김, 백의, 2000, 76면(번역 일부 수정).

87 안토니오 네그리·마이클 하트, 『공통체』, 정남영·윤영관 옮김, 사월의책, 2014, 135면. 네그리와 하트에게는 이 문장에서 부정관사 "ein"은 특별한 의미가 없다. 그래서 우리말로 옮긴이들도 이 문장을 "인간의 해부는 원숭이 해부의 열쇠를 품고 있다"고 옮기고 있는데, 루카치의 주장에 따르면 "인간의 해부는 원숭이 해부의 **한** 열쇠를 품고 있다"고 옮겨야 할 것이다.

88 이와 관련해서는, 카를 마르크스, 『자본 I-2』, 강신준 옮김, 길, 2008, 707면 참조.

89 첫 번째 테제에서 마르크스는 "지금까지의 모든 유물론(포이어바흐의 유물론을 포함하여)의 주요 결함은 대상, 현실, 감성이 **객관이나 직관**의 형식에서만 파악되고 있다는 것, 그러나 인간의 **감성적 활동, 실천**으로 주체적으로 파악되지 않는다는 것이다"라고 적고 있다. 심지어 포이어바흐의 경우 "실천은 그 추잡한 유대인적 현상 형식에서 파악되고 고정될 뿐"이라고까지 말한다. 인용한 곳은 『루트비히 포이어바흐와 독일 고전철학의 종말』(프리드리히 엥겔스 지음, 강유원 옮김, 이론과실천, 2008)에 수록된 「포이어바흐에 관한 테제」, 85면.

90 여기에서는 '실천'이 존재론적인 중심적 위치를 차지하는 존재형식과 그렇지 않은 존재형식을 구분하는 데 초점이 놓여 있기 때문에 사회현상과 자연과정들을 대비시켰지만, 엄밀히 말하면 사회뿐만 아니라 자연에서도 불가역적 과정들은 경향들일 뿐이다. 따라서 '자연과학적 법칙'이라 하더라도 실제로는 '경제의 법칙성'과 마찬가지로 '경향'으로서 관철된다. 하지만 자연, 특히 무기적 자연에서 관찰되는 법칙은 '절대적 필연성'으로 봐도 무방할 정도로 확률(Wahrscheinlichkeit, 개연성)이 높기 때문에 사회영역과 자연영역에서 관철되는 법칙성의 '차이' 또한 무시해서는 안 된다. 그럼에도 불구하고 사회뿐만 아니라 자연에도 "무조건적, 절대적 필연성"이란 없다는 것이 루카치의 기본 입장이다. 따라서 그 "절대적 필연성을 통해 작동하는 인과성"으로 설정된 "고전적인 의미에서의 인과적 성격"(99)은 객관적 현실에 근거한 것이 아니라 관념으로 고안된 것일 따름이다. 루카치에 따르면 존재적으로 필연성은 언제나 특정한 전제조건에 결부되어 있는 "연기적 필연성"으로서, 이 "연기적 필연성"은 "우리에게는 필연적인 것으로 현상하지만 실제로는 아주 높은 확률의 경향들일 뿐"(104)이다. 루카치는 현대과학에서 "'고전적인' 인과적 방법과 대립하는 (…) 통계학적 방법"이 점점 더 지배적으로 되어가고 있다고 보며, 이를 "불가역적 과정들의 단지 경향적인 성격이 적어도 헤게모니를 잡아가는 도정에 있음을 말해주는 징후"라고 한다(99).

91 Erich Hahn, "Lukács' Ontologie und die Renaissance des Marxismus", *"Bei mir ist jede Sache Fortsetzung von etwas." Georg Lukács Werk und Wirkung*, eds. Christoph J. Bauer et al., Duisburg: Universitätsverlag Rhein-Ruhr OHG, p.149.

92 이러한 고찰방식은 이른바 "발생론적 방법(die genetische Methode)"이 적용된 것으로 볼 수 있다. 1966년에 있었던 한 대담에서 루카치는 마르크스주의 존재론이 도대체 존재할 수 있는지를 묻는 질문에 답하면서 "발생론적 방법"을 말한 적이 있다. 마르크스주의 존재론은 예컨대 칸트의 인식론처럼 삶의 각각의 현상형식을 그 최고의 객관화 형식들에서 파악한 뒤 더 낮은 형식들로 되돌아가는 방법이 아니라 이와는 정반대의 방향으로 이루어지는 방법, 즉 한층 단순한 형식에서 더 복잡한 형식으로 '상승'하는 "발생론적 방법"을 취한다는 것이다. 그리하여 "우리는 관계들을 그 시원적 현상형식들에서 연구하려고 시도해야 하며, 어떠한 조건들하에서 이러한 현상형식들이 점점 더 복잡해지고 점점 더 매개적으로 될 수 있는지 인식하려고 해야 합니다." 이와 관련해서는 「존재론과 미학, 미학과 존재론」, 275면 이하 참조.

인용한 곳은 281면과 276면.

93 이진경, 「노동의 인간학과 미-래의 맑스주의」, 『미-래의 맑스주의』, 59면.

94 G. 루카치, 「인간의 사유와 행위의 존재론적 기초」, 262면.

95 헝가리의 루카치 연구자 이슈트반 헤르만은 이 '통일성과 차이의 통일성'("동일성과 비동일성의 동일성")이야말로 루카치의 존재론에서 변증법의 기초로 설정되어 있다고 본다(우리는 앞에서 이것을 루카치의 총체성 개념에 대한 가장 간명한 정식화로 제안한 바 있다). 『역사와 계급의식』의 루카치나 『존재론』을 비판한 제자들이 '자연변증법'을 부정하고 변증법의 기초는 주체-객체 관계에 존립한다고 주장했다면, 존재론 시기의 루카치는 "이에 반해 동일성과 비동일성의 동일성의 문제를 변증법의 기초로 여겼다"는 것이다. 이런 관점에서 루카치는 주체적 실천만이 변증법의 가능성을 산출하는 것이 아니라 객관적인 역사과정이 이미 자연에서도 변증법적 탐구를 요하는 현상들을 산출한다고 보고 '자연변증법'을 "사회적 존재의 전사(前史)"로 인정한다. István Hermann, *Georg Lukács. Sein Leben und Wirken*, Wien · Köln · Graz · Böhlau: Hermann Böhlaus Nachf., 1986, p.208 참조.

96 카를 마르크스, 『자본 I-1』, 강신준 옮김, 길, 2008, 266면(번역 일부 수정).

97 이진경, 「외부에 의한 사유, 혹은 맑스의 유물론」, 『미-래의 맑스주의』, 24면 각주.

98 엄밀하게 보자면 위에서 인용한 마르크스의 말 속에는 노동의 "일차적 개념"뿐만 아니라 우리가 뒤에서 '노동에 대한 두 번째 규정' 내지 '이차적 개념'이라고 한 것과 연관된 요소도 들어 있다. 즉, 노동자의 표상 속에 존재했던 목적의 현실화가 "자연물 안에서(im Natürlichen)" 이루어진다고 한 대목이 그것인데, 비록 루카치는 주목하지 않았지만 이 대목에 근거해 우리가 뒤에서 다룰 '목적론과 인과성의 이중적 결합'을 논할 수도 있을 것이다.

99 G. 루카치, 「인간의 사유와 행위의 존재론적 기초」, 253면.

100 칼 마르크스, 『정치경제학 비판을 위하여』, 김호균 옮김, 중원문화, 1988, 7면(번역 일부 수정).

101 사회적 실천의 본질적 계기인 의식적인 목적론적 정립은 언제나 '선택적 결정(Alternativentscheidung)'을 내포하며, 따라서 모든 사회적 사건

은 일정한 선택적 성격을 띤다. 물론 이 선택적 성격은 "진공의(존재상 무규정적인) 공간에서 이루어지는 선택이 아니라, 구체적 가능성들의 외접원으로서의 경제적 발전에 의해 규정된"(269) 것이긴 하지만, 어쨌든 단순한 직접적 인과관계 내지 기계적인 결정관계에서는 있을 수 없는 것이다. 루카치는 마르크스가 「공산당 선언」에서 "지금까지의 모든 사회의 역사는 계급 투쟁의 역사"라고 말한 것이나, 더 구체적으로, 이러한 투쟁이 "매번 사회 전체의 혁명적 개조로 끝나든지 아니면 투쟁하는 계급들의 공멸로 끝났다"(「공산주의당 선언」, 『칼 맑스-프리드리히 엥겔스 저작 선집 1』, 최인호 외 옮김, 박종철출판사, 1991, 400면, 번역 일부 수정)고 한 것은 역사 전체가 선택적 성격을 가진다는 것을 분명히 한 언명이라고 본다(269).

102 G. 루카치, 「인간의 사유와 행위의 존재론적 기초」, 261면.

103 같은 곳.

104 같은 곳.

105 앞의 글, 267면.

106 같은 곳.

107 Nicolas Tertulian, "Gedanken zur Ontologie des gesellschaftlichen Seins, angefangen bei den Prolegomena", p.151.

108 이와 관련해서는 스타시스 쿠벨라키스, 「헤겔의 독자 레닌: 레닌의 헤겔 『논리학』 노트를 독해하기 위한 몇 개의 가설적 테제들」, 『레닌 재장전—진리의 정치를 향하여』(슬라보예 지젝·알랭 바디우 외 지음, 이현우·이재원 외 옮김, 마티, 2010), 261-322면 참조.

109 카를 마르크스, 『자본 III-2』, 강신준 옮김, 길, 2010, 1095면.

110 F. Benseler, "Nachwort", p.731.

111 같은 곳.

112 이와 관련해서는 졸고(拙稿), 「루카치 장편소설론의 역사성과 현재성」, 『다시 소설이론을 읽는다』, 황정아 엮음, 창비, 2015, 23면 참조.

113 G. 루카치, 「인간의 사유와 행위의 존재론적 기초」, 266면.

114 같은 곳.

115 마셜 버먼, 『맑스주의의 향연』, 문명식 옮김, 이후, 2001, 251면.

116 정홍수, 「'다른 세상'에 대한 물음」, 『창작과비평』, 2014년 여름호, 68
면.

117 영어로 『존재론』의 일부가 번역된 적은 있다. 1978년에 「헤겔」과 「마
르크스」 부분이, 1980년에 「노동」 부분이 런던 소재 Merlin 출판사에
서 번역되었다. 미국의 한 루카치 연구자에 따르면 Humanities 출판사
에서 새로이 번역에 착수했다고 하는데(Eva L. Corredor: *Lukács after
Communism: inertrviews with contemporrary inellectuals*, Duke University
Press, 1997, p.126), 그 말이 있은 지 20년이 지난 지금까지도 출판 소
식을 듣지 못했다.

118 N. Tertulian, "Gedanken zur Ontologie des gesellschaftlichen Seins,
angefangen bei den Prolegomena", p.150.

119 "Ein ungelesenes, unbekanntes Meisterwerk des 20. Jahrhunderts.
Gespräch mit Thomas Metscher", *Lukács und 1968*, ed. R. Dannemann,
Bielefeld: Aisthesis, 2009, p.150.

120 『사회적 존재의 존재론을 위하여』는 『사회적 존재의 존재론』(권순홍
· 이종철 · 정대성 옮김, 아카넷, 2016-2018)이라는 제목으로 전체 네
권으로 번역되어 나왔다. 『사회적 존재의 존재론을 위한 프롤레고메
나』(김경식 · 안소현 옮김, 나남, 2017)는 전체 두 권으로 출판되었다.

VI. 루카치의 마르크스주의 미학의 병법론적 기초

1   서구의 마르크스주의 연구자들이 '마르크스주의 미학'에 가한 비
판의 한 예로 『비판적 마르크스주의 사전』(*Kritisches Wörterbuch des
Marxismus*) 제8권(eds. Georges Labica and Gérard Bensussan, 독일어
판은 ed. Wolfgang Fritz Haug, Hamburg: Argument, 1989)에 실려 있
는 '미학' 항목(pp.1481-1493)을 참조할 수 있다. 그 항목 집필자
는 "하나의 혹은 다수의 '마르크스주의 미학들'이 존재하는 것이 아
니라 마르크스주의자들에 의해 시도된—종종 아주 상이한—단초들
이 있"을 뿐이며, "'마르크스주의 미학'이라고 하는 그릇된 규범적 개
념은 폐기되어야"(1482면) 한다고 말하고 있다. '마르크스주의'와 '미
학'의 양립 불가능성, 따라서 '마르크스주의 미학'의 불가능성을 역
설하는 플룸페의 다음의 논문도 '마르크스주의 미학'에 반대한 서
구 좌파 지식인의 시각으로 참조할 만하다. Gerhard Plumpe, "Ist eine
marxistische Ästhetik möglich?", ed. Hans Jörg Sandkühler, *Betr.: Althusser-*

Kontroversen über den "Klassenkampf in der Theorie", Köln: Pahl-Rugenstein, 1977, pp.191-221.

2   Michael Lifschitz, *Karl Marx und die Ästhetik*, Dresden: Verlag der Kunst, 1960, p.39. 러시아어판의 제목은 『칼 마르크스의 예술철학』인데, 이 책은 1933년에 출판되었음.

3   Moissej Kagan, *Vorlesungen zur marxistisch-leninistische Ästhetik*, Berlin: Dietz, 1971, p.39.

4   "Vorbemerkung" zu Marx und Engels, *Über Kunst und Literatur, Bd.1*, Berlin: Dietz, 1967, p.7.

5   *Georg Lukács Werke, Bd. 10, Probleme der Ästhetik*, Neuwied · Berlin: Luchterhand, 1969, p.11.

6   G. 루카치, 「삶으로서의 사유」, 『게오르크 루카치—맑스로 가는 길』, 김경식 · 오길영 편역, 솔, 1994, 296면(강조는 루카치. 표현 일부 수정).

7   흔히 'MEW'로 표기되는, 독일 디츠(Dietz) 출판사가 간행한 『칼 마르크스-프리드리히 엥겔스-저작집』(*Karl Marx-Friedrich Engels-Werke*) 에는 이 글이 두 군데에 실려 있는데, 1961년에 출간된 제13권에 서는 「정치경제학 비판 서론」("Einleitung zur Kritik der Politischen Ökonomie")이라는 제목으로, 1985년에 출간된 제42권에서는 「'정치 경제학 비판 요강' 서론」("Einleitung zu den *Grundrissen der Kritik der Politischen Ökonomie*")이라는 제목으로 수록되어 있다. 1857년 8월 마 지막 주(전집 42권의 미주 7) 혹은 8월 중순부터 9월 초 사이(전집 13권의 미주 402)에 집필된 것으로 알려진 이 글은 1902년에 카우츠 키에 의해 그 수고(手稿)가 발견되었으며, 1903년 3월 『신시대』(*Die Neue Zeit*)에 처음 공표되었다. 2000년대에 들어와 「서론」을 포함하 여 『정치경제학 비판 요강』(김호균 옮김, 백의, 2000) 전체가 세 권으 로 국역되었는데, 이는 전집 42권을 옮긴 것이다. 그 전에 「정치경제 학 비판 서론」은 『정치경제학 비판을 위하여』(김호균 옮김, 중원문화, 1988)의 부록으로 실려 소개된 바 있다. 나는 전집 42권의 글을 참조 하되, 13권에 실린 글을 기준으로 삼는다.

8   G. Lukács, "Entstehung und Wert der Dichtungen", *Die Rote Fahne*, 1922 년 10월 17일. 인용은 *Die Rote Fahne. Kritik, Theorie, Feuilleton 1918-1933*, ed. Manfred Brauneck, München: Fink, 1973, pp.184-187에 따른 것임.

9 G. Lukács, "Goethe mal Marx", *Neues Forvm. Internationale Zeitschrift für den Dialog*, 202-I호, 1970년 10월 초, p.914.

10 백낙청, 「작품 · 실천 · 진리—민족문학론의 과학성과 실천력을 높이기 위해」, 『민족문학의 새단계: 민족문학과 세계문학 III』, 창작과비평사, 1990. 유종호, 「급진적 상상력의 비평—그 기본개념에 대하여」, 『세계의문학』 통권 45호, 1987. 김윤식, 「예술 상부구조설 비판—미학상의 논의를 위하여」, 『김윤식 선집 2. 소설사』, 솔, 1996. 이 대목과 관련하여 유종호는 페터 데메츠, 테리 이글턴, 에른스트 피셔, 아르놀트 하우저, 피에르 마셔레이 등의 견해를 소개 · 검토하고 있으며, 김윤식은 高橋義孝와 게오르크 루카치(특히 1951년의 강연문 「상부구조로서의 문학과 예술」)의 견해를 검토하고 있다. 백낙청도 루카치의 이 글과 아르놀트 하우저의 견해를 살피며, 레이먼드 윌리엄즈와 카렐 코지크의 견해도 검토하고 있다. 독자들은 이들의 글을 통해 세 사람의 견해를 들을 수 있을 뿐 아니라 서양과 일본에서 있었던 몇 가지 논의까지 소개받을 수 있다.

11 Peter Demetz, *Marx, Engels und die Dichter. Zur Grundlagenforschung des Marxismus*, Stuttgart: Deutsche Verlags-Anstalt, 1959.

12 「서문」은 『정치경제학 비판을 위하여』(*Zur Kritik der Politischen Ökonomie*)의 「서문」을 말한다. 「서론」보다 2년 뒤인 1859년에 쓰인 이 글을 두고 마르크스 자신은 "나의 방법의 유물론적 기초"(MEW, 23:25)라고 말한 바 있다. 아래에서 「서문」으로 표기한 것은 모두 다 이 글을 가리킨다.

13 「서문」에서 마르크스는 "인간들이 그 안에서 이러한 갈등[사회적 존재의 기반들로부터 생겨나는 갈등-인용자]을 의식하게 되고 그것과 싸워내는 법률적, 정치적, 종교적, 예술적 또는 철학적인, 한마디로 이데올로기적인 형태들"(MEW, 13:9)이라는 말을 하고 있다.

14 Rüdiger Bubner, "Über einige Bedingungen gegenwärtiger Ästhetik", *Ästhetische Erfahrung*, Frankfurt am Main: Suhrkamp, 1989, pp.9-51.

15 부브너는 반영론을 중심으로 루카치를 비판하면서 「서론」에 표명된 문제들을 루카치는 "보지 못했거나 혹은 의식적으로 거부했다"(24면)고 말하는데, 이는 사실의 차원에서 보더라도 왜곡이다. 우리가 앞서 보았듯이 루카치는 이미 1922년에 발표한 글(「문학의 발생과 가치」)에서뿐만 아니라 반영론을 출발점으로 삼아 논의를 개진하고 있는 1930-40년대의 글들에서도 여러 차례에 걸쳐 「서론」의 해당 대목을

고찰하고 있다.

16 부브너에 따르면 「서론」에서 마르크스는 "물질적 조건들과 예술형성
사이의 매개형상"(21면)으로 신화를 설정하고 있다.

17 알튀세르에 경도된 마르크스주의자였다가 '체계이론(Systemtheorie)'
으로 이론적 입지를 바꾼 플룸페 역시 「서론」의 발언은 "이데올로
기로서의 예술"이라는 정식(곧, 「서문」의 정식)을 "냉철하게" 문제
삼을 수 있게 하는 것이라고 해석하고 있다. G. Plumpe, *Ästhetische
Kommunikation der Moderne. Bd. 2: Von Nietzsche bis zur Gegenwart*,
Opladen: Westdeutscher Verlag, 1993, p.113 참조.

18 Peter Bürger, "Einleitung: Zum Problem der Aneignung literarischer
Werke der Vergangenheit", *Aktualität und Geschichtlichkeit. Studien zum
gesellschaftlichen Funktionswandel der Literatur*, Frankfurt am Main:
Suhrkamp, 1977, pp.9-20 참조.

19 이 문장을 옮기거나 인용하고 있는 대부분의 글들이 "예컨대 근대인
들 또는 셰익스피어와 비교되는 그리스인들"로 적고 있는데, 오독이
다. 그 이유는 아래에서 설명될 것이다.

20 여기에서 '복합체'라는 표현은 루카치에 따른 것이다. 루카치는 존재
론의 특수한 방법론적 형식을 묻는 질문에 "발생론적 방법"과 "우선적
으로 실존하는 것은 복합체"라는 점을 강조한 바 있다. 이에 따라 사
회는 서로 존재론적으로 이질적인 "복합체들로 구성된 복합체"로 파
악된다. 이와 관련한 소략한 설명으로는 이 책에 실린 「루카치의 마르
크스주의 존재론의 발생사와 근본요소─『사회적 존재의 존재론을 위
한 프롤레고메나』를 중심으로」의 제4장, 그리고 졸저 『게오르크 루카
치─과거와 미래를 잇는 다리』, 한울, 2000, 196-197면 참조.

21 Werner Jung, *Georg Lukács*, Stuttgart: Metzler, 1989, p.12.

22 G. Lukács, "Die ontologischen Grundlagen des menschlichen Denkens
und Handelns", eds. R. Dannemann and W. Jung, *Objektive Möglichkeit.
Beiträge zu Georg Lukács' 'Zur Ontologie des gesellschaftlichen Seins'*,
Opladen: Westdeutscher Verlag, 1995, pp.31-48. 인용한 곳은 p.33. 이
글은 「인간의 사유와 행위의 존재론적 기초」라는 제목으로 국역되어
있다. 앞에서 소개한 졸저, 248-271면 참조. 인용한 곳은 252면.

23 꿀벌이 벌집을 짓는 것과 인간 건축가의 노동을 대비하는 『자본』의
유명한 구절 마지막 부분에서 마르크스는 "노동과정의 기본 계기들은

합목적적 활동 혹은 노동 그 자체, 그리고 노동의 대상과 노동의 수단"(MEW, 23:193)이라고 정식화한다.

24 W. Jung, "Zur Ontologie des Alltags. Die späte Philosophie von Georg Lukács", eds. R. Dannenmann and W. Jung, 앞의 책, p.261.

25 G. Lukács, "Die ontologischen Grundlagen des menschlichen Denkens und Handelns", p.35. 국역본은 255면.

26 같은 글, p.44. 국역본은 267면(표현 일부 수정).

27 토대와 상부구조의 관계, 생산력과 생산관계의 관계와 관련한 논쟁의 개요에 관해서는 이기홍, 『마르크스의 역사적 유물론의 과학적 방법과 구조에 관한 일고찰』, 서울대 박사학위 논문, 1991, 8-65면 참조.

28 "그러면 사회혁명의 시대가 도래한다. 경제적 기초의 변화와 더불어 거대한 전체 상부구조가 조만간 변혁된다"(MEW, 13:9).

29 백낙청, 앞의 글, 355면. 백낙청이 여기에서 "예의 3층 구조"라고 한 것은—상부구조가 3층 구조로 되어 있다는 말과는 전혀 상관없는—라레인(Jorge Larrain)의 주장을 가리키는 것이다. 『마르크스주의와 이데올로기』(Marxism and Ideology, London: Macmillan, 1983)에서 라레인은, 「서문」은 단순한 상하 양·층 구조가 아니라 경제적 토대와 '법률적, 정치적 상부구조' 및 '일정한 사회적 의식형태들'이라는 3개의 층위를 설정하고 있다고 한다.

30 루카치는 『존재론』에서 그가 "공식적 마르크스주의"(즉, 스탈린이 트로츠키, 부하린 등을 이론적, 정치적, 조직적으로 제압한 이후에 발전된 마르크스주의)라고 부른 것뿐만 아니라 그 이전의 마르크스주의 역사 전반을 검토하고 있으며, 이에 따라 엥겔스, 플레하노프, 제2인터내셔널의 이론가 등을 포괄하는 "전통적 마르크스주의"라는 표현을 사용한다.

31 앞에서 노동은 인과성과 목적론을 상호 결합시킨다는 루카치의 말을 소개했는데, 사회적 삶의 과정에서 인과성과 목적론은 '이중적'으로 상호 결합되어 있다. 즉, 목적론적 정립은 이미 주어져 있는 인과계열들만을 작동시키지만, 그 결과들의 총화는 결코 목적론적인 성격을 띠지 않는 인과연관들로 합류한다. "모든 사회적 사건은 목적론적인 개별적 정립들에서 생겨난다. 하지만 그 자체는 순수하게 인과적인 성격을 지닌다"(G. Lukács, "Die ontologischen Grundlagen des menschlichen Denkens und Handelns", p.39. 국역본은 261면). 이로써

사회의 전체 과정은 합목적적인 것이 아니라 합법칙적 과정으로 파악된다.

32 루카치에 따르면 '발전'은 노동의 "존재론적 본질표지"에 속한다(앞의 글, p38. 국역본은 258면). 따라서 노동과 더불어 그것을 행하는 '인간적 능력들의 발전'도 존재론적으로 같이 주어져 있다(p.35. 국역본은 254면).

33 이 부분의 원문은 다음과 같다. "Moderne Kunst etc. Diese Disproportion...". 하지만 전집 42권에서는 "예술 등등과의 이 불비례는(Mit der Kunst etc. diese Disproportion...)"(MEW, 42:43)이라고 적혀 있다.

34 우리는 "불균등 발전"은 매우 계발적인(aufschlußreich) 개념이라 생각하며, 그 개념 자체를 문제 삼는 것이 아니다. 우리가 묻고자 하는 것은, 바로 이 대목에서 그 개념이 사용되는 것이 적합한가 하는 것이다. 우리는 이러한 물음을 통해 '발전' 개념과 '진보' 개념을 좀 더 엄밀하게 구분할 필요성을 제기하고자 한다.

35 이 문제와 관련해서는 찰스 다윈(Charles Darwin)의 '진화' 개념이 '진보' 개념과 동일한 것이 아님을 밝히고 그러한 동일시가 초래한 문제들을 비판적으로 논의한 글들을 특집("『종의 기원』 출간 150주년 기념. 다윈의 진화론과 진보의 패러다임")으로 묶어 놓은 『진보평론』, 2009년 가을, 제41호, 14-105면 참조.

36 그렇다고 이것이 '진보'에 해당하는 사안이라고는 생각지 않는다. 어떤 특정한 가치 기준에 입각해서 '진보적' 예술이나 '예술의 진보'를 말할 수는 있어도 일반적인 차원에서 '예술의 진보'를 말하는 것은 적절치 않다는 생각이다.

37 원래 마르크스의 수고(手稿)에는 생략된 것을 출판하면서 짐작해 넣은 것인데, 전집 42권 44면에는 'der griechschen [Kunst]'로 되어 있으며, 따라서 이 책을 옮긴 국역본(『정치경제학 비판 요강 I』, 김호균 옮김, 백의 2000, 82면)에도 '그리스[예술]'로 되어 있다. 하지만 전집 13권에서는 'der griechschen [Mythologie]'(MEW, 13:641)로 되어 있다. 문맥을 볼 때 '그리스[신화]'가 타당하다고 생각한다.

38 마르크스의 이데올로기 규정 가운데 가장 포괄적인 것은 「서문」에서의 규정이다. 루카치에 따르면 "인간들이 그 안에서 이러한 갈등을 의식하게 되고 그것과 싸워내는" 형태들이라는 이 포괄적 규정은 "이데올로기들이 방법론 및 사실의 차원에서 옳은 것인지 그릇된 것인지

하는 문제에는 전혀 명백한 답을 주지 않는"(13:10)데, 오히려 그럼으로써 이 규정은 폭넓게 적용될 수 있다. 따라서 이데올로기들을 흔히 이해하듯이 부정적인 것으로, 예컨대 '현실에 대한 허위의식'으로만 볼 까닭은 없다. 『독일 이데올로기』나 『자본』 등에서 부정적인 맥락에서 사용되고 있는 이데올로기 개념은 역사적으로 구체적인 특정 이데올로기와 연관된 것이지 이데올로기 일반 개념은 아니다. 따라서 그러한 이데올로기 개념과 「서문」에서의 이데올로기 개념이 모순되는 것은 아니다. 그리고 덧붙이자면, 마르크스가 「서문」에서 '상부구조'라 해서 획일화된 하나의 구조물로 파악해서는 안 된다는 것을 시사하고 있듯이, 이데올로기 규정에서도 "법률적, 정치적, 종교적, 예술적 또는 철학적인"이라는 식으로 각각의 영역을 나열함으로써 이데올로기라 하더라도 획일적으로 파악될 수 없음을 암시하고 있다.

39 백낙청, 앞의 글, 370면.

40 같은 글, 358-382면 참조.

41 백낙청은 "'진리'라는 낱말 자체가 마르크스의 서론에 나와 있지 않은 것은 분명한 사실"(367면)이라는, 나로서는 이해하기 힘든 말을 하고 있다. '진실성', '본연의 모습' 등으로 옮긴 'Wahrheit'를 '진리'와는 전혀 무관한 표현으로 읽는 것일까.

42 Agnes Heller, Rüdiger Dannemann, "Ethik-Briefwechsel", ed. R. Dannemann, *Georg Lukács—Jenseits der Polemiken. Beiträge zur Rekonstruktion seiner Philosophie*, Frankfurt am Main: Sendler Verlag, 1986, p.207.

43 이와 관련해서는 악셀 호네트, 『사회주의의 재발명. 왜 다시 사회주의인가』(문성훈 옮김, 사월의책, 2016) 참조.

이 책에서 인용한 『게오르크 루카치 저작집』 수록 텍스트

이 책에서 독일어판 『게오르크 루카치 저작집』(*Georg Lukács Werke*, Darmstadt · Neuwied · Berlin: Luchterhand, 1962~1986; Bielefeld: Aisthesis, 2005ff.)에서 인용할 경우에는 본문에 권수와 면수만 적고 글의 제목은 따로 밝히지 않았다. 『게오르크 루카치 저작집』에서 인용한 텍스트의 독일어 제목과 면수를 여기에 따로 적어두니 참조하기 바란다.

Bd.2. *Frühschriften II. Geschichte und Klaassenbewußtsein*, Darmstandt und Neuwied: Luchterhand, 1968.

「서문」("Vorwort", 1967), 11-41면.

『역사와 계급의식』(*Geschichte und Klassenbewußtsein*, 1923), 161~517면.

『레닌』(*Lenin*, 1924), 519~588면.

「라쌀의 서한집 신판」("Die neue Aufgabe von Lassales Briefen", 1925), 612-639면.

「모제스 헤스와 관념론적 변증법의 문제들」("Moses Hess und die Probleme der idealistischen Dialektik", 1926), 643-686면.

「블룸 테제」("Blum Thesen", 1928), 698-722면.

Bd.4. *Probleme des Realismus I. Essays über Realismus*, Neuwied und Berlin: Luchterhand, 1970.

「서사냐 묘사냐?」("Erzählen oder beschreiben? Zur Diskussion über den Naturalismus und Formalismus", 1936), 197-242면.

「마르크스와 이데올로기의 쇠락 문제」("Marx und das Problem des ideologischen Verfalls", 1938), 243-298면.

「부르주아미학에서 조화로운 인간의 이상」("Das Ideal des harmonischen Menschen in der bürgerlichen Ästhetik", 1938), 299-311면.

「문제는 리얼리즘이다」("Es geht um den Realismus", 1938), 313-343면.

「아나 제거스와 게오르크 루카치의 서신교환」("Ein Briefwechsel zwischen

Anna Seghers und Georg Lukács", 1938/39), 345-376면.

「작가와 비평가」("Schriftsteller und Kritiker", 1939), 377-412면.

「민중의 호민관이냐 관료냐?」("Volkstribun oder Büroktat?", 1940), 413-455면.

『비판적 리얼리즘의 현재적 의미』(*Die Gegenwartsbedeutung des kritischen Realismus*, 1957), 459-603면. *이 글은 1957년에 이탈리아어로 처음 발표되었다. 독일어본 책은 『오해된 리얼리즘에 반대하여』(*Wider den mißverstandenen Realismus*)라는 제목으로 옛 서독의 함부르크 소재 클라센(Claassen) 출판사에서 1958년에 출판되었다.

「19세기 찬양」("Lob des neunzehnten Jahrhunderts", 1967), 659-664면.

Bd.5. Probleme des Realismus II. Der russische Realismus in der Weltliteratur, Neuwied und Berlin: Luchterhand, 1964.

「세계문학에서 푸쉬킨의 자리」("Puschkins Platz in der Weltliteratur", 1949), 23-52면.

「도스토옙스키」("Dostojewskij", 1943), 161-176면.

Bd.6. Probleme des Realismus III. Der historische Roman, Neuwied und Berlin: Luchterhand, 1965.

『역사소설』(*Der historische Roman*), 17-429면. *이 글은 1936~1937년에 쓰였으며 1937~1938년에 러시아어로 처음 발표되었다. 독일어판은 1955년에 출판되었다.

Bd.9. Die Zerstörung der Vernunft, Neuwied und Berlin: Luchterhand, 1962.

「서문」("Vorwort", 1952), 11-16면

『이성의 파괴』(*Die Zerstörung der Vernunft*) *이 글은 1954년에 처음 출판되었다.

Bd.10. Probleme der Ästhetik, Neuwied und Berlin: Luchterhand, 1969.

「서문」("Vorwort", 1953), 11-16면

「헤겔의 미학」("Hegels Ästhetik", 1951), 107-146면.

「마르크스 · 엥겔스와 라쌀 사이의 지킹엔 논쟁」("Die Sickingendebatte zwischen Marx-Engels und Lassalle", 1931), 461-503면.

『미학의 범주로서의 특수성에 대하여』(*Über die Besonderheit als Kategorie der Ästhetik*, 1957), 539-789면.

Bd.11/12. *Die Eigenart des Ästhetischen*, Neuwied und Berlin: Luchterhand, 1963.

『미적인 것의 고유성』(*Die Eigenart des Ästhetischen*)

Bd.13. *Prolegomena. Zur Ontologie des gesellschaftlichen Seins. 1. Halbband*, Darmstadt und Neuwied: Luchterhand, 1984.

『사회적 존재의 존재론을 위한 프롤레고메나』(*Prolegomena zur Ontologie des gesellschaftlichen Seins*), 7-324면.

『사회적 존재의 존재론을 위하여』(*Zur Ontologie des gesellschaftlichen Seins*) 제1부. 325-690면.

Bd.14. *Prolegomena. Zur Ontologie des gesellschaftlichen Seins. 2. Halbband*, Darmstadt und Neuwied: Luchterhand, 1986.

『사회적 존재의 존재론을 위하여』제2부.

Bd. 18. *Autobiographische Texte und Gespräche*, Bielefild: Aisthesis, 2005.

「일기 1910/11」("Tagebuch 1910/11"), 1-32면.

이 책의 바탕이 된 글의 제목과 발표지면

이 책은 졸저(拙著) 『게오르크 루카치—과거와 미래를 잇는 다리』(한울, 2000) 이후에 쓴 글들을 바탕으로 다시 쓴 것이다. 토대가 되었던 글들의 제목과 발표지면을 밝혀둔다.

1. 「루카치의 삶과 사상에 대한 단장들」: 이 글 중 "루카치의 주요작품"은 졸역(拙譯) 『소설의 이론』(문예출판사, 2007)의 옮긴이 후기 「소설의 이론』을 읽기 위하여」 제2장(게오르크 루카치의 "삶으로서의 사유")을 바탕으로 다시 쓴 것이다.

2. 「루카치 공부하기의 어려움」: 비평동인회 〈크리티카〉의 동인지 『크리티카 Vol.3』(사피엔스21, 2009)에 발표했던 글이다.

3. 「루카치의 전(前) 마르크스주의적 사상의 측면들」: 이 글은 『소설의 이론』 옮긴이 후기와 「역사적·철학적 소설미학의 역사성과 현재성—G. 루카치의 『소설의 이론』을 중심으로」(『브레히트와 현대연극』 제15집, 2006), 그리고 「G. 루카치의 『소설의 이론』 읽기」(『안과밖』 제27호, 2009년 하반기), 「『소설의 이론』의 발생사와 '역사철학'을 통해서 본 '초기 루카치'의 한 국면」(『오늘의 문예비평』 제95호, 2014년 겨울) 등을 바탕으로 다시 쓴 글이다.

4. 「루카치의 마르크스주의 문학론의 구성요소」: 이 글은 「루카치 읽기 (I)—'자본주의의 예술적대성' 명제와 휴머니즘 사상을 중심으로」(『브레히트와 현대연극』 제13집, 2005)와 이를 수정·보완한 「루카치 문학론의 몇 가지 구성요소—자본주의·휴머니즘·예술의 특성·리얼리즘」(『오늘의 문예비평』 제92호, 2014년 봄)을 바탕으로 다시 쓴 글이다. 그 과정에서 「'리얼리즘의 승리론'을 통해 본 루카치의 문학이론」(『실천문학』 제65호, 2002년 봄)과 「루카치 장편소설론의 역사성과 현재성」(『창작과 비평』 제160호, 2013년 여름)의 일부 내용도 반영되었다.

5. 「루카치의 마르크스주의 존재론의 발생사와 근본요소」: 이 글은 『오늘의 문예비평』 2014년 여름호와 가을호에 발표한 「루카치의 '철학적 유

언'『프롤레고메나』를 중심으로 본 '사회존재론'」, 그리고 2017년에 두 권으로 출간된 『사회적 존재의 존재론을 위한 프롤레고메나』(김경식·안소현 옮김, 나남, 2017)의 옮긴이 해제 「루카치의 '철학적 유언' 『프롤레고메나』와 마르크스주의 존재론」을 바탕으로 다시 쓴 글이다.

6. 「루카치의 마르크스주의 미학의 방법론적 기초」: 이 글은 「맑스주의 미학의 아포리아?」(『진보평론』제7호, 2001년 봄)와 「'예술작품의 발생과 가치' 문제에 대한 마르크스(주의)적 접근방법—루카치를 중심으로」(『크리티카 N0.1』, 이가서, 2005)를 바탕으로 다시 쓴 글이다.